国家重点档案专项资金资助项目

民国时期重庆民族工业发展档案汇编

重庆电力股份有限公司

第⑨辑

重庆市档案馆◎编

唐润明◎主编

西南師範大學出版社
国家一级出版社 全国百佳图书出版单位

七、财务状况（续）

重庆电力股份有限公司一九三七年损益计算表、盈余分配表、资产目录表、余额表、材料年报表等（一九三七年）……四二三二
重庆电力股份有限公司一九四〇年决算报告表（一九四〇年十二月三十一日）……四二九七
重庆电力股份有限公司股东户名暨股额股权登记表（一九四一年二月二十四日）……四二九九
重庆电力股份有限公司关于请豁免营业税致重庆市营业税处的函（一九四一年三月二十一日）……四三一四
重庆电力股份有限公司关于请免征一九四一年二月、三月税捐致四川省营业税局的函（一九四一年五月八日）……四三一九
关于请豁免一九四一年四月应纳营业税致四川省营业税局的函（一九四一年六月六日）……四三二三
刘航琛、程本臧关于一九四一年六月一日实行重庆电力股份有限公司出勤津贴、值班津贴及值日津贴暂行规则并检附改订津贴一览表（一九四一年六月二十八日）……四三二六
重庆电力股份有限公司业务科关于请鉴核重庆电力股份有限公司各种出勤津贴上刘航琛、程本臧的呈（附各种津贴一览表）（一九四一年六月二十九日）……四三二八
重庆电力股份有限公司改订津贴一览表（一九四一年六月）……四三三三
重庆市营业税处关于准缓征重庆电力股份有限公司营业税给重庆电力股份有限公司的通知（一九四一年九月二十四日）……四三三五
关于检送重庆电力股份有限公司历次加股经过情形的函（一九四一年十一月二十二日）……四三三八
重庆电力股份有限公司一九四一年决算报告表……四三三九
重庆电力股份有限公司一九四一年报表……四三四一
重庆电力股份有限公司董事会关于检送一九四二年六月资产负债表等致重庆电力股份有限公司各董事、监事的函（附表）（一九四二年七月十八日）……四三七四

目录

重庆电力股份有限公司关于公司困难请准豁免历年营业税上重庆市营业税处的呈（一九四三年六月十四日）……四三七七
经济部核定重庆电力公司电价表等（一九四三年八月）……四三八〇
重庆市政府关于无法豁免营业税给重庆电力股份有限公司、重庆自来水公司的训令（一九四三年十二月二十八日）……四三八七
财政部关于转知重庆电力股份有限公司照规定缴纳营业税给该公司的通知（一九四四年三月二十八日）……四三八九
重庆电力股份有限公司一九四四年五月电力价格报告表（一九四四年五月）……四三九二
重庆电力股份有限公司关于转请行政院豁免重庆电力股份有限公司营业税致经济部、重庆市政府、国家总动员会议的代电（一九四四年八月十二日）……四三九三
重庆电力股份有限公司员工津贴表（一九四四年十二月）……四三九六
重庆电力股份有限公司股东户名及股款、股权登记表（一九四四年）……四三九八
重庆电力股份有限公司一九四四年报表……四四〇〇
重庆电力股份有限公司一九四五年业务状况及决算情形……四四三四
重庆电力股份有限公司与宝源煤矿公司订购锅炉用精选煤交货付款办法（一九四六年十一月）……四四四三
重庆电力股份有限公司一九四六年报表……四四四六
重庆电力股份有限公司关于检送公司现有资本与资产总额及历年增值情形致四川省政府的代电（一九四七年四月三十日）……四四五四
重庆电力股份有限公司关于检送一九四七年七月开支及收入预算表等并调整电价致重庆市政府、重庆市工务局的代电（一九四七年七月十二日）……四四五八
重庆电力股份有限公司关于请鉴察一九四七年五月和六月收支概况表致重庆市工务局的代电（一九四七年七月三十一日）……四四六四

目录

重庆电力股份有限公司一九四七年报表……四四六七
资源委员会天府煤矿公司关于派员商洽偿还历年所欠煤款事宜致重庆电力股份有限公司的函（一九四八年四月二十六日）……四四七五
重庆电力股份有限公司与电一煤厂订购售煤合同（一九四八年五月）……四四七七
重庆电力股份有限公司关于请将每月现钞额增为八十亿元致中央银行重庆分行的函（一九四八年六月七日）……四四七九
重庆电力股份有限公司业务科营业股电费保证书、手续费、预收业费、补助费等表格（一九四八年八月十二日）……四四八一
重庆电力股份有限公司订购电力设备概况（一九四八年十月十五日）……四四八三
工商部关于公布电价调整计算公式给重庆区电气工业同业公会的通知（附公式）（一九四八年十二月三日）……四四八五
交通银行重庆分行关于检送储煤贷款契约致重庆电力股份有限公司的函（附契约）（一九四八年十二月八日）……四四九三
重庆电力股份有限公司与宝源矿业公司订购煤合约（一九四九年一月十五日）……四五〇二
资源委员会天府煤矿公司营运处关于检送天府煤矿公司煤价表致重庆电力股份有限公司的函（一九四九年二月四日）……四五〇五
渝新纺织股份有限公司关于检送用电合同正副本致重庆电力股份有限公司的函（附合同）（一九四九年二月七日）……四五〇七
重庆电力股份有限公司关于改订收费办法的启事（一九四九年二月十五日）……四五一一
资源委员会天府煤矿公司营运处检送一九四九年三月煤价表致重庆电力股份有限公司的函（一九四九年三月八日）……四五二六
基泰工程司关于检送正式合约致重庆电力有限公司的函（附合约）（一九四九年三月二十四日）……四五二九
重庆电力有限公司关于签订合约致基泰工程司的函（一九四九年四月一日）……四五三七
重庆电力股份有限公司关于电价计算方法的报告（一九四九年四月二十六日）……四五三九
田习之、重庆电力股份有限公司秘书室关于电费以煤计价及内部联整办法的通知（一九四九年四月二十九日）……四五四〇
重庆市政府关于核定调整电价办法的训令、代电（一九四九年五月四日）……四五四四

目录

重庆电力股份有限公司关于检送调整电价情形致四望栈的函（一九四九年五月七日）……四五四九
重庆电力股份有限公司关于检查电价改用银元为基础情形致资源委员会泸县电厂的函（一九四九年六月二十二日）……四五五二
天原电化厂重庆工厂与重庆电力股份有限公司用电合约（一九四九年七月）……四五五五
重庆电力股份有限公司当前困难及其请求事项……四五五八
重庆电力股份有限公司职员薪级表……四五六一
重庆电力股份有限公司损失总结算……四五六二
重庆电力股份有限公司一九三五年至一九四五年盈亏表……四五六五
重庆电力股份有限公司战时损失资产简表……四五六六
重庆电力股份有限公司资产简表……四五六七
重庆电力股份有限公司损失资产总表……四五六八
重庆电力股份有限公司一九三六年至一九四五年折旧表……四五六九
重庆电力股份有限公司一九三六年至一九四五年发付股红息数额表……四五七〇
重庆电力股份有限公司一九四九年十二月收支预算表……四五七一
重庆电力股份有限公司会计科收支情况及弥补办法……四五七二
重庆电力股份有限公司收取电费之困难种种……四五七五
电一煤厂资产估价表……四五七九
重庆电力股份有限公司编制职工工资表注意事项……四五八三
重庆电力股份有限公司技工、学徒、小工出勤津贴暂行规则……四五八四
重庆电力股份有限公司职员出勤津贴暂行规则……四五九〇
重庆电力股份有限公司第一计划经费预算表……四五九五

目录

重庆电力股份有限公司第二计划经费预算表……四五九六
重庆电力股份有限公司其他营业外支出明细表……四五九七
重庆电力股份有限公司业务科收费股账务说明……四五九八
总经理刘航琛、协理程本臧关于重庆电力股份有限公司职员、技工、学徒等出勤津贴暂行规则修正条文的布告
（附暂行规则）……四六〇〇
重庆电力股份有限公司薪给表……四六〇三
重庆电力股份有限公司职员出差旅费规则……四六〇四

七、财务状况（续）

損益計算表

重庆电力股份有限公司一九三七年损益计算表、盈余分配表、资产目录表、余额表、材料年报表等（一九三七年） 0219-2-5

重庆电力股份有限公司一九三七年损益计算表、盈余分配表、资产目录表、余额表、材料年报表等（一九三七年） 0219-2-5

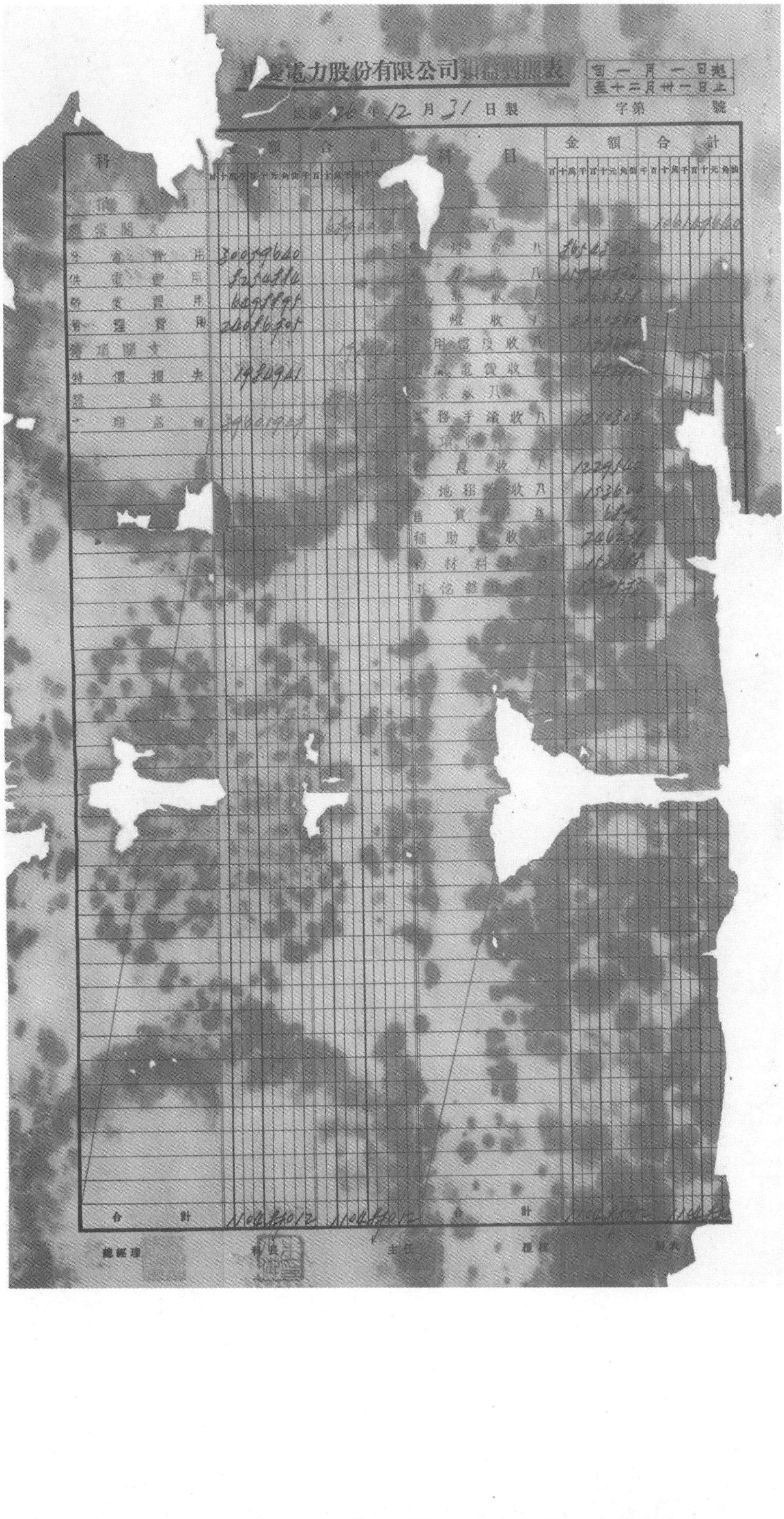

重慶電力股份有限公司損益對照表

起 一月一日 止 十二月卅一日

民國 26 年 12 月 31 日製 字第 號

科目	金額	合計	科目	金額	合計
損失類					
經常開支		[illegible]	經常收入		[illegible]
發電費用	30059640		電燈收入	[illegible]	
供電費用	[illegible]		電力收入	[illegible]	
營業費用	[illegible]		電熱收入	[illegible]	
管理費用	[illegible]		路燈收入	[illegible]	
特項開支		[illegible]	公用電度收入	[illegible]	
特價損失	19829[illegible]		補繳電費收入	[illegible]	
盈餘		[illegible]	營業外收入		[illegible]
本期盈餘	[illegible]		業務手續收入	1210300	
			雜項收入		
			利息收入	1229140	
			房地租金收入	153600	
			售貨利益	[illegible]	
			補助費收入	[illegible]	
			材料租金	[illegible]	
			其他雜項收入	[illegible]	
合計	[illegible]	[illegible]	合計	[illegible]	[illegible]

總經理 科長 主任 覆核 製表

重庆电力股份有限公司一九三七年损益计算表、盈余分配表、资产目录表、余额表、材料年报表等（一九三七年） 0219-2-5

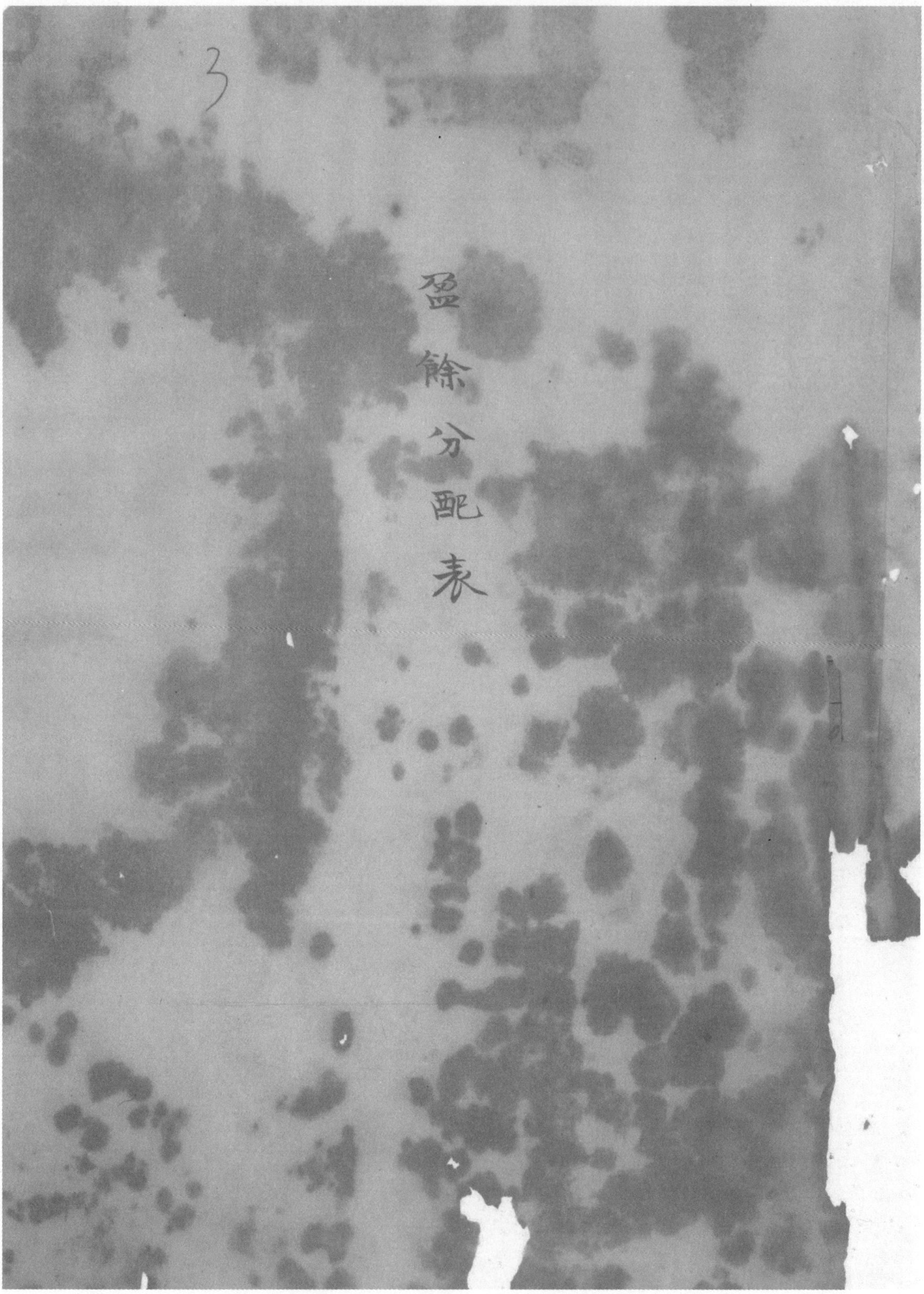
3

盈餘分配表

重庆电力股份有限公司一九三七年损益计算表、盈余分配表、资产目录表、余额表、材料年报表等（一九三七年） 0219-2-5

4

民國二十六年度
第二屆決算

重慶電力股份有限公司盈餘分配表

第二十六次董事會議決
第二屆股東會通過
（計-37）

科目	金額	合計	科目	金額	合計
分配：			盈餘		
（公積）		3960195	（本期盈餘）		39601947
盈餘額10%之一 提存法定公積	3960195		本年度盈餘	39601947	
（股息）		19605667	（前期盈餘滾存）		513475
提付股東官息年8%	19605667		廿五年度滾存	513475	
（紅利）		11702157			
淨盈餘[illegible] 提付股東紅利[illegible]	9802853				
，[illegible] 提董監酬勞	1168833				
，5% 提獎勵人酬勞	730521				
（獎金）		3214291			
淨盈餘[illegible] 提職工獎金	3214291				
（所得税）		1425670			
[illegible] 提付所得税	1425670				
（滾存）		507412			
本期滾存紅利	507412				
合計	40415392	40415392	合計	40115422	40115422

總經理　協理　會計課長　主任　覆核　製表

重庆电力股份有限公司一九三七年损益计算表、盈余分配表、资产目录表、余额表、材料年报表等（一九三七年） 0219-2-5

.5

資產目録表

重庆电力股份有限公司一九三七年损益计算表、盈余分配表、资产目录表、余额表、材料年报表等（一九三七年） 0219-2-5

6

重慶電力股份有限公司資產目錄表

中華民國 26 年 12 月 31 日 第 1 號

科目	金額	分計	合計
固定資產	281234809		
發電資產			143564292
發電所土地		10775355	
大溪溝發電所土地	10775355		
發電所建築		31406544	
廠房建築	14141362		
石堤	5641023		
進水運煤坡道	1885337		
煤棧	154061		
廠內道路	179854		
廠房大門	137567		
進水井	768528		
冷水池	2413416		
下水道	262929		
劘土工程	472175		
衛生設備	100762		
修理房及試驗室	1[illegible]		
鍋炉設備		34078457	
水管式鍋炉	11409423		
加熱器	2958863		
自動加煤機	5319514		
引風機	1136229		
蒸氣饋水泵	1411252		
煙囪	997409		
鍋炉房全部	2159013		
濾水器	2[illegible]882		
加水泵	71997		
煤台及回盤	70493		
煙道閘門	75418		
火磚	1592354		
鋼筋混凝土	1011407		
絕熱設備	314971		
油漆	34997		
混凝土水箱	168684		
鋼板水箱	129488		
走廊鐵梯	276825		
進水管道	21906		
減壓門及零件	291728		
冷凝器管子	55616		
過第 2 頁	71893968	30260356	1435604[illegible]

總經理 協理 科 主 複核

重庆电力股份有限公司一九三七年损益计算表、盈余分配表、资产目录表、余额表、材料年报表等（一九三七年） 0219-2-5

7

重慶電力股份有限公司資產目錄表

中華民國 26 年 12 月 31 日製　第 2 號

科目	金額	分計	合計
接第 1 頁	71890968	76260256	143564292
安裝費用	4366388		
原動及發電機		53158478	
發電機	43305504		
循環水管	2574015		
熱水器	609528		
噴水器	1324483		
花鐵地板	98283		
絕熱設備	239145		
油漆	62702		
混凝土基礎	965328		
分油器及溫度表	379450		
安裝費用	3600000		
電氣設備		8255423	
發電板試驗器繼電器	3377191		
饋電板	2406030		
廠用電板	456145		
電厉板上鋼子及變壓器	94995		
電纜	433960		
避雷器	30000		
安裝費用	1457102		
廠內附屬設備		5455163	
抽水進水管道濾器設備	2625344		
修理房設備	698529		
全廠電燈設備	432457		
起重機	980376		
安裝費用	632457		
其他發電資產		434912	
防空設備	434912		
輸電配電資產			836009085
輸電配電土地		306588	
過江鐵塔地皮	141588		
分電站地皮	165000		
輸電配電建築		330400	
配電站建築	~~141588~~ 330400		
配電所設備		6069333	
配電站	2596000		
配電盤	3185000		
分電站機件	287333		
過第 2 頁	150270653	150270653	231233333

總經理　協理　科長　主任　覆核　製表

重庆电力股份有限公司一九三七年损益计算表、盈余分配表、资产目录表、余额表、材料年报表等（一九三七年） 0219–2–5

8

重慶電力股份有限公司資產目錄表

中華民國 26 年 12 月 31 日製　第 3 號

科目	金額	分計	合計
接第 2 頁	150270657	150270657	231200377
架空線路		69302173	
公司設置桿綫各項	10741360		
木桿	8870951		
鐵塔	866171		
裸銅綫	17150312		
風雨綫	12005889		
磚子及附件	7465951		
保險盒	400464		
避雷器	1101174		
南岸過江鐵塔	2516966		
江北過江鐵塔	917175		
[illegible]山綫及附件	1129006		
油漆編號	489886		
扁角鐵	1028012		
磁瓶	214274		
地錨等附件	700718		
安裝費用	8403198		
變壓器		11660583	
公司裝置各區	2343750		
總合同裝安	9316833		
用電資產			36260776
接戶設備		35604687	
接戶線	11067468		
電度錶	24597219		
其他用電資產		596089	
路燈自動控制設備	485816		
編號磁牌	110273		
業務資產			47606056
事務所土地		1250000	
老古樓地皮	1250000		
運輸設備		819213	
載重汽車	819213		
試驗設備		961541	
搖電箱	30000		
電壓表及跑馬表	483798		
馬達	2800		
電流測量器	135560		
變流器	24983		
過第 4 頁	270240503	270524903	2722254809

總經理　協理　經理　主任　覆核　製表

重慶電力股份有限公[illegible]

中華民國26年12月31日 第4號

科目	金額	分計	合計
接第[illegible]頁	270240507	270524907	272254809
錶用電流變壓器	56400		
五門驗表台	228000		
器具設備		1529517	
營業用具	1516717		
其他用具	12800		
其他業務資産		200385	
防空建築	200385		
其他固定資産			9000000
舊廠財産		9000000	
人和灣舊廠土地	5000000		
人和灣舊廠建築	2000000		
舊廠機器設備	2000000		
流動資産	64126470		
現金			485046
本月庫存	485046	485046	
銀行存款			2795760
美豐銀行	740	740	
川康平民商業銀行	2787971	2787971	
川鹽銀行	1517	1517	
平民銀行[illegible]辦事處	194	194	
四川省銀行	5338	5338	
應收票據			3398330
自來水管理處	3398330	3398330	
應收帳款			5911455
應收電燈費		4655774	
各區用戶	4655774		
應收電力費		385900	
各區用戶	385900		
應收電熱費		3741	
各區用戶	3741		
應收路燈費		1166040	
路燈管理所	1166040		
存出款			20600000
華西公司	8000000	8000000	
中國銀行信託部	12600000	12600000	
材料			16935879
物料		9658351	
本月庫存各料	9658351		
過第[illegible]頁	327103751	327103751	334381279

總經理　協理　覆核　製表

重庆电力股份有限公司一九三七年损益计算表、盈余分配表、资产目录表、余额表、材料年报表等（一九三七年） 0219-2-5

重庆电力股份有限公司一九三七年损益计算表、盈余分配表、资产目录表、余额表、材料年报表等（一九三七年） 0219-2-5

計(38.)26-8-25 3-500

10

重慶電力股份有限公司資產目錄表

中華民國 26 年 12 月 31 日製　　第 5 號

科目	金額	分計	合計
接第 4 頁	327103751	327103751	334381279
電錶		6325474	
本月庫存舍錶	6325474		
燃料		952054	
廠庫存煤	952054		
有價証券			11000000
保証代現券	11000000	11000000	
進項資産	258680986		
投資企業		500000	500000
國民印刷所	500000		
開辦費			1014506
旅費		325879	
吳錫瀛	188759		
程本藏	137120		
財務費		240000	
正則會計師事務所	240000		
註册費		368627	
建設委員會	368627		
工務費		80000	
鑑定電廠工程	80000		
存出保証金			892000
房屋押金		715000	
遠蔭堂	200000		
劉子運	300000		
鐵[illegible]先	100000		
鄧祖璟	30000		
鄧朋益	80000		
陳福隆	2000		
姚家鳳律師事務所	3000		
水錶押金		54000	
自來水整理處	54000		
自用電錶		29000	
本公司	29000		
電話押金		88000	
電話總所	88000		
保險箱押金		6000	
美豐銀行	6000		
暫付款項			30002789
擴充廠房建築外繳		27952222	
過第 6 頁	3423783385	335340003	33779 0574

總經理　協理　科長　覆核　製表

重庆电力股份有限公司一九三七年损益计算表、盈余分配表、资产目录表、余额表、材料年报表等（一九三七年） 0219-2-5

计(民)38-8-15 5-500 11

重慶電力股份有限公司[illegible]目錄

中華民國 26 年 12 月 31 日製　第 6 號

科目	金額	分計	合計
接第5頁	247787785	275740007	277790574
廠房建築	3281791		
工資	2702679		
廠雜費	199440		
物料費	2458752		
設計費	400000		
新機借款利息	18910000		
[illegible]雜項		866465	
鍋炉及造平機	858465		
電墅材料	8000		
暫記各項		1184102	
救國公債	500000		
楊長驥	100000		
劉航琛	100000		
馬記	220000		
益中公司	6902		
市徵收處	139200		
遠蔭堂	108000		
鄧朋益	10000		
應計欠項			90054
應計未收款項		90054	
苑紹墉	40367		
暫記	5860		
路燈管理所	36848		
國民政府	6979		
預付款項			1974714
預付費用		1772084	
庶務股	175474		
川康平民商業銀行	675000		
劉季選	9000		
遠蔭堂	90000		
龐福成	8000		
劉樹成	6750		
杜明[illegible]律師事務所	50000		
四川省銀行	760500		
預付購料款項		202630	
購置股	40000		
楊文安	102630		
東興[illegible]銀行代辦部	60000		
過第7頁	379857342	379857342	379857342

總經理　協理　[illegible]　稽核　製表

重庆电力股份有限公司一九三七年损益计算表、盈余分配表、资产目录表、余额表、材料年报表等（一九三七年） 0219-2-5

12

重慶電力股份有限公司……

中華民國 26 年 月 31 日 第 7 號

科目	金額	分計	合計
接第 6 頁	379857342	379857342	379857342
合同訂購新機			176016668
發電所新機		176016668	
鍋爐	75021700		
透平機	44410134		
電壁材料	4420000		
關稅及運費	31050000		
建築工程費	6699600		
廠內外備件及材料	14415234		
合同訂購材料			48188255
購料合同		48188255	
華西購料合同	9932757		
鴻康購料合同	2230641		
安利變壓器合同	2125000		
實源公司	33899857		
合計	604062265	604062265	604062265

總經理　協理　稽核　製表

重庆电力股份有限公司一九三七年损益计算表、盈余分配表、资产目录表、余额表、材料年报表等（一九三七年） 0219-2-5

13

負債目錄表

14

重慶電力股份有限公司[illegible]

中華民國 26 年 12 月 31 日製　第 1 號

科目	金額	金額	合計
資本及公積	2512211968		
資本 總額			2500000000
漢記	150000000		
武記	150000000		
沂記	150000000		
阮記	100000000		
誠記	130000000		
華西	50000000		
程記	20000000		
文記	10000000		
欽記	10000000		
美記	300000000		
德記	260000000		
和記	260000000		
省政府官股	300000000		
潘仲三	20000000		
劉航琛	10000000		
康心如	10000000		
南基記	60000000		
石體元	5000000		
傅友周	4000000		
陳懷先	4000000		
徐次珩	50000000		
康記	10000000		
豐記	10000000		
亨記	10000000		
福記	10000000		
鄭記	5000000		
楊伯昌	5000000		
周見三	5000000		
劉聞非	5000000		
潘登高	200000		
劉靜之	5000000		
徐安棠	1000000		
唐勤序	400000		
竹波記	1000000		
婁記	500000		
咸記	500000		
琬記	500000		
過第 2 頁	212210000		2500000000

總經理　協理　會計　稽核　製表

重庆电力股份有限公司一九三七年损益计算表、盈余分配表、资产目录表、余额表、材料年报表等（一九三七年）　0219-2-5

重庆电力股份有限公司一九三七年损益计算表、盈余分配表、资产目录表、余额表、材料年报表等（一九三七年） 0219-2-5

廿(26.)126-9-23 3-500

15

重慶電力股份有限公司負債目錄表

中華民國 26 年 12 月 31 日製　　第 2 號

科目	金額		合計
接第 1 頁	212210000		2500000000
苑紹增	1000000		
魏記	50000		
務本堂	50000		
履記	50000		
耿含英	30000		
壽記	20000		
郭紹林	50000		
郭聲記	500000		
何宗武	40000		
鑫記	400000		
土記	200000		
龍煜南	200000		
東玉麟	500000		
泰后麟	500000		
啟元堂	300000		
中建記	5000000		
中渝記	5000000		
中坊記	4000000		
中成記	3000000		
中上記	3000000		
何九淵	500000		
恕記	100000		
寄子郵	500000		
胡子移	500000		
忠記	100000		
勲記	1000000		
祺記	1000000		
隆記	1000000		
德記	1000000		
翼記	1000000		
之記	1000000		
殖記	500000		
慶記	500000		
唐棣之	1000000		
李劍盛	1000000		
周嘯嵐	1000000		
晉記	1000000		
康心之	700000		
過第 2 頁	214950000		2500000000

總經理　協理　稽核　覆核　製表

16

重慶電力股份有限公司[illegible]

中華民國 26 年 12 月 31 日製　第 3 號

科目	金額		合計
接第 2 頁	249500000		2500000000
過債券	500000		
法定公積			42014948
二十四年度提存	338984		
二十五年度提存	3865964		
長期負債	3000000		
長期借入款			3000000
福記	1000000		
祿記	1000000		
壽記	1000000		
短期負債	275822294		
應付票據			227944031
裕華[illegible]公司	125944031		
安利洋行	102000000		
短期借入款			169000000
四川省銀行	169000000		
存入保証金			22266800
錶燈保証金	19334[illegible]		
電力保証金	27884[illegible]		
電熱保証金	500[illegible]		
臨時燈保証金	4[illegible]		
雜項保証金	14[illegible]		
應付紅利			1[illegible]
董監酬勞	[illegible]05		
發起人酬勞	[illegible]05		
應付職工酬勞			314734
各職工	222079		
特別酬勞	920[illegible]		
應付合同款項			61446099
鍋炉	4034		
透平機	140381		
電壁材料	962236		
關稅及運費	8428044		
擴充建築工程	10776025		
改善建築工程	213100		
厰內外備件及材料	1494966		
華西購料合同	7449566		
鴻康購料合同	2070978		
安利變壓器合同	1709263		
過第 4 頁	504867242		5330223242

總經理　協理　科長　主任　覆核　製表

重慶電力股份有限公司[illegible]

中華民國 26 年 12 月 31 日製　第 4 號

科目		金額		合計
接第 3 頁		5144867242		5331272442
	寶源公司	2810000		
暫項負債		3041901		
折舊準備				25465496
	發電資產折舊準備	11922189		
	輸電配電資產折舊準備	3456078		
	用電資產折舊準備	4599223		
	業務資產折舊準備	77506		
	其他固定資產折舊準備	780000		
呆賬準備				521981
	二十四年度提存	521781		
暫收款項				2108286
	提存特別積金	44086		
	暫記	280		
	包工折卸費	80000		
	顾[illegible]	50000		
	市商會	29278		
	自來水[illegible]處	1404642		
	四川水泥公司	5[illegible]		
應計存項				2524078
	協力公司	192[illegible]		
	川鹽銀行	25[illegible]		
	[illegible]利息	[illegible]		
	[illegible]局	[illegible]9525		
	木材[illegible]工[illegible]	81300		
當[illegible]		[illegible]		
盈[illegible]				8[illegible]
	二十五年度盈餘	81[illegible]		
本[illegible]盈餘				3940190[illegible]
	二十六年度盈餘	3940190[illegible]		
合計		6140622265		6140622265

總經理　協理　[illegible]　覆核　製表

重庆电力股份有限公司一九三七年损益计算表、盈余分配表、资产目录表、余额表、材料年报表等（一九三七年） 0219-2-5

重庆电力股份有限公司一九三七年损益计算表、盈余分配表、资产目录表、余额表、材料年报表等（一九三七年） 0219-2-5

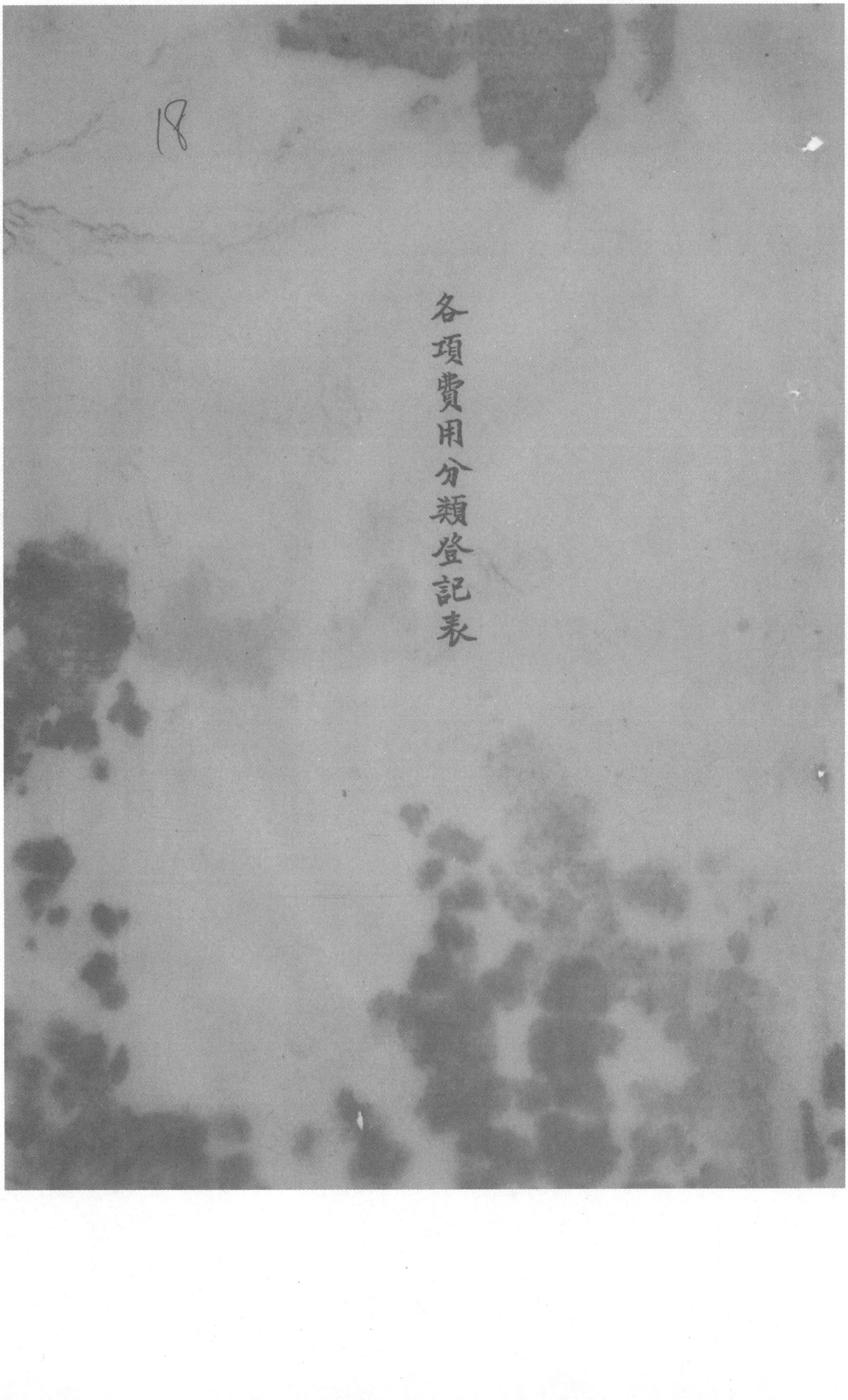
18

各項費用分類登記表

19

重慶電力公司各項費用分類統計表

自 1 月 1 日起至 12 月 31 日止

科目	發電費用		供電費用		營業費用		管理費用		總計		每月平均金額
	本月份金額	累計金額	本月份金額	累計金額	本月份金額	累計金額	本月份金額	累計金額	本月份金額	累計金額	
薪金		6224650		1294490		2314450		7986760		13816290	
工資		4570540		1509810		85710		717650		6843712	
燃料消耗		10114506								10114506	
潤滑油消耗		113212								113212	
物料消耗		1952075		419379		411512		457767		2940733	
工具消耗		295860		195684						489546	
化驗藥物		64707								64707	
修繕費		2274[illegible]		211[illegible]		1944		94528		151251	
房地租費		1691[illegible]		[illegible]		[illegible]		67810		869951	
旅運費		501122		105422		111022		65192		858365	
廣告費						16910		[illegible]		244002	
交際費								1016032		1016032	
財務[illegible]費								166290		166290	
文具[illegible]費		1407514		23[illegible]		1019299		624798		2022841	
郵[illegible]費				21400		18400		[illegible]		1026469	
自[illegible]						72918		1197658		1130556	
[illegible]								1102[illegible]		[illegible]	
[illegible]								[illegible]		[illegible]	
[illegible]								022[illegible]		022338	
[illegible]								[illegible]		[illegible]	
[illegible]		279341		[illegible]		86779		[illegible]		[illegible]	
[illegible]								1930[illegible]		1930[illegible]	
[illegible]								[illegible]		[illegible]	
[illegible]								[illegible]		[illegible]	
[illegible]								[illegible]		[illegible]	
[illegible]		5016869		[illegible]		2018651		897228		[illegible]	
[illegible]								[illegible]		[illegible]	
[illegible]						[illegible]		[illegible]		[illegible]	
[illegible]								849[illegible]		849[illegible]	
其[illegible]		45412						[illegible]		[illegible]	
總計		[illegible]		[illegible]		[illegible]		[illegible]		68900124	

總經理　　　會計主任　　　　　　　　　　　　製表

重庆电力股份有限公司一九三七年损益计算表、盈余分配表、资产目录表、余额表、材料年报表等（一九三七年） 0219-2-5

20

電費收入統計表

重庆电力股份有限公司一九三七年损益计算表、盈余分配表、资产目录表、余额表、材料年报表等（一九三七年） 0219-2-5

中華民國 年度 第 屆决算

重慶電力股份有限公司電費收入統計表

自26年1月1日
至26年12月31日止

中華民國26年12月31日製

月份	電燈 戶數	電燈 度數	電燈 金額	電力 戶數	電力 度數	電力 金額	電熱 戶數	電熱 度數	電熱 金額	路燈 數目	路燈 金額	自用電度 度數	自用電度 金額	補繳費 戶數	補繳費 度數	補繳費 金額	總計 戶數	總計 度數	總計 金額
一月	10616	[illegible]	8609388	95	[illegible]	1124355	34	365363	32888	1389	166680	297100	80388				10563	5007474	9994198
二月	15717	[illegible]	7472636	106	[illegible]	1230366	47	463027	126904	1389	166680	385090	107825			6000	1032	[illegible]	9108439
三月	10943	[illegible]	7765936	102	[illegible]	978017	45	720000	64273	1389	166680	880750	257371			1800	11196	4573682	9434096
四月	11161	[illegible]	6788742	112	3066110	1117150	43	334220	30073	1389	166680	283000	80808			2200	11316	[illegible]	8185858
五月	11352	[illegible]	6331572	105	[illegible]	1000986	33	218150	19633	1389	166680	284600	79683			19000	11490	3709755	7623599
六月	11513	[illegible]	6366513	108	3396308	1003019	25	40730	3160	1389	166680	266950	74746			8662	11651	3973021	7696785
七月	11743	[illegible]	6494760	113	[illegible]	1090526	24	37630	3387	1389	166680	340340	95309			2111	11885	[illegible]	7801762
八月	11688	[illegible]	6661063	119	742250	1272231	29	213600	[illegible]	[illegible]	[illegible]	308700	86436				11836	[illegible]	8205537
九月	11871	[illegible]	6934000	121	[illegible]	1296860	32	412530	[illegible]	[illegible]	[illegible]	244439	68442			1300	12024	[illegible]	8504600
十月	13027	[illegible]	7168561	121	[illegible]	1316850	34	368000	[illegible]	[illegible]	[illegible]	226193	63334				13182	[illegible]	8236357
十一月	12681	[illegible]	7590311	118	[illegible]	2469744	31	180000	[illegible]	[illegible]	[illegible]	359437	100643				12278	[illegible]	10361704
十二月	12253	[illegible]	8158744	126	[illegible]	2222036	54	[illegible]	[illegible]	[illegible]	[illegible]	227500	63700			8475	12438	[illegible]	11665211
共計	[illegible]	[illegible]	[illegible]	1344	[illegible]	15976723	430	4818314	[illegible]	[illegible]	[illegible]	[illegible]	1158690			42537	[illegible]	[illegible]	[illegible]

摘要表

(一) 電燈

類別	度數	金額
錶燈	2712457.89	75991866
特價燈	739108.62	11112822
臨時燈	14962.30	439344
共計	[illegible]	86543032

(二) 自用電度

類別	度數	金額
電燈	40637.49	1158690
電力		
電熱		
共計	[illegible]	1158690

附	註

(三) 補繳費

類別	度數	金額
電燈		42537
電力		
電熱		
共計		42537

(四) 總計

類別	度數	金額
電燈	3517538.31	87341299
電力	2441212.14	15970723
電熱	481834	421853
共計	[illegible]	[illegible]

總經理 科長 主任 覆核 製表員

重庆电力股份有限公司一九三七年损益计算表、盈余分配表、资产目录表、余额表、材料年报表等（一九三七年） 0219-2-5

22

各項收入分類登記表

23

民國 26 年度 月份

重慶電力股份有限公司各項收入總計表

民國 26 年 12 月 31 日製　　第　頁

科目	電費收入	營業收入	雜項收入	總計金額
電費收入	1061476.40			
電燈收入				865430.32
錶燈	759908.66			
特價燈	101128.22			
臨時燈	4393.44			
電力收入				157707.23
電力	157707.23			
電熱收入				4268.58
電熱	4268.58			
路燈收入				20007.60
路燈	20007.60			
自用電度收入				11586.90
錶燈	11586.90			
補繳電費收入				475.77
窃電追償費	475.77			
營業收入		12103.00		
業務手續收入				12103.00
接電費		11681.00		
檢驗費		219.00		
移錶費		136.00		
工本費		68.00		
雜項收入			31290.72	
利息收入				12295.40
借出款息			11052.72	
有價證券息			559.80	
銀行存款息			682.88	
房地租金收入				1536.00
舊廠房租			1500.00	
舊廠山小坊房租			36.00	
補助費收入				2462.78
桿綫補助費			1334.94	
接户綫補助費			1127.84	
物料盤盈				1531.88
物料			1531.88	
售貨利益				68.93
物料			68.93	
其他雜項收入				13395.73
接收廠房餘料			9875.33	
[illegible]			3520.40	
合計	1061476.40	12103.00	31290.72	1104870.12

總經理　總務科長　會計科長　主任　覆核　製表

重庆电力股份有限公司一九三七年损益计算表、盈余分配表、资产目录表、余额表、材料年报表等（一九三七年）　0219-2-5

重庆电力股份有限公司一九三七年损益计算表、盈余分配表、资产目录表、余额表、材料年报表等（一九三七年） 0219-2-5

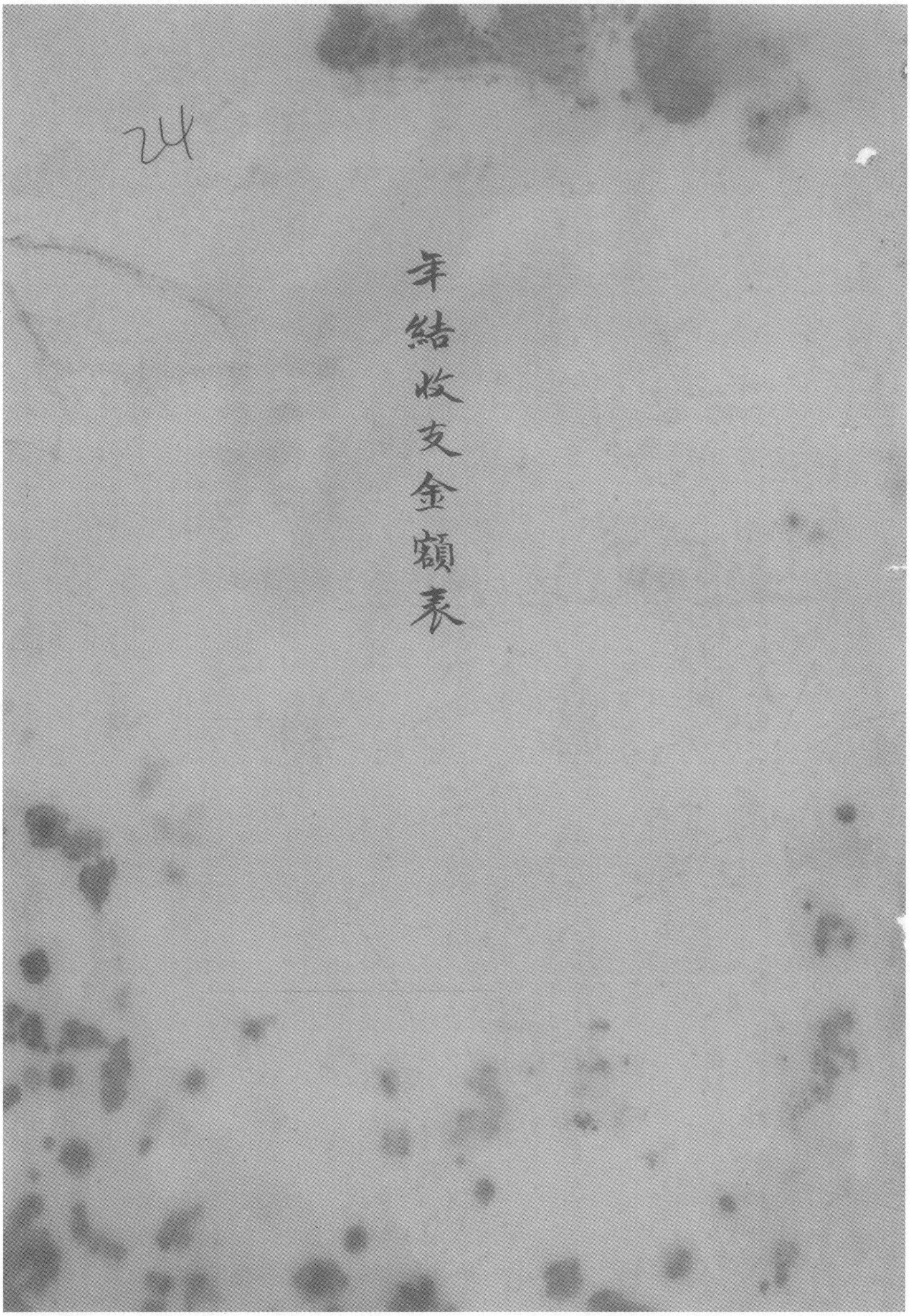
24

年結收支金額表

重庆电力股份有限公司一九三七年损益计算表、盈余分配表、资产目录表、余额表、材料年报表等（一九三七年） 0219-2-5

25

年结

重慶電力股份有限公司收支金額日計表

(計-8)-26-11-10.
4-1000.

民國 26 年 12 月 31 日　　第　　號

收入 現金	收入 轉帳	收入 合計	科目	支出 現金	支出 轉帳	支出 合計
		253694	[illegible]費			
	81470		旅費			
	60000		財務費			
	92754		註冊費			
	20000		工務費			
			應付款項			19365875
			[illegible] 利息		18910000	
			工資		377110	
			旅雜費		78765	
		12516244	折舊準備			
	5616563		發電資產折舊準備			
	3837410		輸配電資產折舊準備			
	2418671		用電資產折舊準備			
	403598		業務資產折舊準備			
	240000		其他固定資產折舊準備			
		4558475	發電費用			[illegible]
	[illegible]		工資			
	[illegible]		旅費			
	[illegible]		修繕			
			折舊		5616563	
			供電費用			3837410
			折舊		3837410	
			營業費用			2418671
			折舊		2418671	
		1891000	管理費用			897288
	[illegible]		債款利息			
			[illegible] 其他費用		253694	
			折舊		643598	
			共計			
			昨日結存今日			
	39135746	39135746	總共		39135746	39135746

總經理　　會計科長　　簿記股主任　　出納股主任　　製表員

26

實計折舊金額表

27

民國二十六年度
自一月份起至十二月份止

重慶電力股份有限公司實計折舊金額表

中華民國26年度 12月31日製

科目	按月實計折舊金額							
	1—6月份	7月份	8月份	9月份	10月份	11月份	12月份	合計
發電資產	2805906	467846	467846	467996	468018	468362	470592	1616813
發電所建築	471098	78516	78516	78516	78516	78516	78516	942194
鍋炉設備	678732	113314	113314	113314	113333	113549	113595	1359161
原動及發電機	1328961	221493	221493	221493	221493	221493	221493	2657919
電氣設備	164421	27421	27421	27421	27421	27518	27518	329245
廠內附屬設備	162590	27112	27112	27262	27262	27276	27450	328044
輸電配電資產	1850411	322677	322968	323910	324138	334431	358677	3837144
輸電配電建築	6608	1101	1101	1101	1101	1101	1101	13214
配電所設備	121387	20231	20231	20231	20231	20231	20231	242773
架空線路	1438113	253468	253982	254934	255462	265488	288757	3410482
變壓器	284303	47777	47644	47644	47644	47644	48886	571242
用電資產	1173059	201311	203321	206716	208788	211488	212018	2418671
接戶設備	1165835	197737	201347	202742	204814	207514	208044	2287633
其他用電資產	7194	3974	3974	3974	3974	3974	3974	31038
業務資產	165087	37320	38728	38960	39331	40302	43833	403698
試驗設備	40566	11298	12007	12007	12007	12007	12017	112008
運輸設備	31300	9418	9874	9874	9874	10240	10240	90820
器具設備	93221	16607	16844	17069	17450	18044	19119	178244
其他業務資產							2505	2505
其他固定資產	120000	20000	20000	20000	20000	20000	20000	240000
舊廠財產	120000	20000	20000	20000	20000	20000	20000	240000
合計	6144133	1049068	1054870	1057872	1060672	1074183	1105150	12516244

總經理　　協理　　總務科長　　會計科長　　主任　　製表

28

餘額表

重庆电力股份有限公司一九三七年损益计算表、盈余分配表、资产目录表、余额表、材料年报表等（一九三七年） 0219-2-5

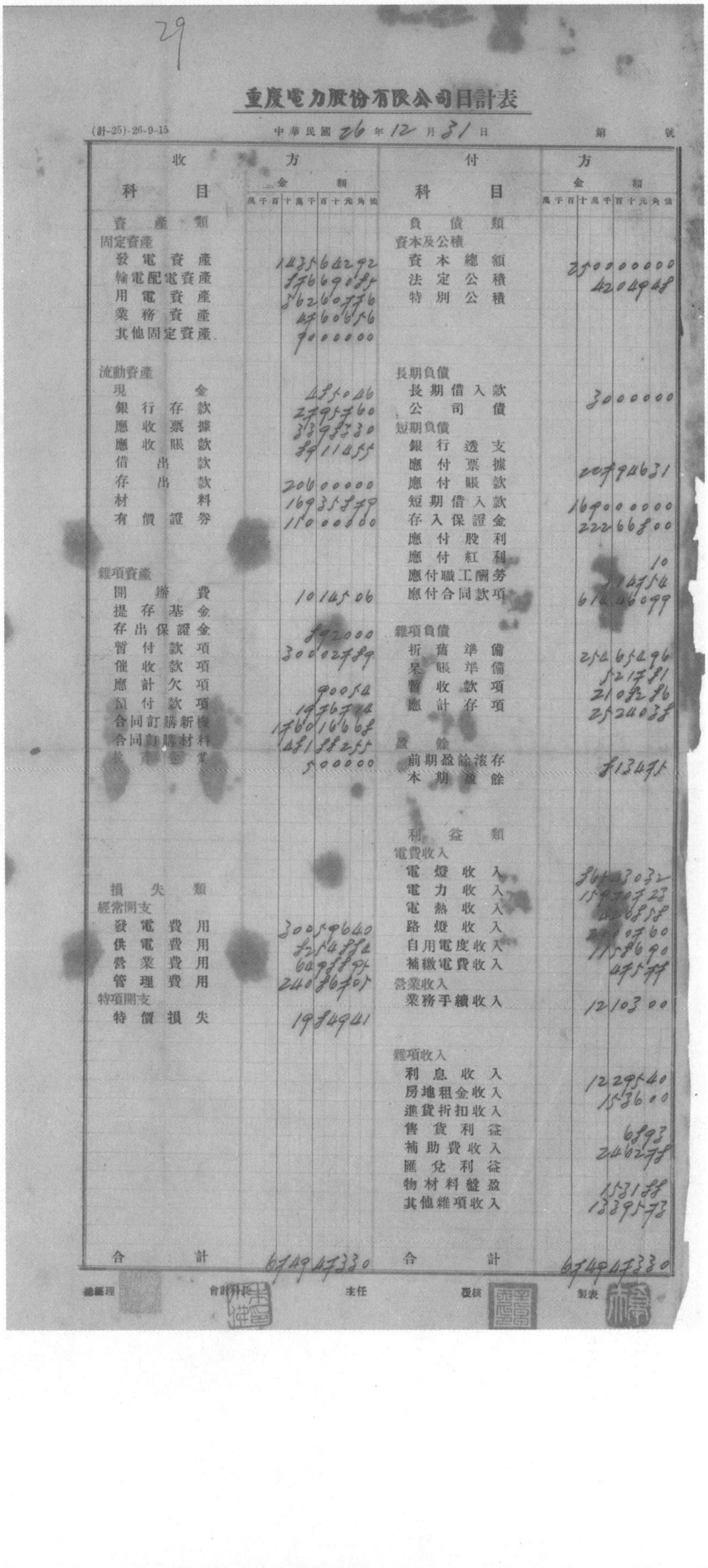

29

重慶電力股份有限公司日計表

(計-25)-26-9-15　　中華民國26年12月31日　　第　　號

收方 科目	金額	付方 科目	金額
資產類		負債類	
固定資產		資本及公積	
發電資產	143564292	資本總額	250000000
輸電配電資產	57669085	法定公積	4204948
用電資產	56260776	特別公積	
業務資產	4760656		
其他固定資產	9000000		
流動資產		長期負債	
現金	455046	長期借入款	3000000
銀行存款	2795760	公司債	
應收票據	3398530	短期負債	
應收賬款	8911455	銀行透支	
借出款		應付票據	
存出款	20600000	應付賬款	20794631
材料	16935579	短期借入款	169000000
有價證券	11000000	存入保證金	22266800
		應付股利	
		應付紅利	10
雜項資產		應付職工酬勞	574754
開辦費	1014506	應付合同款項	61[illegible]46099
提存基金			
存出保證金	892000	雜項負債	
暫付款項	30002789	折舊準備	25465496
催收款項		呆賬準備	521781
應計欠項	90054	暫收款項	2108286
[illegible]付款項	1976744	應計存項	2524038
合同訂購新機	176016668		
合同訂購材料	148188255	盈餘	
[illegible]	500000	前期盈餘滾存	813475
		本期盈餘	
		利益類	
		電費收入	
		電燈收入	36[illegible]3032
損失類		電力收入	15[illegible]0723
經常開支		電熱收入	[illegible]6818
發電費用	30059640	路燈收入	[illegible]0760
供電費用	8254884	自用電度收入	1158690
營業費用	6495895	補繳電費收入	47577
管理費用	24086705	營業收入	
特項開支		業務手續收入	1210300
特價損失	1984941		
		雜項收入	
		利息收入	1229540
		房地租金收入	153600
		進貨折扣收入	
		售貨利益	6893
		補助費收入	246278
		匯兌利益	
		物材料盤盈	153188
		其他雜項收入	1389578
合計	674947330	合計	674947330

總經理　　會計科長　　主任　　覆核　　製表

重庆电力股份有限公司一九三七年损益计算表、盈余分配表、资产目录表、余额表、材料年报表等（一九三七年） 0219-2-5

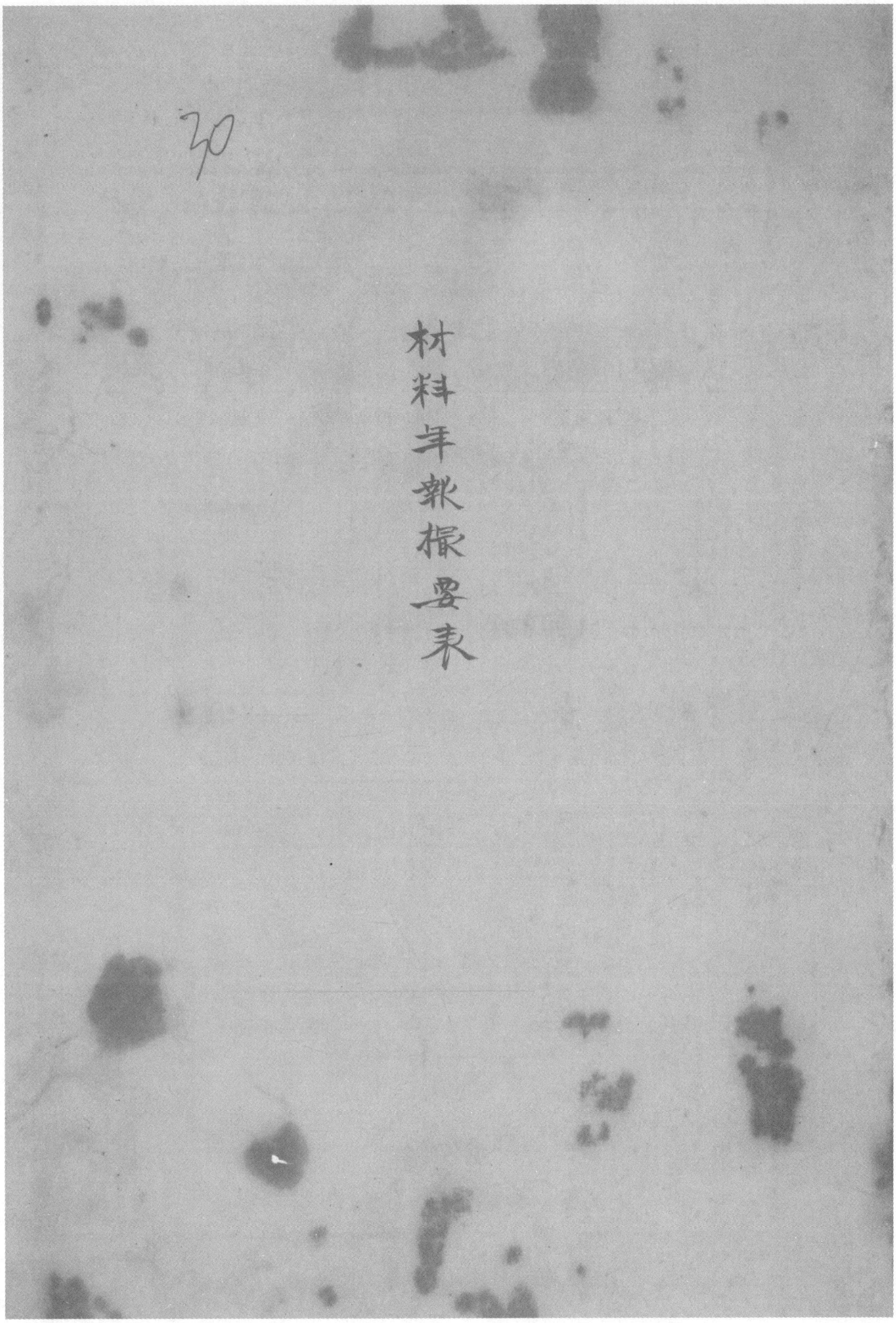

30

材料年報撮要表

重庆电力股份有限公司一九三七年损益计算表、盈余分配表、资产目录表、余额表、材料年报表等（一九三七年） 0219-2-5

31

重慶電力股份有限公司材料年報撮要表

民國 26年 12月31日　　民國 26 年度　　(料—24.) $\frac{25-3-6}{1-200}$. 第

(壹) 存料表:

類別	上年結存	本年收入 購料	本年收入 其他	本年發出	本年結存
A 類	12112483	2060527	9060308	~~13329749~~ 14017039	9202279
B 類	1426120	2441422	125964	2221093	17716[illegible]
B 2 類		10030324	2944669	11366687	1630387
C 類	149206	64776	12283	144266	71[illegible]
C 2 類		302916	162273	440192	44996
E 類		70777	219210	109287	817696
F 類		4927303	766441	3334862	2407882
G 類		463649		461797	1662
[illegible]	46567	4010		34608	25969
	13740376	21067648	13296723	32129731	149838[illegible]

備考

(貳) 逐月用料表:

類別	一月	二月	三月	四月	五月	六月	七月	八月	九月	十月	十一月	十二月	共計
A 類	1628.34	1116.11	1541.86	1202.68	1340.50	1332.58	1165.93	1213.19	1133.26	909.59	1160.50	1626.60	140170[illegible]
B 〃	1723.17	1567.9	4094.67	2114.36	1785.46	1761.34	1725.[illegible]	1026.25	753.20	680.58	610.56	3778.13	222109[illegible]
B 2 〃						2555.29	4665.65	1.96	6220.98	4208.12	2516.30	3191.88	113666[illegible]
C 〃	59.3[illegible]	170.76	450.39	98.91	227.58	63.98	50.76	19.11	30.17	19.80	06.13	295.30	144266
C 2 〃				101.21	63.41	1087.22	174.62	166.69	313.71	27.30	298.77	1052.19	440192
E 〃								2.03	469.01	11.40	253.64	356.72	109287
F 〃				635.16	519.29	1053.20	[illegible]	1161.39	5315.7[illegible]	1012.44	1024.70	1059.400	33348[illegible]
G 〃						4442.97	30.11		30.07			12.62	4617[illegible]
[illegible]	13.09	4.62	17.30	0.80	1.18	3.31	3.20	109.62	19.63	0.70	1.59	168.44	346[illegible]
													32129[illegible]

備考

總經理　總工程師　會計科長　材料主任　審核主任　製表員

重庆电力股份有限公司一九三七年损益计算表、盈余分配表、资产目录表、余额表、材料年报表等（一九三七年） 0219-2-5

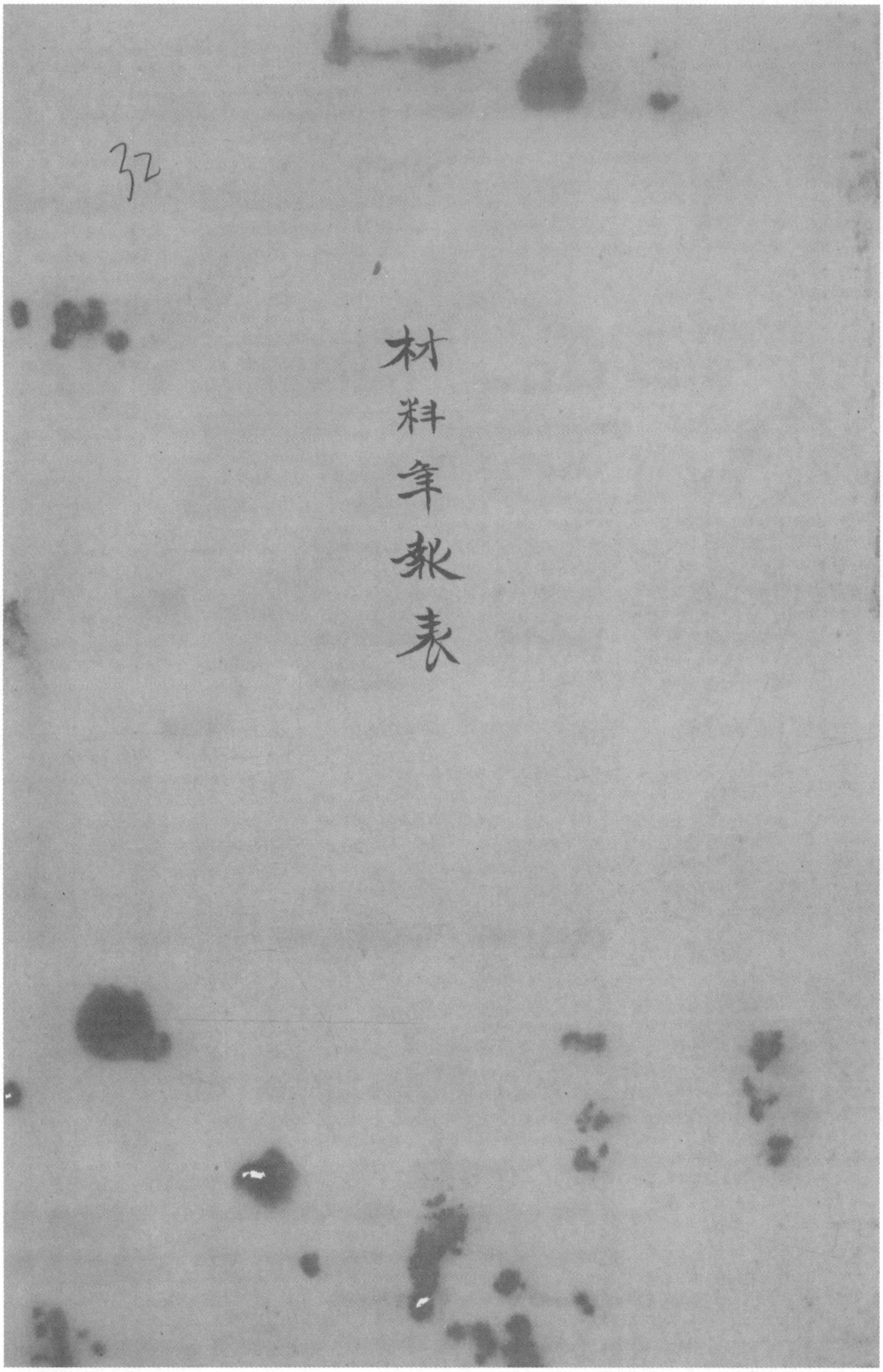
32

材料年報表

重庆电力股份有限公司一九三七年损益计算表、盈余分配表、资产目录表、余额表、材料年报表等（一九三七年） 0219-2-5

33

重庆电力股份有限公司接火线材料年报表　（料—22）25-9-10 / 3-100

民国 26 年度 月 日　第 1 页

编号	名称	单位	收入 数量	收入 单价	收入 金额	发出 数量	发出 单价	发出 金额	现存 数量	现存 金额	均价
1	8# 风雨线	尺	1530	45	76850	1219	45	6095	1051	71755	45
3	〃	〃	2331		48162	2331		48162	0	〃	
4	〃	〃	2626		116250	2626		116250	0	〃	
5	〃	〃	2189		121052	2189		121052	0	〃	
6	〃	〃	2257	456	122234	2257	456	122234	0	〃	
8	〃	〃	984	75	7381	984		7381	0	〃	
9	〃	〃	1221		10830	1221		10830	0	〃	
11	〃	〃	1202		10005	1202		10005	0	〃	
21	皮线	〃	11212	115	128315	5892	115	88395	5092	84920	115
22	〃	〃	7847		217034	7511		212868	926	4166	[illegible]
23	〃	〃	2538		96497	2089		93575	641	2922	18
25	〃	〃	1850	134	62900	777	134	26918	1083	35982	134
26	〃	〃	6665	452	362158	1132	452	59002	5838	303156	452
27	〃	〃	4785	175	358763	1166	175	87201	3609	271562	175
28	〃	〃	4934		74937	4468		59518	370	15419	[illegible]
29	〃	〃	2700		66600	1228	247	30332	1092	36268	247
30	胶包布	唛	1067		25534	1003		23574	64	1960	15
33	皮线	尺	1311		35007	300		7980	1011	27027	27
34	〃	〃	831	44	36520	600	44	26400	231	10120	44
35	〃	〃	459	98	44982	394	98	38612	65	6370	98
41	1# 接脚磁瓶	只	208	80	16640	166	80	13280	42	3360	80
42	2# 〃	〃	9	50	450	7	50	350	2	100	50
43	3# 〃	〃	6612	16	102592	1998	16	31904	4418	70688	16
44	1# 直脚磁瓶	〃	124	65	8060	124	65	8060	0	〃	
46	3# 〃	〃	609		104791	472		80350	1409	24441	
47	1B 磁瓶	〃	2611		144460	583	6	34980	2028	109480	
48	2# 磁珠	〃	17	4	68	9	4	36	8	32	4
49	1# 磁瓶	〃	27	70	1890	5	70	350	22	1540	70
50	2# 直脚	〃	31	31	982	8	31	253	23	729	31
51	10A 户外保险	〃	443		13555	438		13405	5	150	30
52	20A 〃	〃	2232		55933	1669		42547	563	13386	22
53	A5 花保险	〃	1197	75	11373	885	75	8621	312	2952	75
54	10A 又〃	〃	62	120	7440	8	120	960	54	6480	120
56	30A 〃	〃	13		1130	9		770	4	360	90
57	50A 〃	〃	12	263	3156	12	263	3156	0	〃	
60	10A 高压磁保险	〃	3	2993	8979	3	2993	8979	0	〃	
61	铅皮线	尺	5905		389171	4076		294614	1829	94557	[illegible]
62	〃	〃	1882		174337	1451		153037	431	21300	11
63	〃	〃	1088	13	131949	3413	13	48269	6435	83680	13
64	〃	〃	990		17037	79		1412	911	15625	172
65	〃	〃	4592	142	65114	3318	142	47114	1274	18000	142
66	〃	〃	2216		48245	1460		30865	756	17380	23
67	〃	〃	1225		41358	446		22097	5663	19261	34
68	1# 弹簧灯插		[illegible]		9630	3		5630	2	4000	2000
69	1# 气皮包	〃	31		11295	321		10731	47	564	12
70	2# 〃	〃	446		6756	303		4182	143	2574	18
71	3# 〃	〃	303		5687	186		3932	117	1755	15
72	紫铜钟头	只	40	65	2600				40	2600	65
76	铅皮线	尺	535	553	29606	243	553	13438	292	16168	553
81	1# 表压	只	28	80	2240	18		1440	10	800	80
82	2# 〃	〃	51		3550	34		2360	17	1190	70
合（过次页）计					3481738			2078009		1403779	

总经理 协理　总务科长　会计科长　材料股主任　营业股主任　簿记股主任　材料员　制表员

第⑨辑

重庆电力股份有限公司一九三七年损益计算表、盈余分配表、资产目录表、余额表、材料年报表等（一九三七年） 0219-2-5

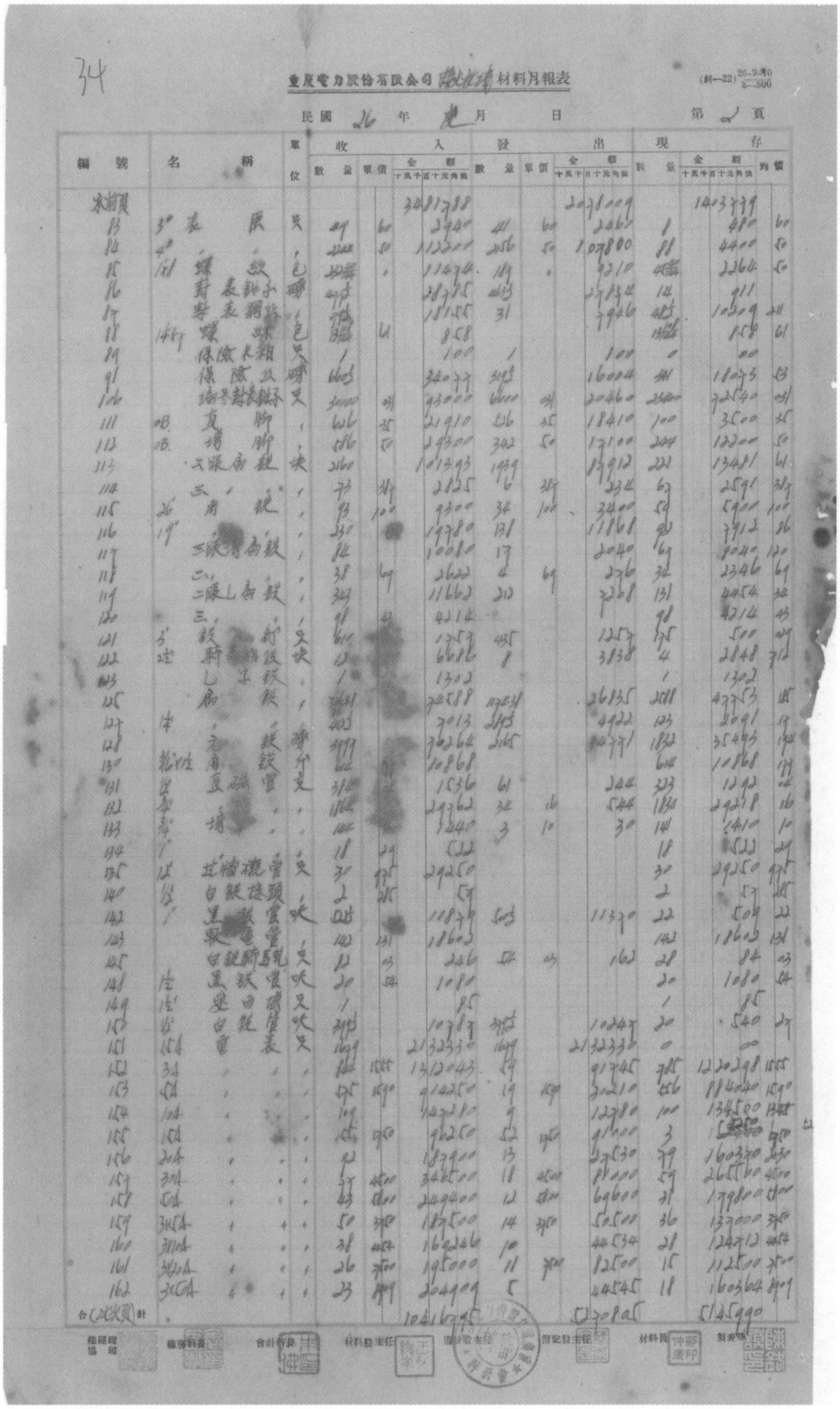

34

重慶電力股份有限公司 材料月報表 (料—22) 26-9-30 / 8—500

民國 26 年 月 日 第 2 頁

編號	名稱	單位	收入 數量	收入 單價	收入 金額	發出 數量	發出 單價	發出 金額	現存 數量	現存 金額	均價
承前頁					3481788			2078009		1403779	
合(26頁)計										5145990	

總經理 協理　稽核科長　會計科長　材料股主任　稽核股主任　帳記股主任　材料員　製表員

重慶電力股份有限公司 [illegible] 材料月報表
(料—22) 26-9-10 / 5—500
民國 26 年 九 月 日　　第 2 頁
83	3" 表底	只	49	60	2940	41	60	2460	1	480	60
84	4" 〃	〃	2244	50	112200	2156	50	107800	88	4400	50
85	1/2 螺絲	包	[illegible]	〃	11474	184	〃	9210	[illegible]	2264	50
86	封表銷子	磅	[illegible]		28725	[illegible]		27814	14	911	
87	封表鋼絲		[illegible]		18155	31		7946	[illegible]	10209	211
88	1/4 螺絲	包	[illegible]	61	858				[illegible]	858	61
89	保險木箱	只	1		100	1		100	0	00	
91	保險絲	磅	665		34077	345		16004	[illegible]	18073	53
106	編號封表銷子	只	3000	031	93000	6600	031	20460	2340	72540	031
111	1/8 夾腳	〃	626	35	21910	526	35	18410	100	3500	35
112	1/8 墻腳	〃	586	50	29300	342	50	17100	244	12200	50
113	六眼扁鐵	塊	2160		101393	1939		87912	221	13481	61
114	三〃〃	〃	73	387	2825	6	387	234	67	2591	387
115	2" 角鐵	〃	93	100	9300	34	100	3400	59	5900	100
116	1" 〃	〃	230		19780	131		11868	99	7912	86
117	二眼青扁鐵	〃	84		10080	17		2040	67	8040	120
118	二〃〃	〃	38	69	2622	4	69	276	34	2346	69
119	二眼上扁鐵	〃	343		11662	212		7208	131	4454	34
120	三〃〃	〃	98	43	4214				98	4214	43
121	5/8 鐵[illegible]	只	[illegible]		1757	435		1257	175	500	
122	1/2 [illegible]鐵	塊	12		6686	8		3838	4	2848	712
123	七字鐵	〃	1		1302				1	1302	
125	扁鐵	〃	[illegible]		74588	[illegible]		26835	288	47753	
127	1/4 〃鐵		[illegible]		7013	285		4922	123	2091	17
128	元鐵	磅	[illegible]		70264	2165		34771	1832	35493	
130	角鐵	[illegible]	614		10868				614	10868	
131	直磁管	支	[illegible]		1536	61		244	323	1292	04
132	〃	〃	1866		29762	34	16	544	1830	29218	16
133	墻〃	〃	144		1440	3	10	30	141	1410	10
134			18	29	522				18	522	29
135	1/2 拉線瓷管	支	30	975	29250				30	29250	975
140	白鐵接頭	〃	2	285	57				2	57	285
142	黑鐵管	呎	[illegible]		11879	503		11370	22	509	22
143	[illegible]電管		142	131	18602				142	18602	131
145	白鐵螺絲馬丸	支	12	03	246	54	03	162	28	84	03
148	黑鐵管	呎	20	54	1080				20	1080	54
149	受口樁	只	1		85				1	85	
150	白鐵管	呎	[illegible]		10787	[illegible]		10247	20	540	27
151	電表	只	1609		2132330	1609		2132330	0	00	
152	3A 〃	〃	844	1555	1312043	59		91745	785	1220298	1555
153	5A 〃	〃	575	1590	914250	19	1590	30210	556	884040	1590
154	10A 〃	〃	109		146780	9		12780	100	134500	1345
155	15A 〃	〃	55	1750	96250	52	1750	91000	3	5250	1750
156	20A 〃	〃	92		187900	13		27530	79	160370	2030
157	30A 〃	〃	77	4500	346500	18	4500	81000	59	265500	4500
158	50A 〃	〃	43	5800	249400	12	5800	69600	31	179800	5800
159	3x5A 〃	〃	50	3750	187500	14	3750	50500	36	137000	3750
160	3x10A 〃	〃	38	4454	169246	10		44534	28	124712	4454
161	3x20A 〃	〃	26	7500	195000	11	7500	12500	15	112500	7500
162	3x50A 〃	〃	23	8909	204909	5		44545	18	160364	8909
合(24頁)計					10416775			5270825		5145990	
總經理 協理　總務科長　會計科長　材料股主任　營業股主任　登記股主任　材料員　製表員

35.

重慶電力股份有限公司接火材料材料年報表　(料—22) 25-9-10 / 5-500

民國 26 年度　月　日　　第 3 頁

編號	名稱	單位	收入 數量	收入 單價	收入 金額	發出 數量	發出 單價	發出 金額	現存 數量	現存 金額	均價
承前頁					10416795			5270805		5145990	
[illegible]	電表	只	10	6400	64000	1	[illegible]	6400	9	57600	6400
[illegible]	〃	〃	10	11600	116000	5	11600	58000	5	58000	11600
[illegible]	開刀開關	〃	11	225	2475	3	225	675	8	1800	225
[illegible]	〃	〃	11		2400	8		1800	3	600	200
[illegible]	〃	〃	6		3700	3		1675	3	2025	675
[illegible]	〃	〃	2	1000	2000	1		1000	1	1000	
[illegible]	〃	〃	1		1400	1		1400	0	00	
[illegible]	電灯用戶牌	块	9000		60560	9000		60560	0	00	
[illegible]	電力〃	〃	100	09	900	100	09	900	0	00	
[illegible]	碍 [illegible]	[illegible]	84		1612	39		712	45	900	20
[illegible]	電爐瓷[illegible]	只	186		1250	100		807	86	443	[illegible]
[illegible]	表用变流器	只	9		43533	3		14400	6	29133	4855
[illegible]	表用变压器	〃	1		47966				1	47966	
[illegible]	[illegible]電度表	〃	1		10116				1	10116	
[illegible]	[illegible]表	只	1		81397				1	81397	
[illegible]	單相電流表	只	2	6548	13096	2	6548	13096	0	00	
[illegible]	單相電壓表	〃	1		11830	1		11830	0	00	
[illegible]	[illegible]变流器	〃	[illegible]		23983	1		23983	0	00	
[illegible]	電桿	根	[illegible]		[illegible]	[illegible]		917766	462	665145	
[illegible]	中[illegible]鉄	块	[illegible]		22011	28		6438	63	15573	247
[illegible]	〃	〃	[illegible]		2229				13	2229	171
[illegible]	〃	〃	[illegible]		3332	10		1190	18	2142	119
[illegible]	[illegible]鉄	〃	[illegible]		12160	8	304	2432	32	9728	304
[illegible]	〃	〃	32	145	4636	6		870	26	3766	145
[illegible]	〃	〃	[illegible]		6800	16	200	3200	18	3600	200
[illegible]	〃	〃	[illegible]		4424				14	4424	316
[illegible]	撑[illegible]鉄	〃	[illegible]		12880	12	140	1680	80	11200	140
[illegible]	〃	〃	29		6476	5	223	1115	24	5361	223
[illegible]	撑[illegible]鉄	〃	140		[illegible]	57		2354	83	3983	48
[illegible]	〃	〃	2	41	[illegible]				2	82	41
[illegible]	〃	〃	80	29	2320	20	29	580	60	1740	29
[illegible]	騎馬鉄板	块	65	176	1142				65	1142	176
[illegible]	拉角鉄	〃	10	66	660				10	660	66
[illegible]	中心角鉄	〃	1		500				1	500	
[illegible]	撑角鉄	〃	62		3461	8		441	54	2970	55
[illegible]	L〃	〃	25	100	2500				25	2500	100
[illegible]	拉线[illegible]	只	603	150	90450	312	150	46800	291	43650	150
[illegible]	高壓〃	〃	59	148	8682	10	148	1480	49	7202	148
[illegible]	拉[illegible]〃	〃	497		64610	412	130	53560	85	11050	130
[illegible]	[illegible]	[illegible]	12		3150	2		3150	0	00	
[illegible]	[illegible]	[illegible]	[illegible]		12328	713		10432	139	1946	14
[illegible]	抱[illegible]箍	[illegible]	380		16403	243		10649	137	5754	43
[illegible]	鉄[illegible]	[illegible]	88		2162	38		1067	50	1045	22
[illegible]	L角鉄	块	69		1450	16		344	51	1106	[illegible]
[illegible]	鉄板	〃	137	203	2778				137	2778	[illegible]
[illegible]	四格林	只	59		30830	8		4184	51	26646	[illegible]
[illegible]	[illegible]司[illegible]	[illegible]	49		1536	48		1478	1	28	
[illegible]	拉伸[illegible]	只	14	160	2240				14	2240	160
[illegible]	路灯[illegible]	[illegible]	1099		156705	340		49552	759	107153	145
[illegible]	[illegible]灯灯管	只	1061		47770	290		13846	771	33924	44
合計(过次頁)					13021028			6602701		6418327	

總經理 協理　稽核員　會計主任　材料股主任　營業股主任　工程股主任　材料員　製表員

重庆电力股份有限公司一九三七年损益计算表、盈余分配表、资产目录表、余额表、材料年报表等（一九三七年）　0219-2-5

重庆电力股份有限公司一九三七年损益计算表、盈余分配表、资产目录表、余额表、材料年报表等（一九三七年） 0219-2-5

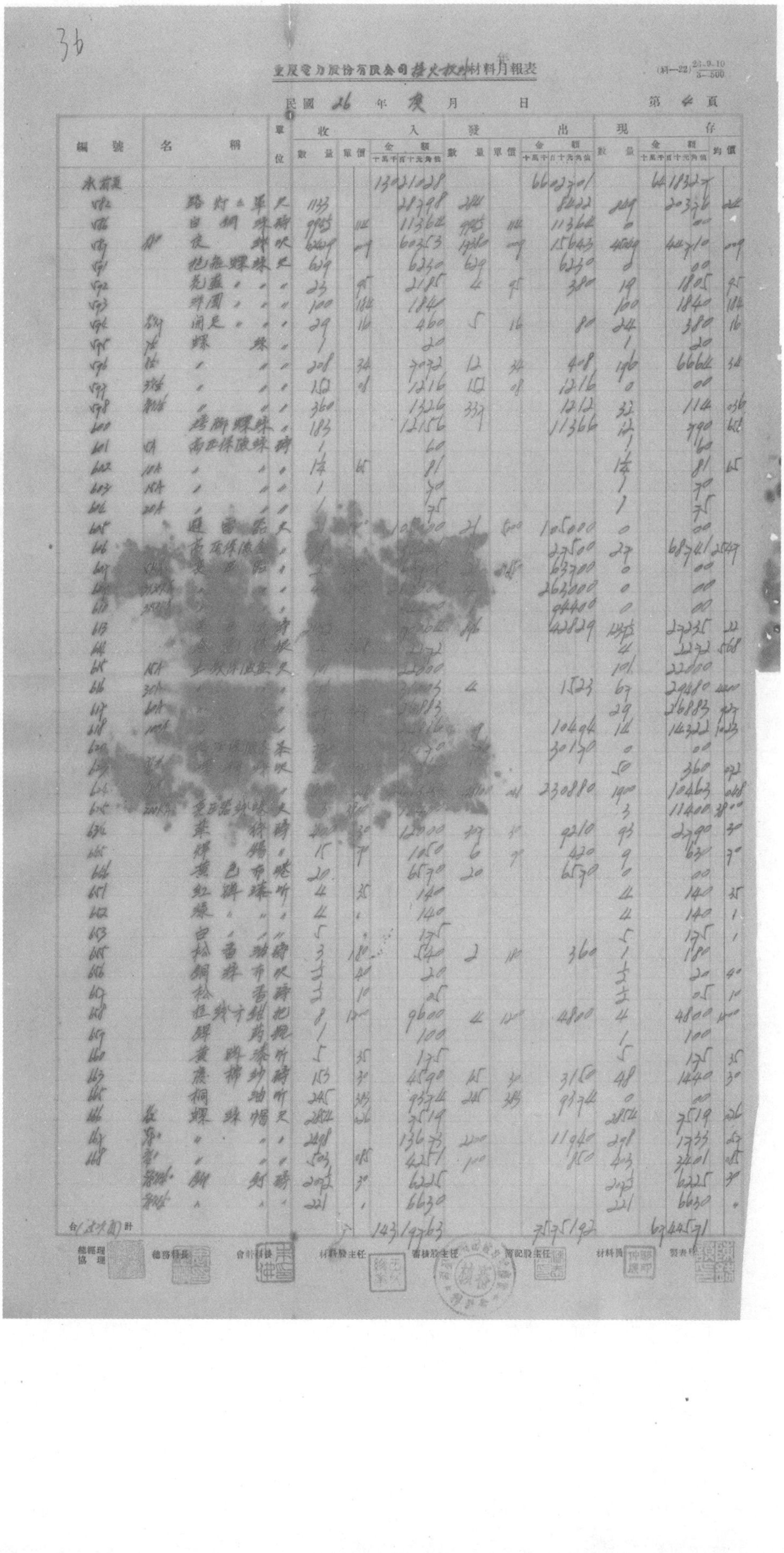
36

重慶電力股份有限公司材料月報表

民國 26 年度 月 日 第 4 頁

編號	名稱	單位	收入 數量	收入 單價	收入 金額	發出 數量	發出 單價	發出 金額	現存 數量	現存 金額	均價

總經理 協理　總務科長　會計科長　材料股主任　審核股主任　記帳股主任　材料員　製表

37

重慶電力股份有限公司[illegible]材料年報表 (料—22)$\frac{26\text{-}9\text{-}10}{3\text{-}500}$

民國 26 年 度 月 日 第 5 頁

編號	名稱	單位	收入 數量	收入 單價	收入 金額	發出 數量	發出 單價	發出 金額	現存 數量	現存 金額	均價
承前頁					14319763			7575192		6744571	
[illegible]	[illegible]	[illegible]	31	30	930				31	930	30
[illegible]	[illegible]	[illegible]	10	4147	41470				10	41470	4147
[illegible]	[illegible]	[illegible]	792	50	39600				792	39600	50
[illegible]	[illegible]	[illegible]	[illegible]	[illegible]	49216				[illegible]	49216	[illegible]
[illegible]	[illegible]	〃	[illegible]	〃	56123				[illegible]	56123	〃
[illegible]	〃	〃	[illegible]	〃	85907				[illegible]	85907	〃
[illegible]	[illegible]	〃	[illegible]	30	9425				[illegible]	9425	30
[illegible]	[illegible]	〃	55	40	2200				55	2200	40
[illegible]	[illegible]	〃	139	[illegible]	3402				139	3402	[illegible]
[illegible]	[illegible]	〃	[illegible]	[illegible]	140000				[illegible]	140000	[illegible]
[illegible]	[illegible]	〃	[illegible]	[illegible]	20511				[illegible]	20511	[illegible]
[illegible]	〃	〃	135	〃	3246				135	3246	〃
	[illegible]	〃	120	30	3600				120	3600	30
558	[illegible]	[illegible]	15	1275	1913				15	1913	1275
560	[illegible]	〃	2	100	200				2	200	100
669	[illegible]	[illegible]	[illegible]	[illegible]	4680				78	4680	60
[illegible]	[illegible]	[illegible]	[illegible]	[illegible]	[illegible]				5	9515	1903
[illegible]	[illegible]	[illegible]	[illegible]	[illegible]	[illegible]				[illegible]	32693	[illegible]
合計					14824374			7575192		7249182	

總經理 協理　稽核科長　會計科長　材料股主任　審核股主任　簿記股主任　材料員　製表員

重庆电力股份有限公司一九三七年损益计算表、盈余分配表、资产目录表、余额表、材料年报表等（一九三七年） 0219-2-5

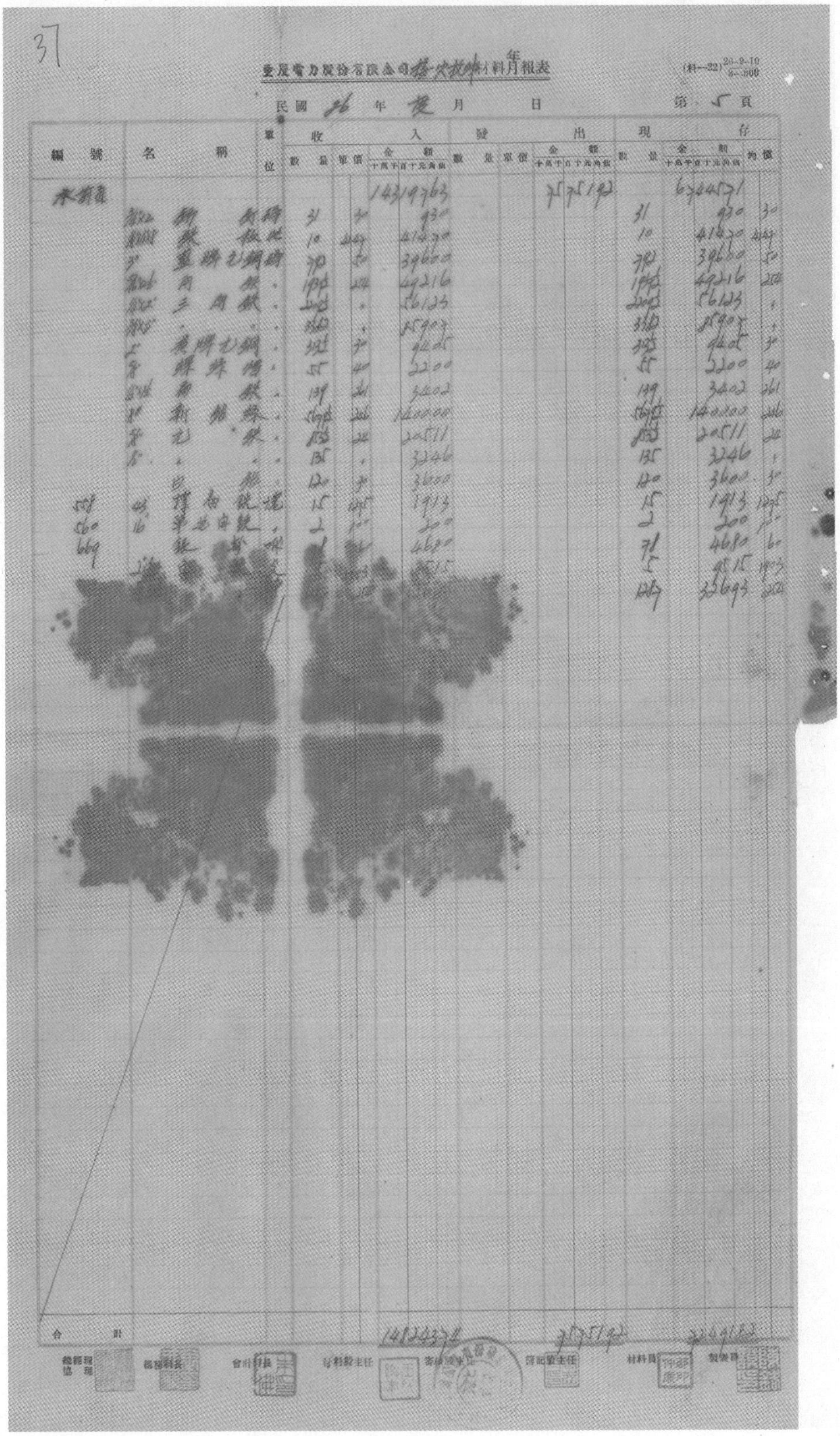

重庆电力股份有限公司一九三七年损益计算表、盈余分配表、资产目录表、余额表、材料年报表等（一九三七年） 0219-2-5

38

重慶電力股份有限公司 材料年報表　(料—22) 23-9-10 3-500

民國 26 年 1—12 月　第 1 頁

編號	名稱	單位	收入 數量	收入 單價	收入 金額	發出 數量	發出 單價	發出 金額	現存 數量	現存 金額	均價
701	軟紫銅綫	呎	3200	[illegible]	25392				3200	25392	[illegible]
702	風雨綫	〃	6031	011	58976	36999	011	40699	1632	18277	011
703	〃	〃	2264	10	345285	2203	10	342349	161	2936	10
704	〃	〃	1803		341123	793	41	32513	750	308610	41
705	〃	〃	1793		191048	[illegible]		123568	5200	67480	7
706	〃	〃	1182	27	240560	1021	27	221731	161	18829	27
707	裸銅綫	〃	1868	56	103488				1868	103488	56
708	膠皮綫	〃	808	131	106522	32	131	41122	496	65400	131
709	〃	〃	2882		1412829	2496	49	1379711	386	33118	39
710	裸銅綫	〃	3365	131	440862	3203	131	419240	162	21622	131
711	地克綫	〃	250	880	220000	250	880	220000	0	00	
712	磁瓶	只	1111		144274	230		29900	880	114374	130
713	〃	〃	2499		137505	2499		131456	100	6049	65
714	〃	〃	201	160	32160	194	160	31040	7	1120	160
715	〃	〃	591		80280	452		57345	139	22935	165
716	〃	〃	2019		144021	857		61805	1162	82216	71
717	〃	〃	[illegible]		11000	16	440	7040	9	3960	440
718	[illegible]	〃	[illegible]	[illegible]	[illegible]	2	880	1760	0	00	
719	螺式[illegible]	〃	[illegible]	[illegible]	[illegible]				6	1536	256
720	[illegible]	〃	[illegible]	[illegible]	[illegible]	[illegible]	192	384	29	5568	192
721	[illegible]	〃	[illegible]	[illegible]	[illegible]	[illegible]	416	2912	2	832	416
722	[illegible]	〃	[illegible]	[illegible]	[illegible]	[illegible]	240	480	6	1440	240
723	[illegible]	〃	[illegible]	[illegible]	[illegible]	364		9714	450	7200	16
724	[illegible]	〃	[illegible]	[illegible]	[illegible]	6		3264	12	6528	544
725	[illegible]	〃	[illegible]	[illegible]	[illegible]	3	720	2160	6	4320	720
726	[illegible]	〃	[illegible]	[illegible]	[illegible]	9		3816	8	3392	424
727	[illegible]	〃	[illegible]	[illegible]	[illegible]	107		46010	0	00	
728	[illegible]	〃	[illegible]	[illegible]	[illegible]	[illegible]		168865	41	21891	406
729	高壓用[illegible]	〃	[illegible]	[illegible]	[illegible]	[illegible]		42223	83	14857	179
730	[illegible]	〃	[illegible]	[illegible]	[illegible]	[illegible]		42329	0	00	
731	高壓[illegible]	〃	[illegible]	[illegible]	[illegible]	[illegible]		1561	55	3739	68
732	高壓用[illegible]	〃	[illegible]	[illegible]	[illegible]	[illegible]	276	24244	14	1784	126
733	[illegible]	〃	[illegible]	[illegible]	67346	69		28014	97	39332	406
734	[illegible]	〃	77	193	14577	21	193	3975	56	10602	193
735	[illegible]	〃	26	176	4576	11		1936	15	2640	176
736	[illegible]	〃	27	224	6048	27	224	6048	0	00	
737	[illegible]	〃	9	167	1504				9	1504	167
738	〃	〃	13	144	1872	13	144	1872	0	00	
739	[illegible]	〃	309	36	12572	216	36	7776	133	4796	36
740	高壓水泥[illegible]	〃	83	512	42496	38	512	19456	45	23040	512
741	〃	〃	26	452	11752	8		3616	18	8136	452
742	[illegible]撑角[illegible]	〃	1492		144666	1349		131106	143	13560	94
743	〃	〃	269		65721	169		49004	102	16717	163
744	把柱	只	119		6370	94		5033	25	1337	54
745	〃	〃	706		46137	490		35437	216	10700	50
746	〃	〃	902		65735	721		53378	181	12357	68
747	〃	〃	434		38710	293		27694	141	11016	78
748	〃	〃	330		25540	63		4982	267	20558	77
749	〃	〃	8	100	800	8	100	800	0	00	
750	拉綫箍	〃	26		5463	26		5463	0	00	
751	〃	〃	326		34915	97		25840	229	9075	40
合(本頁)計					5054134			3920671		1134263	

總經理 協理　總務科長　會計科長　材料股主任　審核股主任　稽配股主任　材料員　製表

39

重慶電力股份有限公司材料月報表

(料—22) $\frac{26-9-10}{5-500}$

民國 26 年 4-12 月 日　　第 2 頁

編號	名稱	單位	收入 數量	收入 單價	收入 金額	發出 數量	發出 單價	發出 金額	現存 數量	現存 金額	均價
承前頁					5054934			3920671		1134263	
[illegible]	[illegible]	[illegible]	[illegible]	[illegible]	[illegible]	[illegible]	[illegible]	[illegible]	[illegible]	[illegible]	[illegible]
合(總)計					6643210			4698346		1944864	

總經理 協理　稽核　會計　材料課主任　營業　股主任　材料員　製表者

重庆电力股份有限公司一九三七年损益计算表、盈余分配表、资产目录表、余额表、材料年报表等（一九三七年）　0219-2-5

40

重慶電力股份有限公司[illegible]材料年報表　（料—22）26-9-10 / 5-500

民國 26 年 4-12 月　日　第 3 頁

編號	名稱	單位	收入 數量	收入 單價	收入 金額	發出 數量	發出 單價	發出 金額	現存 數量	現存 金額	均價
水電表					6643210			4698346		1744864	
801	[illegible] 木用對扣螺絲	只	32	18	56	32	18	56	0	00	
802	[illegible] [illegible]螺絲	〃	20	2231	4462				20	4462	2231
803	[illegible] 羊腳螺絲	〃	[illegible]	42	44142	394	42	16528	[illegible]	27614	42
804	[illegible] 風雨螺	吹	1000	135	13500	1000	135	13500	0	00	
805	[illegible] 撑甲鉄	块	8	40	320	8	40	320	0	00	
806	[illegible] 膠皮線	吹	600	03	1800	300	03	900	300	900	03
807	[illegible] 風雨線	〃	19410	02	38820	15460	02	30920	3950	7900	02
808	[illegible] 膠皮線	〃	2613	05	25599	2398	05	23847	[illegible]	1752	05
809	[illegible] 彈簧襯圈	只	298		1174	298		1174	0	00	
810	10KV 變壓器	具	2	165000	330000	2	165000	330000	0	00	
811	[illegible] 彈簧襯圈	只	240	04	960	212	04	848	28	112	04
812	[illegible] 大角螺絲片	〃	325	19	6066	67		1253	258	4813	19
813	[illegible] 托 插	〃	200	0945	18892				200	18892	0945
814	[illegible] 扣南螺絲	〃	41	380	15580	37	380	14060	4	1520	380
815	[illegible] 〃	〃	201	450	90450	201	450	90450	0	00	
816	[illegible] [illegible]	〃	100	80	8000	32	80	2560	68	5440	80
817	[illegible] 木头螺絲	〃	517	066	33375	22	066	1420	495	31955	066
818	[illegible] 水流鉄	块	4	450	1800	4	450	1800	0	00	
819	[illegible] 大角螺絲片	只	216		3551	66		1120	150	2431	16
820	[illegible]	〃	77	[illegible]	25	77	[illegible]	25	0	00	
821	[illegible]	〃	[illegible]	[illegible]	368				412	368	[illegible]
822	[illegible]	〃	[illegible]	[illegible]	[illegible]	45	[illegible]	85	355	690	[illegible]
826	[illegible]	吹	[illegible]	[illegible]	[illegible]	585	247	14450	15	370	247
827	[illegible] 橡[illegible]	〃	10851		5560251	10851		5560251	0	000	
828	[illegible] 大角螺絲片	〃	100	[illegible]	1848	100		1848	0	00	
829	[illegible] 〃	〃	61	[illegible]	1158	61		1158	0	00	
830	[illegible] 〃	〃	200		4575	48		1099	152	3476	229
831	[illegible] 橡皮線	吹	600	216	129600				600	129600	216
832	[illegible] 〃	〃	300	39	11700				300	11700	39
833	[illegible] 大角螺絲片	只	200	059	1188	2	059	12	198	1176	059
835	[illegible] 〃	〃	100	[illegible]	1225	100		1225	0	00	
837	[illegible] 〃	〃	175	143	2475	50	143	715	123	1760	143
838	[illegible] 〃	〃	104	057	588	20		114	84	474	057
841	[illegible] 螺絲帽	〃	100	18	1800	100	18	1800	0	00	
843	[illegible] 膠皮線	吹	3600	015	5400	1500	015	2250	2100	3150	015
845	[illegible] 挂钩插	只	78	67	5226	15	67	1005	63	4225	67
846	[illegible] 橡皮線	吹	1500	34	5100	1500	34	5100	0	00	
847	[illegible] 〃	〃	900	637	57300				900	57300	637
848	1A 高壓保險絲	套	128	422	5427				128	5427	422
849	3A 〃	〃	128	〃	5427				128	5427	〃
850	5A 〃	〃	28	〃	1187				28	1187	〃
851	7A 〃	〃	93	〃	3943				93	3943	〃
852	20A 〃	〃	66	〃	2798				66	2798	〃
853	25A 〃	〃	44	〃	1866				44	1866	〃
854	30A 〃	〃	23	423	972				23	972	423
788	[illegible] 寔 絲	只	260		3330				260	3330	128
790	[illegible] 接 脚	〃	500		37500				500	37500	75
796	[illegible] 木头螺絲	〃	503		5875				503	5875	117
816	[illegible] [illegible]南〃	〃	63		23940				63	23940	380
	[illegible] 螺絲片	〃	67		855				67	855	129
合計					12980297			11820235		2161062	

總經理 協理　總務科長　會計科長　材料股主任　審核股主任　簿記股主任　材料員　製表員

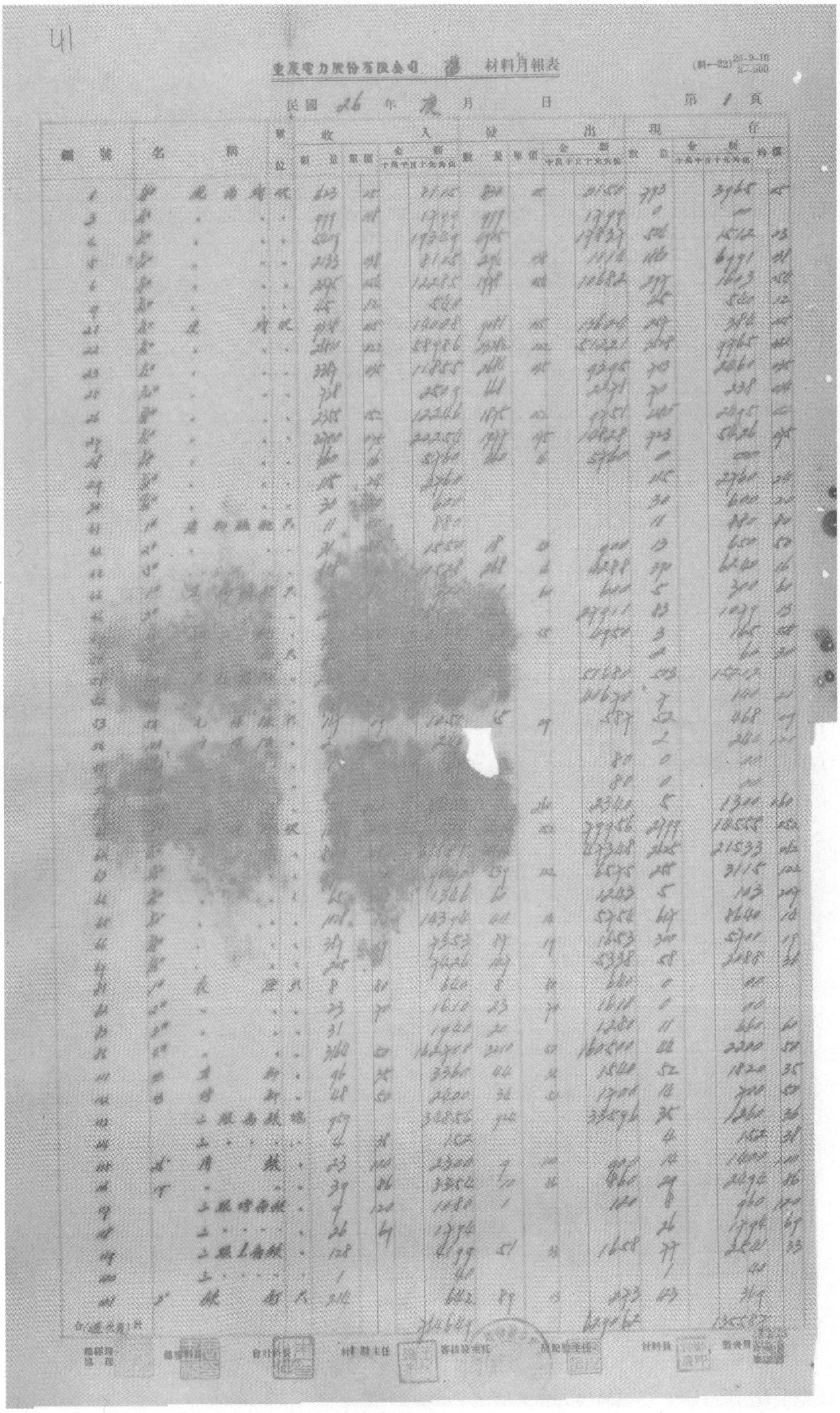

41

重慶電力股份有限公司 材料年報表 (料—22) 26-9-10 / 8—500

民國 26 年度 月 日 第 1 頁

編號 名稱 單位 收入 數量 單價 金額 發出 數量 單價 金額 現存 數量 金額 均價

合(總、本頁)計

重庆电力股份有限公司一九三七年损益计算表、盈余分配表、资产目录表、余额表、材料年报表等（一九三七年） 0219-2-5

重庆电力股份有限公司一九三七年损益计算表、盈余分配表、资产目录表、余额表、材料年报表等（一九三七年） 0219-2-5

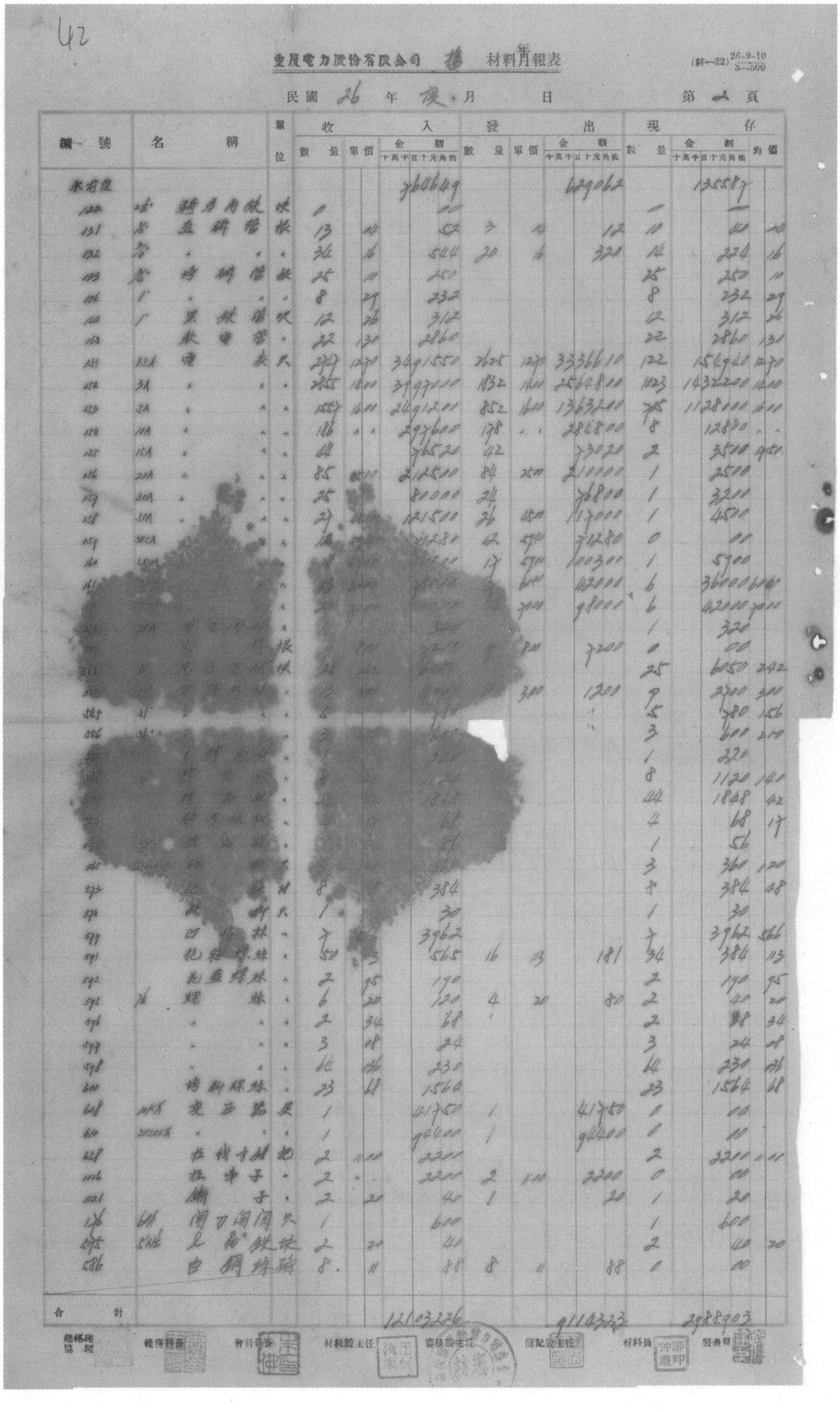

42

重慶電力股份有限公司 材料年報表　（料—22）26-9-10 5-500

民國 26 年度 月 日　第 2 頁

編號	名稱	單位	收入 數量	收入 單價	收入 金額	發出 數量	發出 單價	發出 金額	現存 數量	現存 金額	均價
承前頁					760649			629062		135587	
[illegible]		吹	1		00				—	—	
131	直綫管	根	13	04	52	3	04	12	10	40	04
132	〃	〃	34	16	544	20	16	320	14	224	16
[illegible]	灣綫管	根	25	10	250				25	250	10
[illegible]	〃	〃	8	29	232				8	232	29
[illegible]	灯頭	只	12	26	312				12	312	26
[illegible]	軟電管	〃	22	130	2860				22	2860	130
[illegible]	15A 電表	只	2747	1270	3491550	2625	1270	3333610	122	154940	1270
[illegible]	3A 〃	〃	2455	1600	3927200	1832	1600	2564800	1023	1432200	1600
[illegible]	5A 〃	〃	1557	1600	2491200	852	1600	1363200	705	1128000	1600
[illegible]	10A 〃	〃	186	〃	297600	178	〃	284800	8	12800	〃
[illegible]	15A 〃	〃	44		76520	42		73020	2	3500	1750
[illegible]	20A 〃	〃	85	2500	212500	84	2500	210000	1	2500	
[illegible]	30A 〃	〃	25	[illegible]	80000	24		76800	1	3200	
[illegible]	50A 〃	〃	27	[illegible]	121500	26	4500	117000	1	4500	
[illegible]	[illegible]	〃	[illegible]	[illegible]	[illegible]	62	5900	71280	0	00	
[illegible]	[illegible]	〃	[illegible]	[illegible]	[illegible]	17	5900	100300	1	5900	
[illegible]	[illegible]	〃	[illegible]	[illegible]	[illegible]	[illegible]	600	42000	6	36000	600
[illegible]	[illegible]	〃	[illegible]	[illegible]	[illegible]	[illegible]	700	98000	6	42000	700
[illegible]	[illegible]	〃	[illegible]	[illegible]	[illegible]				1	320	
[illegible]	[illegible]	根	[illegible]	[illegible]	[illegible]	[illegible]	80	7200	0	00	
[illegible]	[illegible]	只	[illegible]	[illegible]	[illegible]				25	6050	242
[illegible]	[illegible]	〃	[illegible]	[illegible]	[illegible]	[illegible]	300	1200	9	2700	300
505	[illegible]	〃	5	[illegible]	[illegible]				5	780	156
506	[illegible]	〃	3	[illegible]	[illegible]				3	600	200
[illegible]	[illegible]	〃	[illegible]	[illegible]	[illegible]				1	220	
[illegible]	[illegible]	〃	8	[illegible]	[illegible]				8	1120	140
[illegible]	[illegible]	〃	[illegible]	[illegible]	1848				44	1848	42
[illegible]	[illegible]	〃	[illegible]	[illegible]	68				4	68	17
[illegible]	[illegible]	〃	[illegible]	[illegible]	56				1	56	
[illegible]	[illegible]	〃	[illegible]	[illegible]	[illegible]				3	360	120
[illegible]	[illegible]	〃	8	[illegible]	384				8	384	48
[illegible]	[illegible]	只	1		30				1	30	
[illegible]	[illegible]	〃	7	[illegible]	3962				7	3962	566
[illegible]	[illegible]螺絲	〃	50	[illegible]	565	16	113	181	34	384	113
[illegible]	[illegible]螺絲	〃	2	95	190				2	190	95
[illegible]	螺絲	〃	6	20	120	4	20	80	2	40	20
[illegible]	〃	〃	2	34	68				2	68	34
[illegible]	〃	〃	3	08	24				3	24	08
[illegible]	〃	〃	16	[illegible]	230				16	230	[illegible]
[illegible]	[illegible]螺絲	〃	23	68	1564				23	1564	68
[illegible]	變壓器	具	1		41750	1		41750	0	00	
[illegible]	〃	〃	1		94400	1		94400	0	00	
[illegible]	[illegible]	把	2	1100	2200				2	2200	1100
[illegible]	[illegible]	〃	2		2200	2	1100	2200	0	00	
[illegible]	[illegible]子	〃	2	20	40	1		20	1	20	
[illegible]	[illegible]	只	1		600				1	600	
[illegible]	[illegible]鉄扶	〃	2	20	40				2	40	20
586	白鋼絲[illegible]		8	11	88	8	11	88	0	00	
合計					12103226			9114323		2988903	

總經理 協理　稽核課長　會計課長　材料股主任　審核股主任　簿記股主任　材料員　製表員

重庆电力股份有限公司一九三七年损益计算表、盈余分配表、资产目录表、余额表、材料年报表等（一九三七年） 0219-2-5

63

重慶電力股份有限公司[illegible]材料年報表

(料—22) 26.9.10 / 3—500

民國 26 年 4—12 月 31 日。 第 1 頁

編號	名稱	單位	收入 數量	收入 單價	收入 金額	發出 數量	發出 單價	發出 金額	現存 數量	現存 金額	均價
1551	清油	斤	3	380	1140	3	380	1140	0	00	
1552	黑油	.	4	2800	11200	4	2800	11200	0	00	
1553	輕量透平油	磅	1645		132422	460	90	43240	1185	91182	77
1554	重量透平油	.	1216		419584	467	51	23817	749	395767	51
1555	牛油	.	445		13214	117	34	3978	328	9236	32
1556	汽缸油	.	1267		31779	335		8056	932	23723	25
1557	紅車油	.	1201		21390	485		3618	716	14172	19
1558	方棚油	.	5405	23	131127	490	23	11270	4915	119857	23
1559	草頭表油	.	76		3960				76	3960	
1560	凡士林	.	5	80	400	5	80	400	0	00	
1558	方棚油	磅	5848		160365				5848	160365	
合計					926981			110719		816262	

總經理/協理 總工程師 會計科長 材料股主任 審核股主任 帳記股主任 材料員 製表員

第⑨辑

重庆电力股份有限公司一九三七年损益计算表、盈余分配表、资产目录表、余额表、材料年报表等（一九三七年） 0219-2-5

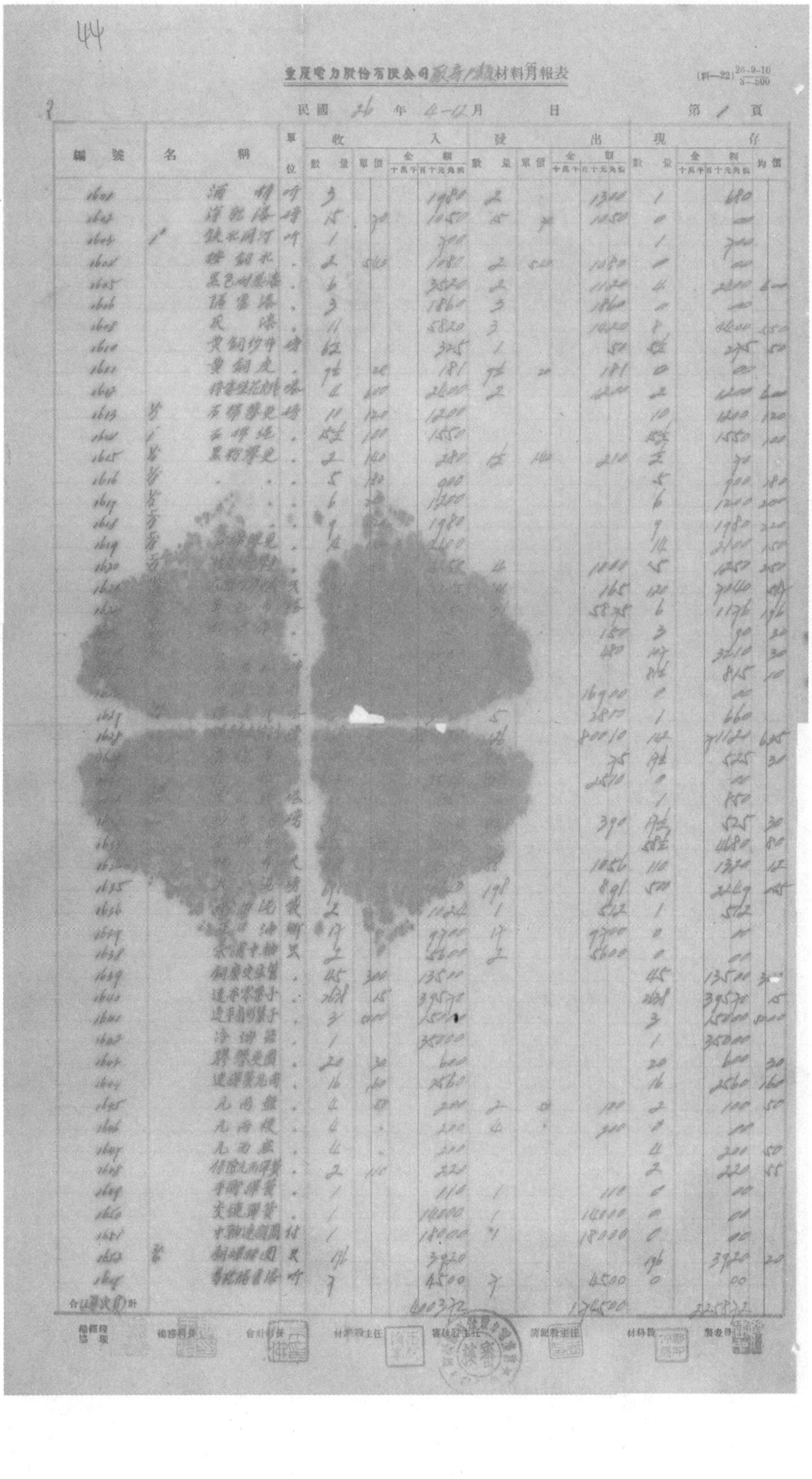

44

重慶電力股份有限公司[illegible]材料月報表 （料—22）26-9-10 / 3-500

民國 26 年 4-12 月 日 第 1 頁

編號	名稱	單位	收入 數量	收入 單價	收入 金額	發出 數量	發出 單價	發出 金額	現存 數量	現存 金額	均價
1601	酒精	听	3		1980	2		1300	1	680	
1602	[illegible]	磅	15	70	1050	15	70	1050	0	—	
1603	[illegible]	听	1		700				1	700	
1604	[illegible]	.	2	540	1080	2	540	1080	—	—	
1605	黑色耐酸漆	.	6		3520	2		1120	4	2400	600
1606	[illegible]	.	3		1860	3		1860	—	—	
1608	灰漆	.	11		5820	3		[illegible]	8	[illegible]	[illegible]
1610	黄銅紗布	[illegible]	62		325	1		50	[illegible]	275	[illegible]
1611	黄銅皮	.	7½	[illegible]	181	7½	[illegible]	181	0	—	
1612	[illegible]	[illegible]	6	400	2400	2		[illegible]	2	[illegible]	[illegible]
1613	[illegible]	磅	11	120	1200				10	[illegible]	120
1614	[illegible]	.	15½	100	1550				15½	1550	100
1615	[illegible]	.	2	140	280	1½	140	210	½	70	
1616	.	.	5	180	900				5	900	180
1617	.	.	6	[illegible]	1200				6	1200	200
1618	[illegible]	.	9		1980				9	1980	220
1619	[illegible]	.	14		[illegible]				14	[illegible]	150
1620	[illegible]	.	[illegible]		[illegible]	4		[illegible]	5	[illegible]	[illegible]
[illegible]	[illegible]	[illegible]	[illegible]	[illegible]	[illegible]	[illegible]	[illegible]	[illegible]	[illegible]	[illegible]	[illegible]
1635	[illegible]	[illegible]	[illegible]		[illegible]	198		891	500	2249	[illegible]
1636	[illegible]	[illegible]	2		1124	1		562	1	562	
1637	[illegible]	[illegible]	17		9700	17		9700	0	—	
1638	[illegible]	只	2		5600	2		5600	0	—	
1639	[illegible]	.	45	300	13500				45	13500	300
1640	[illegible]	.	[illegible]	15	39570				[illegible]	39570	15
1641	[illegible]	.	3	[illegible]	15000				3	15000	[illegible]
1642	冷油器	.	1		35000				1	35000	
1643	[illegible]	.	20	30	600				20	600	30
1644	[illegible]	.	16	160	2560				16	2560	160
1645	[illegible]	.	4	50	200	2	50	100	2	100	50
1646	[illegible]	.	4	.	200	4	.	200	0	—	
1647	[illegible]	.	4	.	200				4	200	50
1648	[illegible]	.	2	110	220				2	220	55
1649	[illegible]	.	1		110	1		110	0	—	
1650	[illegible]	.	1		14000	1		14000	0	—	
1651	[illegible]	付	1		18000	1		18000	0	—	
1652	[illegible]	只	196		3920				196	3920	20
1653	[illegible]	听	7		4500	7		4500	0	00	
合計					[illegible]			[illegible]		[illegible]	

總經理 協理 總務科長 會計科長 材料股主任 審核股主任 清記股主任 材料員 製表員

45

重慶電力股份有限公司廢舊?材料月報表

(料—22) 26-9-10 5-500

民國 26 年 4—12月 日 第 2 頁

編號	名稱		單位	收入 數量	收入 單價	收入 金額	發出 數量	發出 單價	發出 金額	現存 數量	現存 金額	均價
承前頁						400372			174500		225872	
1653	4.E.	炭精刷	只	16		6827	4		1208	12	3619	302
1654	19.E.	. .	.	6		1200	4		800	2	400	200
1655		總開節器彈簧	.	1		560				1	500	
1656		總開節器另件	.	14	100	1400	14	100	1400	0	00	
1657		帆布彈叉圈	.	45	2	90				45	90	2
1658		樓叉圈	.	2	350	700				2	700	350
1659	3/32"	銅筒	.	3	100	300	1		100	2	200	100
1660		. .	.	2	150	300				2	300	150
1661		. .	.	1		300				1	300	
1662		鋼繩管?	根	4	175	7000				4	7000	175
1663		油壺	只	6	120	720				6	720	120
1664		大道門欄圈	.	8	200	1600	2	200	400	6	1200	200
1665	6.E.	小道門	.	4	700	2800	1		700	3	2100	700
1667		玻管	支	19	80	15200				19	15200	80
1666		舊?小道門	根?	4	60	240	2	60	120	2	120	60
1668		玻管	支	10		900	10		900	0	00	
1669		[illegible]	.	7		630	2	9	180	5	450	90
1670		大小?銅圈	只	[illegible]		[illegible]	[illegible]		3265	2	16	08
1671		大小?銅圈		[illegible]		[illegible]				25	350	30
1672		[illegible]	.	[illegible]		[illegible]			2292	307	1228	04
1673		[illegible]		[illegible]		[illegible]				20	1000	04
1674		[illegible]		[illegible]		[illegible]				483	5192	
1675		[illegible]		[illegible]		[illegible]				13	260	20
1676		[illegible]		[illegible]		[illegible]				33	990	30
1677		[illegible]		[illegible]		[illegible]				212	430	2
1678		[illegible]		[illegible]		[illegible]			440	66	132	
1679		[illegible]	只	[illegible]		[illegible]				200	66000	330
1680		[illegible]	只	[illegible]		[illegible]			26821	0	00	
1681		[illegible]	.	[illegible]		[illegible]			29392	6	660	110
1682		[illegible]	只	24		[illegible]				24	21120	
1683		[illegible]	只	[illegible]		[illegible]				1	10291	
1684		[illegible]	.	1		1900				1	1900	
1685		[illegible]皮表	.	2		4200				2	4200	2100
1686		[illegible]皮表	.	2		4800				2	4800	2400
1687		. .	.	2	2100	4200				2	4200	2100
1688		六角?叉圈	.	9	20	180	2	20	40	7	140	2
1689		乳膠漆	磅	25		2400	29		1688	16	712	
1690		紅丹漆	听	35		56500	29		46600	6	9900	1650
1691		叉?漆	.	2		70	2		70	0	00	
1692		黃牌鋼	支	330		3737	2		2351	120	1386	
1693		元鐵	磅	392		8193	285		5644	122	2549	21
1694		黃牌鋼	.	286		10010	286		10010	0	00	
1695		鋼條	支	2		175	2		175	0	00	
1696		漆包線	磅	1		500	1		500	0	00	
1697	3P	鉛粉	听	1		540	1		540	0	00	
1698		凡而	只	10		5240	4		320	6	4920	
1699		. .	.	7		590	4		320	3	270	90
1700		洋元	支	24		4726	18		3556	6	1170	195
1701		焊錫	磅	402		23671	301		17784	102	5887	58
1702		松香油	听	37		7900	36		7730	1	170	
合(過次頁)計						803578			339866		463712	

總經理 協理　總務科長　會計科長　材料股主任　審核股主任　簿記股主任　材料員　製表者

重庆电力股份有限公司一九三七年损益计算表、盈余分配表、资产目录表、余额表、材料年报表等（一九三七年）　0219-2-5

46

重慶電力股份有限公司[illegible]材料月報表

（料—22）28-9-10 / 8-500

民國 26 年 4—12 月 日 第 3 頁

編號	名稱	單位	收入 數量	收入 單價	收入 金額	發出 數量	發出 單價	發出 金額	現存 數量	現存 金額	均價
[illegible]					803598			339866		463712	
1903	黄銅瓦	支	1		2470	1		2470	0	00	
1904	〃	〃	1		4235	1		4275	0	00	
1905	[illegible]	桃	21		15735	180		13275	30	2460	82
1906	水泥	磅	2620		18910	91		6817	149	12093	98
1907	[illegible]油	磅	13		67245	8		42245	5	25000	5000
1908	[illegible]	碼	160		4555	145		4330	15	225	15
1909	[illegible]	〃	425		112210	422		107440	3	7770	2590
1910	調合白漆	听	28		28510	24		14925	5	3585	717
1912	[illegible]	磅	51		295	29		177	22	118	053
1913	[illegible]	對	20	15	300	20		300	0	00	
1914	[illegible]	頁	1000	009	900				1000	900	009
1915	[illegible]	根	80		22569	80		22569	0	00	
1916	[illegible]	合	60		3390	10		590	50	2800	56
1917	[illegible]	塊	90		4120	90		4120	0	00	
1918	[illegible]	張	41		12060	33		8460	4	3600	900
1919	[illegible]	〃	10		5255	5		2255	5	3000	
1920	[illegible]	呎	6		1425	6		1425	0	00	
1921	[illegible]	桃	340		22220	340		22220	0	00	
1922	[illegible]	磅	[illegible]		[illegible]	[illegible]		923	0	00	
[illegible]	[illegible]	丈	[illegible]		[illegible]	2		6956	7	24600	322
[illegible]	[illegible]	桃	[illegible]		[illegible]	[illegible]		1492	0	00	
[illegible]	[illegible]	[illegible]	[illegible]		[illegible]	[illegible]	15	1050	0	00	
1926	[illegible]	丈	[illegible]		[illegible]	[illegible]		3591	0	00	
1927	[illegible]	桶	1		100				1	100	
1928	[illegible]	丈	3		6358	1		1648	2	4710	2355
[illegible]	[illegible]	听	[illegible]		[illegible]	[illegible]		5830	4	2120	530
[illegible]	[illegible]	根	[illegible]		[illegible]	[illegible]		644	0	00	
[illegible]	[illegible]	尺	[illegible]		[illegible]	[illegible]		25640	2	2600	1300
1932	[illegible]	〃	3		2664				3	2664	888
1933	[illegible]	〃	2		2824	1		1412	1	1412	
1934	[illegible]	〃	9		14883	9		14883			
1935	[illegible]	〃	26		72592	13		36296	13	36296	2792
1936	[illegible]	〃	10	6000	60000				10	60000	6000
1937	[illegible]	〃	2		14896	2		14896	0	00	
1938	[illegible]	〃	1		269	1		269	0	00	
1939	[illegible]	〃	4		1344	4		1344	0	00	
1940	[illegible]	套	2		45440				2	45440	22720
1941	[illegible]鐵管	丈	1		596	1		596	0	00	
1942	〃	〃	7		23331	45		14456	25	8875	355
1943	[illegible]	又	18		346	15		288	3	58	192
1944	〃	〃	85		1632	85		1632	0	00	
1945	〃	〃	5		154	5		154	0	00	
1946	〃	〃	10		376	10		376	0	00	
1947	[illegible]	〃	5		288	5		288	0	00	
1948	〃	〃	9	384	346				9	346	384
1949	[illegible]	〃	3	575	115				3	115	575
1950	[illegible]鐵管	支	4		346	4		346	0	00	
1951	〃	〃	71		16588	71		16588	0	00	
1952	〃	〃	14		5838	8		3318	6	2520	420
1953	〃	〃	1		499				1	499	
合計[illegible]					1494777			702623		742154	

總經理 協理　總務科長　會計科長　材料股主任　會計股主任　管配股主任　材料員　製表員

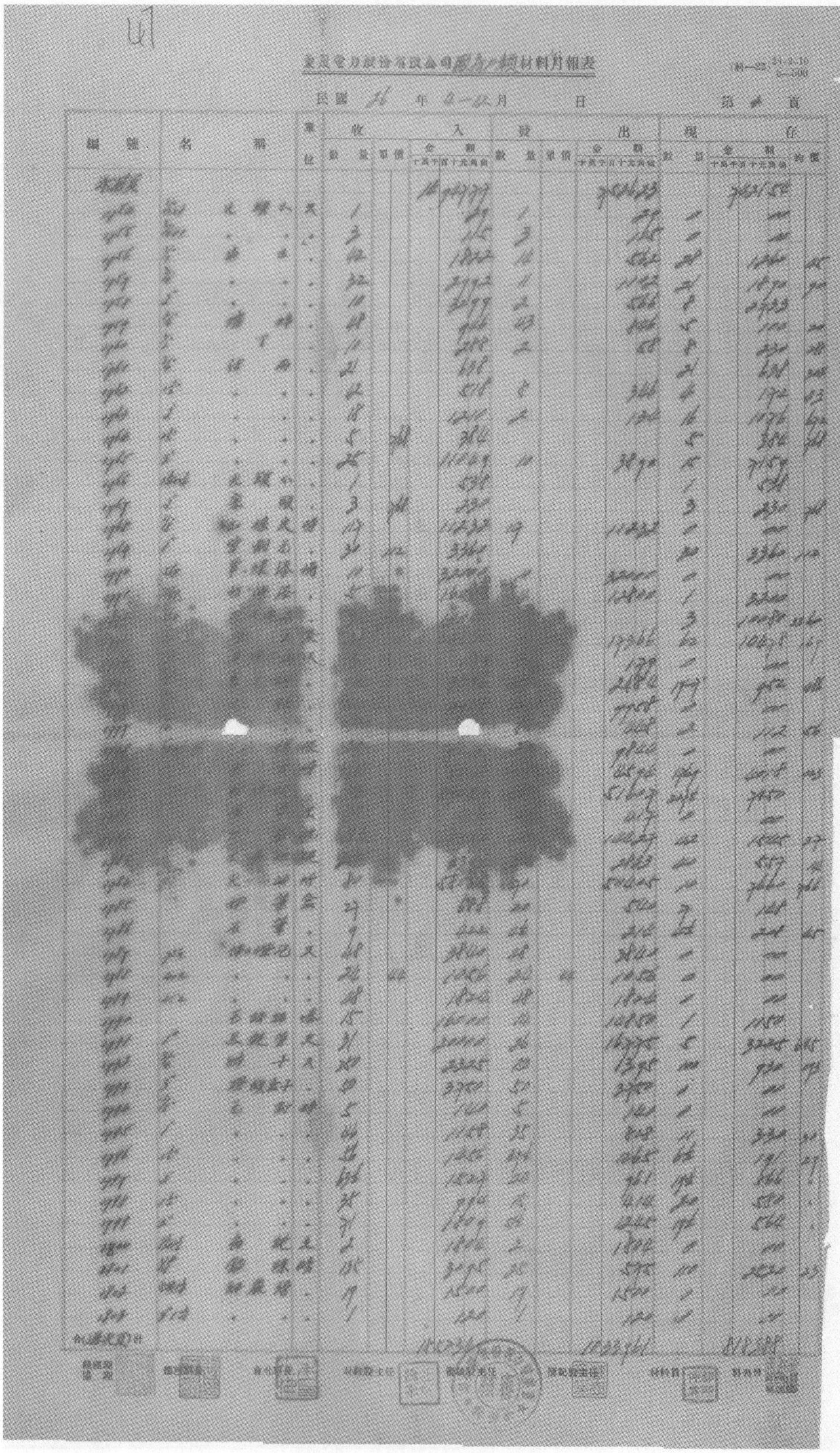

47

重慶電力股份有限公司廠方工類材料月報表　（料—22）$\frac{24-9-10}{3-500}$

民國 26 年 4—12 月　日　第 4 頁

編號	名稱	單位	收入 數量	收入 單價	收入 金額	發出 數量	發出 單價	發出 金額	現存 數量	現存 金額	均價
承前頁					16944.77			7526.23		7421.54	
1454	[illegible]	只	1		29	1		29	—	—	
1455	[illegible]		3		1.15	3		1.15	—	—	
1456	[illegible]		42		18.22	14		5.62	28	12.60	45
1457	[illegible]		32		29.92	11		11.02	21	18.90	90
1458	[illegible]		10		32.99	2		5.66	8	27.33	
1459	[illegible]		48		9.66	43		8.06	5	1.00	20
1460	[illegible]		10		2.88	2		58	8	2.30	288
1461	[illegible]		21		6.38				21	6.38	30
1462	[illegible]		12		5.18	8		3.46	4	1.72	43
1463	[illegible]		18		12.10	2		1.34	16	10.76	672
1464	[illegible]		5	768	3.84				5	3.84	768
1465	[illegible]		25		110.49	10		38.90	15	71.59	
1466	[illegible]		1		5.38				1	5.38	
1467	[illegible]		3	768	2.30				3	2.30	768
1468	[illegible]		17		112.32	17		112.32	0		
1469	[illegible]		30	112	33.60				30	33.60	112
1470	[illegible]		10		32.00			32.00	0		
1471	[illegible]		5		16.00			12.80	1	3.20	
[illegible]	[illegible]		[illegible]		[illegible]				3	100.80	336
[illegible]	[illegible]		[illegible]		[illegible]			173.66	62	104.78	169
[illegible]	[illegible]		[illegible]		[illegible]			1.79	0	—	
[illegible]	[illegible]		[illegible]		[illegible]			22.84	147	9.52	0.6
[illegible]	[illegible]		[illegible]		[illegible]			77.58	0	—	
[illegible]	[illegible]		[illegible]		[illegible]			4.48	2	1.12	56
1477	[illegible]		[illegible]		[illegible]			98.40	0	—	
[illegible]	[illegible]		[illegible]		[illegible]			45.94	169	40.18	23
[illegible]	[illegible]		[illegible]		[illegible]			516.07	25	74.50	
[illegible]	[illegible]		[illegible]		[illegible]			4.17	0	—	
[illegible]	[illegible]		[illegible]		[illegible]			100.27	42	15.65	37
[illegible]	[illegible]		[illegible]		[illegible]			24.23	40	5.57	14
1484	[illegible]		80		58.[illegible]	[illegible]		50.425	10	76.60	766
1485	[illegible]		27		6.88	20		5.60	7	1.28	
1486	[illegible]		9		4.22	4		2.14	5	2.08	45
1487	[illegible]	只	48		38.40	48		38.40	0	—	
1488	[illegible]		24	44	10.56	24	44	10.56	0	—	
1489	[illegible]		48		18.24	48		18.24	0	—	
1490	[illegible]		15		160.00	14		148.50	1	11.50	
1491	[illegible]		31		200.00	26		167.75	5	32.25	645
1492	[illegible]		250		23.25	150		13.95	100	9.30	93
1493	[illegible]		50		37.50	50		37.50	0	—	
1494	[illegible]		5		1.40	5		1.40	0	—	
1495	[illegible]		46		11.58	35		8.28	11	3.30	30
1496	[illegible]		56		14.56	46		12.65	65	1.91	29
1497	[illegible]		636		15.27	40		9.61	196	5.66	
1498	[illegible]		35		9.94	15		4.14	20	5.80	
1499	[illegible]		71		18.09	55		12.45	16	5.64	
1800	[illegible]		2		18.04	2		18.04	0	—	
1801	[illegible]		135		30.95	25		5.75	110	25.20	23
1802	[illegible]		17		15.00	17		15.00	0	—	
1803	[illegible]		1		1.20	1		1.20	0	—	
合(轉次頁)計					18522.34			10337.61		8183.88	

總經理 協理　總管理處長　會計科長　材料股主任　帳務股主任　會計股主任　材料員　製表員

重庆电力股份有限公司一九三七年损益计算表、盈余分配表、资产目录表、余额表、材料年报表等（一九三七年） 0219-2-5

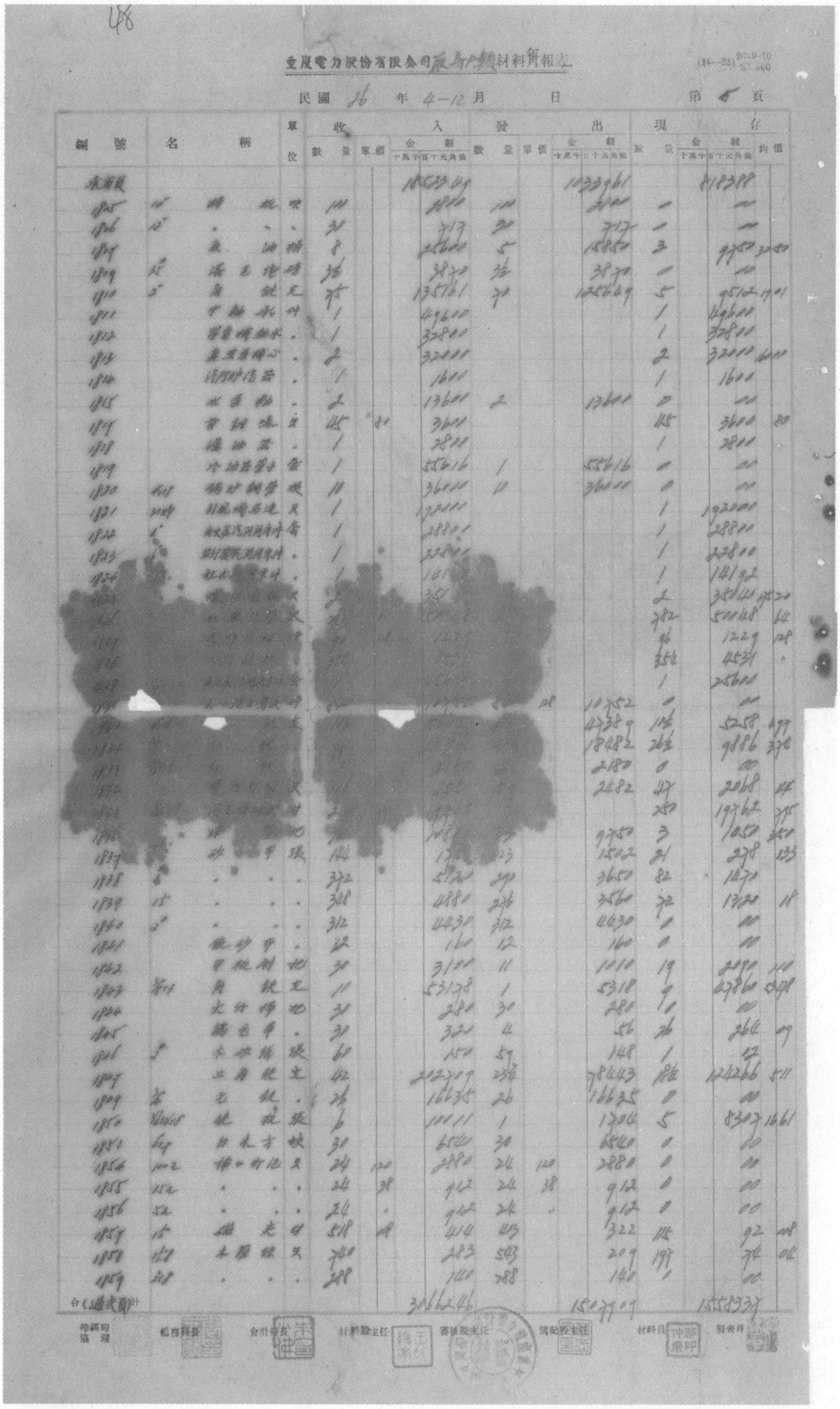
48

重慶電力股份有限公司材料年報表

民國 26 年 4-12 月 日 第 5 頁

編號	名稱	單位	收入 數量	收入 單價	收入 金額	發出 數量	發出 單價	發出 金額	現存 數量	現存 金額	均價

合（過次頁）計

總經理 協理 稽核科長 會計科長 材料股主任 審核股主任 簿記股主任 材料員 製表員

重庆电力股份有限公司一九三七年损益计算表、盈余分配表、资产目录表、余额表、材料年报表等（一九三七年） 0219-2-5

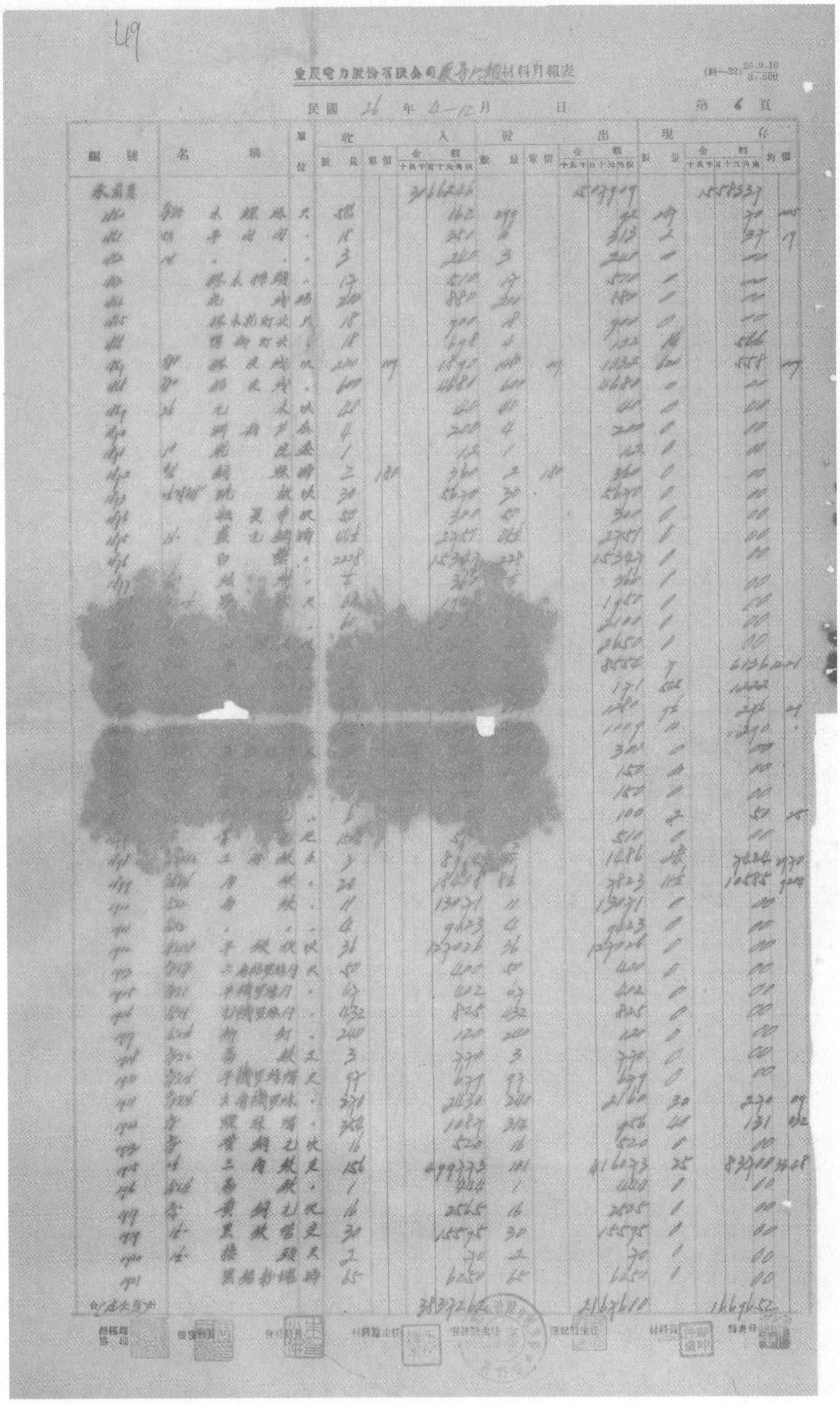

49

重慶電力股份有限公司材料月報表 (料—22) 26.9.10 / 3—500

民國 26 年 4—12 月 日 第 6 頁

編號	名稱	單位	收入 數量	收入 單價	收入 金額	發出 數量	發出 單價	發出 金額	現存 數量	現存 金額	均價
承前頁					316246			1517909		1558537	
[illegible]	[illegible]	[illegible]	[illegible]	[illegible]	[illegible]	[illegible]	[illegible]	[illegible]	[illegible]	[illegible]	[illegible]
					3837264			2167610		1669652	

50

重慶電力股份有限公司厂存材料月報表 (料—22) 26-9-10 / 3-500

民國 26 年 4-12 月 日 第 十 頁

編號	名稱	單位	收入 數量	收入 單價	收入 金額	發出 數量	發出 單價	發出 金額	現存 數量	現存 金額	均價
承前頁					3832262			2162610		1669652	
1922	2" 包 鉄	尺	31		8476	6		1150	25	7326	
1924	三號鉄水泥	[illegible]	2		411	2		411	—	—	
1925	白鉛5磅牌	[illegible]	2000	08	16000	1500	08	12000	500	4000	08
1926	小石粗沙	方	½		150	½		150	—	—	
1927	鉄石子	〃	1		1150	1		1150	—	—	
1928	[illegible] 玻璃管	打	10		17100	1		1710	9	15390	1710
1929	1160-1 [illegible]	尺	1		199	1		199	—	—	
1930	[illegible] 〃	〃	1		260	1		260	—	—	
1931	[illegible] 〃	〃	1		260	1		260	—	—	
1932	[illegible] 〃	〃	1		260	1		260	—	—	
1933	[illegible] 〃	〃	1		238	1		238	—	—	
1934	[illegible] 〃	〃	1		181	1		181	—	—	
1935	[illegible] 〃	〃	1		299	1		299	—	—	
1936	[illegible] 三角尺	〃	1		506	1		506	—	—	
1937	[illegible] 〃	〃	1		506	1		506	—	—	
1938	藍牌鋼	磅	64½		3847	64½		3847	—	—	
1939	黄牌元鋼	〃	34½		869	34½		869	—	—	
1940	藍〃	〃	10½		631	10½		631	—	—	
1941	春木管鉗子	只	100		[illegible]	[illegible]		950	—	—	
[illegible]	[illegible]	〃	432		[illegible]	[illegible]		511	—	—	
[illegible]	[illegible]	[illegible]	5		[illegible]	[illegible]		2895	—	—	
[illegible]	[illegible]	[illegible]	[illegible]		[illegible]	[illegible]		2600	—	—	
[illegible]	[illegible]	[illegible]	[illegible]		[illegible]	[illegible]		762	—	—	
[illegible]	[illegible]	尺	[illegible]		[illegible]	369		2940	—	—	
[illegible]	[illegible]	[illegible]	[illegible]		[illegible]	[illegible]		3282	588	11614	[illegible]
[illegible]	[illegible]	[illegible]	[illegible]		[illegible]	[illegible]		2150	6	6600	[illegible]
[illegible]	[illegible]	[illegible]	[illegible]		[illegible]				5	390	78
[illegible]	[illegible]	[illegible]	62		[illegible]				62	225	[illegible]
[illegible]	[illegible]	只	33		[illegible]	[illegible]		945	—	—	
1959	[illegible]	〃	24		900	[illegible]		900	—	—	
1960	[illegible] 磚管	件	1		2280	1		2280	—	—	
1961	[illegible] 三鉄箱	只	2		3200	2		3200	—	—	
1962	[illegible] 〃	〃	1		2000	1		2000	—	—	
1963	[illegible]	〃	1		725	1		725	—	—	
1964	6" 三通	件	1		2700	1		2700	—	—	
1965	[illegible] 三鉄箱	只	4		975	4		975	—	—	
1966	[illegible]	件	8		5600	8		5600	—	—	
1967	[illegible] 磚管	〃	1		2280	1		2280	—	—	
1968	8" [illegible]	〃	74		24450	74		24450	—	—	
1969	6" [illegible]	〃	6		24320	6		24320	—	—	
1970	[illegible]	〃	6		4800	6		4800	—	—	
1971	[illegible]	只	431		1029	287		569	144	460	032
1972	[illegible] 〃	〃	144		432	144		432	—	—	
1974	[illegible]	〃	144		432	144		432	—	—	
1975	[illegible]	只	110		3544	43		1552	57	1992	35
1976	藍牌鋼	〃	59		720	3		36	56	684	12
1977	藍元鋼	〃	62½		775				62½	775	
1978	〃	〃	44½		705				44½	705	
1979	〃	〃	22½		705				22½	705	
1980	大角[illegible]	尺	370	06	2220	370	06	2220	—	—	
合(过次頁)計					4417864			2298542		1719318	

總經理 協理　總務科長　會計科長　材料股主任　審核股主任　簿記股主任　材料員　製表員

重庆电力股份有限公司一九三七年损益计算表、盈余分配表、资产目录表、余额表、材料年报表等（一九三七年） 0219-2-5

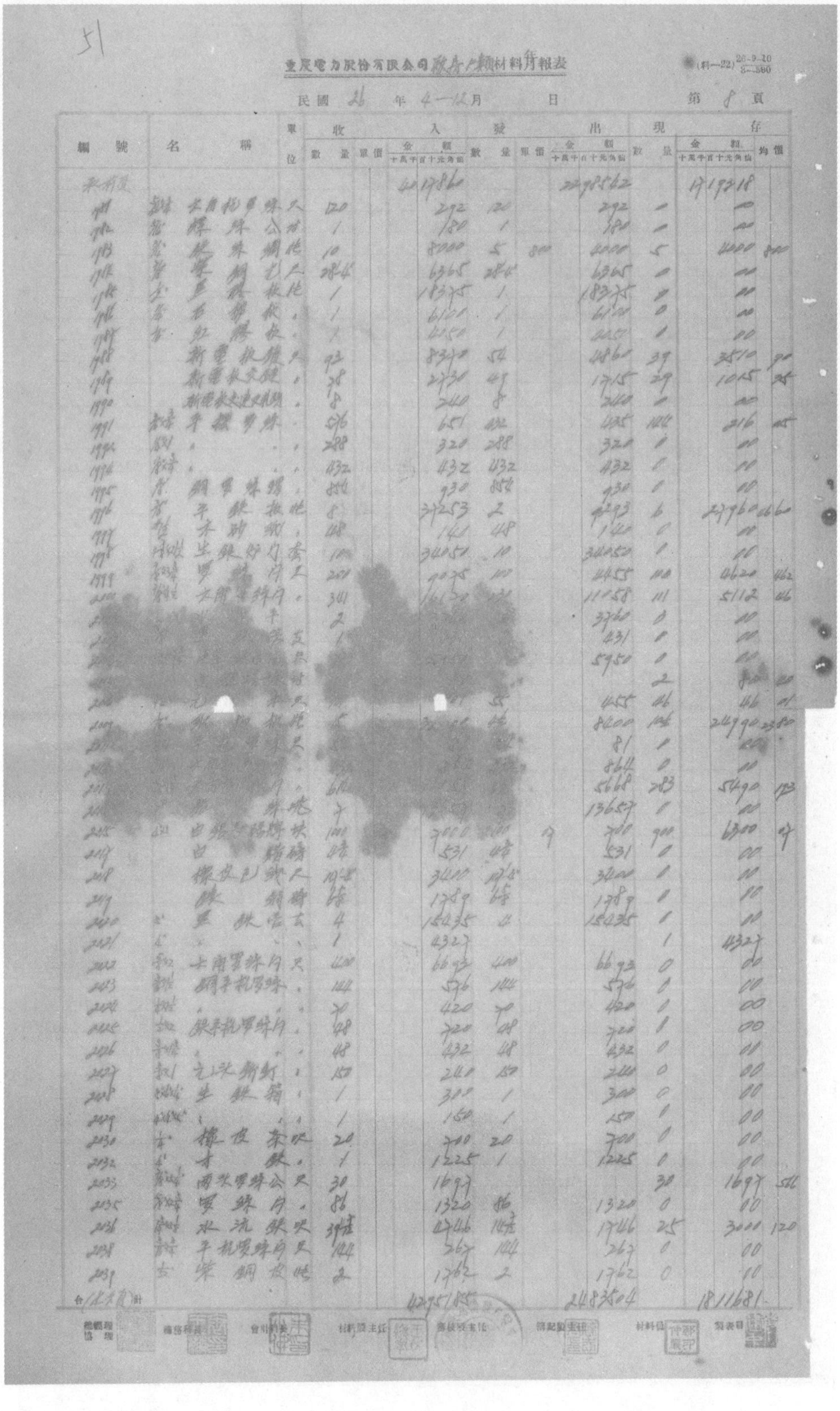
51

重慶電力股份有限公司收發存額材料年報表

（料—22）26-9-10 8-350

民國 26 年 4—12 月 日 第 8 頁

編號	名稱	單位	收 數量	收 單價	收 金額	發 數量	發 單價	發 金額	現存 數量	現存 金額	均價
合計					4295185			2483504		1811681	

總經理 協理 稽核主任 會計科長 材料股主任 審核股主任 帳記股主任 材料員 製表員

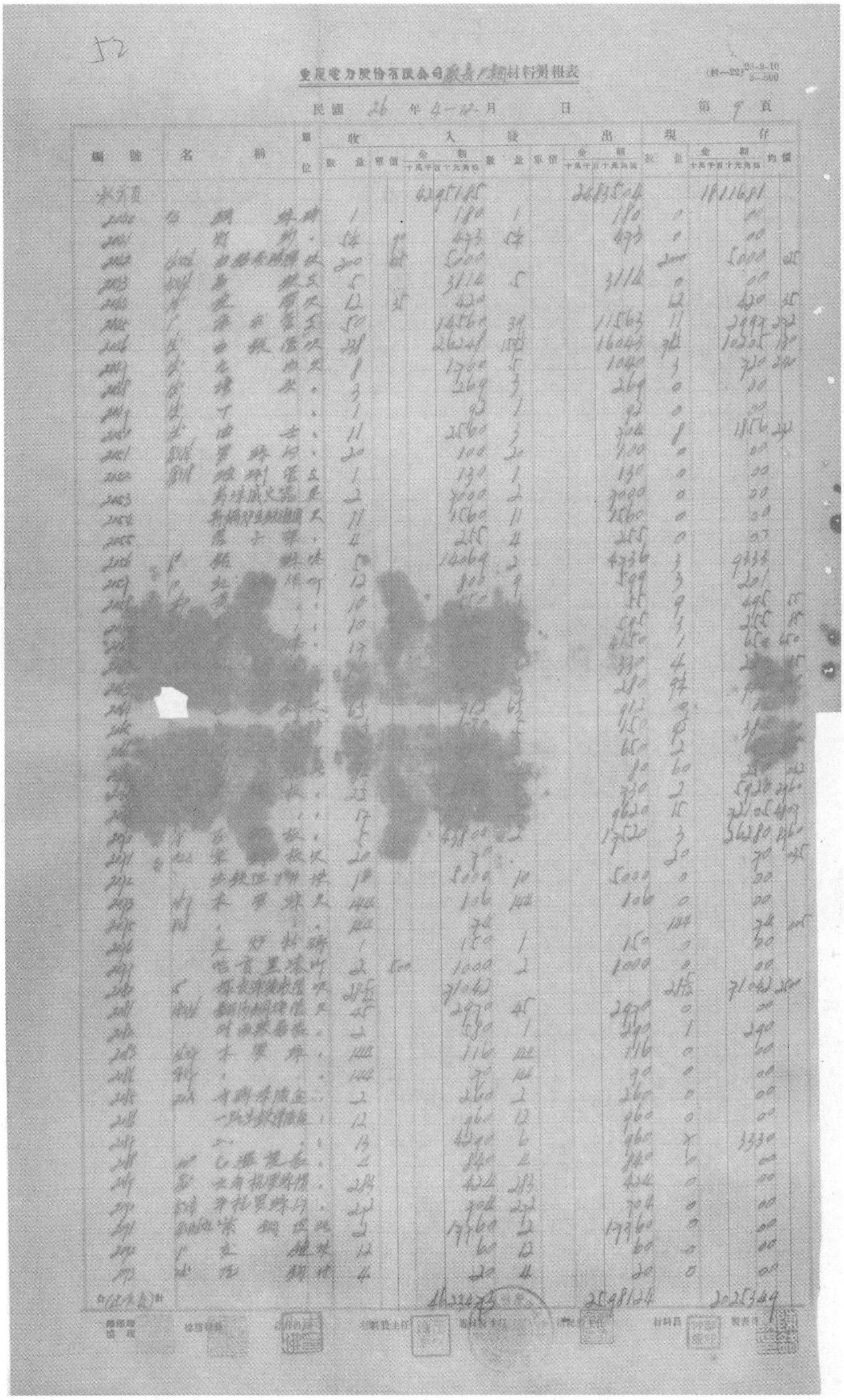

52

重慶電力股份有限公司厫房1類材料月報表

民國 26 年 4-12 月 日 第 9 頁

編號	名稱	單位	收入 數量	收入 單價	收入 金額	發出 數量	發出 單價	發出 金額	現存 數量	現存 金額	現存 均價
承前頁					4295185			2683504		1811681	
合(此頁)計					4622473			2598124		2025349	

[illegible] 稽核員 會計科長 材料股主任 營業股主任 材料員 製表員

重庆电力股份有限公司一九三七年损益计算表、盈余分配表、资产目录表、余额表、材料年报表等（一九三七年） 0219-2-5

53

重慶電力股份有限公司[illegible]材料年報表 (料—22) 26-9-10 / 5—500

民國 26 年 4-12 月 日 第 11 頁

編號	名稱	單位	收入 數量	收入 單價	收入 金額	發出 數量	發出 單價	發出 金額	現存 數量	現存 金額	均價
承前頁					4623473			2598124		2025349	
[illegible]	白鉛黑螺絲	隻	36		72	36		72	0	00	
[illegible]	黄磁漆	听	6		400	6		400	0	00	
[illegible]	綠漆	〃	1		400				1	400	
[illegible]	紫銅皮	磅	3		18800	3		18800	0	00	
[illegible]	大角機器螺絲	隻	906		2222	906		2222	0	00	
[illegible]	大角機器螺絲	〃	244		2064	244		2064	0	00	
[illegible]	〃	〃	300		3300	300		3300	0	00	
[illegible]	尖絲錐	隻	2		150	2		150	0	00	
[illegible]	紫銅皮	磅	65		177260	65		177260	0	00	
[illegible]	工字[illegible]管	支	12	60	720				12	720	60
[illegible]	噴漆[illegible]水	听	4		7200	1		1800	3	5400	1800
[illegible]	黑色噴漆	磅	1		3800	1		3800	0	00	
[illegible]	砂紙	張	24		120				24	120	5
[illegible]	木砂紙	打	2		90	2		90	0	00	
[illegible]	中小丁[illegible]	隻	2		110	2		110	0	00	
[illegible]	平機器螺絲	〃	[illegible]		2200	[illegible]		2200	0	00	
[illegible]	[illegible]	[illegible]	[illegible]		1000	[illegible]		1000	0	00	
[illegible]	[illegible]	[illegible]	2		1200	1		600	1	600	
[illegible]	[illegible]	隻	200		[illegible]	200		[illegible]	0	00	
[illegible]	[illegible]	〃	388		[illegible]	[illegible]		[illegible]	0	00	
[illegible]	[illegible]螺絲	〃	288		[illegible]	[illegible]		[illegible]	0	[illegible]	
[illegible]	大角機器螺絲	[illegible]	[illegible]		[illegible]	[illegible]		[illegible]	0	[illegible]	
[illegible]	[illegible]	[illegible]	[illegible]		[illegible]	[illegible]		[illegible]	1	[illegible]	
[illegible]	[illegible]	[illegible]	[illegible]		3430	[illegible]		2182	[illegible]	[illegible]	
[illegible]	[illegible]	[illegible]	[illegible]		1100	[illegible]	61	1100	0	[illegible]	
[illegible]	[illegible]	[illegible]	[illegible]		[illegible]	[illegible]		[illegible]	0	[illegible]	
[illegible]	[illegible]	[illegible]	[illegible]		[illegible]	[illegible]		[illegible]	0	[illegible]	
[illegible]	[illegible]	[illegible]	[illegible]		[illegible]	[illegible]		[illegible]	[illegible]	4023	277
[illegible]	[illegible]	套	2		[illegible]	[illegible]		3300	0	00	
[illegible]	鉛[illegible]	[illegible]	32		83214	18		46925	14	36439	[illegible]
[illegible]	[illegible]	[illegible]	337		567	337		567	0	00	
[illegible]	[illegible]	[illegible]	12		11119	[illegible]		4046	[illegible]	7073	
[illegible]	〃	〃	4		5832	2		3444	2	2388	
[illegible]	[illegible]	只	40		80	40		80	0	00	
[illegible]	白鐵管	支	3		2090	3		2090	0	00	
[illegible]	[illegible]	[illegible]	6		210	6		210	0	00	
[illegible]	黄銅皮	磅	4		12600	1		3150	3	9450	3150
[illegible]	[illegible]	[illegible]	2		950				2	950	475
[illegible]	黑鐵板	[illegible]	2		14370				2	14370	7185
[illegible]	[illegible]	[illegible]	2000		9390	220		1034	1780	8356	[illegible]
[illegible]	[illegible]	〃	2		96	2		96	0	00	
[illegible]	[illegible]	[illegible]	2		70				2	70	[illegible]
[illegible]	大角機器螺絲	隻	[illegible]		1124	[illegible]		1124	0	00	
[illegible]	[illegible]機器螺絲	〃	[illegible]		1710	[illegible]		1016	281	694	[illegible]
[illegible]	[illegible]	[illegible]	3		2850	1		950	2	1900	950
[illegible]	[illegible]	〃	2		11550	2		11550	0	00	
[illegible]	黄銅	[illegible]	42		1890	16		720	26	1170	45
[illegible]	白鐵	[illegible]	[illegible]		49580	[illegible]		41140	[illegible]	8440	[illegible]
[illegible]	〃	〃	257		66734	[illegible]		35804	[illegible]	30930	360
[illegible]	〃	〃	[illegible]		19764	[illegible]		12825	[illegible]	6939	
合(建六頁)計					5169478			3002181		2167297	

總經理 協理　總務科長　會計科長　材料股主任　審核股主任　簿記股主任　材料員　製表員

重庆电力股份有限公司一九三七年损益计算表、盈余分配表、资产目录表、余额表、材料年报表等（一九三七年） 0219-2-5

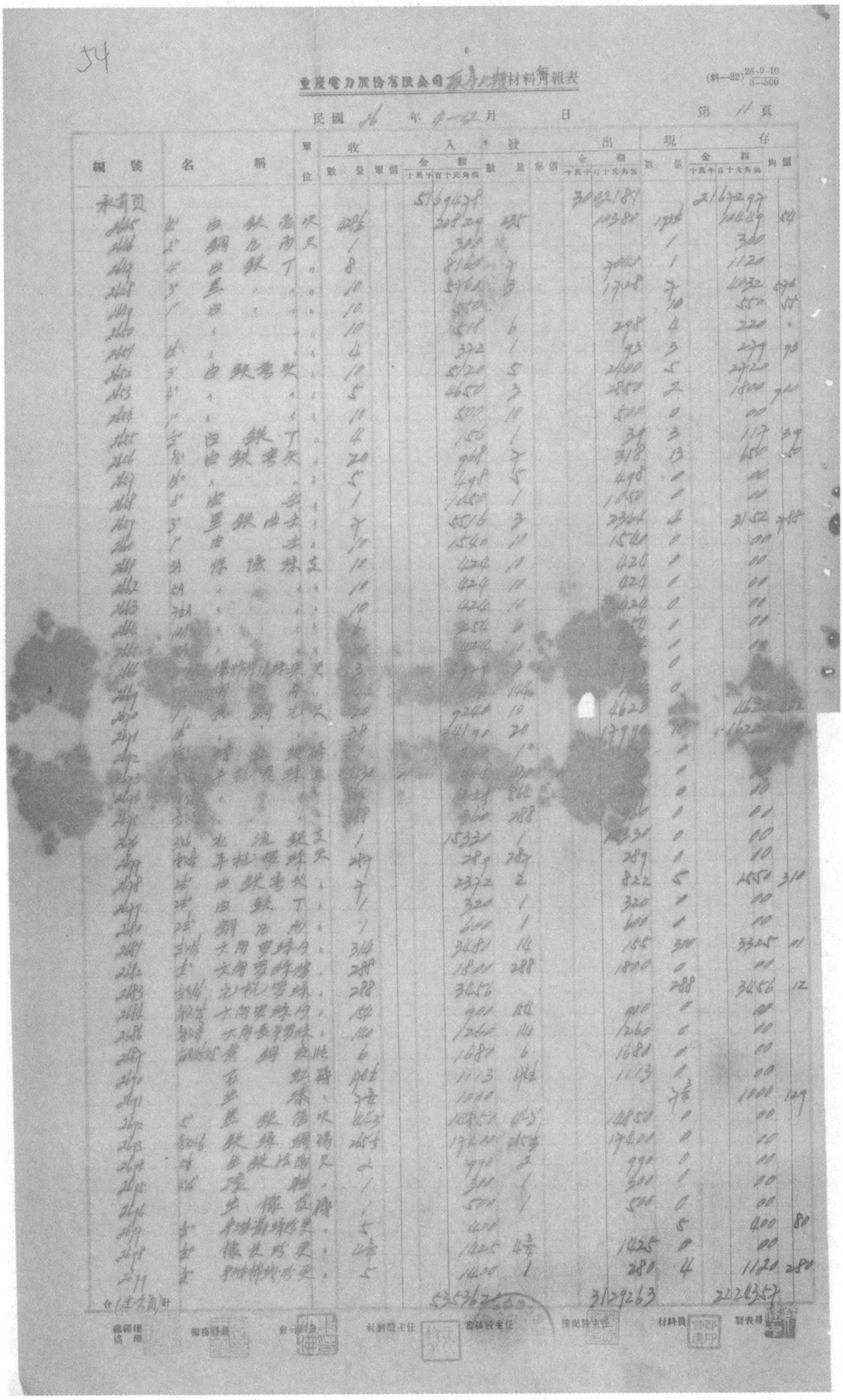

重庆电力股份有限公司材料年报表

民國 26 年 1—12 月 日 第 11 頁

編號	名稱	單位	收入 數量	單價	金額	發出 數量	單價	金額	現存 數量	金額	均價

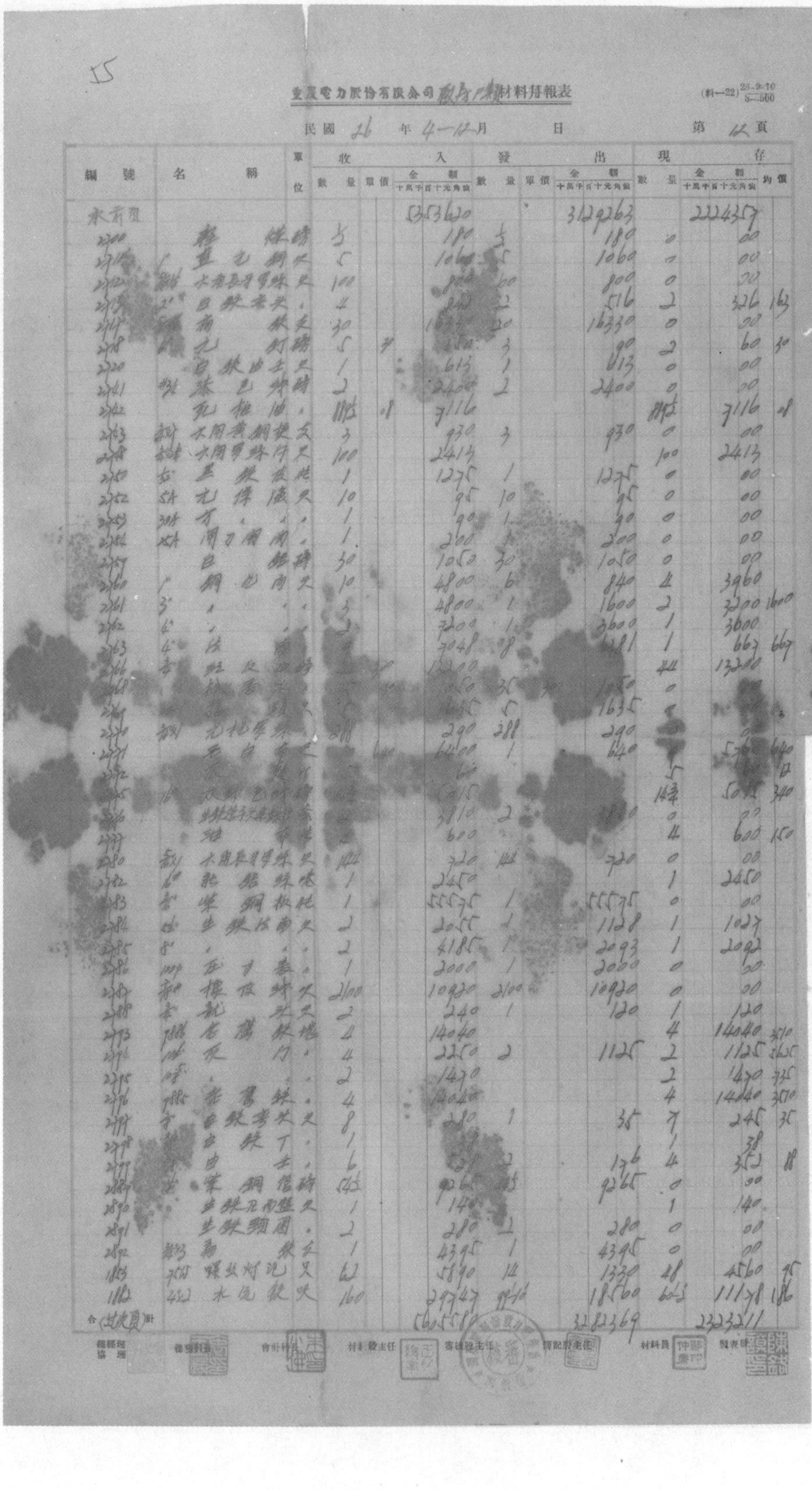

55

重慶電力股份有限公司 材料月報表 (料—22) 28-9-10 / 5—500

民國 26 年 4—12 月 日 第 12 頁

編號	名稱	單位	收入 數量	收入 單價	收入 金額	發出 數量	發出 單價	發出 金額	現存 數量	現存 金額	均價
承前頁					5353620			3129263		2224357	

合計

經理 協理 / 會計科長 / 會計科 / 材料股主任 / 審核股主任 / 管配股主任 / 材料員 / 製表員

重庆电力股份有限公司一九三七年损益计算表、盈余分配表、资产目录表、余额表、材料年报表等（一九三七年） 0219-2-5

重庆电力股份有限公司一九三七年损益计算表、盈余分配表、资产目录表、余额表、材料年报表等（一九三七年） 0219-2-5

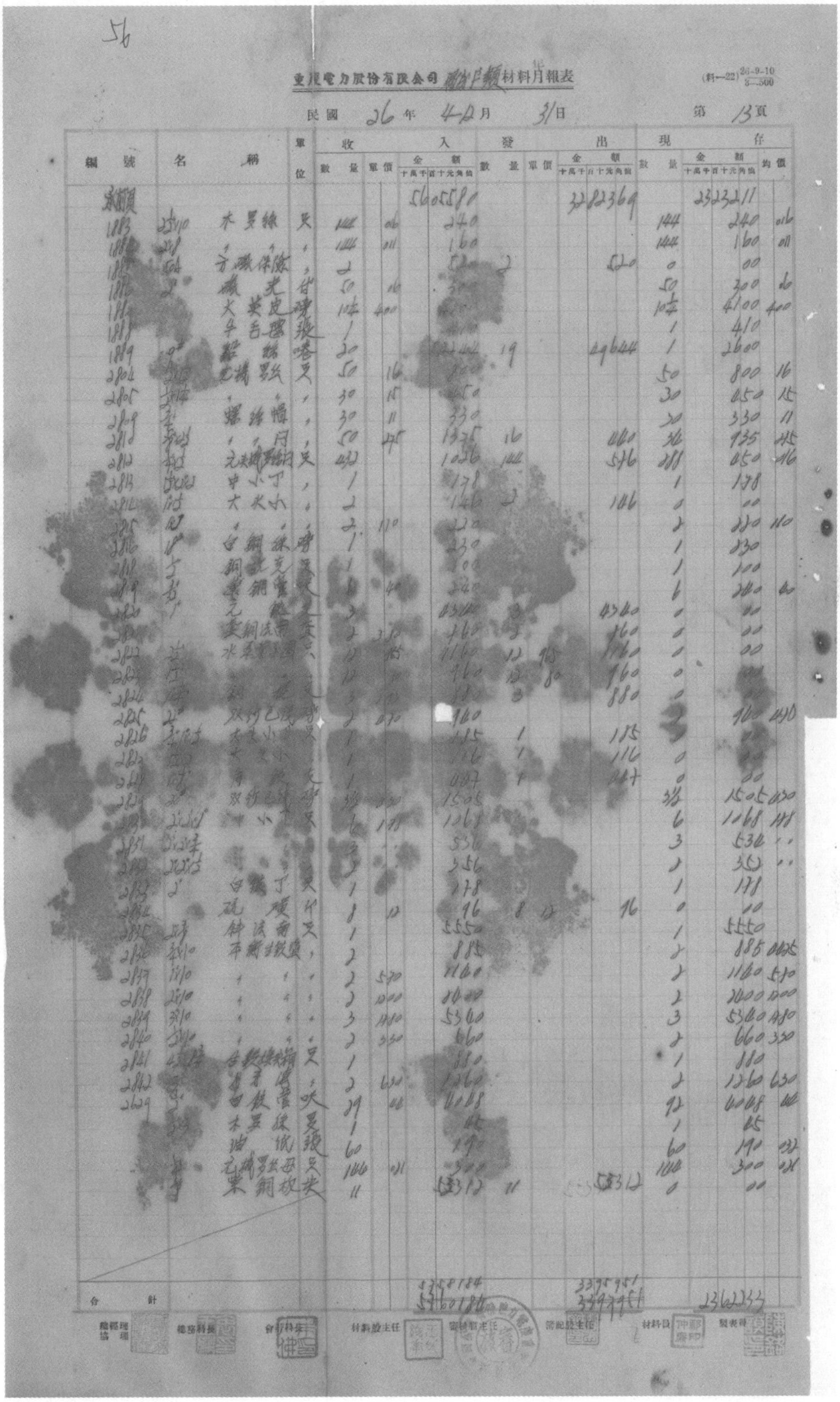

重庆电力股份有限公司一九三七年损益计算表、盈余分配表、资产目录表、余额表、材料年报表等（一九三七年） 0219-2-5

1 57

重慶電力股份有限公司[illegible]材料月報表

（料—22）26-9-10 / 3—500

民國 26 年 4—12 月　日　第 1 頁

編號		名稱	單位	收入 數量	收入 單價	收入 金額	發出 數量	發出 單價	發出 金額	現存 數量	現存 金額	均價
1001		[illegible]	只	4		3720	4		3720	—	—	
1002	4"	[illegible]	〃	1		950	1		950	—	—	
1003	8"	〃	〃	2	1200	2400	2	1200	2400	—	—	
1004		牙檔火石	〃	1		2200	1		2200	—	—	
1005		牙檔鐙	〃	2		[illegible]	2		1290	—	—	
1006		牙檔木鐙	〃	1		[illegible]	1		670	—	—	
1007		接　鐙	〃	2	1050	[illegible]	2	1050	2100	0	—	
1008	[illegible]	[illegible]	〃	3	36	108	3	36	108	0	—	
1009		〃	〃	5		[illegible]	5		266	0	—	
1010		〃	〃	3	62	[illegible]	3		186	0	—	
1011		〃	〃	3	75	225	3	75	225	0	—	
1012		〃	〃	3	90	[illegible]	3	90	270	0	—	
1013		〃	〃	3	110	[illegible]	3	110	330	0	—	
1014		〃	〃	2	225	[illegible]	2	225	450	0	—	
1015		〃	〃	3	638	[illegible]	3	638	1914	0	—	
1016		〃	〃	2	825	1650	2	825	1650	0	—	
[illegible]		〃	〃	2	[illegible]	[illegible]	[illegible]		1584	0	—	
[illegible]		[illegible]	[illegible]	[illegible]	[illegible]	[illegible]	[illegible]	[illegible]	2025	0	—	
[illegible]		[illegible]	[illegible]	[illegible]	[illegible]	[illegible]	[illegible]	[illegible]	2016	0	—	
[illegible]		[illegible]	[illegible]	[illegible]	[illegible]	[illegible]	[illegible]	[illegible]	2220	0	—	
[illegible]		[illegible]	[illegible]	[illegible]	[illegible]	[illegible]	[illegible]	[illegible]	3000	0	—	
[illegible]		[illegible]	[illegible]	[illegible]	[illegible]	[illegible]	[illegible]	[illegible]	1200	0	—	
[illegible]		[illegible]	[illegible]	[illegible]	[illegible]	[illegible]	[illegible]	[illegible]	2000	0	—	
[illegible]		[illegible]	[illegible]	[illegible]	[illegible]	[illegible]	[illegible]	[illegible]	1200	0	—	
1027		[illegible]	[illegible]	[illegible]	[illegible]	[illegible]	1		800	0	—	
1028	[illegible]	[illegible]	[illegible]	[illegible]	[illegible]	[illegible]	2	70	140	0	—	
[illegible]		[illegible]	[illegible]	[illegible]	[illegible]	[illegible]	6		420	0	—	
[illegible]		[illegible]	[illegible]	[illegible]	[illegible]	[illegible]	[illegible]		75	0	—	
1031		[illegible]	[illegible]	[illegible]	[illegible]	[illegible]	4	[illegible]	280	0	—	
[illegible]		[illegible]	[illegible]	[illegible]	[illegible]	[illegible]	[illegible]		125	0	—	
[illegible]		[illegible]	[illegible]	[illegible]	[illegible]	[illegible]	[illegible]		390	0	—	
[illegible]		[illegible]	[illegible]	[illegible]	[illegible]	[illegible]	[illegible]		134	0	—	
[illegible]		[illegible]	[illegible]	3	[illegible]	[illegible]	[illegible]		608	0	—	
[illegible]		〃	〃	17	[illegible]	[illegible]	[illegible]		4860	0	—	
[illegible]		大小角尺	〃	3	300	[illegible]	[illegible]		900	1	—	
[illegible]	[illegible]	砂　料	[illegible]	2		[illegible]	[illegible]		14400	1	14000	
[illegible]		橡皮手套	付	2	550	1100	[illegible]		550	1	550	
1040		小十斤錘	〃	2	3400	6800	2	3400	6800	0	—	
1041		大十斤錘	〃	2	6000	12000				2	12000	6000
1042		行　燈	只	8		[illegible]	8		2370	0	—	
1043		安全皮帶	付	50		[illegible]	49		47598	1	1019	
1044	[illegible]	棉　[illegible]	只	4	70	[illegible]	4	70	280	0	—	
1045	[illegible]	〃	〃	22		1795	22		1795	0	—	
1046	[illegible]	〃	〃	3		[illegible]	2		286	1	144	
1047	[illegible]	〃	〃	3		[illegible]	1		260	2	520	260
1048	[illegible]	〃	〃	3		[illegible]	3		676	0	—	
1049	[illegible]	〃	〃	2		1040	2		1040	0	—	
1050	[illegible]	〃	〃	1		450	1		450	0	—	
1051	½"	[illegible]	付	3	1200	3600	3	1200	3600	0	—	
1052	[illegible]	[illegible]	〃	1		325	1		325	0	—	
1024		火酒燈	只	1		240	1		240	0	—	
合計						151907			123674		28233	

總經理 協理　稽核科長　會計科長　材料股主任　審核股主任　簿記股主任　材料員　製表員

重庆电力股份有限公司一九三七年损益计算表、盈余分配表、资产目录表、余额表、材料年报表等（一九三七年） 0219-2-5

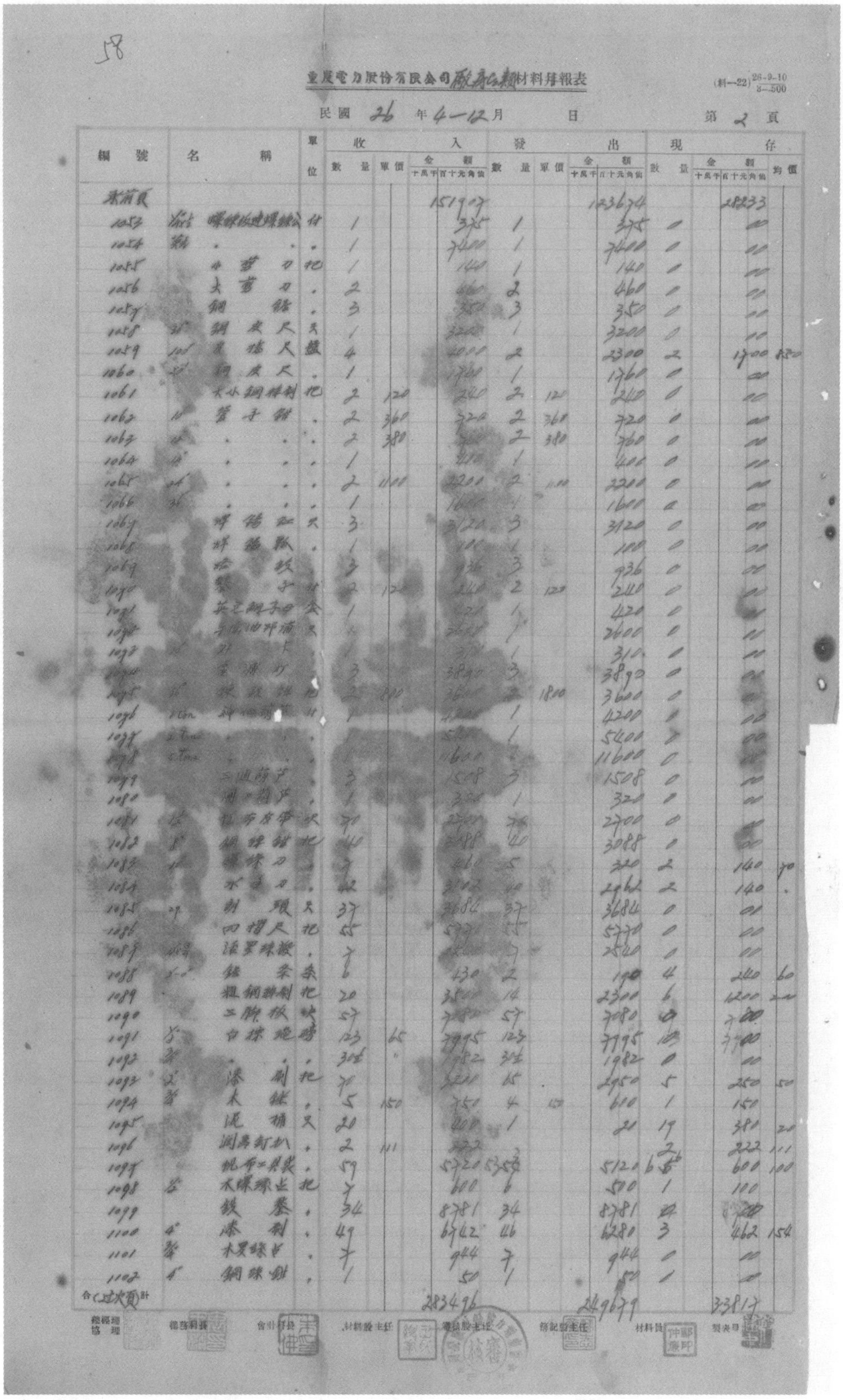

58

重慶電力股份有限公司廠存材料年報表 (料—22) 26-9-10 / 8—500

民國 26 年 4—12 月 日 第 2 頁

編號	名稱	單位	收入 數量	收入 單價	收入 金額	發出 數量	發出 單價	發出 金額	現存 數量	現存 金額	均價

合（過次頁）計

總經理 協理 | 稽核科長 | 會計科長 | 材料股主任 | 總務科長 | 保管股主任 | 材料員 | 製表員

59

重庆电力股份有限公司[illegible]材料月报表

（料—22）$\frac{21.9.10}{3—500}$

民国 26 年 4—12 月　日　　第 3 页

编号	名	称	单位	收入 数量	收入 单价	收入 金额	发出 数量	发出 单价	发出 金额	现存 数量	现存 金额	均价
承前页						284696			249679		33817	
1103	6	铜[illegible]	把	3		252	3		252	—	—	
1104	12	粗[illegible]	.	5		877	5		877	—	—	
1105	12	细[illegible]	.	1		200	1		200	—	—	
1106		铁[illegible]	付	125	45	563	125	45	563	—	—	
1107		大[illegible]	只	1		1000	1		1000	—	—	
1108	[illegible]	[illegible]	只	90		5031	15		931	75	4500	60
1109	[illegible]	[illegible]	付	1		2500	1		2500	—	—	
1111	[illegible]	钢 杆	根	8	448	3584	8	448	3584	—	—	
1112	[illegible]	. .	.	6	512	3072	6	512	3072	—	—	
1113	[illegible]	铁 [illegible]	.	3	680	2040	3	680	2040	—	—	
1114		铁大[illegible]	只	6	256	1536	6	256	1536	—	—	
1115	[illegible]	铁 [illegible]	根	4		1280	4		1280	—	—	
1116	[illegible]	[illegible]铁管	.	4		1536	4		1536	—	—	
1117	[illegible]	铁 [illegible]	.	3	440	1320	3	440	1320	—	—	
1118	[illegible]	[illegible]	把	1		112	1		112	—	—	
1119	[illegible]	[illegible]		7		1166	7		1166	—	—	
1120	[illegible]	[illegible]		1		100	1		100	—	—	
1121	[illegible]	[illegible]		12		672	12		672	—	—	
1122	[illegible]	.	.	2	60	120	2	60	120	—	—	
1123	[illegible]	[illegible]	.	[illegible]		[illegible]	[illegible]		[illegible]	—	—	
1124	[illegible]	[illegible]	.	11		[illegible]	11		1596	—	—	
1125	[illegible]	[illegible]		[illegible]		[illegible]	10		560	1	[illegible]	
1126	[illegible]	[illegible]		[illegible]		[illegible]	[illegible]		1138	3	[illegible]	[illegible]
1127	[illegible]	[illegible]	.	3		[illegible]	1		96	2	[illegible]	[illegible]
1128	[illegible]	[illegible]	.	3	[illegible]	[illegible]	3	120	360	—	—	
1129	[illegible]	[illegible]		[illegible]		[illegible]	[illegible]		880	—	—	
1131	[illegible]	[illegible]	.	[illegible]	1280	2560	2	1280	2560	—	—	
1132	[illegible]	[illegible]	.	[illegible]		[illegible]	3		5680	—	—	
1133	[illegible]	[illegible]	把	[illegible]		336	1		336	—	—	
1134	[illegible]	[illegible]		6	312	1872	6	312	1872	—	—	
1135	[illegible]	[illegible]	条	14		[illegible]	10		4608	4	1152	288
1136	[illegible]	.	.	5		[illegible]	3		2180	2	840	420
1137	[illegible]	[illegible]	付	2	1280	2560	2	1280	2560	—	—	
1138	[illegible]	[illegible]	.	1		[illegible]	[illegible]		360	—	—	
1139	[illegible]	漆 [illegible]	只	14		[illegible]	[illegible]		510	5	190	38
1140	[illegible]	. .	.	5	96	480	5	96	480	—	—	
1141	[illegible]	. .	.	1		112	1		112	—	—	
1142	[illegible]	油 [illegible]	[illegible]	3		[illegible]	2		480	1	150	
1143		大[illegible]	只	2	160	320	2	160	320	—	—	
1144		小[illegible]	.	2	120	240	2	120	240	—	—	
1145		[illegible]	把	1		2240	1		2240	—	—	
1146	[illegible]	[illegible]	支	2	640	1281	2	640	1281	—	—	
1147		[illegible]	只	2	200	400	2	200	400	—	—	
1148	[illegible]	[illegible]	只	2125	4	8510	2125	4	8510	—	—	
1149	[illegible]	. .	.	1100	64	7040	1100	64	7040	—	—	
1150	1	. .	.	2298		28129	2294		20097	1004	8032	8
1151	318	[illegible]	根	1		160	1		160	—	—	
1152	12	[illegible]	把	6	448	2688	6	448	2688	—	—	
1153	25	[illegible]	条	5	300	1500	5	300	1500	—	—	
1154	26	. .	.	1		240	1		240	—	—	
合（过次页）计						392598			343417		49181	

总经理 协理　　稽核　　会计科长　　材料股主任　　审核股主任　　簿记股主任　　材料员　　制表员

重庆电力股份有限公司一九三七年损益计算表、盈余分配表、资产目录表、余额表、材料年报表等（一九三七年） 0219-2-5

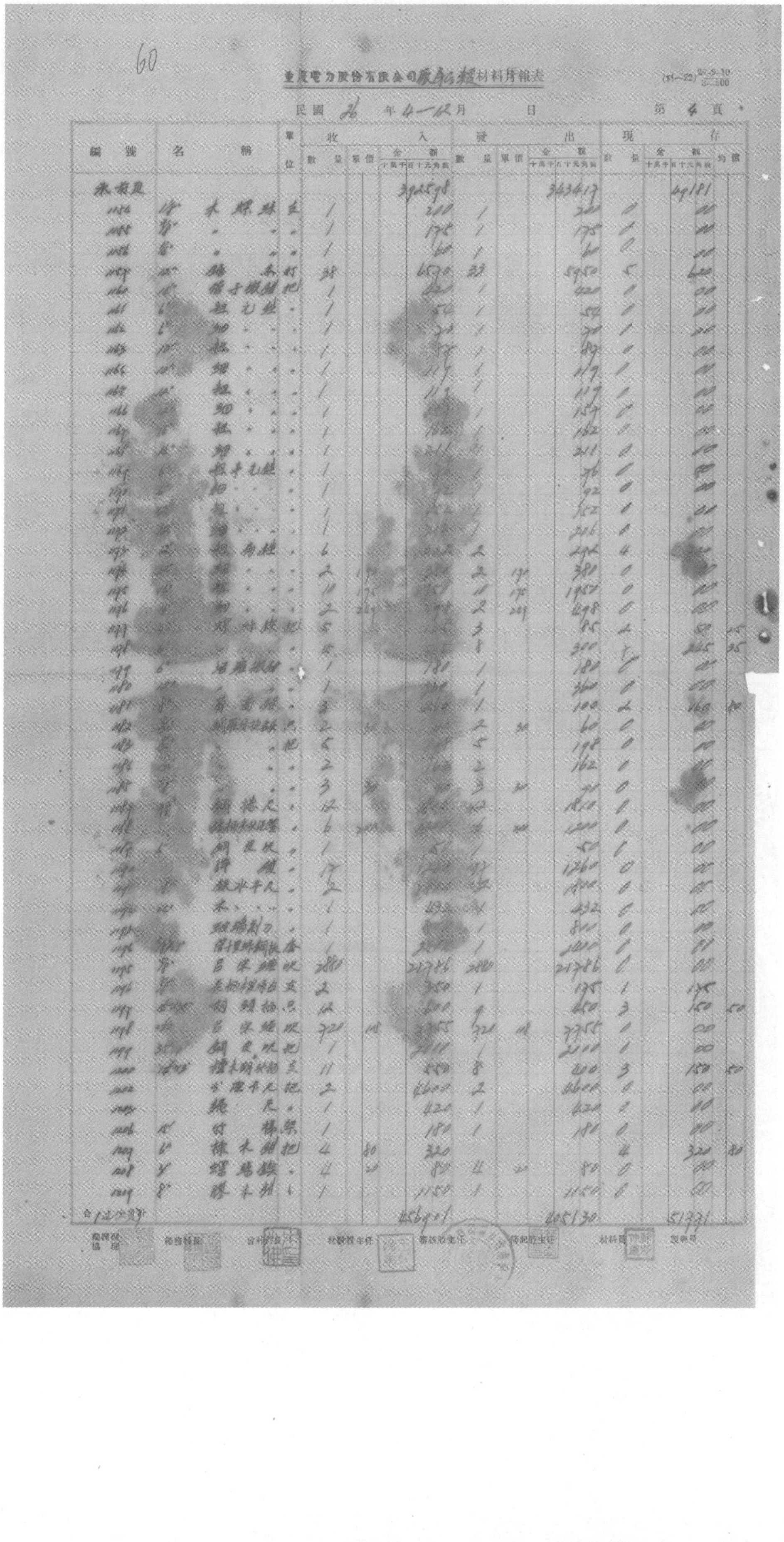

60

重慶電力股份有限公司廠存材料年報表

(材—22) 26-9-10 5-500

民國 26 年 4—12 月 日 第 4 頁

編號	名稱	單位	收入 數量	收入 單價	收入 金額	發出 數量	發出 單價	發出 金額	現存 數量	現存 金額	均價
承前頁					392598			343417		49181	
1154	1½" 木螺絲	支	1		211	1		211	0	00	
1155	3/4" 〃	〃	1		175	1		175	0	00	
1156	5/8" 〃	〃	1		60	1		60	0	00	
1159	12" 錫 條	打	38		6570	33		5950	5	620	
1160	16" 鋸子鐵銼	把	1		420	1		420	0	00	
1161	6" 粗元銼	〃	1		54	1		54	0	00	
1162	6" 細 〃	〃	1		70	1		70	0	00	
1163	10" 粗 〃	〃	1		87	1		87	0	00	
1164	10" 細 〃	〃	1		119	1		119	0	00	
1165	12" 粗 〃	〃	1		119	1		119	0	00	
1166	12" 細 〃	〃	1		157	1		157	0	00	
1167	14" 粗 〃	〃	1		162	1		162	0	00	
1168	14" 細 〃	〃	1		211	1		211	0	00	
1169	6" 粗半元銼	〃	1		[illegible]	1		76	0	00	
1170	[illegible] 細 〃	〃	1		[illegible]	1		92	0	00	
1171	[illegible] 粗 〃	〃	1		[illegible]	1		152	0	00	
1172	[illegible] 細 〃	〃	1		[illegible]	1		206	0	00	
1173	12" 粗角銼	〃	6		[illegible]	2		292	4	[illegible]	
1174	[illegible]	〃	2	190	[illegible]	2	190	380	0	00	
1175	[illegible]	〃	11	175	[illegible]	11	175	1957	0	00	
1176	[illegible]	〃	2	249	[illegible]	2	249	498	0	00	
1177	[illegible] 咪鉗	把	5		[illegible]	3		85	2	50	25
1178	[illegible] 〃	〃	15		[illegible]	8		300	7	245	35
1179	6" 活板鐵剪	〃	1		181	1		181	0	00	
1180	[illegible] 〃	〃	1		[illegible]	1		360	0	00	
1181	[illegible] 剪	〃	3		260	1		100	2	160	80
1182	[illegible] 鋼板絲攻鉸	只	2	30	[illegible]	2	30	60	0	00	
1183	[illegible] 〃	把	5		[illegible]	5		198	0	00	
1184	[illegible] 〃	〃	2		[illegible]	2		162	0	00	
1185	[illegible] 〃	〃	3	30	[illegible]	3	30	90	0	00	
1187	[illegible] 鋼捲尺	〃	12		[illegible]	12		1810	0	00	
1188	[illegible]	〃	6	200	[illegible]	[illegible]	200	1200	0	00	
1189	6" 鋼皮尺	〃	1		50	1		50	0	00	
1190	摔 鏝	〃	17		1260	17		1260	0	00	
1191	[illegible] 鐵水平尺	〃	2		[illegible]	2		1800	0	00	
1192	24" 木 〃	〃	1		432	1		432	0	00	
1193	玻璃刮刀	〃	1		[illegible]	1		800	0	00	
1194	[illegible] 管絲紋鋼板	套	1		[illegible]	1		2800	0	00	
1195	3/8" 白 [illegible]	呎	2880		21786	2880		21786	0	00	
1196	[illegible]	支	2		350	1		175	1	175	
1197	[illegible] 鋼 [illegible]	只	12		600	9		450	3	150	50
1198	[illegible] 白 [illegible]	呎	720	11	7755	720	11	7755	0	00	
1199	350' 鋼皮尺	把	1		2100	1		2100	0	00	
1200	[illegible]	支	11		550	8		400	3	150	50
1202	〃 曲尺	把	2		4600	2		4600	0	00	
1203	線 尺	〃	1		420	1		420	0	00	
1206	15' 竹 [illegible]	架	1		180	1		180	0	00	
1207	6" 棕木刨	把	4	80	320				4	320	80
1208	4" 螺絲鉸	〃	4	20	80	4	20	80	0	00	
1209	8" 膝木刨	〃	1		1150	1		1150	0	00	
合計（過次頁）					456901			405130		51771	

總經理 協理　總務科長　會計科長　材料股主任　審核股主任　簿記股主任　材料員　製表員

重庆电力股份有限公司一九三七年损益计算表、盈余分配表、资产目录表、余额表、材料年报表等（一九三七年） 0219-2-5

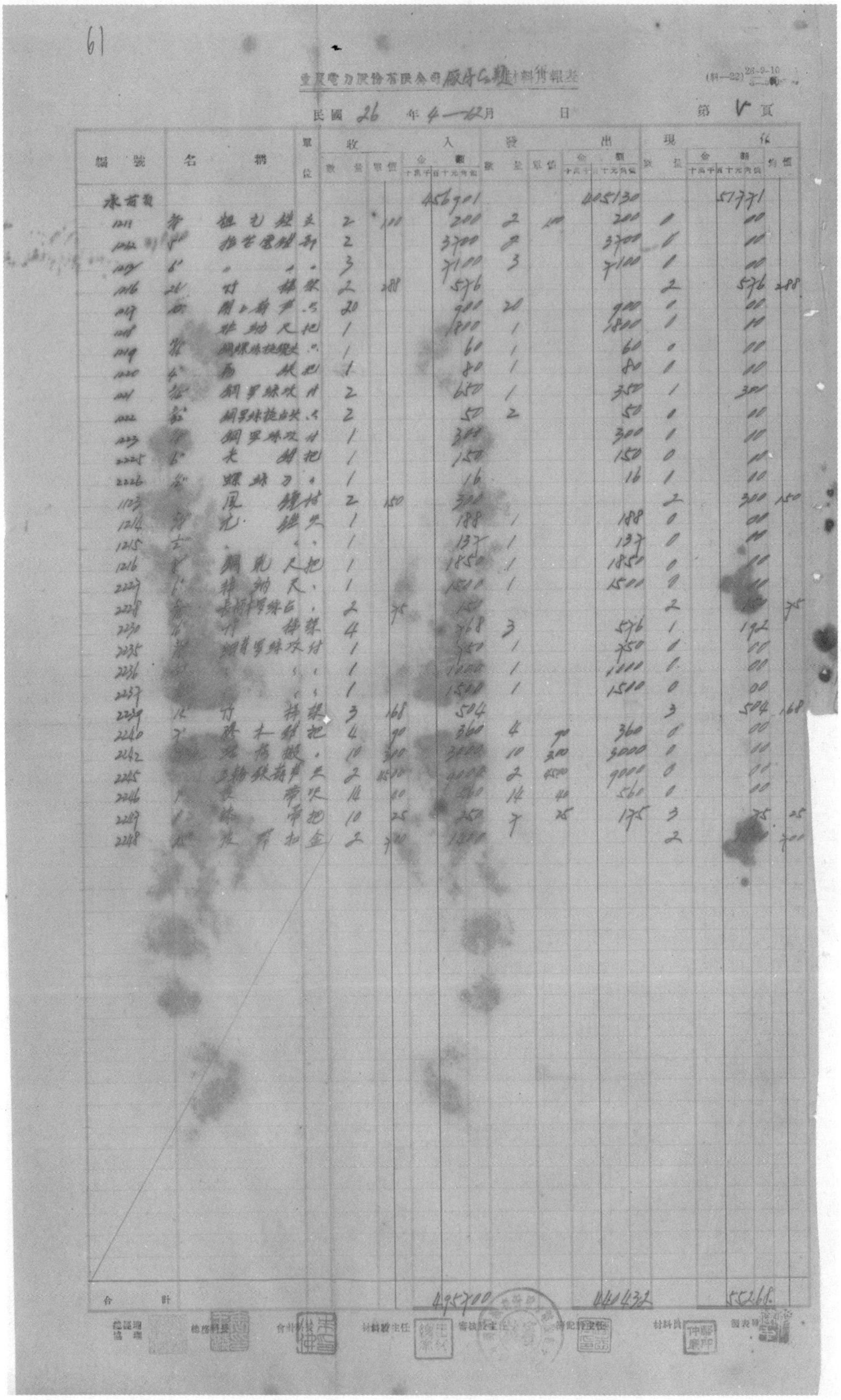

61

重慶電力股份有限公司 材料月報表

民國 26 年 4—12 月 日 第 V 頁

編號	名稱	單位	收入 數量	收入 單價	收入 金額	發出 數量	發出 單價	發出 金額	現存 數量	現存 金額	均價
承前頁					456701			405130		51771	
1211	[illegible]	支	2	100	200	2	100	200	/	/	
1212	[illegible]	[illegible]	2		3700	2		3700	/	/	
合計					495700			441432		55268	

重庆电力股份有限公司一九三七年损益计算表、盈余分配表、资产目录表、余额表、材料年报表等（一九三七年） 0219-2-5

62

重慶電力股份有限公司廠务材料月報表

(料—22) 25-9-10 5-500

民國 26 年 1—12 月 31 日　　第 1 頁

編號	名稱		單位	收入 數量	收入 單價	收入 金額	發出 數量	發出 單價	發出 金額	現存 數量	現存 金額	均價
2101		鐵油方棚	部	1		25600	1		25600	0	00	
2102		測量電阻器	只	1		34880	1		34880	0	00	
2103	500V	電壓表	只	1		5600	1		5600	0	00	
2104	100V	電流表	、	2	5920	11840	2	5920	11840	0	00	
2105	5KA	單相方棚	部	1		14800	1		14800	0	00	
2107		發電機電壓調[illegible]	只	1		18177	1		18177	0	00	
2108		表用電流變壓器	、	1		16000	1		16000	0	00	
2109		電度表	、	1		30400	1		30400	0	00	
2110		電壓表	、	1		8400	1		8400	0	00	
2111		電流表	、	1		8400	1		8400	0	00	
2112		直流配電表	套	1		16400	1		16400	0	00	
2113		五门總表台	座	1		228000	1		228000	0	00	
2114		冷泵機	部	1		6800	1		6800	0	00	
2115	冬	舊鉄板	磅	1005		15038	1005		15038	0	00	
2106	30/20A	電阻表	只	1		25600	1		25600	0	00	
2116		西材料	斤	1697	06	1018	1697	06	1018	0	00	
2118	[illegible]	号口鉄	磅	214	12	3524	28	12	482	176	3042	172
合計						464459			461417		3042	

總經理協理　總務科長　會計科長　材料股主任　審核股主任　簿記股主任　材料員　製表員

重庆电力股份有限公司一九三七年损益计算表、盈余分配表、资产目录表、余额表、材料年报表等（一九三七年） 0219-2-5

63

重慶電力股份有限公司年度材料月報表 (料—22)26-9-10 5-500

民國 26 年 度 月 日 第 1 頁

編號	名稱		單位	收入 數量	收入 單價	收入 金額	發出 數量	發出 單價	發出 金額	現存 數量	現存 金額	均價
1	150	日光灯泡	只	16	60	960				16	960	60
2	[illegible]	〃	〃	15	〃	900				15	900	〃
3	[illegible]	〃	〃	17	〃	1020	1		60	16	960	〃
4	[illegible]	亭奶灯泡	只	8	100	800	3	100	300	5	500	100
5	[illegible]	〃	〃	10	160	1600	6	160	960	4	640	160
6	[illegible]	〃	〃	2	80	160	1		80	1	80	
7	750	〃	〃	5	120	600	5	120	600	0	00	
8	[illegible]	螺丝灯泡	只	1186		1137 90	201		412 15	985	725 75	95
9	[illegible]	〃	〃	156	180	280 80	1		180	155	279 00	180
10	[illegible]	〃	〃	149	349	520 01				149	520 01	349
11		光 镜	个	40	044	54				40	54	044
12		鸡心罩	只	1		180				1	180	
13		磁木灯头	〃	170	50	8700	101	50	5050	73	3650	50
14		磁木挂脚灯头	〃	26		1002	22		822	4	180	
15		闸刀开关	只	16	63	1008	2	63	126	14	882	63
16		专业闸刀	〃	86	95	8140	7		704	77	7436	95
17		开关闸	〃	6	30	180	6	30	180	0	00	
18		光 伞	〃	172	18	3096	33	18	594	139	2502	18
19		[illegible]	打	74	416	3084	23		959	51	2125	416
20		[illegible]	只	6	50	300				6	300	50
21		[illegible]	〃	17	75	1275				17	1275	75
22		〃	〃	10	90	900				10	900	90
23		大元木	块	17	10	170	12	10	120	5	50	10
24		小 〃	〃	1095		1122	434		461	661	661	01
25		双进木	〃	17	056	95	7		39	10	56	056
26		〃	〃	42	049	206	1		05	41	201	049
27		〃	〃	96	064	616				96	616	064
28		〃	〃	82	09	738				82	738	09
29		[illegible]	只	2	15	30				2	30	15
30		〃	〃	14	30	420				14	420	30
31		[illegible]	对	7	20	140				7	140	20
32		木槽板	〃	2	10	20				2	20	10
33	1"	木 塞	只	136	10	1360	9	10	90	127	1270	10
34	5/8"	〃	〃	470	07	3290	8	07	56	462	3234	07
35		磁接头	〃	384	40	15360				384	15360	40
36		[illegible]	〃	1		40				1	40	
37	[illegible]	螺丝钉	包	[illegible]		1826	[illegible]		1742	[illegible]	84	35
38	[illegible]	〃	〃	62		2110	62		2110	0	00	
39	[illegible]	〃	〃	[illegible]	60	3662	6	60	360	[illegible]	3302	60
40	[illegible]	〃	〃	7	45	315				7	315	45
41	[illegible]	螺丝钉	包	[illegible]	57	497	[illegible]	57	210	[illegible]	287	57
42	[illegible]	〃	〃	101	55	5555	[illegible]		1335	[illegible]	4220	55
43	[illegible]	〃	〃	[illegible]		596	[illegible]		596	0	00	
44	[illegible]	〃	〃	[illegible]	288	642	[illegible]	288	100	[illegible]	542	288
45	[illegible]	〃	〃	[illegible]	180	333	[illegible]	180	300	[illegible]	33	180
46	1/2"	[illegible]	打	17360	08	13886	2380	08	1904	14980	11982	08
47	2"	〃	〃	406	04	1624	390	04	1560	16	64	04
48		[illegible]	块	2	60	120	2	60	120	0	00	
49		[illegible]	只	1		200				1	200	
50		[illegible]	〃	2	500	1000	1		500	1	500	
51		[illegible]	〃	1		34				1	34	
合(轉次頁)計						273837			51451		222379	

總經理 協理　總務科長　會計科長　材料股主任　審核股主任　簿記股主任　材料員　製表員

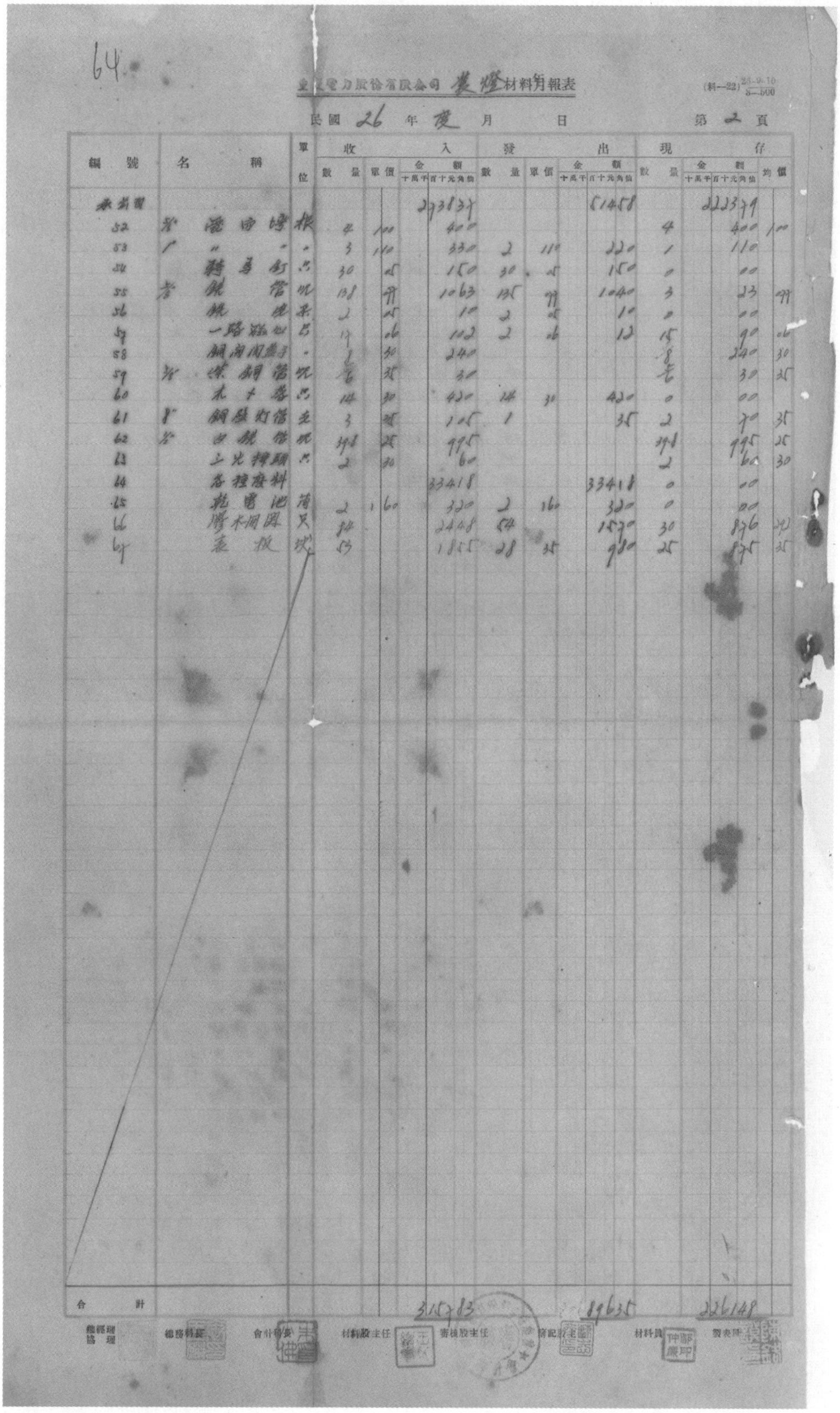

64

重慶電力股份有限公司 裝燈材料年報表　(料—22)

民國 26 年度 月 日　第 2 頁

編號	名稱	單位	收入 數量	收入 單價	收入 金額	發出 數量	發出 單價	發出 金額	現存 數量	現存 金額	均價
承前頁					273837			51458		222379	
52	3/4" [illegible]	根	4	100	400				4	400	100
53	1" 〃	〃	3	110	330	2	110	220	1	110	
54	螺絲釘	只	30	05	150	30	05	150	0	00	
55	1/2" 鐵管	呎	138	77	1063	135	77	1040	3	23	77
56	鐵 [illegible]	[illegible]	2	05	10	2	05	10	0	00	
57	一路接線	只	17	06	102	2	06	12	15	90	06
58	銅開關	〃	8	30	240				8	240	30
59	3/4" 鐵銅管	呎	12	25	30				12	30	25
60	木夾	只	14	30	420	14	30	420	0	00	
61	8" 鋼絲燈管	支	3	35	105	1		35	2	70	35
62	1/2" 白鐵管	呎	398	25	995				398	995	25
63	三光插頭	只	2	30	60				2	60	30
64	各種廢料				33418			33418	0	00	
65	乾電池	節	2	160	320	2	160	320	0	00	
66	膠木開關	只	84		2448	54		1570	30	876	29
67	表板	塊	53		1855	28	35	980	25	875	35
合計					315283			89635		226148	

總經理 協理　總務科長　會計科長　材料股主任　審核股主任　登記員　材料員　製表員

重庆电力股份有限公司一九三七年损益计算表、盈余分配表、资产目录表、余额表、材料年报表等（一九三七年）　0219-2-5

重庆电力股份有限公司一九三七年损益计算表、盈余分配表、资产目录表、余额表、材料年报表等（一九三七年） 0219-2-5

65

重慶電力股份有限公司 三[illegible] 材料年報表 (料—22) 26-9-10 3-500

民國 26 年度 月 日 第 1 頁

編號	名稱		單位	收入 數量	收入 單價	收入 金額	發出 數量	發出 單價	發出 金額	現存 數量	現存 金額	均價
1101	8"	勝木鑽	把	30		3255	24		2655	6	600	100
1102	7"	〃	〃	7		690	7		690	0	00	
1104	6	支鑽	〃	4	150	600	2	150	300	2	300	150
1105	8	銅絲鑽	〃	11		480	11		480	0	00	
1111	8"	螺絲刀	〃	1		50	1		50	0	00	
1112	6"	〃	〃	44		1645	25		980	19	665	35
1113	4"	〃	〃	51		1325	18		490	33	835	
1115		小螺絲刀	〃	5		83	5		83	0	00	
1120		圓[illegible]鋸	〃	1		2200				1	2200	
1121	100'	皮尺	〃	10		9050	6		5850	4	3200	800
1122	50'	〃	〃	9		5350	6		3700	3	1650	550
1123		四折尺	〃	19		1840	18		1750	1	90	
1124		鋼尺	〃	7		1020	5		720	2	300	150
1126	6"	手鉗	〃	10		820	1		100	9	720	80
1127	8"	〃	〃	15		1025	5		425	10	600	60
1128	10"	〃	〃	5		275	4		220	1	55	
1129	12"	〃	〃	17		750	4		200	13	550	
1140	14"	〃	〃	21		740	11		440	10	300	30
1141	3/8"	鉄柄手占	〃	6	160	960	6	160	960	0	00	
1146	3/4"	長柄木占	〃	5	150	750	3	150	450	2	300	150
1142	1/2"	鉄柄手占	〃	10	180	1800	1		180	9	1620	180
1143	3/8"	長柄木占	〃	4	120	480	3	120	360	1	120	
1148	1/2"	〃	〃	3	160	480				3	480	160
1151	20P	鋼頭	〃	5		540	1		140	4	400	100
1152	16P	〃	〃	6		475	6		475	0	00	
1153	18P	〃	〃	9		570	2		160	7	410	58
1154	24P	〃	〃	9	56	490				9	490	56
1157		[illegible]頭柄	〃	11	4	44	5	4	20	6	24	4
1164	12"	活扳鉗子	〃	2	300	600	1		300	1	300	
1166		螺絲鋼板	付	1		5000				1	5000	
1167	14"	管子鉗	把	2	420	840	2	420	840	0	00	
1171		電棒	根	11		870	9		740	2	130	65
1172		電池	節	232		5180	219		4855	13	325	25
1173		電池	只	161		1523	86		923	75	600	8
1176	12"	鋸刀	把	1		157	1		157	0	00	
1178		三角銼刀	〃	1		93				1	93	
1183	6"	木銼	〃	5	120	600	3	120	360	2	240	120
1196		打[illegible]	條	28		5582	26		5246	2	336	168
1200		大小皮帶扣	只	2	45	90	2	45	90	0	00	
1201		[illegible]皮帶	付	14		21304	11		16804	3	4500	1500
1206		[illegible]	磅	225½		13800	142		8788	83½	5012	60
1208		[illegible]板	塊	20		650	12		290	8	360	45
1209		鉄錘	只	14		840	4		240	10	600	
1216		鉄叉	把	1		300				1	300	
1217		鉄[illegible]	支	1		400				1	400	
1218		鉄錘	把	12	220	2640	7	220	1540	5	1100	220
1219		鋼千[illegible]	根	5	1367	6835	1		1367	4	5468	1367
1220		[illegible]子	把	3	40	120				3	120	40
1224		拉十字[illegible]	只	1		200	1		200	0	00	
1226		拉單手	把	3	1221	3663	3	1221	3663	0	00	
1227		[illegible]	只	1		750				1	750	
合(過次頁)計						109824			68281		41543	

總經理 協理　總務科長　會計科長　材料股主任　營業股主任　登記股主任　材料員　製表員

中華民國二十九年度

重慶電力股份有限公司決算報告表

董事長 潘仲三

常務董事 康心如 胡仲實 潘昌猷 徐廣遲

董事 浦心雅 周見三 潘益民 甯芷邨 尹志陶 周季悔 王君韌 何說岩 劉航琛 石體元

監察 陳懷先 楊燦三 李謨 何兆青 席文光 石竹軒 尹國墉

總經理 劉航琛

兼代協理 程本臧

會計師 謝霖

重庆电力股份有限公司一九四〇年决算报告表（一九四〇年十二月三十一日） 0219-2-105

重庆电力股份有限公司一九四〇年决算报告表（一九四〇年十二月三十一日） 0219-2-105

62

資產負債表

中華民國二十九年十二月三十一日

資產類	金額（元）	負債類	金額（元）
固定資產	6172911.96	資本及公積	5292798.10
發電資產	3659277.29	資本總額	5000000.00
輸電配電資產	1555661.50	法定公積	132229.87
用電資產	659939.98	特別公積	160568.23
業務資產	167572.29	長期負債	2464007.78
其他固定資產	130460.90	長期借入款	2464007.78
流動資產	2681888.21	短期負債	4761342.55
現金	36103.11	短期借入款	3250000.00
銀行存款	70921.30	存入保證金	543368.50
應收賬款	1335351.55	應付紅利	0.45
材料	1239512.25	應付合同款項	967973.60
雜項資產	6017286.00	雜項負債	3503233.21
開辦費	2536.25	折舊準備	1227124.33
戰時防護費	95457.93	催收款項準備	200276.72
存出保證金	10090.00	電表損失準備	120000.00
暫付款項	573224.81	呆賬準備	82740.89
催收款項	200276.72	暫收款項	1075548.80
應計欠項	22115.54	應計存項	797542.47
預付款項	2776665.76	盈餘	3204.96
合同訂購新機	934396.16	前期盈餘滾存	3204.96
合同訂購材料	1247522.83		
投資企業	155000.00		
虧損	1152500.43		
前期虧損	68259.99		
本期虧損	1084240.44		
合計	16024586.60	合計	16024586.60

損益表

中華民國二十九年一月一日起至十二月三十一日

損失類	金額（元）	利益類	金額（元）
經常開支	7118750.48	電費收入	5859840.81
發電費用	4373008.70	電燈收入	3223579.09
供電費用	646295.25	電力收入	2488289.91
營業費用	452330.26	電熱收入	115512.01
管理費用	1647116.27	路燈收入	17451.60
特項開支	224954.22	自用電度收入	9947.54
戰時損失	224954.22	補繳電費收入	5060.66
		營業收入	15748.80
		業務手續收入	15748.80
		雜項收入	383874.65
		利息收入	8801.46
		房地租金收入	1292.00
		售貨利益	433.53
		補助費收入	265377.11
		物材料盤盈	94699.75
		其他雜項收入	13270.80
		虧損	1084240.44
		本期虧損	1084240.44
合計	7343704.70	合計	7343704.70

重庆电力股份有限公司股东户名暨股额股权登记表（一九四一年二月二十四日） 0219-2-105

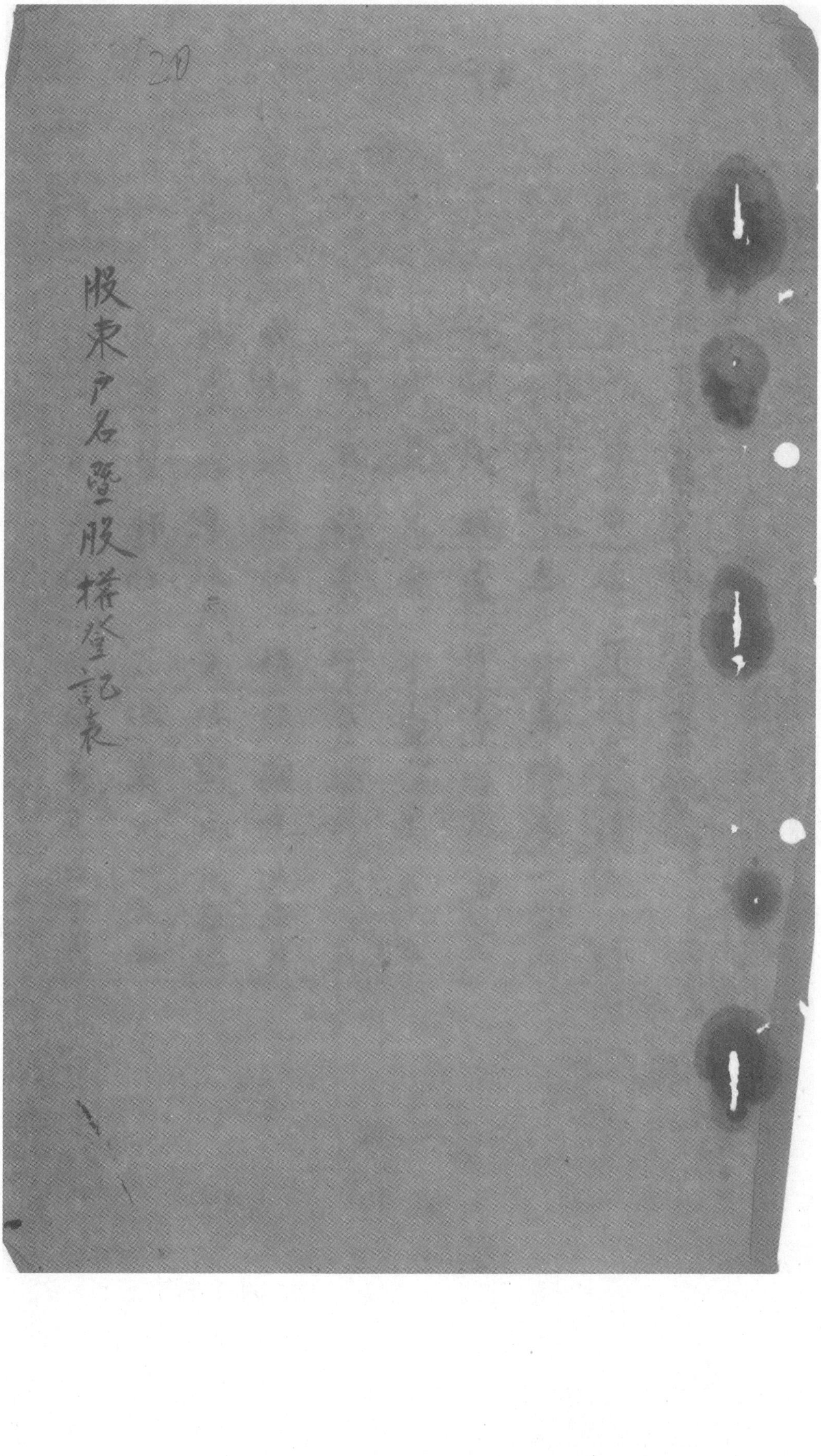

120

股東户名暨股權登記表

重庆电力股份有限公司股东户名暨股额股权登记表（一九四一年二月二十四日） 0219-2-105

121

重慶電力股份有限公司股東戶名暨股額股權登記表 三十年二月二十四日製

股東户名	代表姓名	股數	股本金額	股權	附註
四川省政府	~~[illegible]~~ 何北青	叁仟	叁拾萬	一五〇五	0
美記	胡汝航	壹仟	壹拾萬	五〇五	0
同上	周見三	壹仟	壹拾萬	五〇五	0
同上	龔農瞻	壹仟	壹拾萬	五〇五	0 1
川記	劉航琛	伍佰	伍萬元	弍五五	0
康記	盧作孚	伍百	伍萬元	弍伍伍	0
平記	甯芷邨	伍百	伍萬元	二五五	0
民記	周見三	伍百	伍萬元	二五五	0

重庆电力股份有限公司股东户名暨股额股权登记表（一九四一年二月二十四日） 0219-2-105

商記	范紹增	伍百	伍萬元	二五五	0
業記	羅震川	伍百	伍萬元	二五五	0
銀記	何北衡	伍百	伍萬元	二五五	0
行記	周季悔	伍百	伍萬元	二五五	0
中建記	尹國墉	壹仟五百	拾伍萬元	七五五	0
中渝記	徐廣遲	弍千	弍拾萬元	一〇〇五	0
中坊記	王君毅	壹仟玖佰	拾玖萬元	九五五	0
中成記	孫祖瑞	玖百五十	玖萬伍千元	四八〇	0
中上記	顧敦甫	玖百	玖萬元	四五五	0
和記	何說岩（石竹軒代）	叁仟	叁拾萬元	一五〇五	0

重庆电力股份有限公司股东户名暨股额股权登记表（一九四一年二月二十四日） 0219-2-105

德記	石竹軒	壹仟捌百	拾捌萬元	九〇五	
德記	庸文光	壹仟叁百	拾叁萬元	六五五	
誠記	楊燦三	壹千	壹拾萬元	五〇五	
同上	梅泰威	叁百	叁萬元	一五五	
中國興業公司	傅汝霖	伍百	伍萬元	二五五	
華西公司	胡仲實	壹佰	壹萬元	五五	
豐記	潘昌猷	壹佰	壹萬元	五五	
慶記	潘昌猷	壹佰	壹萬元	伍伍	
亨記	潘昌猷	壹百	壹萬元	伍伍	
哲記	劉世哲（刘航琛代）	壹仟五百	壹拾伍萬元	七五五	

重庆电力股份有限公司股东户名暨股额股权登记表（一九四一年二月二十四日） 0219-2-105

勲記	潘昌猷	壹百	壹萬元	五五
祺記	同上	壹百	壹萬元	五五
德記	同上	壹百	壹萬元	五五
隆記	同上	壹百	壹萬元	五五
翼記	同上	壹百	壹萬元	五五
之記	同上	壹百	壹萬元	五五
南基記	張伯蒼	陸百	陸萬元	三〇五
次珩記	徐次珩	伍拾	伍仟元	三〇
燮記	同上	伍拾	伍千元	三〇
行記	同上	肆拾	肆千元	二五

重庆电力股份有限公司股东户名暨股额股权登记表（一九四一年二月二十四日） 0219-2-105

123

正[illegible]記	同上	陸拾	陸千元	三五	0
勉[illegible]記	同上	壹百	壹萬元	五五	0
致[illegible]記	同上	壹百	壹萬元	五五	0
綾[illegible]記	同上	壹百	壹萬元	五五	0
劉航琛		壹百	壹萬元	五五	0
振記	劉航琛	壹拾	壹千元	一〇	0
原記	同上	壹拾	壹千元	一〇	0
華記	同上	壹拾	壹千元	一〇	0
祿記	同上	壹拾	壹仟元	一〇	0
昌記	同上	壹拾	壹千元	一〇	0

重庆电力股份有限公司股东户名暨股额股权登记表（一九四一年二月二十四日） 0219-2-105

益記	同上	壹拾	壹千元	一〇	0
重記	同上	壹拾	壹千元	一〇	0
清記	同上	壹拾	壹千元	一〇	0
永記	同上	壹拾	壹千元	一〇	0
渝記	同上	壹拾	壹千元	一〇	0
康心如		壹百	壹萬元	五五	0
潘仲三		貳百伍拾	貳萬伍千元	一三〇	0
范紹增		壹百	壹萬元	五五	0
石體元		陸拾	陸千元	三五	0
陳懷先		伍拾	伍千元	三〇	0

重庆电力股份有限公司股东户名暨股额股权登记表（一九四一年二月二十四日） 0219-2-105

124

傅友周		陸拾	陸仟元	三五	0
楊伯昌		伍拾	伍仟元	三〇	0
劉闓非		陸拾	陸仟元	三五	0
程記	周季悔	贰百	贰萬元	一〇五	0
強記	周季悔	伍拾	伍仟元	五〇	0
李劍鳴		壹百	壹萬元	五五	0
周嘯嵐		壹百	壹萬元	五五	0
怡記	周嘯嵐	壹百	壹萬元	五五	0
周見三		壹百	壹萬元	五五	0
劉靜之		伍拾	伍仟元	三〇	0

重庆电力股份有限公司股东户名暨股额股权登记表（一九四一年二月二十四日） 0219-2-105

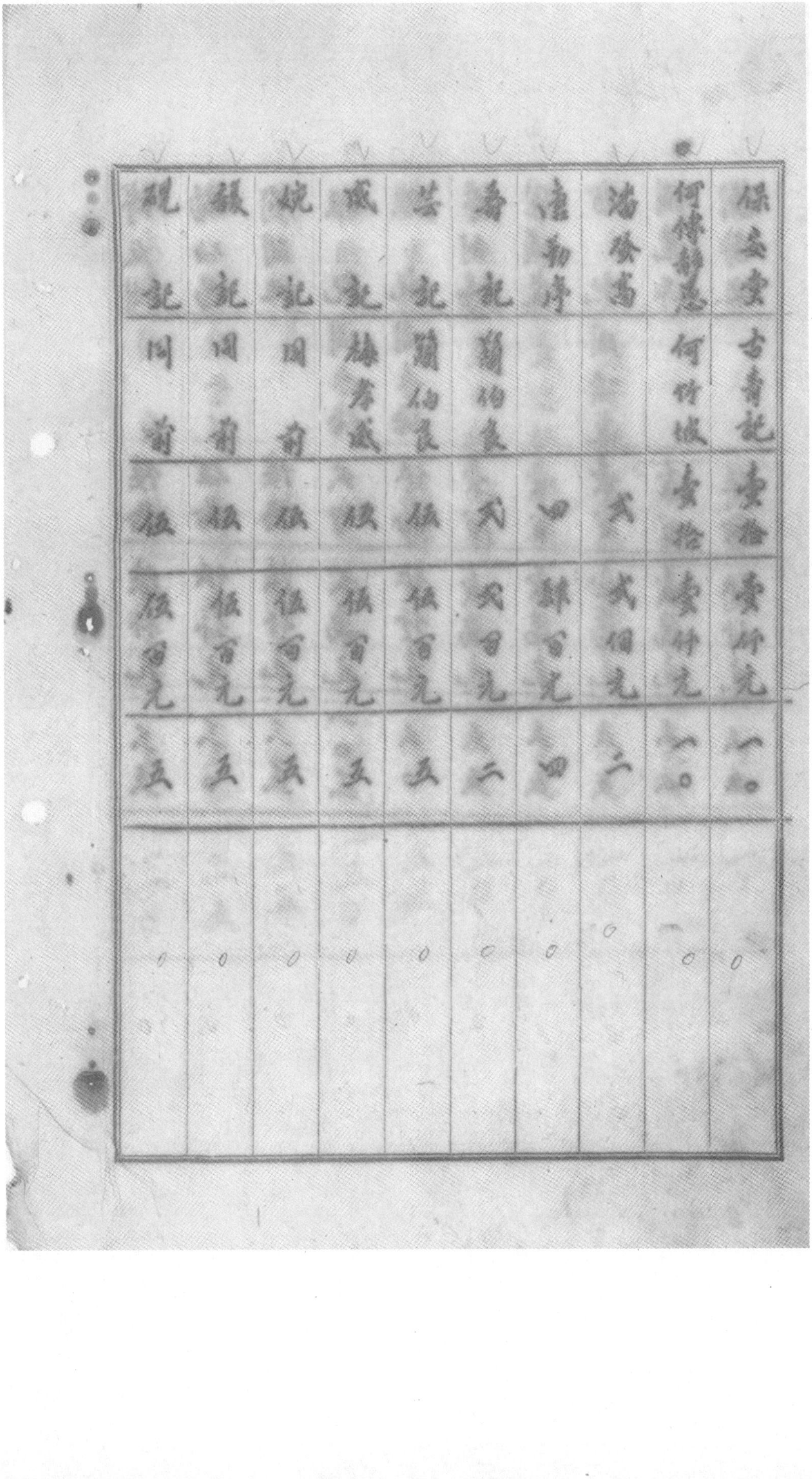

保安堂	古青記	壹拾	壹仟元	一〇	0
何傅靜慈	何竹波	壹拾	壹仟元	一〇	0
潘發萬		貳	貳佰元	二	0
康勤孚		四	肆百元	四	0
壽記	蔺伯良	貳	貳百元	二	0
芸記	蔺伯良	伍	伍百元	五	0
威記	梅孝威	伍	伍百元	五	0
婉記	同前	伍	伍百元	五	0
馥記	同前	伍	伍百元	五	0
硯記	同前	伍	伍百元	五	0

重庆电力股份有限公司股东户名暨股额股权登记表（一九四一年二月二十四日） 0219-2-105

125

務本堂	同前	伍	伍百元	五
英記	耿含英	叁	叁百元	三
何宗武		肆	肆百元	四
郭紹林		伍	伍百元	五
袁玉麟		伍拾	伍仟元	三〇
袁石麟	袁玉麟	伍拾	伍仟元	三〇
郭馨記	袁玉麟	伍拾	伍仟元	三〇
啓元堂	袁玉麟	叁拾	叁仟元	二〇
過俊卿		伍拾	伍仟元	三〇
龍媛南		貳拾	貳仟元	一五

重庆电力股份有限公司股东户名暨股额股权登记表（一九四一年二月二十四日） 0219-2-105

何九渊		伍拾	伍仟元	三〇	0
蔡英卿		伍拾	伍仟元	三〇	0
熏记	蔡英卿	壹佰	壹万元	五五	0
胡子穆		陆拾	陆仟元	三五	0
文记	郭文钦	壹佰	壹万元	五五	0
钦记	周[illegible]前	壹佰	壹万元	五五	0
春记	康作孚	伍拾	伍仟元	三〇	0
鑫记	龚襄曦	肆拾	肆仟元	二五	0
公记	石蜗勋	贰拾	贰仟元	一五	0
总记	朱小佛	壹拾	壹仟元	一〇	0

126

忠记	宋小佛	壹拾	壹仟元	一〇	〇
康心之		贰百	贰万元	一〇五	〇
吴仲和		伍拾	伍仟元	三〇	〇
吴祖瓌	吴仲和	伍拾	伍仟元	三〇	〇
程俊记	程本藏	陆拾	陆仟元	三五	〇
南渝记	张伯苓	肆百	肆万元	六〇五	〇
交通银行	浦心雅	叁千	叁拾万元	一五〇五	〇
农民银行	尹志陶	壹千五百	壹拾伍万元	七五五	〇
中央银行	潘益民	贰千陆百贰拾五	贰拾陆万贰仟伍百元	一三一八	[illegible]
同前	李[illegible]蓉	贰千陆百贰拾五	贰拾陆万贰仟伍百元	一三一八	[illegible]

重庆电力股份有限公司股东户名暨股额股权登记表（一九四一年二月二十四日） 0219-2-105

重庆电力股份有限公司股东户名暨股额股权登记表（一九四一年二月二十四日） 0219-2-105

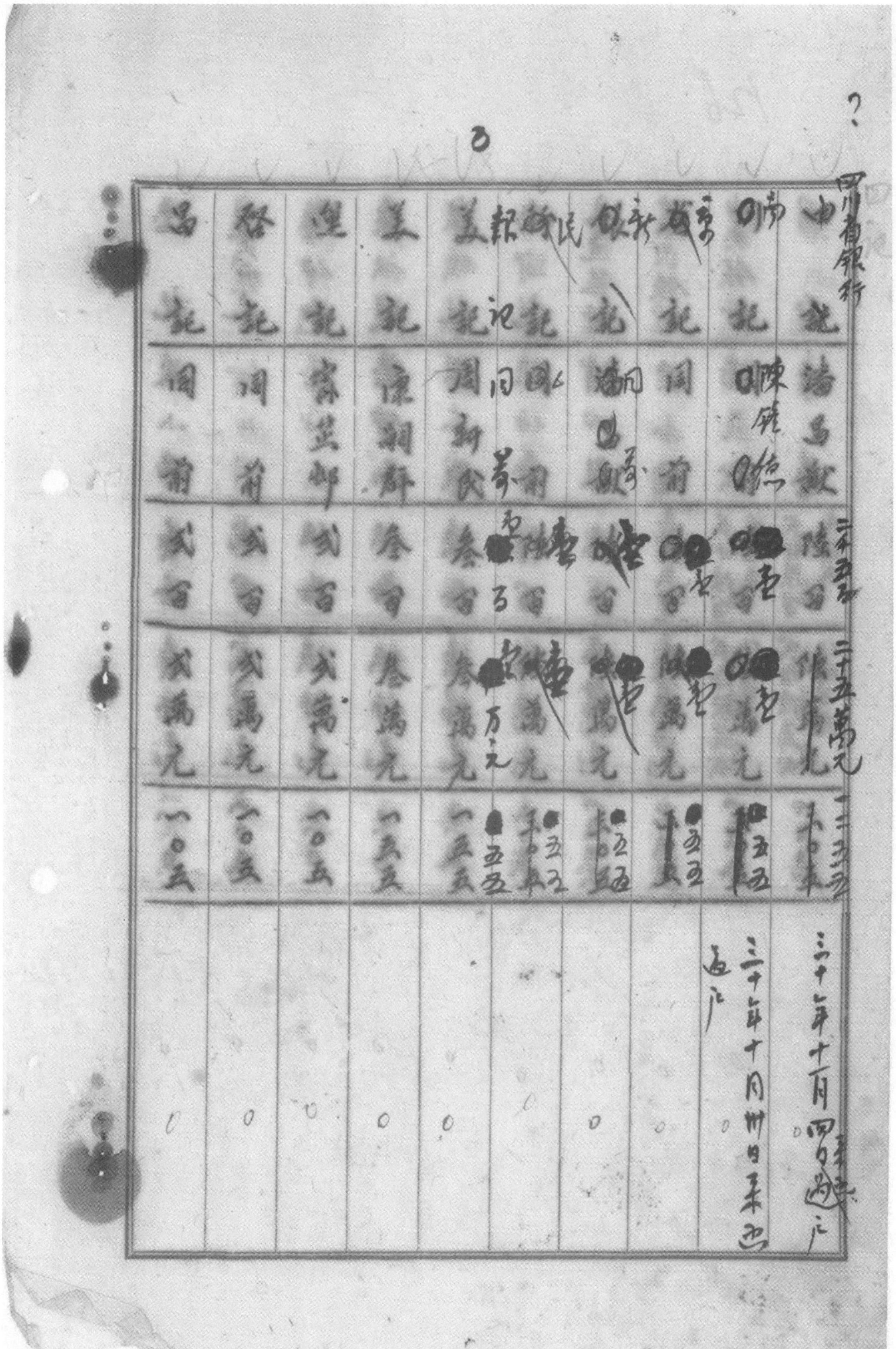

重庆电力股份有限公司股东户名暨股额股权登记表（一九四一年二月二十四日） 0219-2-105

127

瑞记	同前	叁百	叁万元	一五五	
川康银行	何北渊 席文光	壹千	壹拾万元	五〇五	
郑记	潘仲三 丁少鹤	伍拾	伍仟元	三〇	三十年六月更换代表人及印鉴 代表人丁少鹤。
勇记	潘昌猷	伍拾	伍仟元	三〇	
宝记	同前	壹百	壹万元	五五	
仁记	同前	壹百	壹万元	五五	
义记	同前	贰百	贰万元	一〇五	
礼记	同前	贰百	贰万元	一〇五	
智记	同前	贰百	贰万元	一〇五	
信记	同前	贰百	贰万元	一〇五	

重庆电力股份有限公司股东户名暨股额股权登记表（一九四一年二月二十四日） 0219-2-105

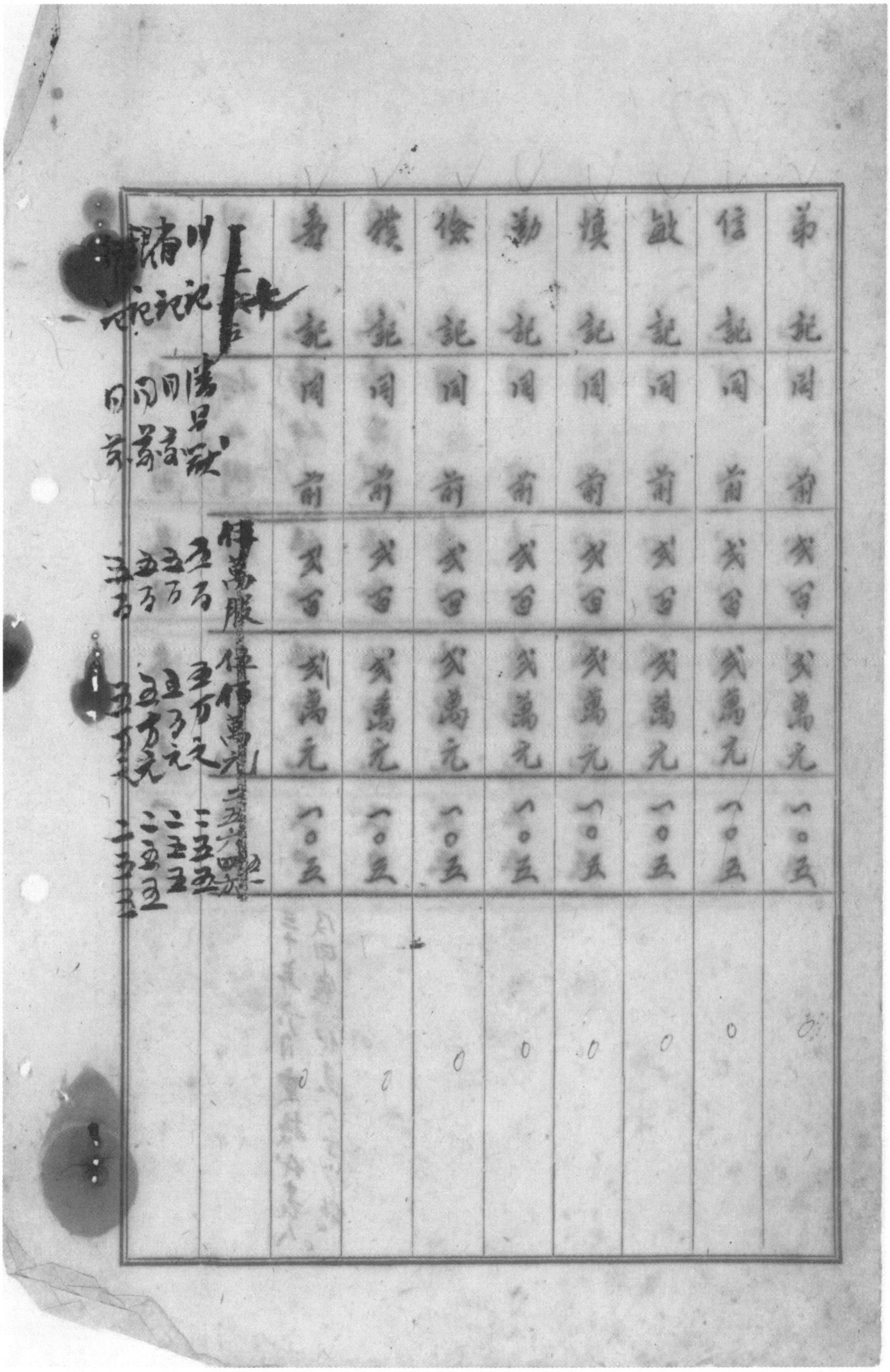

弟記	同前	貳百	貳萬元	一〇五
信記	同前	貳百	貳萬元	一〇五
敏記	同前	貳百	貳萬元	一〇五
慎記	同前	貳百	貳萬元	一〇五
勤記	同前	貳百	貳萬元	一〇五
儉記	同前	貳百	貳萬元	一〇五
樸記	同前	貳百	貳萬元	一〇五
勇記	同前	貳百	貳萬元	一〇五
[illegible]	湯君斌	五百	五万元	二五五
川記	同前	五百	五万元	二五五
香記	同前	五百	五万元	二五五
銀記	同前	五百	五万元	二五五
		肆萬股	肆佰萬元	二五六四六

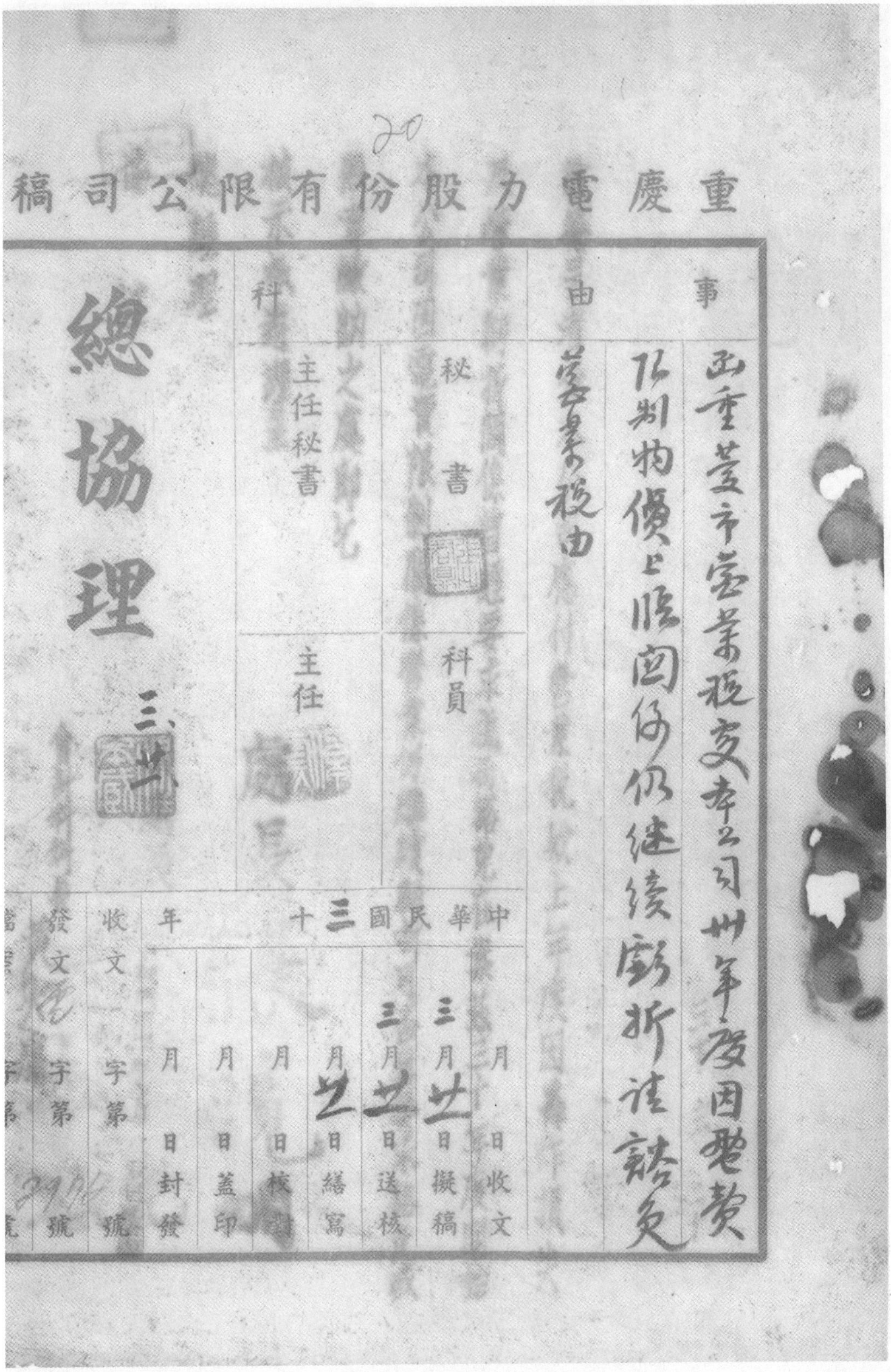

重慶電力股份有限公司稿

事由：函重慶市營業稅處本公司卅年度因電費及材料物價上漲困難仍繼續懇祈豁免營業稅由

總協理 三、廿一

秘書　主任秘書

科員　主任

中華民國三十年

三月廿一日擬稿　三月廿一日送核　月廿一日繕寫　月日校對　月日蓋印　月日封發　月日收文

收文　字第　號

發文　字第　號

檔案　字第　號

重庆电力股份有限公司关于请豁免营业税致重庆市营业税处的函（一九四一年三月二十一日）　0219-2-217

重庆电力股份有限公司关于请豁免营业税致重庆市营业税处的函（一九四一年三月二十一日） 0219-2-217

敬啓者查本公司去年因受空襲損失及
營業虧損關係迭函請求豁免營業稅
曾蒙
貴處二月十三日稅壬字第一三九號通知暫行
緩收先年七月份至十二月份應納營業稅並
着自本年一月份起按月將營業收入據實填
報照常納稅以濟正供等由本公司感荷
曷既惟三十年度開始本公司因電費限

劃物價上漲關係仍繼續虧折除逕將
自本年一月份起按月將營業收入據實填
報請予鑒察外特此函呈請仍本一向維護
公用事業之熱忱將所有虧折各月份營業稅
仍予以豁免無任感盼此致
重慶市營業稅處
公司啓

重庆电力股份有限公司关于请豁免营业税致重庆市营业税处的函（一九四一年三月二十一日） 0219-2-217

重庆电力股份有限公司关于请豁免营业税致重庆市营业税处的函（一九四一年三月二十一日）　0219-2-217

中華民國　　年　　月　　日

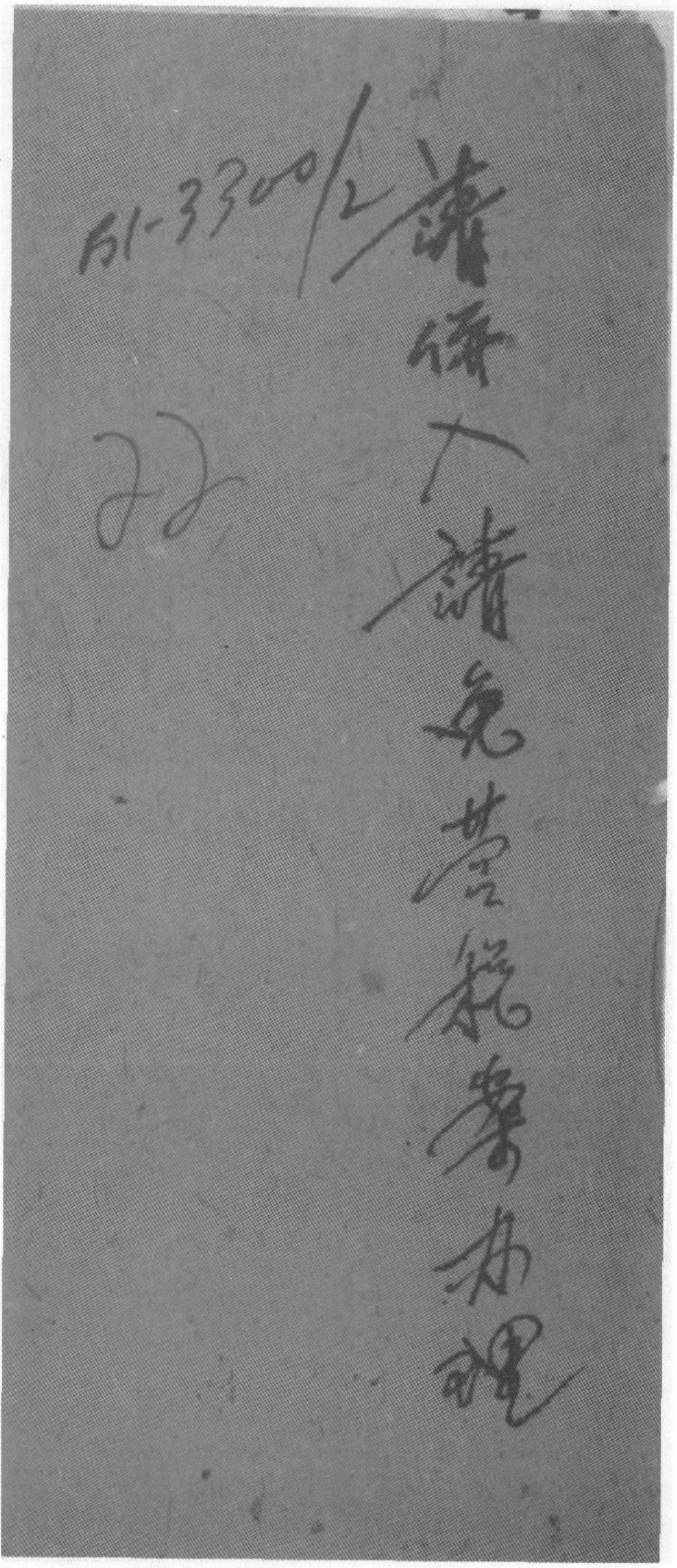
Б1-3300/2
22
請免營税案辦理

重庆电力股份有限公司关于请豁免营业税致重庆市营业税处的函（一九四一年三月二十一日） 0219-2-217

重庆电力股份有限公司关于请免征一九四一年二月、三月税捐致四川省营业税局的函（一九四一年五月八日） 0219-2-217

已登記

23

重慶電力股份有限公司稿

事由：為四川省營業稅局請免征二三兩月份稅捐由

總協理

科

主任秘書

秘書

主任

科員

中華民國三十年五月八日

收文	擬稿	送核	繕寫	校對	蓋印	封發
月 日	五月 日	月 日	月八日	月 日	月 日	中華民國三十年五月初八日封發

收文 字第 號

發文 字第 號 31422

檔 中華民國三十年五月初八日歸檔

重庆电力股份有限公司关于请免征一九四一年二月、三月税捐致四川省营业税局的函（一九四一年五月八日） 0219-2-217

23-1

敬启者顷奉
贵局三月六日填发纳税通知单第九六六一五号
及九六六一二六号两件嘱缴付营业税
五万四千六百零一元七角二分等由查
本公司连年亏折
贵局有案可稽去年复蒙
贵局豁免全年税额并洋为感荷本
年人工物料继涨增高而电价未

重庆电力股份有限公司关于请免征一九四一年二月、三月税捐致四川省营业税局的函（一九四一年五月八日） 0219-2-217

24

奉二月下旬及本月三日文書迭遭機轟
炸損失慘重种種特殊狀已感困難
繳納捐稅實無此力擬請
貴局豁免用恤商艱附還通知單
兩件四紙敬祈
查照為荷此致
四川省營業稅局
公司啓

重庆电力股份有限公司关于请免征一九四一年二月、三月税捐致四川省营业税局的函（一九四一年五月八日） 0219-2-217

中華民國　年　月　日

关于请豁免一九四一年四月应纳营业税致四川省营业税局的函（一九四一年六月六日） 0219-2-217

25

重慶電力股份有限公司稿

送達機關：營業稅局

文別：函

附件：二件

事由：請豁免四月份營業稅款（二六，三五六.二三）

總經理

協理：六月六日

主任秘書

秘書：六月六日

文書股主任

擬稿：六月六日

發文電字第3658號

中華民國三十年六月六日繕校

敬陳者，本公司歷年虧損，於今為甚，實屬無力負担營業稅，諒蒙洞鑒。謹將四月份通知字第一〇一〇四五號二張隨函奉陳，敬祈查核豁免為禱。此致

四川省營業稅局

公司啓

关于请豁免一九四一年四月应纳营业税致四川省营业税局的函（一九四一年六月六日） 0219-2-217

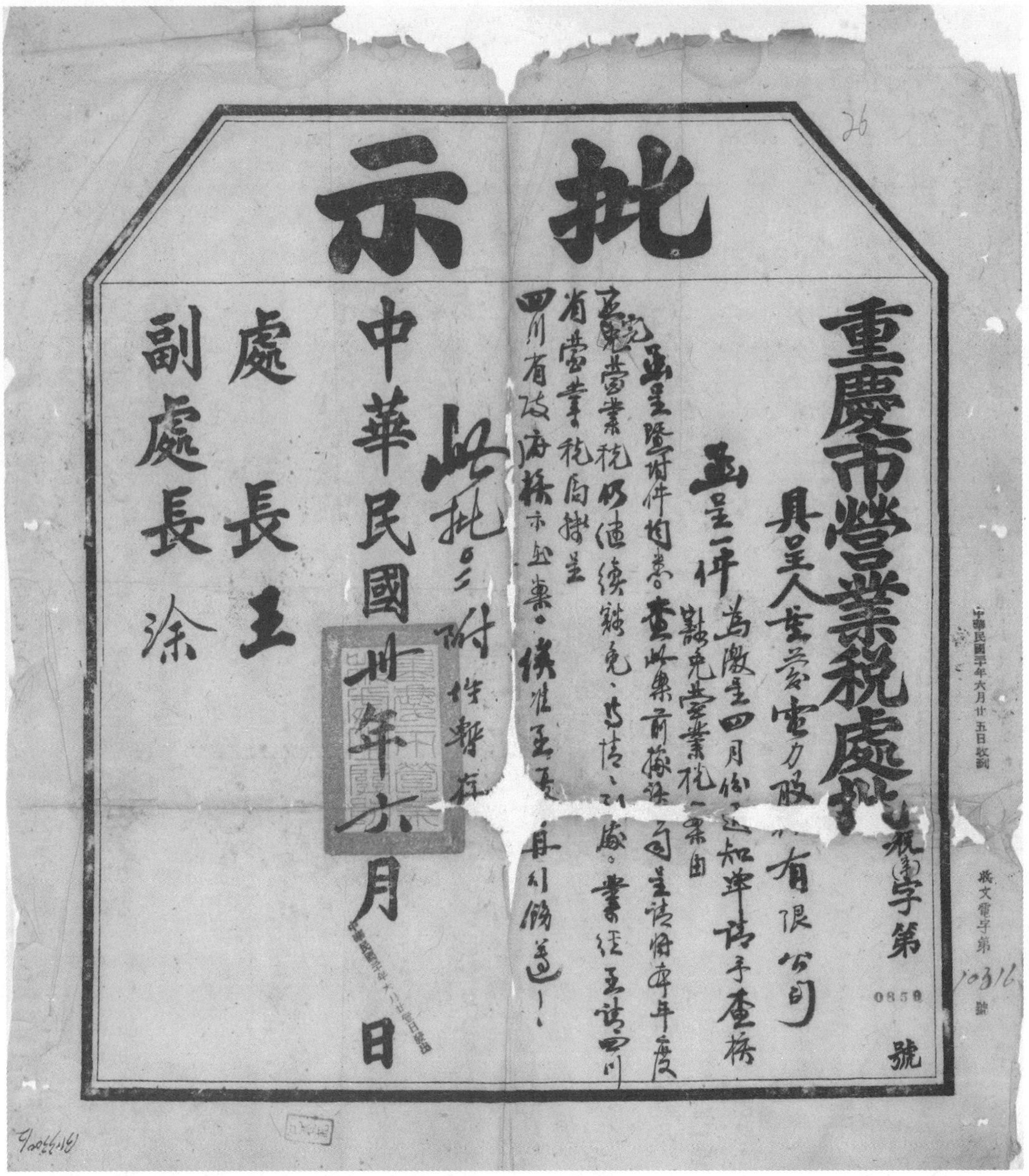

批示

重慶市營業稅處批 稅字第 0859 號

具呈人重慶電力股份有限公司

函呈一件 為繳呈四月份通知單請予查核豁免營業稅一案由

函呈暨附件均悉。查此案前據該公司呈請將本年度應免營業稅仍繼續豁免，等情，到處。業經呈請四川省營業稅局核呈四川省政府核示在案。俟准函復再行飭遵。此批。附件存。

中華民國卅年六月 日

處長 王

副處長 涂

关于请豁免一九四一年四月应纳营业税致四川省营业税局的函（一九四一年六月六日）　0219-2-217

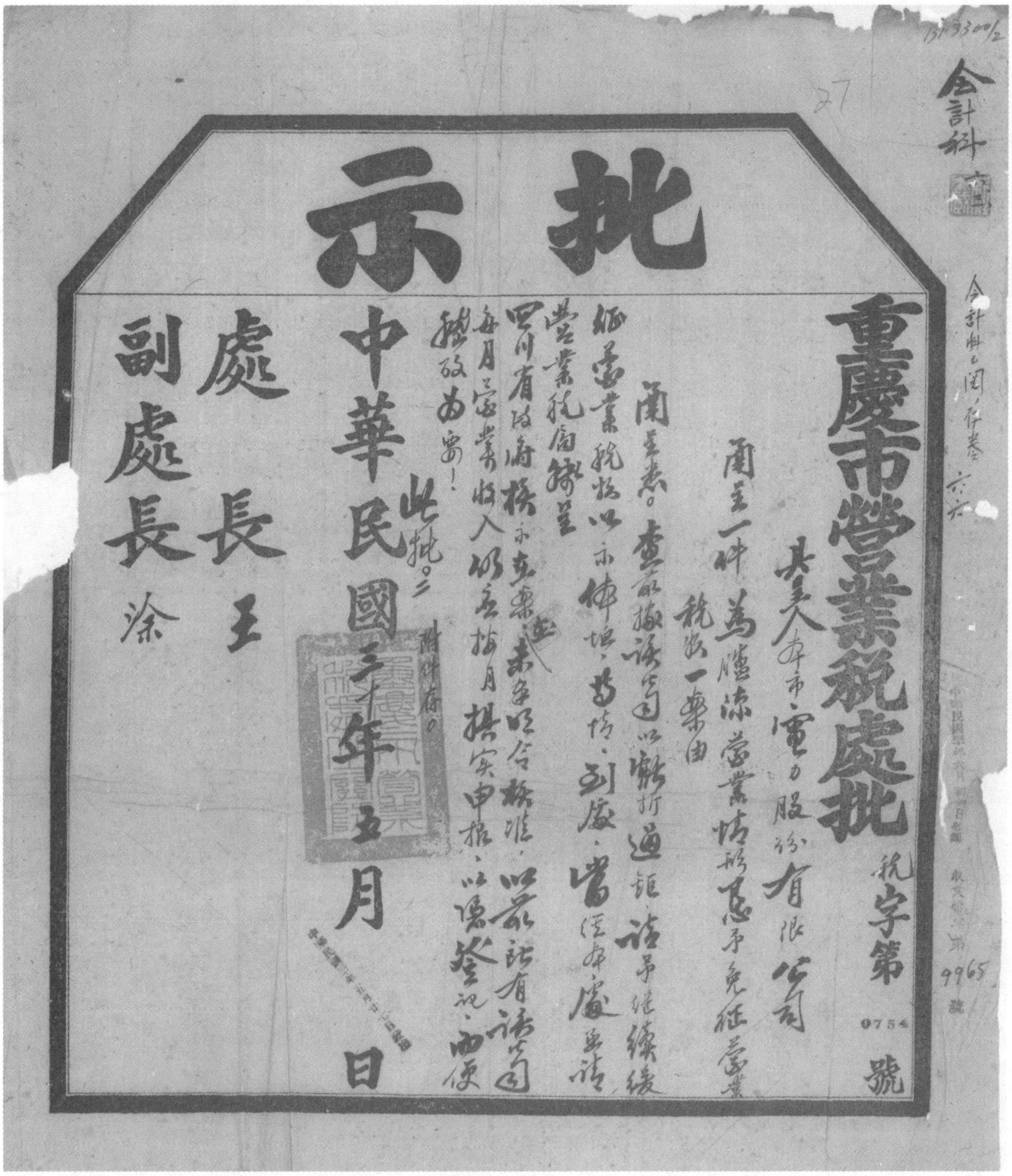

批示

重慶市營業稅處批　稅字第0754號

具呈人本市電力股份有限公司

呈一件　為陳述營業情形懇予免征營業稅收一案由

呈悉。查前據該公司以虧折過鉅，請予繼續緩征營業稅收以示體恤，等情。到處。當經本處呈請四川省營業稅局鑒[illegible]示遵去後，茲奉令核准，以該公司有[illegible]每月之營業收入仍應按月據實申報，以憑登記，而便稽征為要！

此批。

附件存。

中華民國三十年五月　日

處長　王

副處長　涂

刘航琛、程本臧关于一九四一年六月一日实行重庆电力股份有限公司出勤津贴、值班津贴及值日津贴暂行规则并检附改订津贴一览表（一九四一年六月二十八日） 0219-2-196

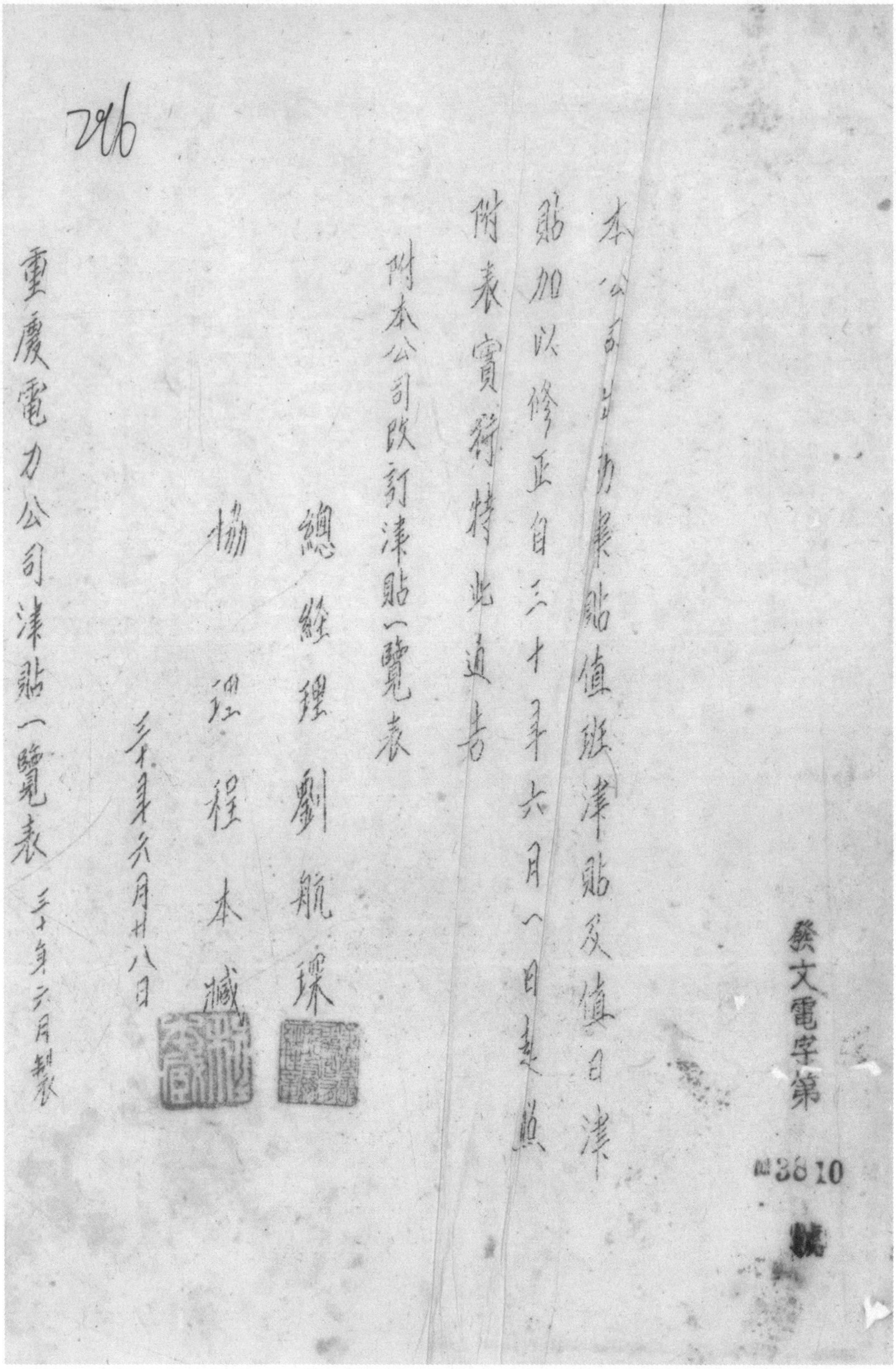

226

發文電字第3810號

本公司出勤津貼值班津貼及值日津貼加以修正自三十年六月一日起實行附表實行特此通告

附本公司改訂津貼一覽表

總經理劉航琛

協理程本臧

三十年六月廿八日

重慶電力公司津貼一覽表 三十年六月製

刘航琛、程本臧关于一九四一年六月一日实行重庆电力股份有限公司出勤津贴、值班津贴及值日津贴暂行规则并检附改订津贴一览表（一九四一年六月二十八日） 0219-2-196

津貼種類	金額			備考
	職員	見習生技工	學徒小工公役	
甲種出勤津貼	膳費七〇·〇〇 車費八〇·〇〇	見習生同職員待遇，技工減半津貼		凡在本市五一定區域內工作者如照五[illegible]職員封存表
乙種出勤津貼	膳費七〇·〇〇 車費三五·〇〇	同右		凡每日至一定區域內工作者如[illegible]表員
丙種出勤津貼	膳費四〇·〇〇 車費二〇·〇〇	同右		每月有一部時間每日至一定區域內工作者而未納歸入甲乙兩種者由股主任簽定出外勤人員
丁種出勤津貼	主任以上膳費五·〇〇 股長以下職員膳費四·〇〇	膳費三·〇〇	膳費一·〇〇	臨時出勤車費實支實報
變電所值班津貼	五·〇〇			每夕值班一員
值日津貼	四·〇〇			
總分徽值班津貼	三·〇〇	一·五〇	一·〇〇	

一、上項改訂各項津貼辦法自本年六月一日起實行

二、上開各項津貼以本市每市石二百四十元為標準計算以後米價漲跌即根據伸縮

重庆电力股份有限公司业务科关于请鉴核重庆电力股份有限公司各种出勤津贴上刘航琛、程本臧的呈（附各种津贴一览表）

（一九四一年六月二十九日） 0219-2-196

289

每市石 定價240元

01-3801/1

重慶電力股份有限公司職員公務報單 字第 號 民國 年 月 日

事由 擬具各種出勤津貼請予鑒核示遵由

竊查本公司出勤津貼原分經常臨時兩種係本年三月份修正不惟未能完全包括且米價日益上漲現已不敷甚鉅實有另行修正必要謹將出勤種類依目前米價情形另擬出勤津貼五種以後米價漲跌即根據伸縮不再另行請示

甲種出勤津貼

整月整日不在一定區域内工作者原支一百二十元擬改為月支一百七十元

本案係三十年三月份修正如右數支給内中包含饍貴津貼五十元車輛津貼七十元當時食米每斗市價約五十三四元現食米黑市每斗已達一百二十元不等茲參酌出勤實際情形除原定外擬就原定饍貴津貼加給百分之八十計四十元車費漲價有限擬就原定數加給十元合計改為月支一百七十元計包含饍貴津貼九十元車輛津貼八十元如工務科之監工員業務科及各辦事處之檢驗員封表員監工員等得支此項津貼

甲種照鑒核饍費式拾元車費貳拾元共[illegible]元

（蓋章） 報

重庆电力股份有限公司业务科关于请鉴核重庆电力股份有限公司各种出勤津贴上刘航琛、程本臧的呈（附各种津贴一览表）

（一九四一年六月二十九日） 0219-2-196

290

重慶電力股份有限公司職員公務報單

字第 號 民國 年 月 日

事由

乙種出勤津貼 整月整日在一定區域内工作者原支八十元擬改為月支一百二十五元

内中包含膳費津貼五十元車輛津貼三十元膳費津貼照原案加給百分之八十計四十元車輛費照甲種例推算加

照加

給五元計三十五元合計改為月支一百二十五元計包含膳費津貼九十元車輛津貼三十五元如業務科抄表員收

加貳拾元

費員等得支此項津貼

丙種出勤津貼 每月有一部時間整日在不定區域内工作者擬定為月支津貼一百零二元

此種與甲種相同不過非整月俱在出勤茲以每月出勤日期佔全月十分之六計算擬照甲種津貼數目計實支百

分之六十計一百零二元内中包含膳費津貼五十四元車輛津貼四十八元如出納購置庶務各股主任及指定出外詢

丙照甲推算

鑒

（蓋章）報

重庆电力股份有限公司业务科关于请鉴核重庆电力股份有限公司各种出勤津贴上刘航琛、程本臧的呈（附各种津贴一览表）

（一九四一年六月二十九日）　0219-2-196

291

重慶電力股份有限公司職員公務報單

字第　號　民國　年　月　日

事由

價採購之科員等均得支此項津貼即不另支臨時出勤津貼

丁種出勤津貼　整月在固定地點工作而無車轎往返之項者擬定為月支津貼五十元

此種係在一定地點工作而無車轎往返之煩惟伙食非團體合辦消耗數字自然較增故只能給予部份膳費津貼

擬照甲乙兩種例折半開支計月支四十五元凡指定派駐公司長住一定地點工作如監磅收煤員及寫遠材料管理

員等均得請領此項津貼

戊種出勤津貼　臨時出勤津貼

車轎渡費等實支實報膳費主任以上原定每膳津貼五元擬暫不予增加主任以下科員原定每膳津貼三元五

鑒核

（蓋章）報

重庆电力股份有限公司业务科关于请鉴核重庆电力股份有限公司各种出勤津贴上刘航琛、程本臧的呈（附各种津贴一览表）

（一九四一年六月二十九日）　0219-2-196

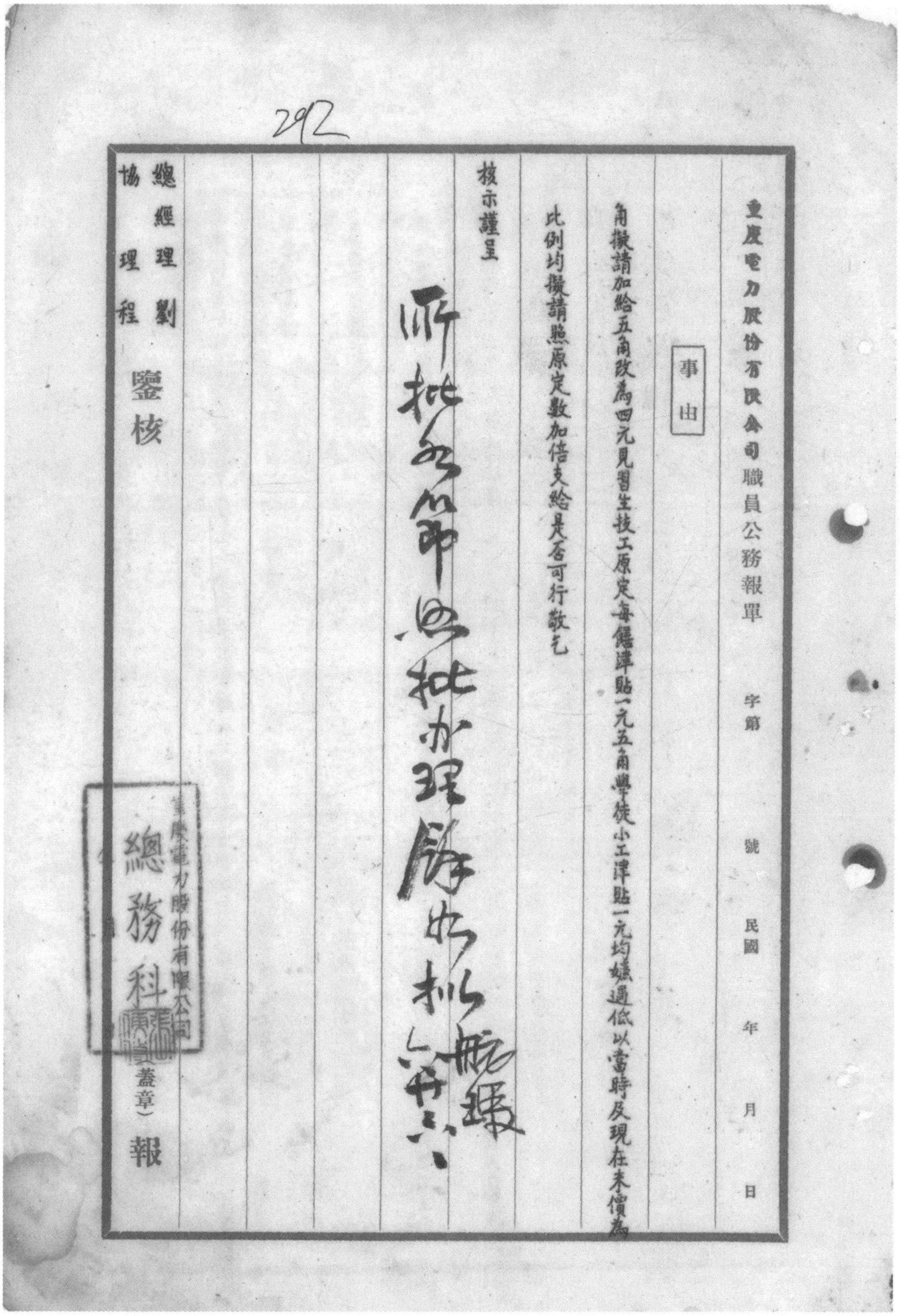

292

重慶電力股份有限公司職員公務報單　字第　號　民國　年　月　日

事由

角擬請加給五角改為四元見習生技工原定每餐津貼一元五角學徒小工津貼一元均嫌過低以當時及現在未償為

比例均擬請照原定數加倍支給是否可行敬乞

核示謹呈

總經理劉
協理程　鑒核

重慶電力股份有限公司總務科（蓋章）報

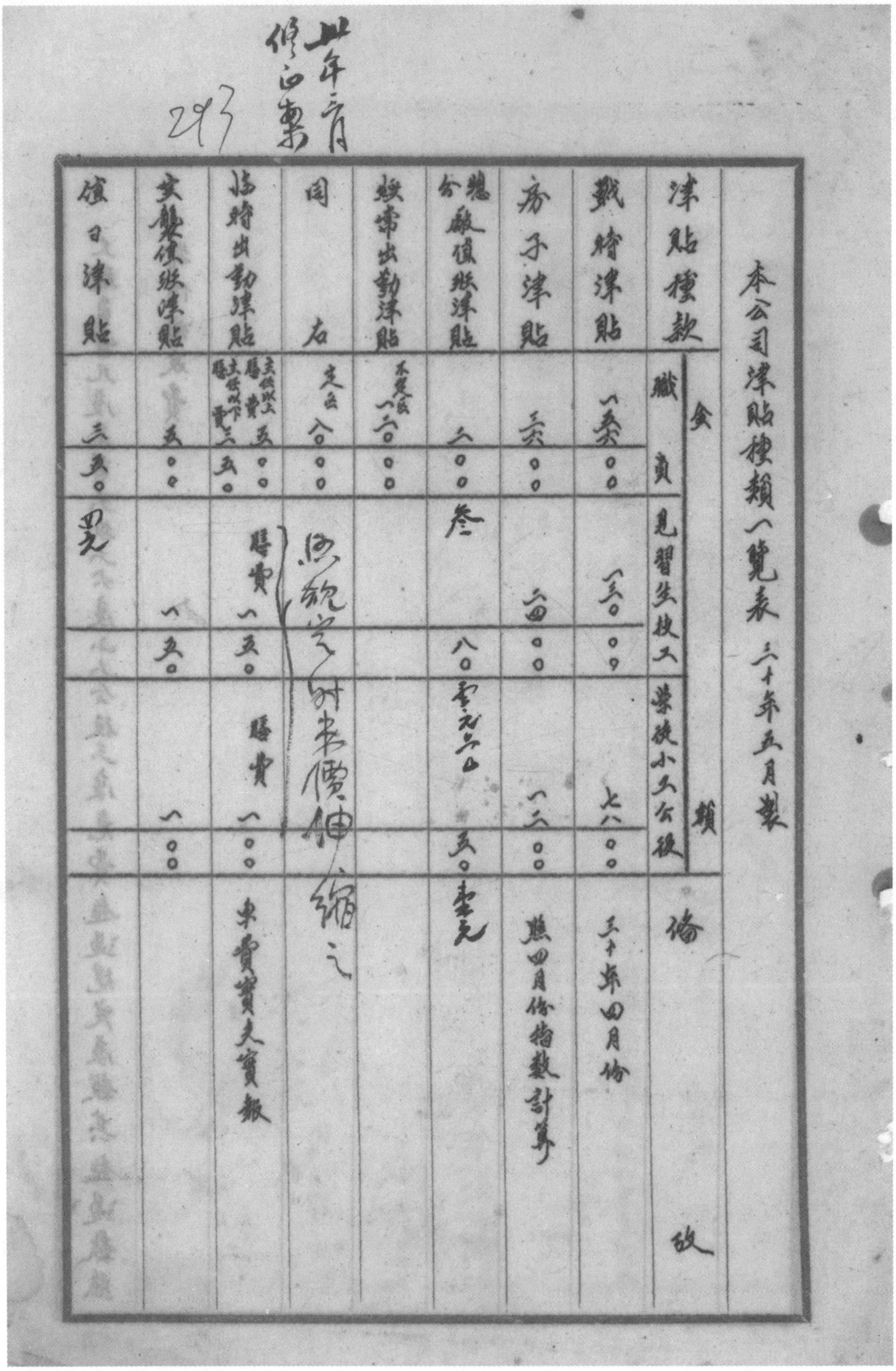

卅年六月
備函案
293

本公司津貼種類一覽表　三十年五月製

津貼種款	職員	見習生技工	業技小工公役	備攷
戰時津貼	一六〇〇〇	一三〇〇〇	七八〇〇	三十年四月份
房子津貼	三〇〇〇	二四〇〇	一二〇〇	照四月份指數計算
總公司廠值班津貼	二〇〇〇	叁八〇	壹元六角五〇	壹元
機電出勤津貼	不足五次一〇〇〇			
同右	五次六〇〇〇			
臨時出勤津貼	主任以上膳費五〇〇；主任以下膳費三五〇	膳費一五〇	膳費一〇〇	膳費實支實報
實驗值班津貼	五〇〇	一五〇	一〇〇	
值日津貼	三五〇	四元		

照統案對來價伸縮之

重庆电力股份有限公司业务科关于请鉴核重庆电力股份有限公司各种出勤津贴上刘航琛、程本臧的呈（附各种津贴一览表）（一九四一年六月二十九日）　0219-2-196

重庆电力股份有限公司改订津贴一览表（一九四一年六月） 0219-2-196

295

重慶電力公司改訂津貼一覽表

三十年六月　日製

津貼種類	金額：職員	金額：見習生技工	金額：學徒小工公役	備考
甲種出勤津貼	膳費七〇〇〇 車費八〇〇〇	見習生同職 試待遇技工等津		整月整日不在一定區域內工作者由監工員簽驗負責封表負
乙種出勤津貼	膳費七〇〇〇 車費三〇〇	同右		整月整日在一定區域內工作者如收費員抄表員
丙種出勤津貼	膳費四〇〇 車費四〇〇	四 五 同右		每月有一部時間整日在不定區域內工作者為出納購置庶務及服務主任係指定外勤人員
丁種出勤津貼	主任以上膳費五〇〇 主任以下膳費四〇〇	膳費三〇〇	膳費二〇〇	臨時出勤車費實支實報
空襲值班津貼	五〇〇			廠房值班人員
值日津貼	四〇〇			
總廠值班津貼	三〇〇	一六〇	一〇〇	

重庆电力股份有限公司改订津贴一览表（一九四一年六月） 0219-2-196

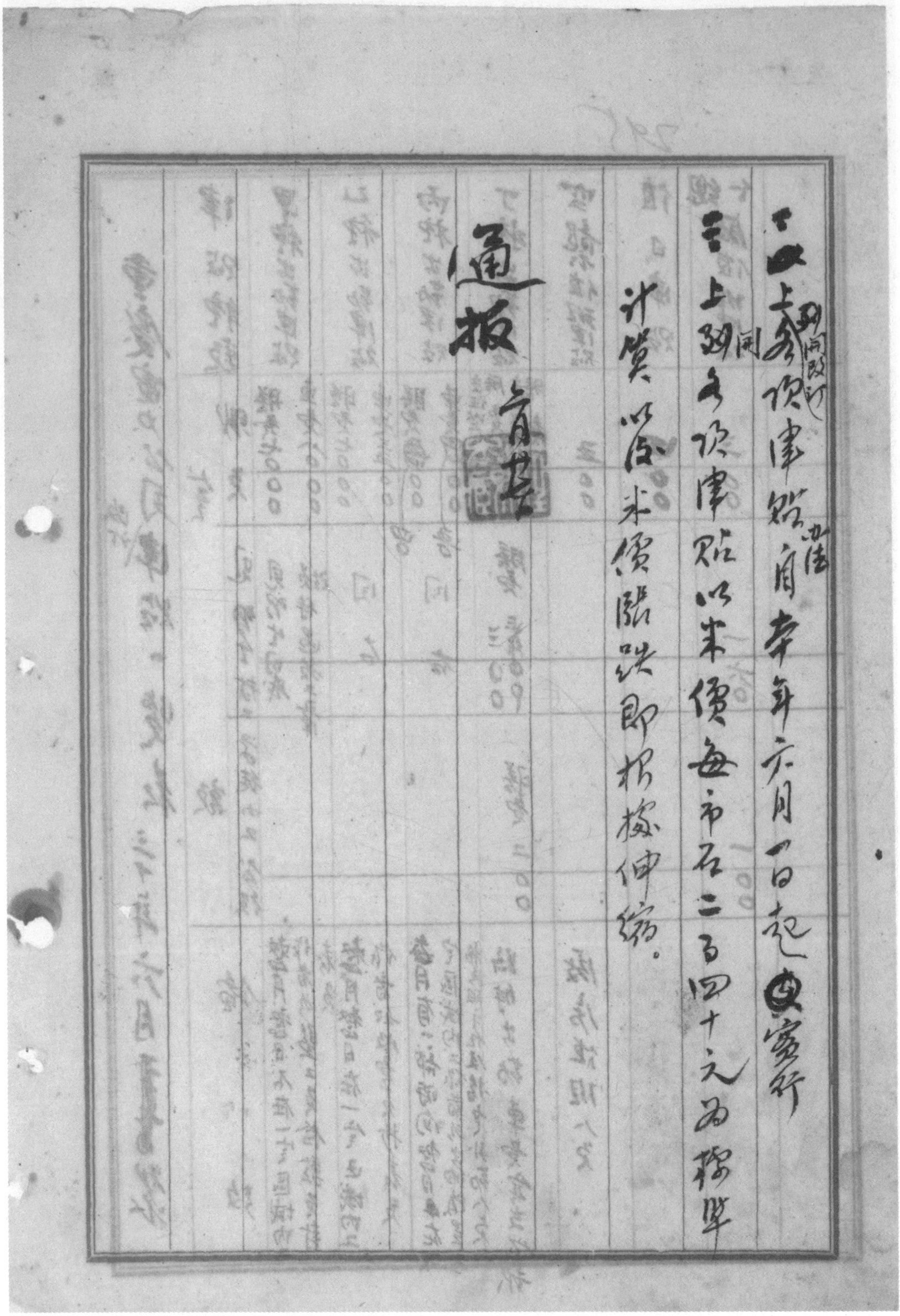
二、上表各项津贴自本年六月一日起实行
三、上列各项津贴以米价每市石二百四十元为标准计算，如米价涨跌即照[illegible]例伸缩。
通报
[illegible]

重庆市营业税处关于准缓征重庆电力股份有限公司营业税给重庆电力股份有限公司的通知（一九四一年九月二十四日）

0219-2-217

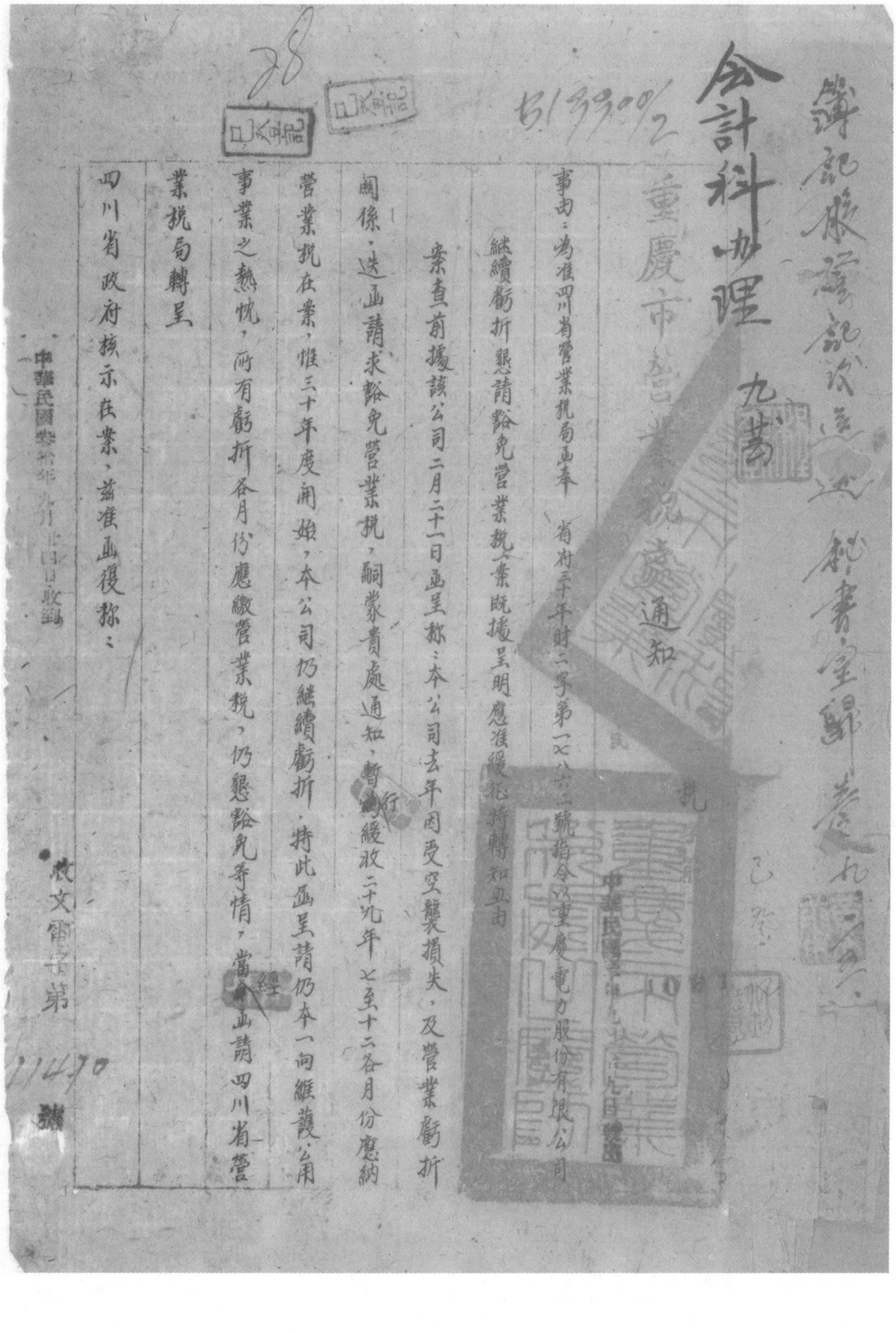

會計科辦理

重慶市營業稅處通知

事由：為准四川省營業稅局函奉 省府三十年財二字第一〇八六二號指令以重慶電力股份有限公司繼續虧折懇請豁免營業稅一案既據呈明應准緩征轉知照由

案查前據該公司二月二十一日函呈稱：本公司去年因受空襲損失，及營業虧折關係，迭函請求豁免營業稅，嗣蒙貴處通知，暫行緩征二十九年七至十二各月份應納營業稅在案，惟三十年度開始，本公司仍繼續虧折，特此函呈請仍本一向維護公用事業之熱忱，所有虧折各月份應繳營業稅，仍懇豁免等情，當經函請四川省營業稅局轉呈四川省政府核示在案，茲准函復稱：

中華民國三十年九月廿四日收到

收文電字第11470號

重庆市营业税处关于准缓征重庆电力股份有限公司营业税给重庆电力股份有限公司的通知（一九四一年九月二十四日）　0219-2-217

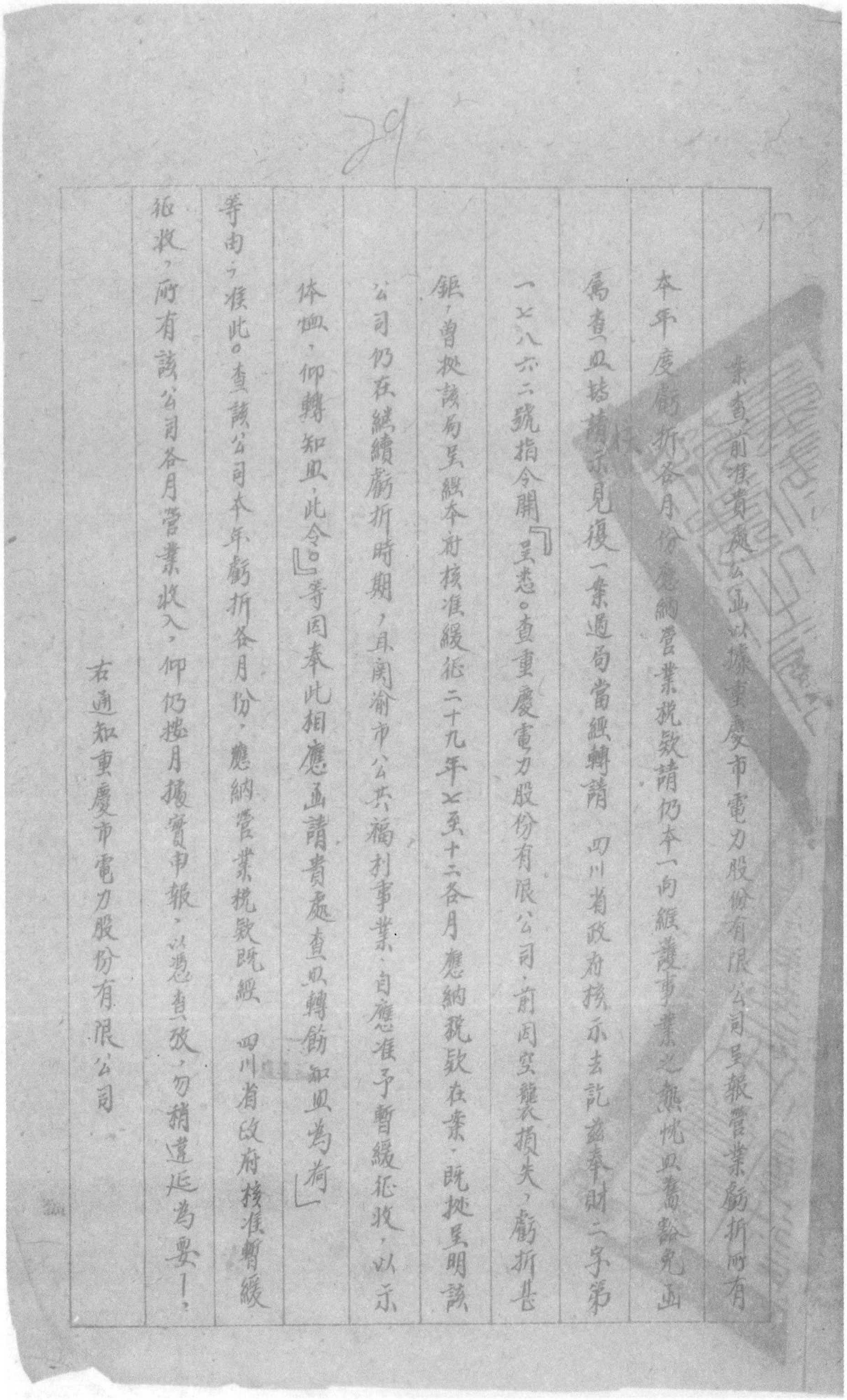

業查，前准貴處公函以據重慶市電力股份有限公司呈報營業虧折所有
本年度虧折各月份應納營業稅款請仍本一向維護事業之熱忱，函商豁免，函
屬查照並請轉請核示見復一案，適局當經轉請　四川省政府核示去訖，茲奉財二字第
一七八六二號指令開『呈悉。查重慶電力股份有限公司，前因空襲損失，虧折甚
鉅，曾據該局呈經本府核准緩征二十九年七至十二各月應納稅款在案。既據呈明該
公司仍在繼續虧折時期，且為渝市公共福利事業，自應准予暫緩征收，以示
体恤，仰轉知照，此令。』等因，奉此，相應函請貴處查照轉飭知照為荷』
等由，准此。查該公司本年虧折各月份，應納營業稅款既經　四川省政府核准暫緩
征收，所有該公司各月營業收入，仰仍按月據實申報，以憑查考，勿稍遺延為要！
右通知重慶市電力股份有限公司

重庆市营业税处关于准缓征重庆电力股份有限公司营业税给重庆电力股份有限公司的通知（一九四一年九月二十四日） 0219-2-217

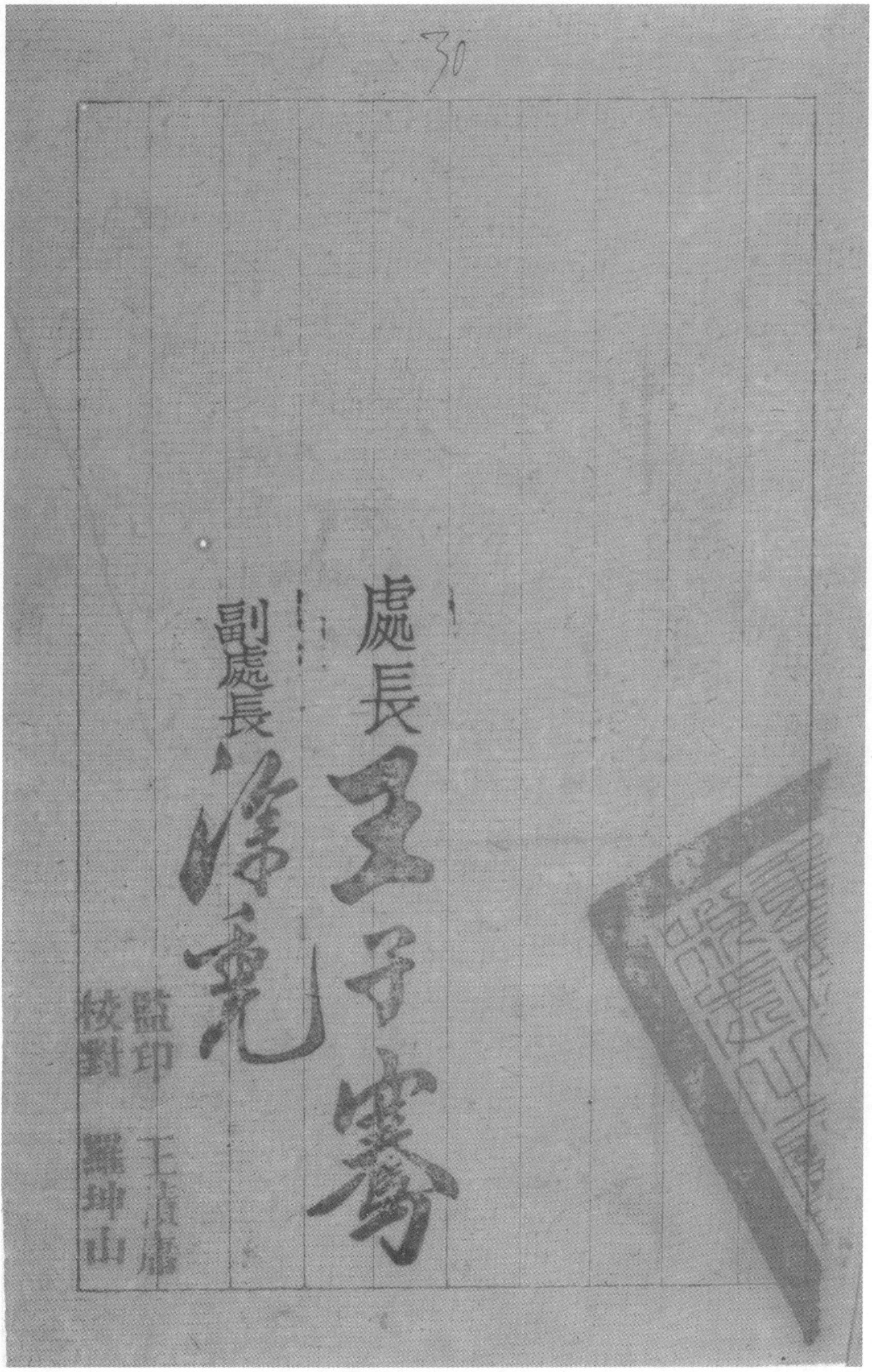

30

處長 王子壽
副處長 [illegible]

監印 王[illegible]庸
校對 羅坤山

关于检送重庆电力股份有限公司历次加股经过情形的函（一九四一年十一月二十二日） 0219-2-191

165

十一 廿二 存查

附件抄妥

重慶電力廠經市政府於民國廿二年秋主持籌備，當時酌計本市需要情形，僅設計一千啓羅瓦特發電機三部，至廿三年七月廠房之建築、機器之裝置、線路之敷設，於焉告成，八月開始發電。廿四年二月一日奉市政府命令成立，斯時股本定為國幣貳百萬元，實收僅壹百捌拾萬元。嗣以用戶日增，於廿五年七月經臨時股東會決議增募股本柒拾萬元，湊足為貳百五十萬元，同時決議增購四千五百啓羅瓦特發電機兩部，至廿六年七月增購之新機亦裝置發電，惟資負不符，担負負貸款子金過鉅，復於廿八年一月十日召開股東會決議增加股本為五百萬元，此為公司成立以因壹經所度努力邁進歷次加股之經過情形也。

請

秘書室鑒

送科以便彙报

於廿二日午後二鐘

十一月廿二日

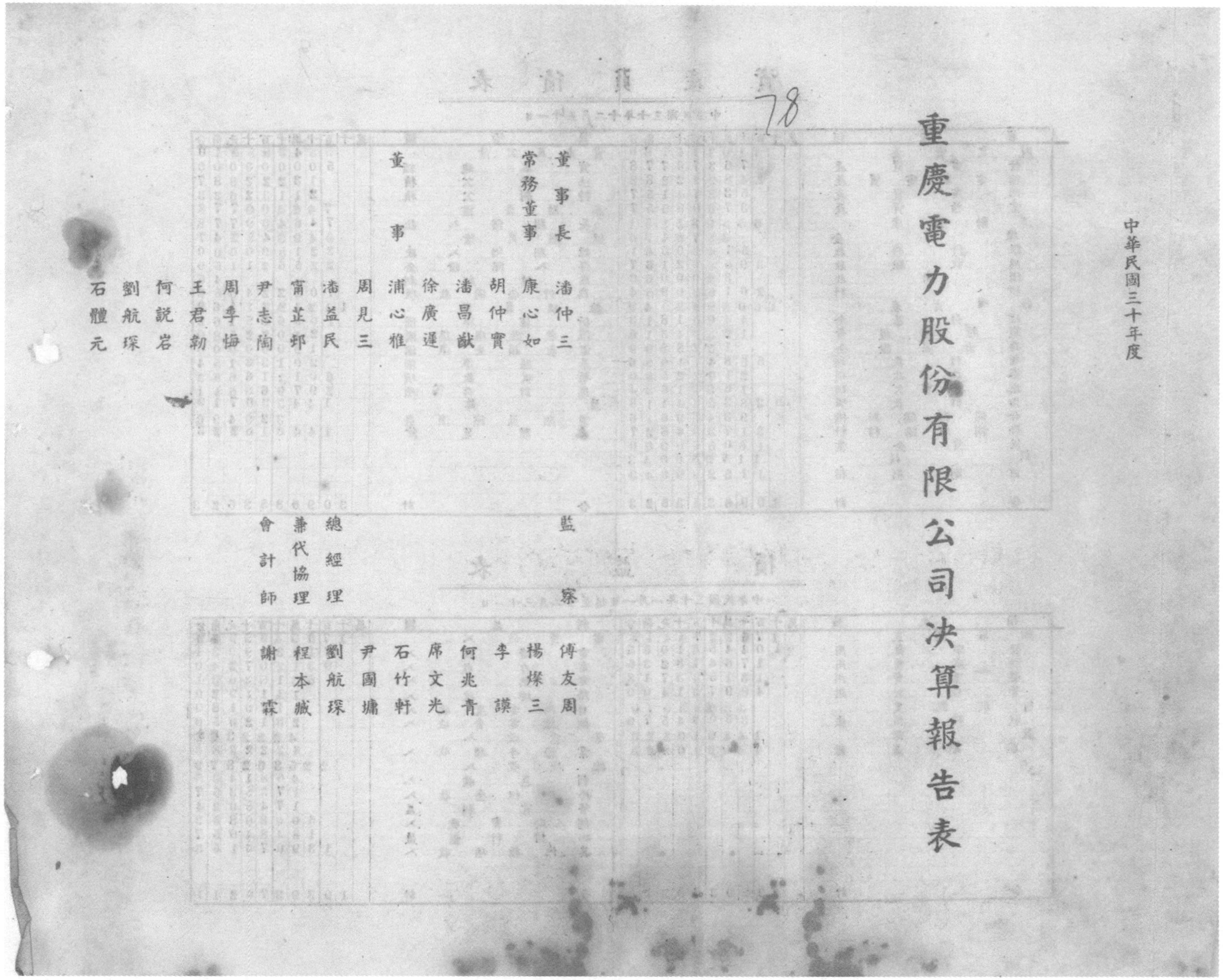

中華民國三十年度

重慶電力股份有限公司決算報告表

董事長 潘仲三

常務董事 康心如 胡仲實 潘昌猷 徐廣遲

董事 浦心雅 周見三 潘益民 甯芷邨 尹志陶 周季悔 王君韌 何說岩 劉航琛 石體元

監察 傅友周 楊燦三 李謨 何兆青 席文光 石竹軒 尹國墉 劉航琛 程本臧 謝霖

總經理

兼代協理

會計師

78

重庆电力股份有限公司一九四一年决算报告表　0219-2-105

重庆电力股份有限公司一九四一年决算报告表　0219-2-105

29

資產負債表

中華民國三十年十二月三十一日

資產類	金額（元）
固定資產	7,161,717.80
發電資產	3,763,767.78
輸電配電資產	2,482,222.88
用電資產	538,741.57
業務資產	376,985.57
流動資產	6,559,321.51
現金	35,784.96
銀行存款	514,205.61
應收賬款	3,954,021.67
借出款	39,000.00
材料	2,016,309.54
雜項資產	16,089,995.49
提存基金	440,018.13
戰時防護費	123,043.16
存出保證金	15,288.99
暫付款項	5,584,116.96
催收款項	210,225.80
應[illegible]欠項	168,616.84
預付款項	3,835,341.18
合同訂購新機	934,396.16
合同訂購材料	3,173,948.27
投資企業	1,605,000.00
虧損	1,152,500.43
前期虧損	1,152,500.43
合計	30,963,535.23

負債類	金額（元）
資本及公積	5,343,556.10
資本總額	5,000,000.00
法定公積	132,229.87
特別公積	211,326.23
長期負債	7,464,007.78
長期借入款	7,464,007.78
短期負債	5,493,452.47
短期借入款	2,215,000.00
存入保證金	2,256,211.50
應付紅利	0.45
應付合同款項	1,022,240.52
雜項負債	11,219,211.69
折舊準備	1,696,851.62
催收款項準備	210,225.80
電表損失準備	120,000.00
呆賬準備	201,361.54
暫收款項	6,011,166.62
應計存項	2,979,606.11
盈餘	1,443,307.19
前期盈餘滾存	3,204.96
本期盈餘	1,440,102.23
合計	30,963,535.23

損益表

中華民國三十年一月一日起至十二月三十一日

損失類	金額（元）
經常開支	17,622,744.18
發電費用	10,445,810.65
供電費用	1,764,182.35
營業費用	1,315,437.18
管理費用	4,097,314.00
特別開支	330,945.70
戰時損失	330,945.70
盈餘	1,440,102.23
本期盈餘	1,440,102.23
合計	19,393,792.11

利益類	金額（元）
電費收入	17,093,539.52
電燈收入	7,103,999.31
電力收入	9,312,072.40
電熱收入	631,526.31
路燈收入	11,119.20
自用電度收入	11,701.80
補繳電費收入	23,120.50
營業收入	42,223.80
業務手續收入	42,223.80
雜項收入	2,258,028.79
利息收入	46,814.35
房地租金收入	17,353.57
售貨利益	17,450.24
補助費收入	600,808.53
物料盤盈	184,840.57
其他雜項收入	1,390,761.53
合計	19,393,792.11

重庆电力股份有限公司一九四一年报表 0219-2-51

92

中華民國三十年度

重慶電力股份有限公司年報表

會計科製

重庆电力股份有限公司一九四一年报表 0219-2-51

93
94

應計折舊表
各項收入分類登記表
特項開支表
各項費用分類登記表
負債目錄表
資産目錄表
盈餘分配表
損益計算書
資産負債表

重慶電力股份有限公司三十年度年報表目錄

重庆电力股份有限公司一九四一年报表 0219-2-51

94

資產負債表

95

(計一35)

重慶電力股份有限公司資產負債表

民國 三〇 年度
第 [illegible] 屆決算

12月31日

資產	金額	合計	負債	金額	合計
	千百十萬千百十元角仙	千百十萬千百十元角仙		千百十萬千百十元角仙	千百十萬千百十元角仙
固定資產		[illegible]	資本及公積		[illegible]
營業資產	[illegible]		資本總額	[illegible]	
輸電配電資產	[illegible]		法定公積	[illegible]	
[illegible]電資產	[illegible]		特別公積	[illegible]	
業務資產	[illegible]		長期負債		[illegible]
流動資產		[illegible]	長期借入款	[illegible]	
現金			短期負債		[illegible]
銀行存款	[illegible]		短期借入款	[illegible]	
[illegible]款	[illegible]		存入保證金	[illegible]	
借出款	[illegible]		應付紅利	[illegible]	
存料	[illegible]		應付合同款項	[illegible]	
其他資產		[illegible]	[illegible]		[illegible]
[illegible]基金	[illegible]		折舊準備	[illegible]	
[illegible]	[illegible]		[illegible]	[illegible]	
[illegible]保證金	[illegible]		[illegible]	[illegible]	
暫付款項	[illegible]		呆賬準備	[illegible]	
應收款項	[illegible]		暫收款項	[illegible]	
應計欠款	[illegible]		應計存項	[illegible]	
預付款項	[illegible]		盈餘		[illegible]
合同定購新機	[illegible]		前期盈餘滾存	[illegible]	
合同定購材料	[illegible]		本期盈餘	[illegible]	
[illegible]	[illegible]				
虧損		[illegible]			
當期虧損	[illegible]				
合計		[illegible]	合計		[illegible]

總經理　　會計科長　　主任　　覆核　　製表

重庆电力股份有限公司一九四一年报表　0219-2-51

重庆电力股份有限公司一九四一年报表 0219-2-51

96

損益計算書

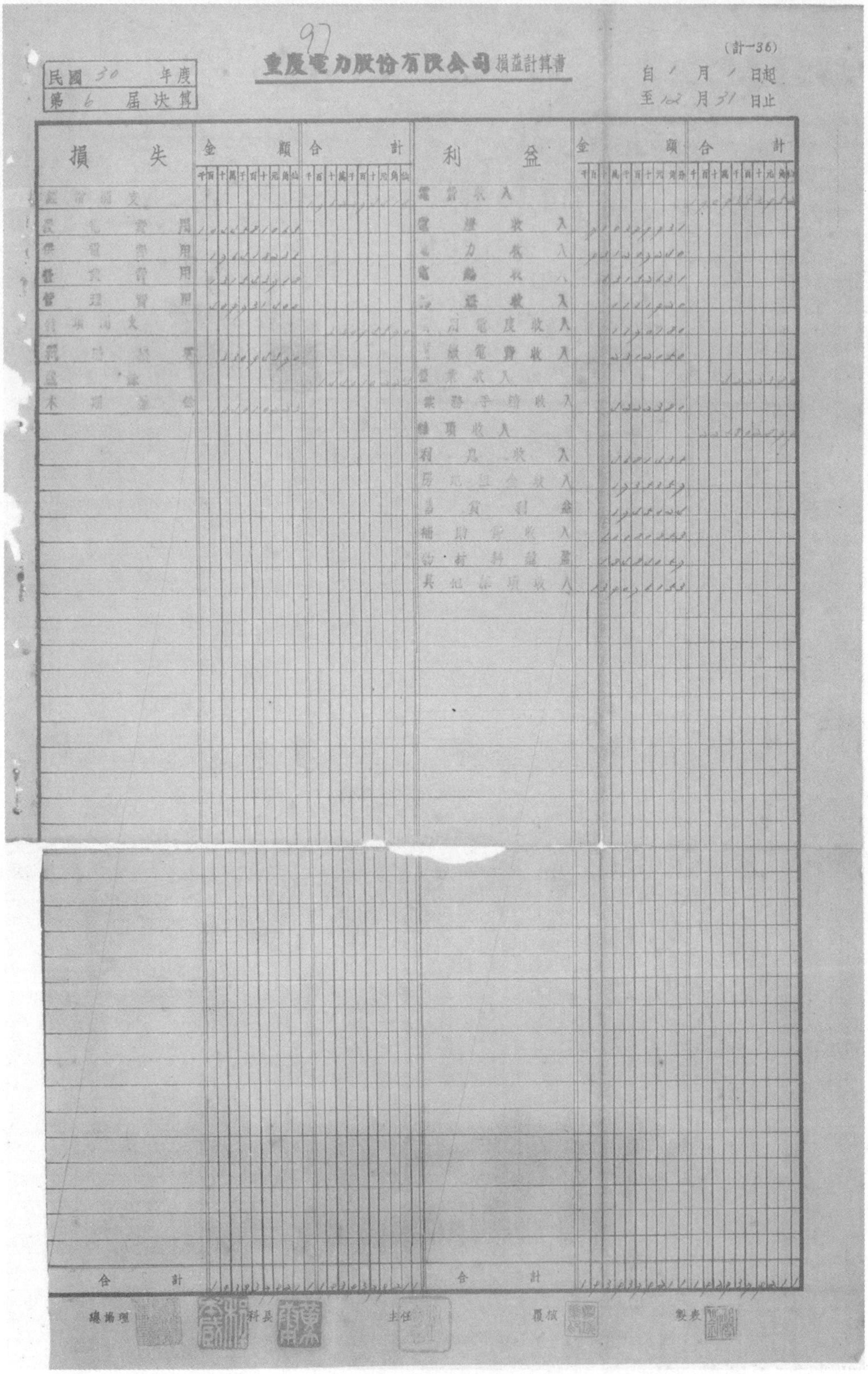

重庆电力股份有限公司一九四一年报表 0219-2-51

98

盈餘[illegible]配表

重庆电力股份有限公司一九四一年报表 0219-2-51

99

重慶電力股份有限公司盈餘分配表

（計一57）

民國三十年度
第六届决算

12月31日

科目	金額	合計	科目	金額	合計
分配：			盈餘		
法定公積		166,010.22	本期盈餘		1,660,102.25
[illegible]	166,010.22		本年度盈餘	1,660,102.25	
所得税		129,609.21	前期盈餘滚存		5,200.96
[illegible]	129,609.21		二十九年度滚存	5,200.96	
利得税		51,915.00			
[illegible]	51,915.00				
特别準備		249,210.00			
[illegible]	249,210.00				
股息		901,666.60			
[illegible]	501,666.60				
[illegible]	400,000.00				
滚存		86,997.41			
本期未分配	[illegible]				
前期滚存	5,200.96				
合計		1,665,303.21	合計		1,665,303.21

總協理　　科長　　主任　　覆核　　製表

重庆电力股份有限公司一九四一年报表　0219-2-51

100

資產目錄表

重庆电力股份有限公司一九四一年报表 0219-2-51

重慶電力股份有限公司 資產目錄表

第　號　中華民國 30 年 12 月 31 日製 (10)　第 1 頁

科目	金額	分計	合計
固定資產	7161717.80		
發電資產			3763767.78
發電所土地		190400.36	
大溪溝發電所土地	116992.45		
南岸分廠土地	37607.31		
大田坎土地	27051.60		
李子壩分廠土地	8749.00		
發電所建築		822869.04	
[illegible]	314162.77		
石[illegible]	38026.23		
進水道煤坡道	12855.37		
[illegible]橋	1540.61		
廠內道路	1798.54		
廠房大門	1375.67		
地洞	13000.00		
進水井	12845.28		
冷水池	69731.14		
週冷水塔	108277.43		
冷水塔大池	36800.00		
水塔鐵管及開關	29860.00		
下水道	4351.29		
[illegible]土工程	47217.05		
修理房及試驗室	11400.60		
衛生設備	1317.51		
南岸分廠建築	86661.79		
南岸分廠辦公室建築	30945.76		
鍋爐設備		1271873.62	
[illegible]	714329.62		
鍋爐房[illegible]工程	83500.00		
鍋爐房石腳	34194.00		
加熱器	29588.63		
自動加煤機	53195.14		
引風機	12464.35		
蒸氣給水泵	18892.01		
[illegible]	14994.09		
鍋爐房全部	83206.31		
[illegible]水器	2560.19		
[illegible]水泵	4053.86		
[illegible]台及[illegible]	784.33		
[illegible]	[illegible]	[illegible]	3763767.78

總經理　協理　科長　主任　覆核　製表

第⑨辑

重慶電力股份有限公司　資產目錄表　101-1

第　號　中華民國 30 年 12 月 31 日製　第 2 頁

科目	金額	分計	合計
承前頁 1	206600993	228518103	376376778
總過閘門	75418		
火磚	1592350		
鋼筋混凝土	1011407		
七熱設備	614971		
油漆	85107		
混凝土水箱	455066		
鋼板水箱	381507		
走廊鐵件	347103		
進水管道	627907		
減壓門及零件	291728		
冷油器管子	117189		
安裝費用	16313353		
原動及發電機		125611868	
1500K.W.透平發電機	67568791		
1000K.W.透平發電機	25701504		
電纜	6100772		
透平機地基工程	5965585		
[illegible]	1150000		
電壁室建築	1265100		
循環水管	1737688		
熱水器	609528		
噴水器	1418471		
花鐵地板	98283		
混凝土基礎	965328		
分油器及溫度表	485748		
絕熱設備	239145		
油漆	67659		
安裝費用	12238266		
電氣設備		8669539	
電壓座架	80000		
配電板[illegible]	3393151		
饋電線	2508083		
廠用電線	522048		
電壓板上開關及安裝[illegible]	94995		
電纜	433960		
起重器	30000		
安裝費用	1607102		
廠內附屬設備		12581268	
總計	362795510	376376778	376376778

總經理　協理　科長　主任　覆核　製表

重庆电力股份有限公司一九四一年报表 0219-2-51

重慶電力股份有限公司 資產目錄表

102

第　號　中華民國 30 年 12 月 31 日製　第 3 頁

科目	金額	分計	合計
承第2頁	362755510	376376778	376376778
馬達設備	250000		
給水進水管道機器設備	8550548		
修理廠設備	1591477		
全部電燈設備	1084410		
起重機	1296376		
安裝費用	672457		
電纜及電線暗溝	136000		
輸電配電資產			248222288
輸電配電土地		335028	
過江鐵塔地皮	29523		
分電站地皮	305505		
輸電配電建築		805400	
配電站建築	805400		
配電所設備		6092551	
配電站	2619244		
配電盤	3185600		
分電站機件	287777		
架空線路		191401369	
公司設置桿線各項	5179428		
木桿	25150433		
鐵塔	866171		
裸銅線	95830705		
風雨線	3841250		
磁子及附件	11813288		
保險金	4804746		
避雷器	4450064		
南岸過江鐵塔	2576966		
江北過江鐵塔	917175		
過江線及附件	1620895		
油漆編號	928604		
扁角鐵	8426207		
螺鐵	12894959		
地錨等附件	5980210		
安裝費用	6160268		
變壓器		49587900	
裝置各區	49587900		
用電資產			53874157
用戶設備		43731631	
[illegible]第4頁	6244599266	668320697	678475223

總經理　協理　科長　主任　覆核　製表

103

重慶電力股份有限公司 [illegible]表

第　號　中華民國 30 年 12 月 31 日製　第 4 頁

科目	金額	分計	合計
[illegible] 3	624599066	668330699	678473223
[illegible]戶[illegible]	30285660		
[illegible]度[illegible]	13445971		
其他用電資產		10142526	
[illegible]自動控制設備	435816		
[illegible]燈牌	3491548		
[illegible]	150000		
變流器	5504758		
專用電話	609404		
[illegible]			37698557
事務所土地		2345170	
[illegible]地皮	1316170		
沙坪壩辦事處	1029000		
事務所建築		12501503	
國府路房產	1866245		
南岸辦事處建築	2290274		
沙坪壩辦事處土地	8344984		
運輸設備		7600382	
載重汽車	7150502		
運貨木船	150000		
[illegible]	54380		
膠輪板車	45500		
試驗設備		1850005	
[illegible]電[illegible]	536176		
電壓表及跑馬表	580066		
馬達	2800		
電[illegible]器	167462		
變[illegible]器	330101		
[illegible]用電[illegible]	3400		
五門驗表台	228000		
器具設備		13601497	
營業用具	12791314		
醫務用具	623860		
其他用具	186323		
流動資產	655932151		
現金			3578469
[illegible]	3578469	3578469	
銀行存款			51420561
中國銀行	12787222	12787222	
[illegible] 5 頁	732537471	732537471	771170810

經理　協理　科長　主任　覆核　製表

重慶電力股份有限公司 資產目錄表

第　號　中華民國 3? 年 12 月 31 日製　104　第 5 頁

科目	金額	分計	合計
承第 4 頁			
	730537071	730537071	771717010
四川省銀行	1213176	1213176	
美豐銀行	1690008	1690008	
川康平民商業銀行	19600968	19600968	
川康平民商業銀行江北辦事處	10799	10799	
川鹽銀行	1193066	1193066	
中央銀行	1238186	1238186	
郵政儲金匯業局	1507386	1507386	
應收帳款			398000167
應收電燈費		100080976	
各區用戶	100080976		
應收電力費		256065098	
各區用戶	256065098		
應收電熱費		30850086	
各區用戶	30850086		
應收路燈費		6221050	
路燈管理所	6221050		
借出款			3900000
本公司職員消費合作社	3900000	3900000	
材料			1010620900
物料		106613145	
本月庫存各料	106659009		
廢料	50036		
燃料		777768062	
總廠庫存煤	39006702		
南岸分廠存煤	30370101		
電錶		30009066	
本月庫存各錶	30009066		
雜項資產	1601999549		
戰時防空費			123008316
鍋爐設備費	310003003	310003003	
防空工料費	63070445	63070445	
防空設備費	28761000	28761000	
償債基金			400001813
償債基金		400001813	
中國銀行	400001813		
存出保證金			1500855
房屋押金		860000	
逸廬堂	800000		
轉第 6 頁	[illegible]	[illegible]	[illegible]

總經理　協理　科長　主任　覆核　製表

重庆电力股份有限公司一九四一年报表　0219-2-51

重庆电力股份有限公司一九四一年报表　0219-2-51

605

重慶電力股份有限公司資產目錄表

第　號　中華民國 30 年 12 月 31 日製　第 2 頁

科目	金額	分計	合計
	千百十萬千百十元角仙	千百十萬千百十元角仙	千百十萬千百十元角仙
總第5頁	1428130060	1425274060	1425585059
鄧炳□	200000		
鄧□□	20000		
蘇家麐律師事務所	5000		
王□□	7000		
嚴吉光	6000		
楊□生	4000		
譚□賡	10000		
重慶銀行	80000		
□人□	140000		
蔡致平	30000		
□□□□會	20000		
胡□□	14000		
水錶押金		54000	
自來水整理處	54000		
自用電錶		51899	
本公司	51899		
電話押金		160000	
電話總局	128000		
電政管理局	32000		
保險箱押金		6000	
美豐銀行	6000		
雜項押金		393000	
□□□押金	360000		
□桶押金	33000		
暫付款項			558411696
□□□□		6567270	
週轉金	6567270		
		15317984	
燃煤	15317984		
□□工程款		388182382	
□機□費	929500		
經常支款	191832329		
購料支款	195220553		
日常備用金	200000		
暫記各項		148344060	
救國公債	8000000		
華西公司	4700975		
所得稅	3921		
總計	1482524709	1988320655	1988350665

總經理　協理　科長　主任　覆核　製表

重庆电力股份有限公司一九四一年报表 0219-2-51

106

重慶電力股份有限公司 [illegible]日報表

第 號 中華民國 30 年 12 月 31 日製 第 7 頁

科目	金額	分計	合計
承第 6	1245542091	1588350655	1588350655
吉利祥行	1541241		
潘仲三	14525		
四川水泥公司	144328		
收費處	350000		
哲記旅社	482522		
和豐錢莊	435000		
裕華紡織公司	443000		
本公司職員消費合作社	1000000		
安利購料透支	836751		
江北辦事處	250000		
節約儲蓄券	5285320		
南岸辦事處	350000		
業務科用戶股	350000		
沙坪壩辦事處	4850000		
各職工	711183		
建設美金公債	10200000		
第一煤廠	78300000		
郁維君	2613200		
合眾貿易商行	1000000		
[illegible]二十九年度股息	18411020		
被炸廢料	82222		
應收款項			21022580
各區用戶	21022580	21022580	
應計欠費			16861684
應計未收款項		16861684	
路燈管理所	41600		
軍政部兵工署第二十廠	5584		
民生公司	13560		
各項借料	846766		
中央廣播電台	46810		
軍政部兵工署第二一廠	48510		
冉德昌	1322497		
閔宗[illegible]	588457		
龔偉堂	32794		
姚玉安	81900		
馬樾猷	269516		
盛澤凱	100000		
辛卓夫	10820442		
過次頁	[illegible]	[illegible]	[illegible]

總經理 [illegible] 協理 [illegible] 科長 [illegible] 主任 [illegible] 覆核 [illegible] 製表 [illegible]

重慶電力股份有限公司 資產目錄表

第　號　中華民國 30 年 12 月 31 日製　第 8 頁

(10)

科目	金額	分計	合計
接第 7 頁	20244227.79	20262349.19	20262349.19
郭紹明	18121.40		
預付款項			3835341.18
預付費用		282591.35	
廣益廠	174225.26		
大[illegible]劇室	9000.00		
預付[illegible]保險費	21745.59		
廠[illegible]局	10257.75		
[illegible]汽油	80.00		
張耀熙	4810.00		
各職工	3160.00		
業務科	1000.00		
南岸辦事處	7580.00		
業務科用戶股	1500.00		
工務科	29329.35		
收費股	1660.00		
溫子成	17513.40		
抄表股	330.00		
預付購料款項		3552749.83	
購買股	256043.14		
安利[illegible]行[illegible]料款	180983.40		
香港運[illegible]	2182.14		
寶源公司	162218.77		
華西公司	7000.00		
昆明轉運處	495502.55		
昆明轉運處	65462.40		
昆明轉運[illegible]	4246.74		
香港購料	4322.35		
[illegible]委員會	84000.00		
康記字號	30000.00		
顧嘉棠	38000.00		
購煤暫記	277638.09		
合益煤礦公司	152771.51		
[illegible]辦事處	1561295.59		
第一煤廠	191085.75		
合同定購材料			934396.16
發電所材料		934396.16	
接[illegible]鍋爐合同	363413.83		
安利透平機合同	570982.33		
轉第 9 頁	25032086.53	25032086.53	25032086.53

總經理（印）　協理（印）　科長（印）　主任（印）　覆核（印）　製表（印）

重庆电力股份有限公司一九四一年报表 0219-2-51

重慶電力股份有限公司 資產目錄表

第　號　中華民國 30 年 12 月 31 日製　第 9 頁

108

科目	金額	分計	合計
[illegible]第 8 [illegible]	[illegible]	[illegible]	[illegible]
合同定購材料			[illegible]
購料合同		[illegible]	
華西購料合同	[illegible]		
鴻康購料合同	[illegible]		
鴻康購料合同	[illegible]		
鴻康[illegible]合同	[illegible]		
安利購料合同	[illegible]		
安利購料合同	[illegible]		
安利購料合同	[illegible]		
安利購料合同	[illegible]		
安利購料合同	[illegible]		
禮和電表合同	[illegible]		
西門子電表合同	[illegible]		
寶源購煤合同	[illegible]		
協力購煤合同	[illegible]		
[illegible]記木料合同	[illegible]		
謙記木料合同	[illegible]		
保興木料合同	[illegible]		
華南行購料合同	[illegible]		
泰利電料合同	[illegible]		
大康木料合同	[illegible]		
中建購料合同	[illegible]		
中[illegible]購料合同	[illegible]		
[illegible]	[illegible]		
興泰鋼砂合同	[illegible]		
永豐鋼砂合同	[illegible]		
興國購料合同	[illegible]		
美成購料合同	[illegible]		
華美購料合同	[illegible]		
[illegible]	[illegible]		
[illegible]	[illegible]		
中孚實業購料合同	[illegible]		
怡和購料合同	[illegible]		
怡和購料合同	[illegible]		
香港購料		[illegible]	
[illegible]電器料合同	[illegible]		
[illegible]	[illegible]		
合作華行購料合同	[illegible]		
[illegible] 10 頁	[illegible]	[illegible]	[illegible]

總經理　協理　科長　主任　覆核　製表

重庆电力股份有限公司一九四一年报表 0219-2-51

重慶電力股份有限公司 [illegible]表

第　號　中華民國 30 年 12 月 31 日製　第 10 頁

科目	金額	分 109 計	合計
[illegible]第 9 1	2820603480	2820603480	2820603480
投資企業			160500000
合益煤礦公司	20000000	20000000	
國民公報社	500000	500000	
華安礦業公司	50000000	50000000	
川康興業公司	90000000	90000000	
盈　餘			115250043
[illegible]		115250043	
二十九年度盈[illegible]	115250043		
合計	3096353523	3096353523	3096353523

總經理　協理　科長　主任　覆核　製表

重庆电力股份有限公司一九四一年报表 0219-2-51

110

负债目录表

重慶電力股份有限公司資債目錄表 111

第　號　中華民國 31 年 12 月 31 日製　第 1 頁

科目	金額	分計	合計
	千百十萬千百十元角仙	千百十萬千百十元角仙	千百十萬千百十元角仙
資本及公積	[illegible]		
資本總額			[illegible]
各股東	[illegible]		
法定公積			[illegible]
二十四年度提存	[illegible]		
二十五年度提存	[illegible]		
二十六年度提存	[illegible]		
二十七年度提存	[illegible]		
特別公積			[illegible]
資産增值	[illegible]		
長期負債	[illegible]		
長期借入款			[illegible]
四行聯放委員會	[illegible]		
短期負債	[illegible]		
短期借入款			[illegible]
川康平民商業銀行	[illegible]		
川鹽銀行	[illegible]		
經濟部工礦調整處	[illegible]		
興中實業公司	[illegible]		
存入保證金			[illegible]
電表押金	[illegible]		
增收電表押金	[illegible]		
用電保證金	[illegible]		
增收用電保證金	[illegible]		
路燈保證金	[illegible]		
電力保證金	[illegible]		
[illegible]保證金	[illegible]		
臨時燈保證金	[illegible]		
雜項保證金	[illegible]		
應付紅利			[illegible]
董監酬勞	[illegible]		
職員人酬勞	[illegible]		
應付合同款項			[illegible]
安利購料合同A103	[illegible]		
安利購料合同A108	[illegible]		
安利購料合同A109	[illegible]		
安利購料合同0/5519	[illegible]		
鴻康購料合同	[illegible]		
鴻康購料合同	[illegible]		
過次頁	[illegible]		[illegible]

總經理　協理　科長　主任　覆核　製表

112

重慶電力股份有限公司 負債目錄表

第　號　中華民國 30 年 12 月 31 日製　第 2 頁

科目	金額	分計	合計
	千百十萬千百十元角仙	千百十萬千百十元角仙	千百十萬千百十元角仙
接第 1 頁	[illegible]		[illegible]
寶源購料合同	[illegible]		
晋記木桿合同	[illegible]		
謙記木桿合同	[illegible]		
保興木桿合同	[illegible]		
華南行購料合同	[illegible]		
中工購料合同	[illegible]		
永利電料合同	[illegible]		
大康木行合同	[illegible]		
[illegible]購料合同	[illegible]		
中[illegible]購料合同	[illegible]		
興泰翻砂合同	[illegible]		
永豐翻砂合同	[illegible]		
興國購料合同	[illegible]		
美成購料合同	[illegible]		
華文購料合同	[illegible]		
機農購料合同	[illegible]		
機農購料合同	[illegible]		
中[illegible]興業購油合同	[illegible]		
雜項負債	[illegible]		
折舊準備			[illegible]
發電資產折舊準備	[illegible]		
輸電配電資產折舊準備	[illegible]		
用電資產折舊準備	[illegible]		
業務資產折舊準備	[illegible]		
[illegible]收款項準備			[illegible]
二十八年度提存	[illegible]		
二十九年度提存	[illegible]		
三十年度提存	[illegible]		
電表損失準備			[illegible]
二十八年度提存	[illegible]		
[illegible]準備			[illegible]
二十四年度提存[illegible]準備金	[illegible]		
二十七年度提存[illegible]準備金	[illegible]		
二十八年度提存[illegible]準備金	[illegible]		
二十九年度提存[illegible]準備金	[illegible]		
三十年度提存[illegible]準備金	[illegible]		
暫收款項			[illegible]
[illegible]電	[illegible]		
轉第 3 頁	[illegible]		[illegible]

總經理　協理　科長　主任　覆核　製表

重庆电力股份有限公司一九四一年报表 0219-2-51

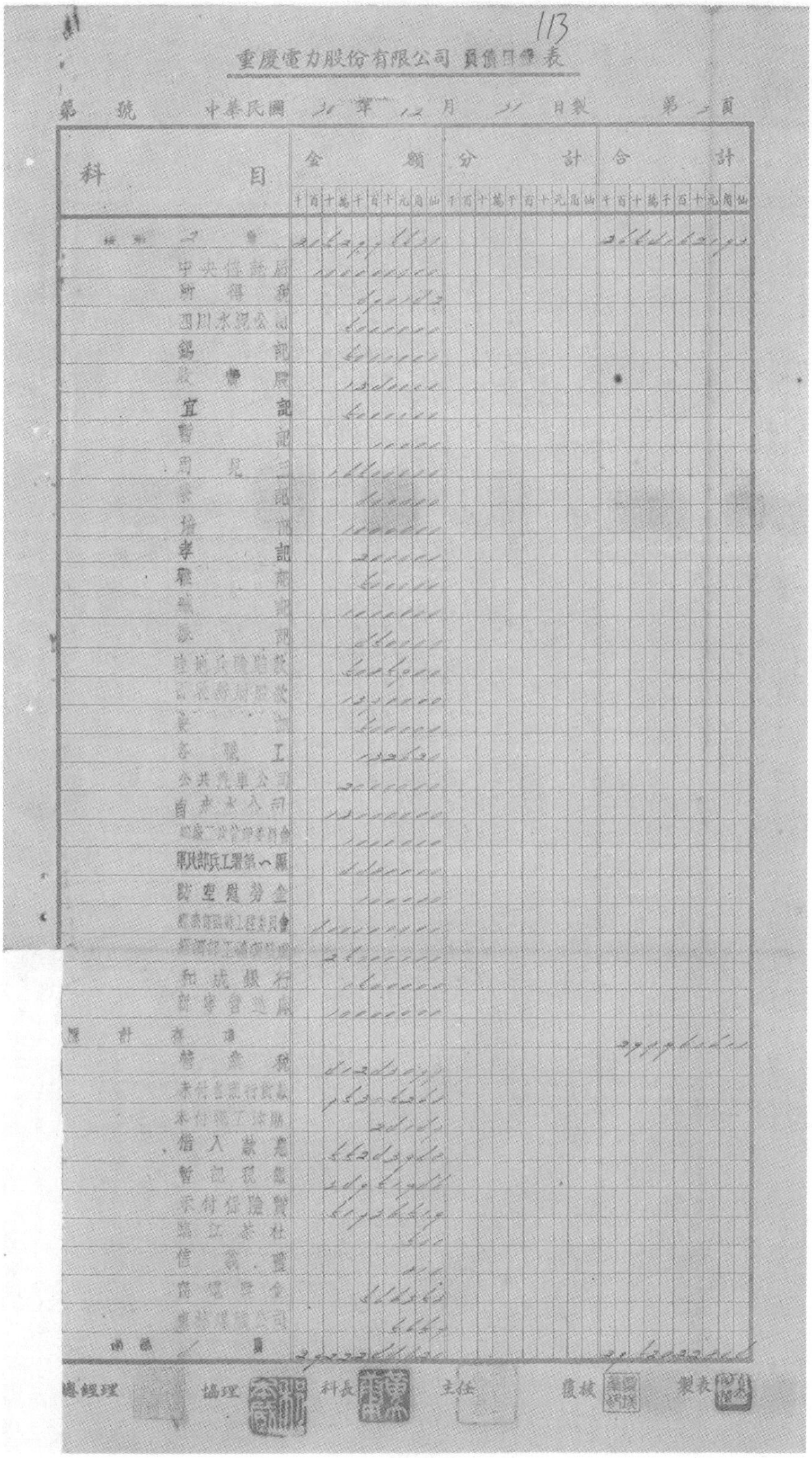

113

重慶電力股份有限公司 負債日計表

第 號 中華民國 31 年 12 月 31 日製 第 2 頁

科目	金額	分計	合計
[illegible]	[illegible]		[illegible]
中央信託局	[illegible]		
所得稅	[illegible]		
四川水泥公司	[illegible]		
錫記	[illegible]		
[illegible]廠	[illegible]		
宜記	[illegible]		
晉記	[illegible]		
周見三	[illegible]		
[illegible]記	[illegible]		
[illegible]商	[illegible]		
孝記	[illegible]		
雅商	[illegible]		
[illegible]商	[illegible]		
[illegible]記	[illegible]		
陸地兵險賠款	[illegible]		
[illegible]股款	[illegible]		
[illegible]	[illegible]		
各職工	[illegible]		
公共汽車公司	[illegible]		
自來水公司	[illegible]		
[illegible]管理委員會	[illegible]		
軍政部兵工署第一廠	[illegible]		
防空慰勞金	[illegible]		
[illegible]工程委員會	[illegible]		
[illegible]部工礦調整處	[illegible]		
和成銀行	[illegible]		
[illegible]營造廠	[illegible]		
[illegible]			[illegible]
營業稅	[illegible]		
未付各商行貨款	[illegible]		
未付職工津貼	[illegible]		
借入款息	[illegible]		
暫記稅款	[illegible]		
未付保險費	[illegible]		
臨江茶社	[illegible]		
信義堂	[illegible]		
[illegible]金	[illegible]		
[illegible]公司	[illegible]		
[illegible]	[illegible]		[illegible]

總經理 協理 科長 主任 覆核 製表

114

重慶電力股份有限公司負債目錄表

第　號　　中華民國 30 年 12 月 31 日製　　第 6 頁

科目	金額	分計	合計
接第 3 頁	[illegible]		[illegible]
應計未付所得稅	[illegible]		
各職工	[illegible]		
中央銀行	[illegible]		
大鑫鋼鐵廠	[illegible]		
軍政部兵工署第　廠	[illegible]		
軍政部兵工署第二廠	[illegible]		
中央銀行無線電台	[illegible]		
軍政部紡織廠	[illegible]		
各煤號	[illegible]		
來村房租	[illegible]		
中央電工器材廠	[illegible]		
福民麵粉廠	[illegible]		
興國磚瓦廠	[illegible]		
吉利洋行	[illegible]		
盈餘	[illegible]		
前期盈餘滾存			[illegible]
二十七年度盈餘	[illegible]		
本期盈益			[illegible]
12月底止盈餘	[illegible]		
合計	[illegible]		[illegible]

總經理　　協理　　科長　　主任　　覆核　　製表

重庆电力股份有限公司一九四一年报表　0219-2-51

115

各項費用分類登記表

重庆电力股份有限公司一九四一年报表 0219-2-51

116

重慶電力股份有限公司各項費用分類統計表

民國30年度決算

自1月1日起至12月31日止

科目	發電費用 本月份金額	發電費用 累計金額	供電費用 本月份金額	供電費用 累計金額	營業費用 本月份金額	營業費用 累計金額	管理費用 本月份金額	管理費用 累計金額	總計 本月份金額	總計 累計金額	每月平均金額
	百十萬千百十元角仙	百十萬千百十元角仙	百十萬千百十元角仙	百十萬千百十元角仙	百十萬千百十元角仙	百十萬千百十元角仙	百十萬千百十元角仙	百十萬千百十元角仙	百十萬千百十元角仙	百十萬千百十元角仙	百十萬千百十元角仙
薪金		6495262		10369288		10058855		25672299		52602334	4383522
工資		34683974		27851939		2794315		4884339		70214567	5851214
生活津貼		60193685		53151934		36340394		45229927		195415920	16284660
燃料消耗		811608200								811608200	67634016
潤滑油消耗		4755994		9802564						14558558	1213213
物料消耗		24107237		20971272		1564720		22577332		69220561	5768380
工具消耗		1765030		1364400						3129430	260786
化驗藥物								4000		4000	333
修繕費		654960		9002324		752790		784440		11204744	933729
房地租		9368941		888130		146850		6192150		16596071	1383006
車旅運費		1552695		9491291		6475966		7091713		24631615	2052635
廣告費						1005300		250500		1255800	104650
財務律務費								379660		379660	31638
文具印刷費		1149600		2143819		9992114		14451055		27743600	2311967
郵電費		76400		140040		101280		722251		1100751	91729
自用電度								1170180		1170180	97515
醫藥費		215750		641410		150000		5478880		6486040	540503
茶水薪炭		3165234		1381143		860847		2538035		7945259	662105
販膳		1790350						2338000		4128350	344029
雜支		1568669		1253723		1297000		3880049		8004761	667063
獎勵酬卹		10379144		11933213		5509448		6933875		34755698	2896308
保險費								121612809		121612809	10134401
醫院藥攤											
材料盤損								5791339		5791339	482612
呆賬						11860065		142312		12002377	1000198
稅捐		163400		135400		36325730		5382622		42007152	3500596
債款利息								106651906		106651906	8887659
折舊		19971522		15500155		6262009		5457225		46572929	3881094
其他費用		50860308		20910				12007751		62896587	5241416
書報費		44170		39390		43985		155155		282700	23558
合計											
累計折舊											
總計		1044581065		176418055		131543718		409791400		1703244181	146856200

總經理　協理　總務科長　會計科長　主任　覆核　製表

117

特項開支表

118

重慶電力股份有限公司[illegible]表

民國 [illegible] 年度決算　　中華民國 [illegible] 年 [illegible] 月 [illegible] 日製　　(計-129)

摘要	金額 累計	金額 每月平均	附註
戰時損費	[illegible]	[illegible]	
防護設備	[illegible]	[illegible]	
修繕費	[illegible]	[illegible]	
其他費用	[illegible]	[illegible]	
職工轟炸救濟費	[illegible]	[illegible]	
防空費用	[illegible]	[illegible]	
合計	[illegible]	[illegible]	

總經理　　協理　　科長　　主任　　製表

重庆电力股份有限公司一九四一年报表　0219-2-51

119

各項收入分類登記表

民國 30 年度 第六屆決算

120

重慶電力股份有限公司各項收入分類登記表

第　號　　民國 30 年 12 月 31 日製　　第　頁

科目	電費收入	營業收入	雜項收入	總計金額
	百十萬千百十元角分	百十萬千百十元角分	百十萬千百十元角分	百十萬千百十元角分
電費收入	[illegible]			
電燈收入				[illegible]
包燈	[illegible]			
特價	[illegible]			
臨時燈	[illegible]			
電力收入				[illegible]
電力	[illegible]			
電熱收入				[illegible]
電熱	[illegible]			
路燈收入				[illegible]
路燈	[illegible]			
用電度收入				[illegible]
表燈	[illegible]			
電熱	[illegible]			
追電費收入				[illegible]
竊電追償款	[illegible]			
營業收入		4222380		
營業手續收入				4222380
接電費		[illegible]		
檢驗費		[illegible]		
移表費		[illegible]		
雜項收入			225802879	
利息收入				[illegible]
銀行存款息			[illegible]	
存出款息			[illegible]	
[illegible]收入				[illegible]
[illegible]			[illegible]	
售貨料益				[illegible]
物料			[illegible]	
[illegible]			[illegible]	
補助費收入				[illegible]
[illegible]補助費			[illegible]	
[illegible]補助費			[illegible]	
材料盤盈				[illegible]
物料			[illegible]	
燃料			[illegible]	
其他雜項收入				[illegible]
雜項			[illegible]	
被炸救濟補助費			[illegible]	
[illegible]收入			[illegible]	
合計　本頁	[illegible]	[illegible]	[illegible]	[illegible]

總經理　　科長　　主任　　覆核　　製表

重庆电力股份有限公司一九四一年报表　0219-2-51

第⑨辑

重庆电力股份有限公司一九四一年报表　0219-2-51

14

民國 31 年度
第六屆決算

重慶電力股份有限公司各項收入分類登記表

第　　號　　民國 30 年 12 月 31 日製　　第 2 頁

科目	電費收入	營業收入	雜項收入	總計全額
	百十萬千百十元角分	百十萬千百十元角分	百十萬千百十元角分	百十萬千百十元角分
承前頁	1908353952	6222380	222256615	[illegible]
安迪保險賠費			3546264	
合計	1908353952	6222380	[illegible]	[illegible]

總經理　　協理　　部長　　主任　　覆核　　製表

重庆电力股份有限公司一九四一年报表 0219-2-51

122

應計折舊表

重庆电力股份有限公司一九四一年报表 0219-2-51

123

重慶電力股份有限公司[illegible]表

民國 31 年度決算　　中華民國 31 年 12 月 31 日製　　(計-129)

摘要		金額 資產	金額 折舊	附記
發電資產		[illegible]	[illegible]	發電費用
[illegible] 臨時折舊費	[illegible]	[illegible]	[illegible]	
[illegible]備	[illegible]	[illegible]	[illegible]	
原動及發電機	[illegible]	[illegible]	[illegible]	
電氣設備	[illegible]	[illegible]	[illegible]	
廠內附屬設備	[illegible]	[illegible]	[illegible]	
輸電資產		[illegible]	[illegible]	供電費用
[illegible]	[illegible]	[illegible]	[illegible]	
變電所設備	[illegible]	[illegible]	[illegible]	
[illegible]	[illegible]	[illegible]	[illegible]	
變壓器	[illegible]	[illegible]	[illegible]	
用電資產		[illegible]	[illegible]	營業費用
用戶設備	[illegible]	[illegible]	[illegible]	
其他用電資產	[illegible]	[illegible]	[illegible]	
業務資產		[illegible]	[illegible]	管理費用
[illegible]建築	[illegible]	[illegible]	[illegible]	
運輸設備	[illegible]	[illegible]	[illegible]	
[illegible]設備	[illegible]	[illegible]	[illegible]	
[illegible]設備	[illegible]	[illegible]	[illegible]	
合計		[illegible]	[illegible]	

總經理　　協理　　科長　　主任　　製表

重庆电力股份有限公司董事会关于检送一九四二年六月资产负债表等致重庆电力股份有限公司各董事、监事的函（附表）

（一九四二年七月十八日）　0219-2-47

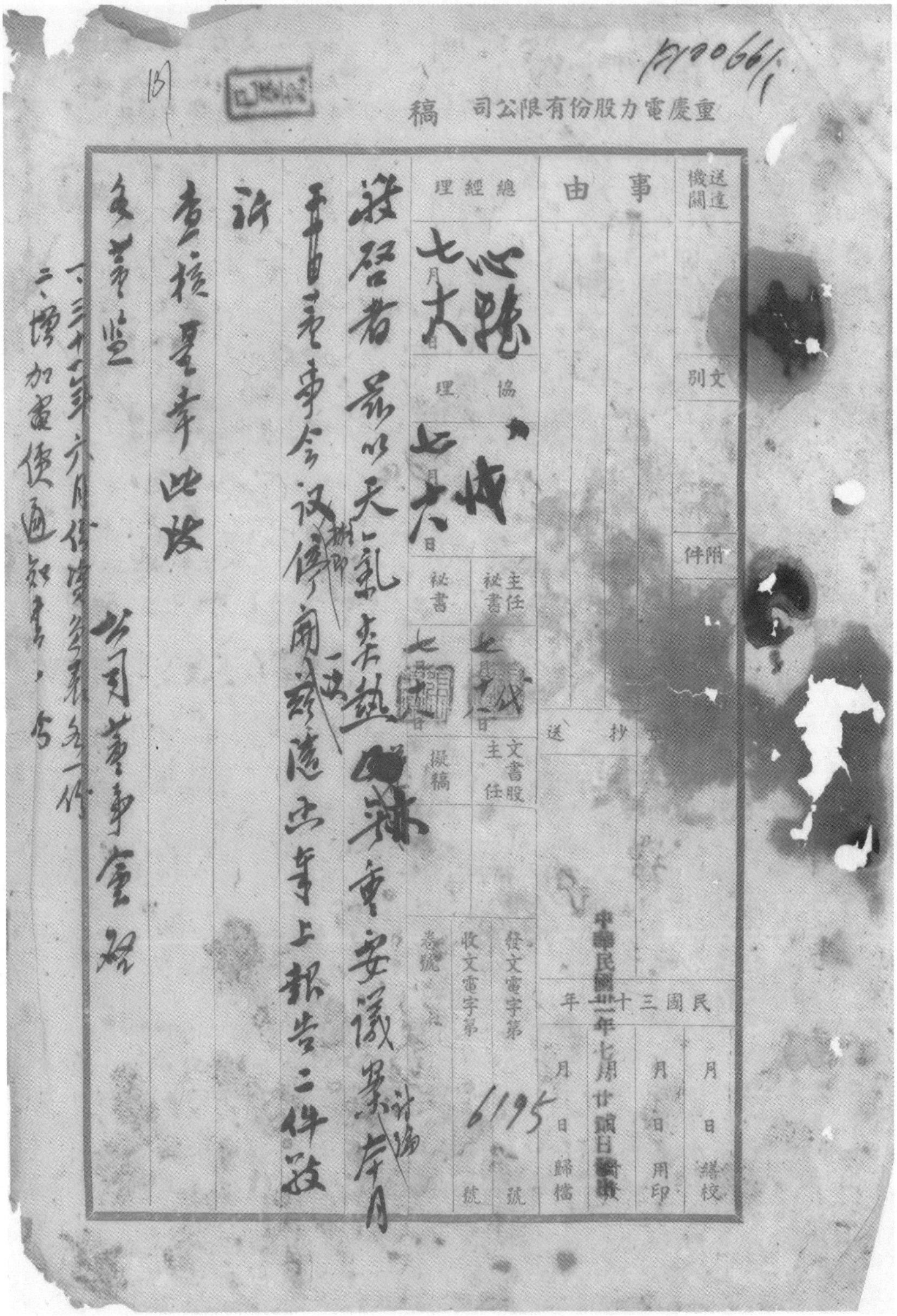

重慶電力股份有限公司稿

敬启者：兹以天气炎热，重要议案讨论本月十五日董事会议停开，兹随函奉上报告二件，敬祈查核是幸。此致

各董监

公司董事会启

一、三十一年六月份资产负债表一件

二、增加电价通知书一份

重庆电力股份有限公司董事会关于检送一九四二年六月资产负债表等致重庆电力股份有限公司各董事、监事的函（附表）（一九四二年七月十八日） 0219-2-47

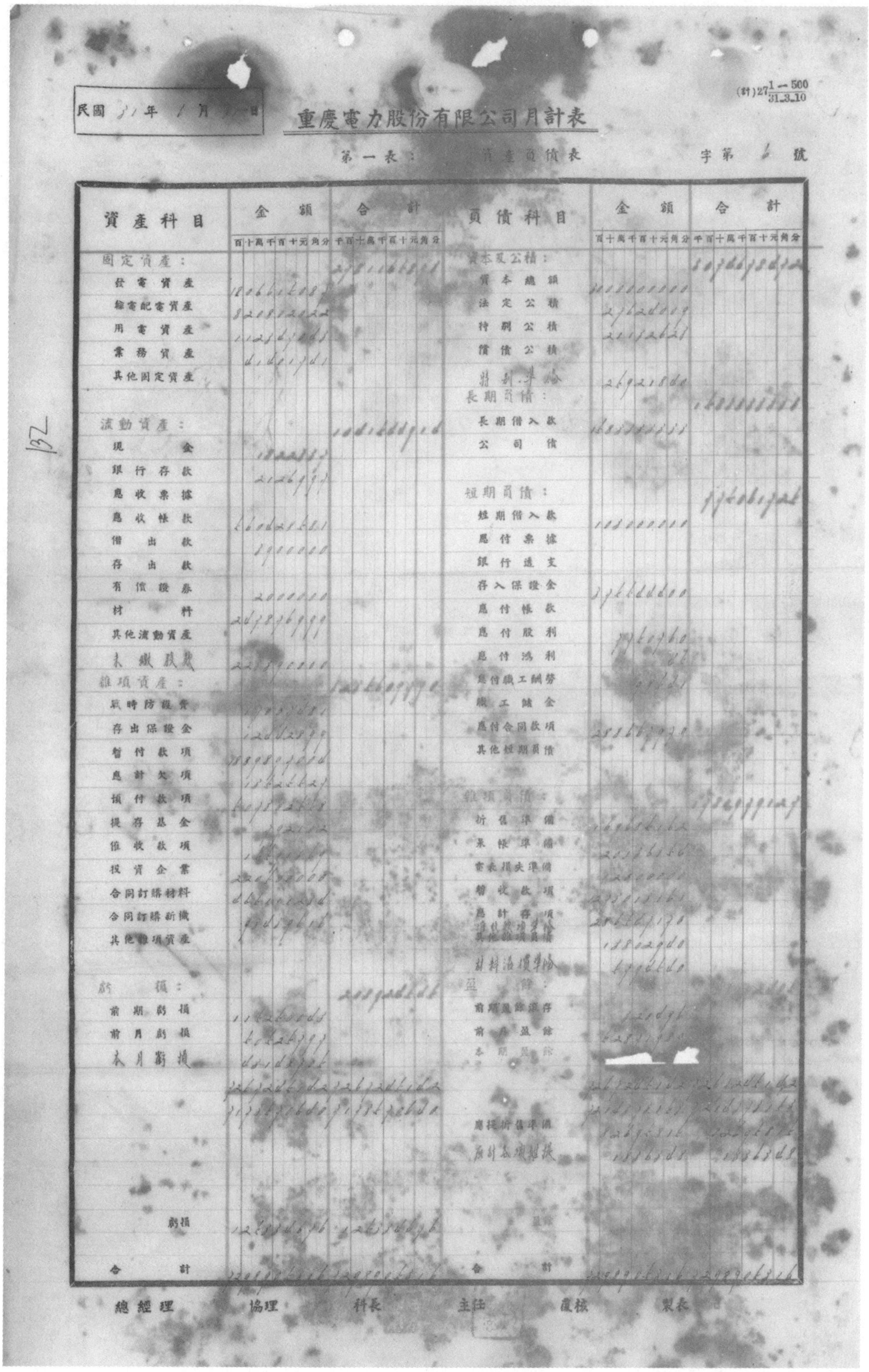

重慶電力股份有限公司月計表

第一表： 資產負債表

資產科目	金額	合計	負債科目	金額	合計
固定資產：			資本及公積：		
發電資產			資本總額		
輸電配電資產			法定公積		
用電資產			特別公積		
業務資產			償債公積		
其他固定資產					
			長期負債：		
流動資產：			長期借入款		
現金			公司債		
銀行存款					
應收票據			短期負債：		
應收帳款			短期借入款		
借出款			應付票據		
存出款			銀行透支		
有價證券			存入保證金		
材料			應付帳款		
其他流動資產			應付股利		
			應付酬利		
雜項資產：			應付職工酬勞		
戰時防護費			職工儲金		
存出保證金			應付合同款項		
暫付款項			其他短期負債		
應計欠項					
預付款項			雜項負債：		
提存基金			折舊準備		
催收款項			呆帳準備		
投資企業					
合同訂購材料			暫收款項		
合同訂購新機			應計存項		
其他雜項資產			其他雜項負債		
虧損：			盈餘：		
前期虧損			前期盈餘滾存		
前月虧損			前月盈餘		
本月虧損			本期盈餘		
虧損					
合計			合計		

總經理　協理　科長　主任　覆核　製表

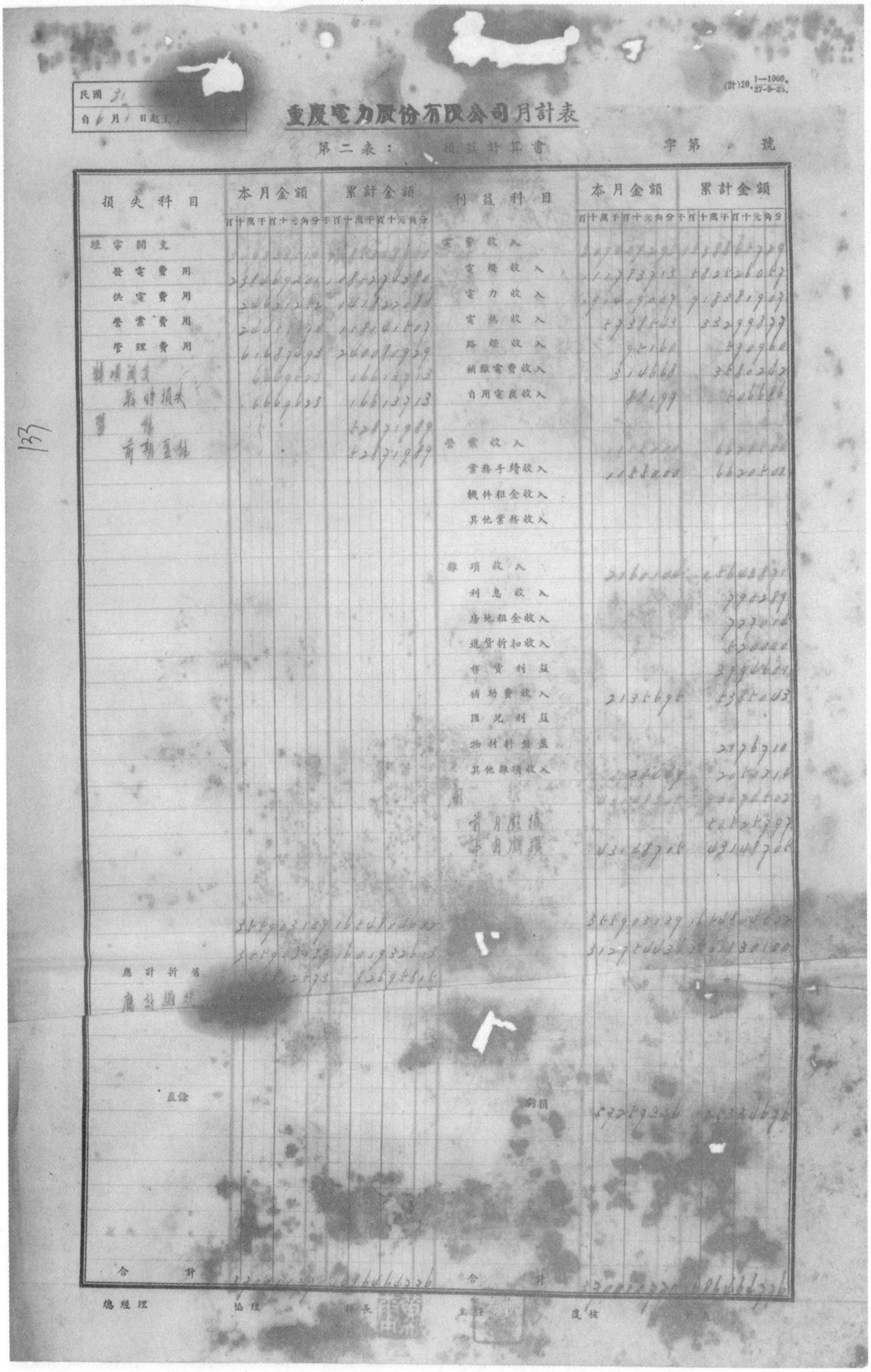

重慶電力股份有限公司月計表

第二表：損益計算書

損失科目	本月金額	累計金額	利益科目	本月金額	累計金額
經常開支			營業收入		
發電費用			電燈收入		
供電費用			電力收入		
營業費用			電熱收入		
管理費用			路燈收入		
			補繳電費收入		
			自用電度收入		
			營業收入		
			業務手續收入		
			械料租金收入		
			其他業務收入		
			雜項收入		
			利息收入		
			房地租金收入		
			進貨折扣收入		
			售貨利益		
			補助費收入		
			匯兌利益		
			物料料價盈		
			其他雜項收入		
合計			合計		

總經理 協理 科長 主任 覆核

重庆电力股份有限公司董事会关于检送一九四二年六月资产负债表等致重庆电力股份有限公司各董事、监事的函（附表）

（一九四二年七月十八日） 0219-2-47

重庆电力股份有限公司关于公司困难请准豁免历年营业税上重庆市营业税处的呈（一九四三年六月十四日） 0219-2-217

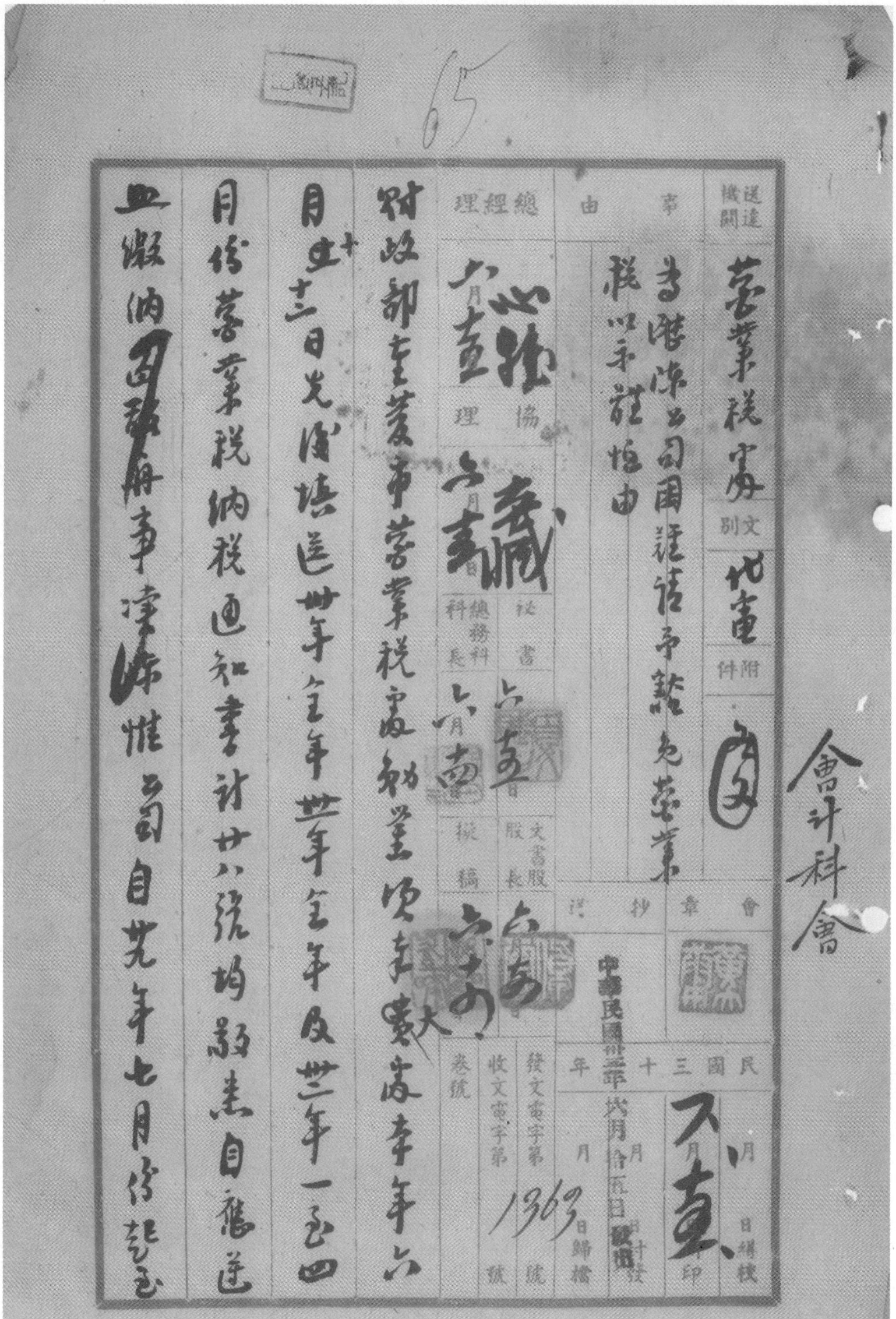
送達機關：營業稅處
文別：呈
事由：為陳述公司困難情形請豁免營業稅以資維持由
財政部重慶市營業稅處勛鑒：頃奉大處本年六月十二日先後填送卅年全年、卅一年全年及卅二年一至四月份營業稅納稅通知書計廿六張，均敬悉。自應遵照繳納，因敝公司事實……惟公司自卅年七月份起至
中華民國卅二年六月十五日發出
發文電字第1363號
會計科會

重庆电力股份有限公司关于公司困难请准豁免历年营业税上重庆市营业税处的呈（一九四三年六月十四日） 0219-2-217

66

卅年十二月份止应纳营业税已蒙重庆市营业税处
税字第四一二号及税字第一〇九一号通知暂缓征收
在案，仰见政府体念商艰扶植公用事业，深为感荷。
查电气事业因年来器材燃料价格暨人工开支逐
步高涨，而电价为政府所统制，不敢率请，甚能拥护抗建国策，遵照法令，全线
价格销售，未能随物价之动定予以调整，故历年
亏折负债累累之资金周转失灵，卅九年之困境所积
日益更甚，日趋艰窘。公司服务公众，报效国家，初不以营利

重庆电力股份有限公司关于公司困难请准豁免历年营业税上重庆市营业税处的呈（一九四三年六月十四日） 0219-2-217

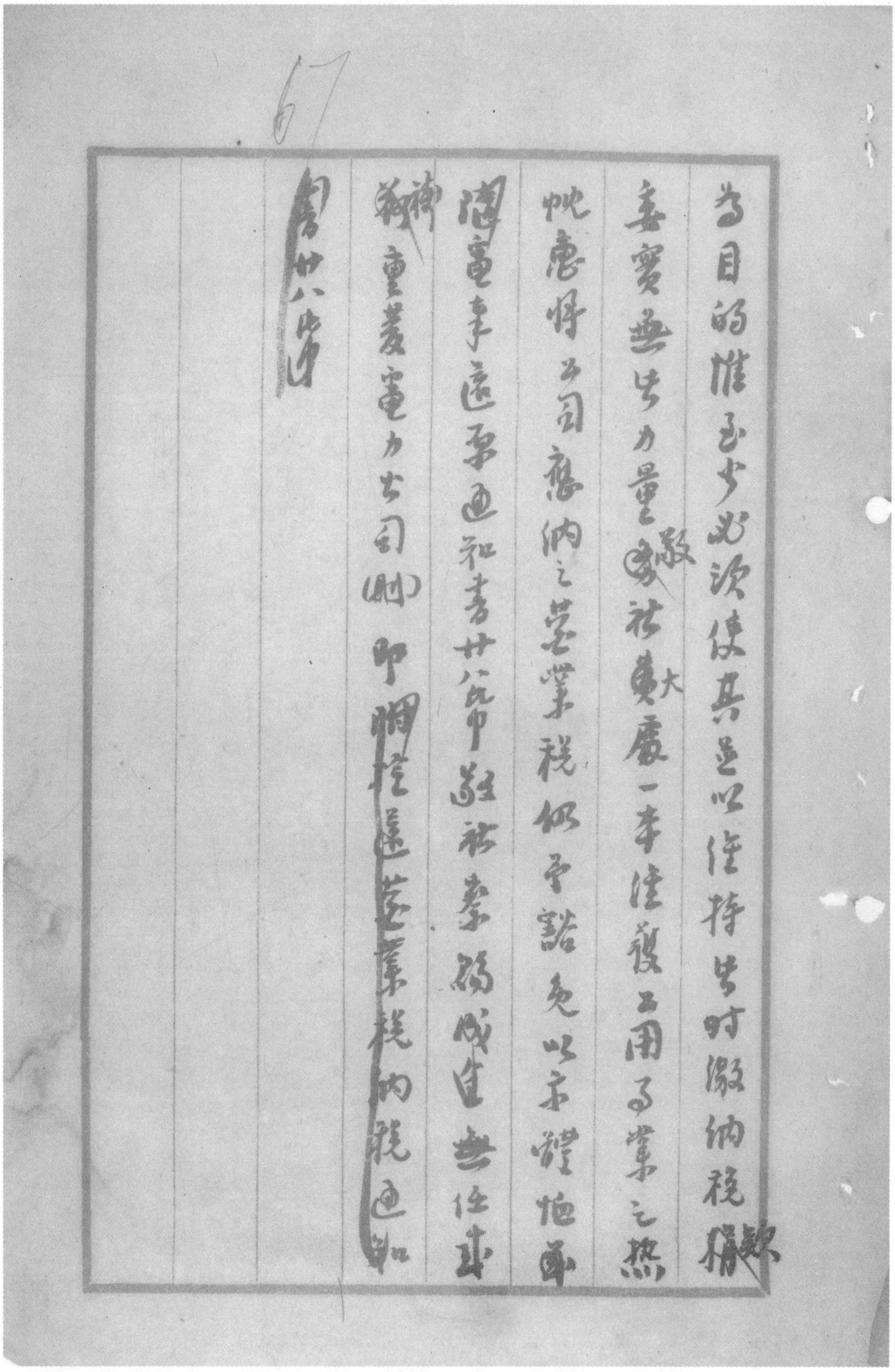
為目的惟至少必須使其足以維持其時繳納稅款
善實無此力量敝社責大處一年津貼不用為業之熱
忱應將本公司應納之營業稅准予豁免以示體恤并
關電事遞年通知書廿八年起註銷務希成宜無任企禱
鈞處 重慶電力公司（賦） 即將遞營業稅納稅通知
營業廿八年

经济部核定重庆电力公司电价表等（一九四三年八月） 0219-2-185

經濟部核定重慶電力公司電價表

三十二年八月

（甲）電價

（一）電燈

1. 普通電燈　按電表安培數及每月抄見度數電價分級合併計算

級別	每安培每月用電度數	電價（國幣）
第一級	一〇度以下	每度一〇元
第二級	超過一〇度	其超過度數每度一五元

2. 特價電燈（軍警部隊照特價計算）

級別	每安培每月用電度數	電價（國幣）
第一級	一〇度以下	每度八元
第二級	超過一〇度	其超過度數每度一二元

3. 路燈

瓦特數	每盞每月電價（國幣）
五〇	九〇元
七五	一三五元
一〇〇	一八〇元
其餘類推	

54

（二）電力

1、電價　一律每度國幣五元

2、煤價調整　以到廠平均煤價每公噸一，二五〇元為計算標準　如煤價變動不及一〇〇元時電價不改變動在一〇〇元以上時每變動一〇〇元電價每度隨之增減五分

（三）工業用電熱

電價及煤價調整辦法均與電力同

（乙）實行日期

本表所列各項電價自三十二年七月起實行

经济部核定重庆电力公司电价表等（一九四三年八月） 0219-2-185

55

前建设委员会
经济部
核定重庆电力公司电灯电力电热用电底度表

（甲）表灯底度

电表安培数	每月底度（度）
一.五	四
三	六
五	一〇
一〇	二〇
一五	三〇
二〇	四〇
三〇	六〇

〥〇　　一〇〇

一〇〇　　二〇〇

（乙）電力每月每馬力以二十五度為底度

（丙）電熱普通用電熱與電灯同

電熱工業用電熱與電力同

经济部核定重庆电力公司电价表等（一九四三年八月） 0219-2-185

56

经济部核定重庆电力公司保证金赔偿费及什项收费表 卅二年七月

(甲) 保证金及电表损失赔偿费

(一) 电表其电费保证金及电表损失赔偿费照下列数收取

电表相别	电表安培	保证金（国币元）	表电费	电表损失赔偿费（国币元）
单	15	六〇〇〇〇	按每安培十度之第一级普通表灯电价计算	照本市议价按数赔偿
〃	3	八〇〇〇〇		
〃	5	一〇〇〇〇〇		
〃	10	一三〇〇〇〇		
〃	15	一五〇〇〇〇		
〃	20	二〇〇〇〇〇		
〃	30	二五〇〇〇〇		
〃	50	三〇〇〇〇〇		
〃	50超过	另议		

电表相别	电表安培	保证金（国币元）	表电费	电表损失赔偿费（国币元）
三	5	三〇〇〇〇〇	按安装每马力一百度之电力电价计算，以超过上项计算数，自新换以前三个月来均电费调整之	照本市议价按数赔偿
〃	10	四〇〇〇〇〇		
〃	15	五〇〇〇〇〇		
〃	20	六〇〇〇〇〇		
〃	30	七〇〇〇〇〇		
〃	50	八〇〇〇〇〇		
〃	75	九〇〇〇〇〇		
〃	100	一〇〇〇〇〇〇		
〃	100超过	另议		

（二）電表保證金數額除舊優待用戶（軍警部隊）舊行政機關用戶暨學校用戶及舊住宅用戶得繳足百分之五十外其他新舊用戶一律照數繳足（舊用戶可分三個月補足）

電費保證金無論新舊用戶一律照數繳足公司認為必要時並得向用戶取具鋪保

（三）雜項收費

（一）接電費單相每戶五〇元三相每戶一〇〇元所需接戶材料全數向用戶收取如距離過遠添置桿綫者按照所用物料工資加收百分之七十向用戶收取

（二）校表費換表費驗表費復電費單相每次每具五〇元三相每次每具一〇〇元

经济部核定重庆电力公司电价表等（一九四三年八月） 0219-2-185

（丙）实用日期本表所列各项收费自卅二年七月份起实行

重庆市政府关于无法豁免营业税给重庆电力股份有限公司、重庆自来水公司的训令（一九四三年十二月二十八日） 0219-2-217

重慶電力股份有限公司到文簽

收文電字第（三）收文電字第6605號

某處來：重慶市政府訓令 市秘叁第一四九九號

中華民國卅貳年十二月 日收到

事由：查該公司日前請免征營業稅業轉呈行政院并以市秘三字一二八四三號令知在卷頃奉行政院仁武字二七八六三號指令所請於法無據礙難照准等因令仰知照為要由

附件

總經理

協理

關係各科室處組廠（簽意見）

決定辦法：轉達再請

重庆市政府关于无法豁免营业税给重庆电力股份有限公司、重庆自来水公司的训令（一九四三年十二月二十八日） 0219-2-217

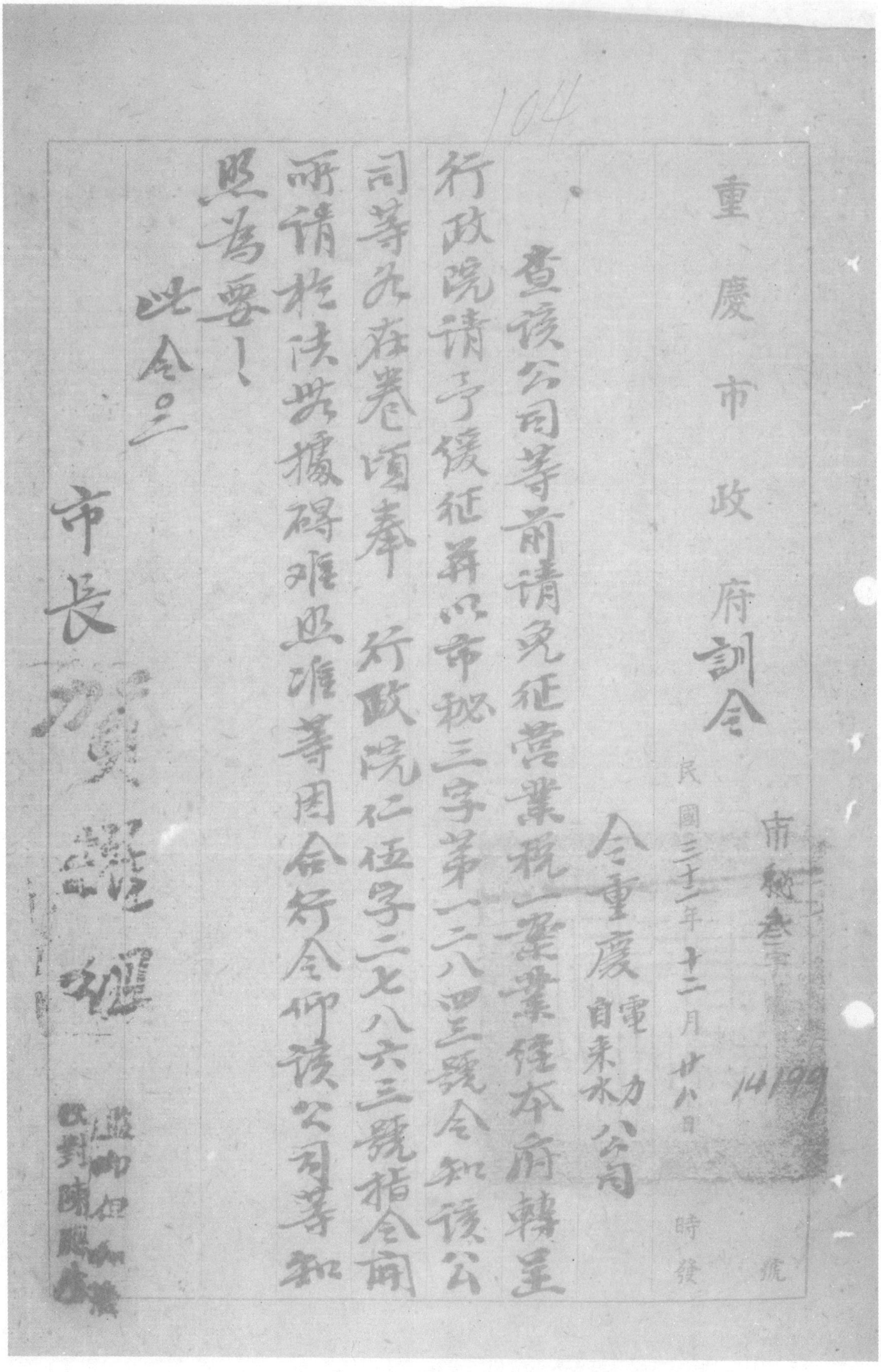

104

重慶市政府訓令　市秘叁字第14199號

民國三十二年十二月廿八日　時發

令重慶電力、自來水公司

查該公司等前請免征營業稅一案，業經本府轉呈行政院請予緩征，並以市秘三字第一二八四三號令知該公司等各在卷。頃奉行政院仁伍字二七八六三號指令開：「所請於法無據，礙難照准。」等因。合行令仰該公司等知照為要！

此令。

市長　賀

财政部关于转知重庆电力股份有限公司照规定缴纳营业税给该公司的通知（一九四四年三月二十八日） 0219-2-217

B13300/2

107

重慶電力股份有限公司到文簽

收文電字第　　號

(33) 收文電字第1545號

來處	財政部　通知　直渝字第一九八九七號
事由	為該公司營業稅仰即遵照繳納由
附件	

中華民國　年　月　日到

中華民國卅三年三月卅一日收到

總經理

協理

關係各科室處組廠（簽　意見）

決定辦法

擬敘賠累情形呈請市府轉請緩征

文書股办稿　三

财政部关于转知重庆电力股份有限公司照规定缴纳营业税给该公司的通知（一九四四年三月二十八日）　0219-2-217

108

财政部

民国卅三年三月廿八日　字第19897号

案據重慶市營業税[illegible]

納營業税迄今三年有餘分文未繳該本應[illegible]

該該公司均以請緩請免等詞延宕不繳[illegible]

三年止共欠營業税陸佰柒拾貳萬陸千柒佰叁拾[illegible]

究竟如何辦理請核示辦法以便遵行等情查該公司前以資産

增值參加新股經核准其投資所得部份應納税額於納庫

後由國庫照數撥給以資補助已屬優予体卹所有該公司

營業税既無豁免之規定又未經准緩征自應遵照[illegible]

财政部关于转知重庆电力股份有限公司照规定缴纳营业税给该公司的通知（一九四四年三月二十八日）　0219-2-217

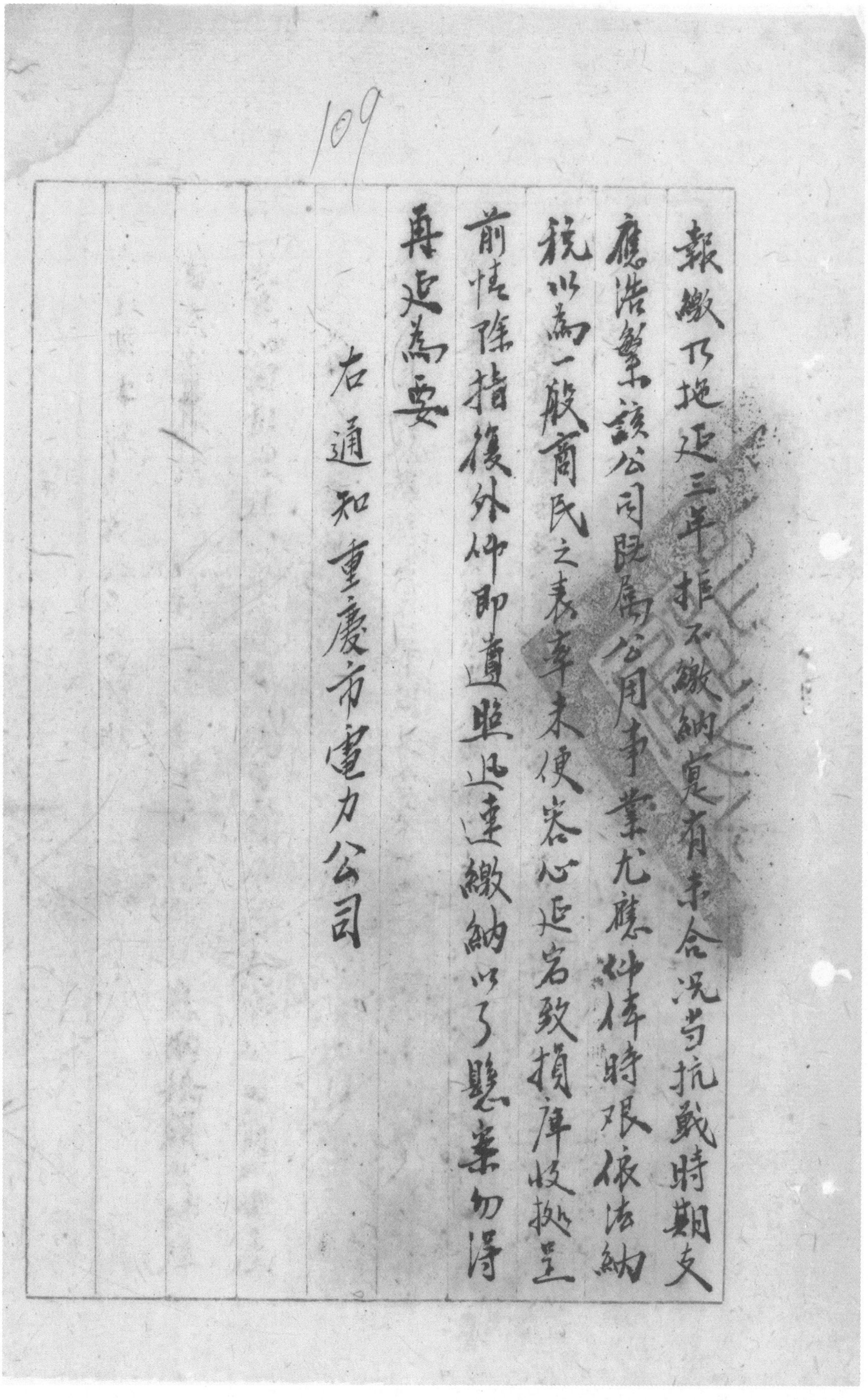

109

報繳乃拖延三年拒不繳納寔有未合況當抗戰時期支應浩繁該公司既爲公用事業尤應仰体時艱依法納稅以爲一般商民之表率未便容心延宕致損庫收據呈前情除指復外仰即遵照迅速繳納以了懸案勿得再延爲要

右通知重慶市電力公司

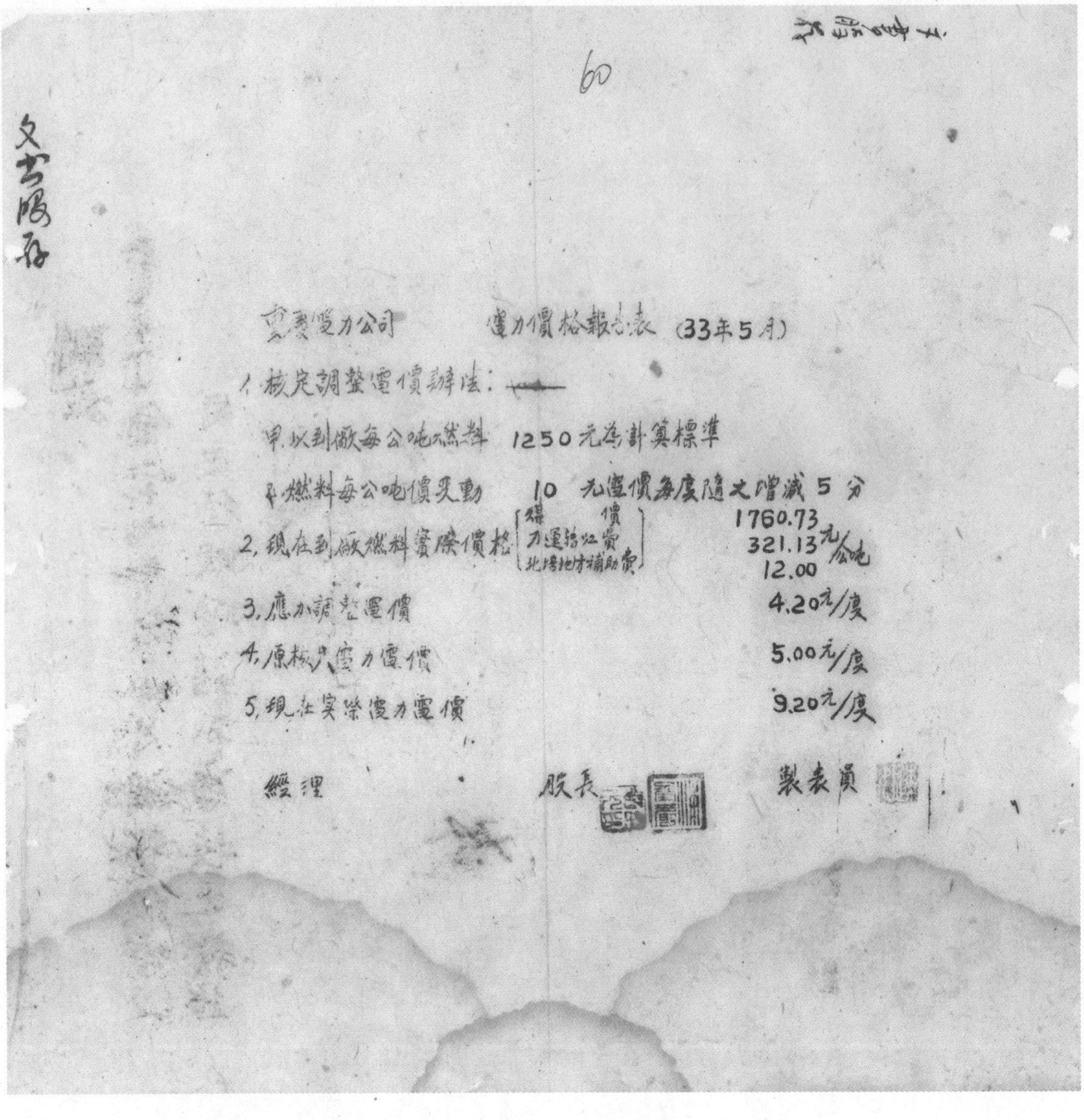

60

文書股存

重慶電力公司　　電力價格報告表（33年5月）

1. 核定調整電價辦法：

甲. 以到廠每公吨燃料 1250元為計算標準

乙. 燃料每公吨價變動 10 元電價每度隨之增減 5 分

2. 現在到廠燃料實際價格	煤價	1760.73 元/公吨
	力運補江費	321.13 元/公吨
	北碚地方補助費	12.00 元/公吨
3. 應加調整電價		4.20元/度
4. 原核定電力電價		5.00元/度
5. 現在實際電力電價		9.20元/度

經理　　股長　　製表員

重庆电力股份有限公司一九四四年五月电力价格报告表（一九四四年五月）　0219-2-151

重庆电力股份有限公司关于转请行政院豁免重庆电力股份有限公司营业税致经济部、重庆市政府、国家总动员会议的代电

（一九四四年八月十二日） 0219-2-217

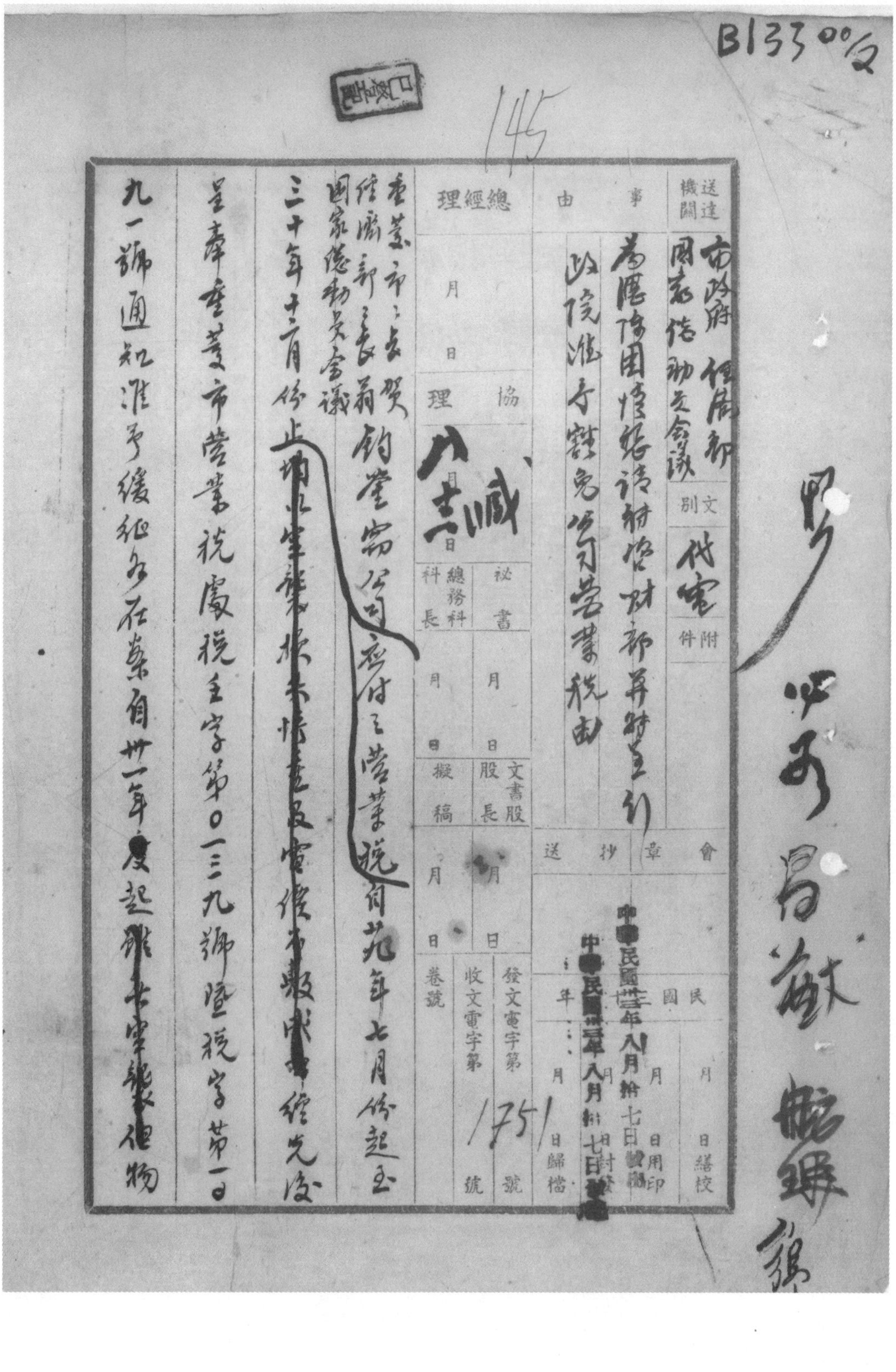

重庆电力股份有限公司关于转请行政院豁免重庆电力股份有限公司营业税致经济部、重庆市政府、国家总动员会议的代电（一九四四年八月十二日） 0219-2-217

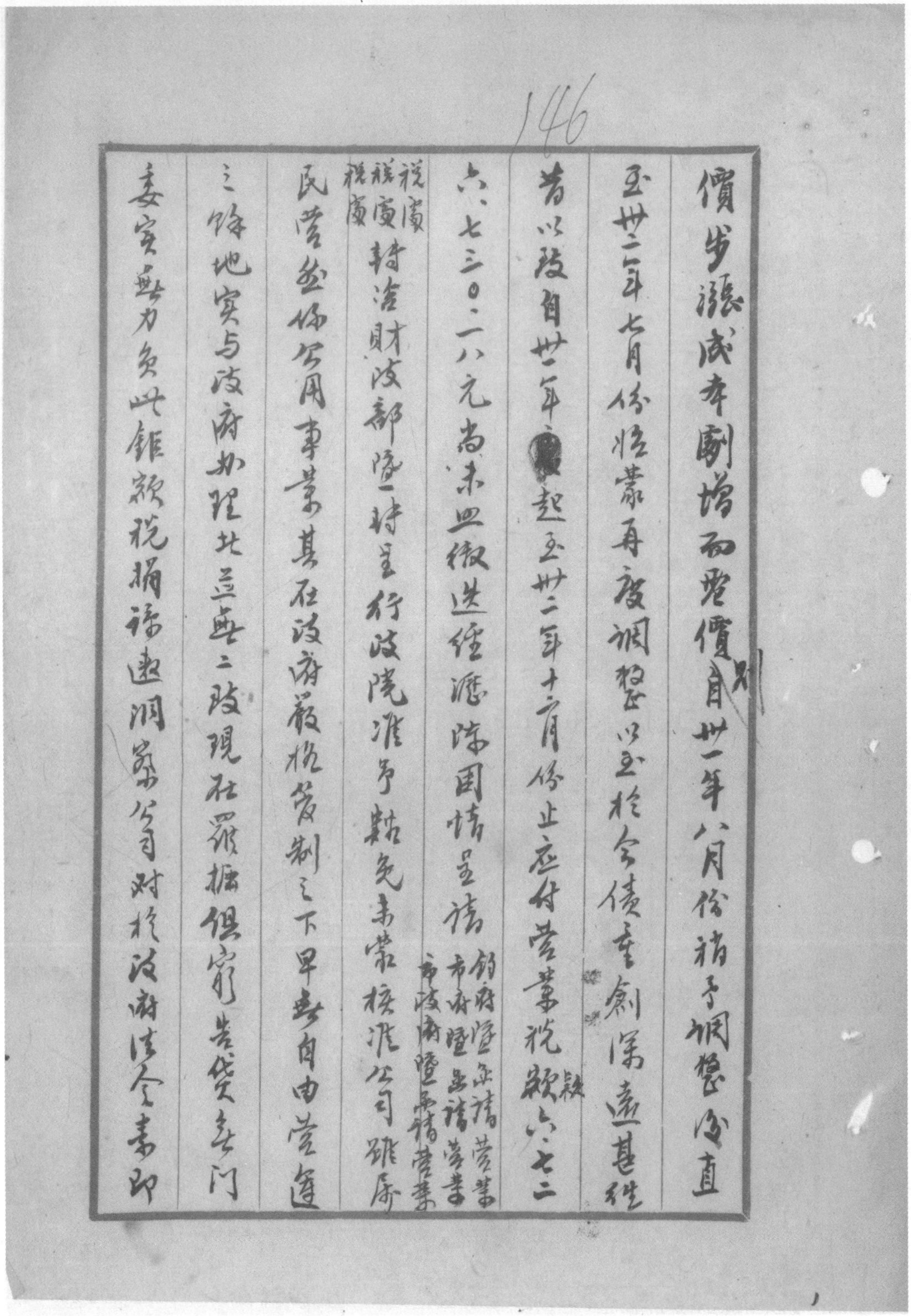
146

價步漲成本劇增而電價自卅一年八月份補予調整後直至卅二年七月份始蒙再度調整以至於負債叠創深遠甚鉅昔以致自卅一年[illegible]起至卅二年十二月份止應付營業稅款額六七二六、七三〇、一八元尚未照繳迭經瀝陳困情呈請鈞府（經濟部鑒核並請營業稅處／市府鑒核並請營業稅處／市政府鑒核並請營業稅處）轉准財政部鑒核轉呈行政院准予豁免未蒙核准公司雖屬民營並係公用事業其在政府嚴格管制之下早無自由營運之餘地實與政府辦理並無二致現在羅掘俱窮告貸無門委實無力負此鉅額稅捐請逕洞察公司對於政府法令素即

重庆电力股份有限公司关于转请行政院豁免重庆电力股份有限公司营业税致经济部、重庆市政府、国家总动员会议的代电

（一九四四年八月十二日） 0219-2-217

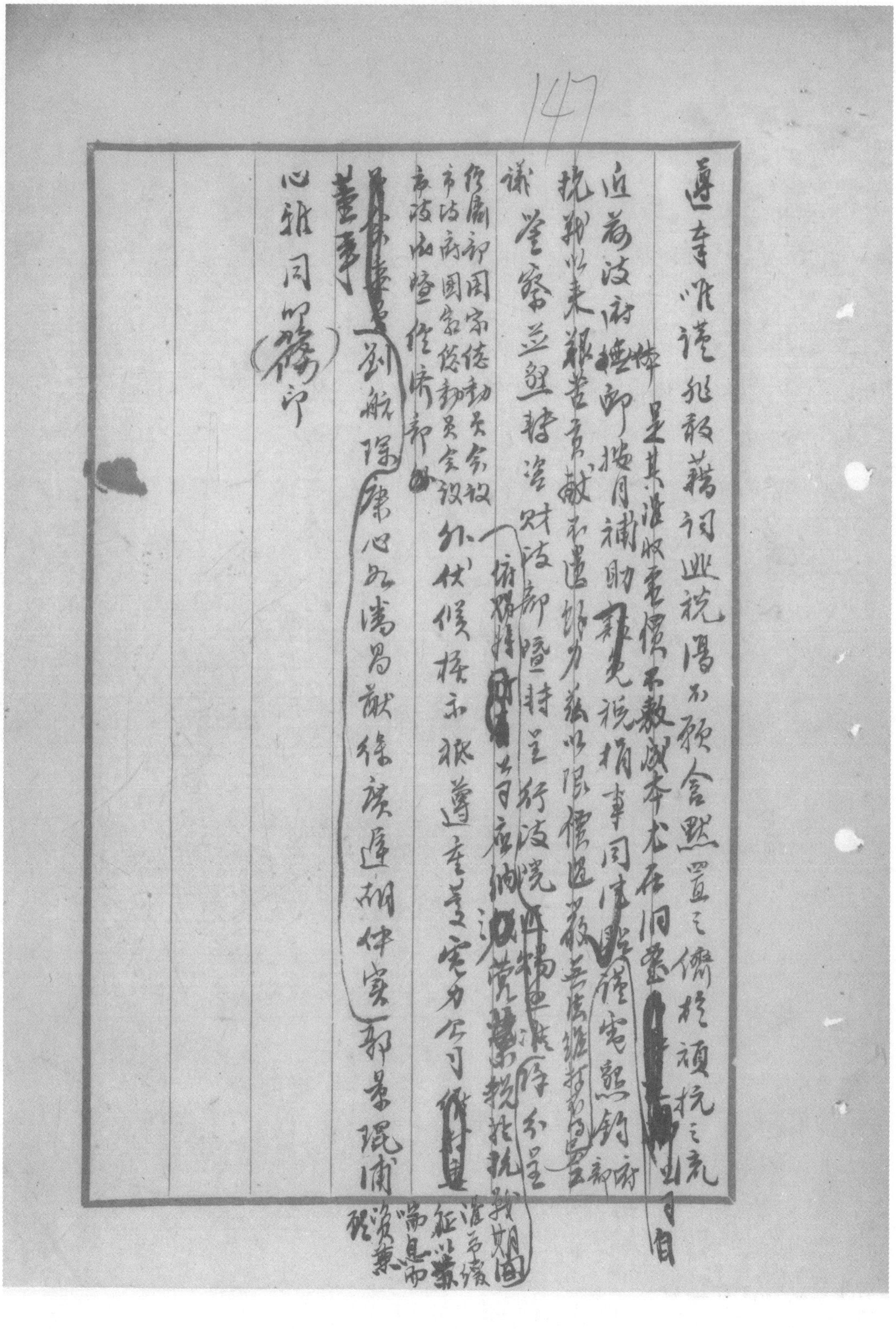

33

重慶電力公司津貼表

三十三年十二月

(甲)依據九月份撥發暫發十月份及十一月份一般津貼

職別	金額
科長主任以上	＄11,553.60
股長工程師	＄11,553.60
科員工務員	＄11,553.60
見習技工	＄9,960.00
小工公役	＄7,470.00

(乙)依據十月份撥發一般津貼表

職別	金額
科長主任以上	＄12,087.20
股長工程師	＄12,087.20
科員工務員	＄12,087.20
見習技工	＄10,420.00
小工公役	＄7,815.00

(丙)補足十月份及暫補十一月份一般津貼

職別	補足十月份	暫補十一月份	共計
科長主任以上	＄533.60	＄533.60	＄1,067.20
股長工程師	＄533.60	＄533.60	＄1,067.20
科員工務員	＄533.60	＄533.60	＄1,067.20
見習技工	＄460.00	＄460.00	＄920.00
小工公役	＄345.00	＄345.00	＄690.00

(丁)十二月份應發津貼

職別	一般津貼	米貼	房貼	總計
科長主任以上	＄13,154.40	＄720.00	＄2,400.00	＄16,274.40
股長工程師	＄13,154.40	＄720.00	＄1,800.00	＄15,674.40
科員工務員	＄13,154.40	＄720.00	＄1,400.00	＄15,274.40
見習技工	＄11,340.00	＄720.00	＄1,000.00	＄13,060.00
小工公役	＄8,505.00	＄720.00	＄400.00	＄9,625.00

總協理　　審核　　計算

№2523

重庆电力股份有限公司员工津贴表（一九四四年十二月）　0219-2-196

重庆电力股份有限公司员工津贴表（一九四四年十二月） 0219-2-196

重慶電力公司津貼表

三十三年十二月

(甲)依據九月份指數發給十月份及十一月份一般津貼

職別	金額
科長主任以上	弗11,553.60
股長工程師	弗11,553.60
科員工務員	弗11,553.60
見習技工	弗9,960.00
小工公役	弗7,470.00

(乙)依據十月份指數一般津貼表

職別	金額
科長主任以上	弗12,087.20
股長工程師	弗12,087.20
科員工務員	弗12,087.20
見習技工	弗10,420.00
小工公役	弗7,815.00

34

(丙)補足十月份及暫補十一月份一般津貼

職別	補足十月份	暫補十一月份	共計
科長主任以上	弗533.60	弗533.60	弗1,067.20
股長工程師	弗533.60	弗533.60	弗1,067.20
科員工務員	弗533.60	弗533.60	弗1,067.20
見習技工	弗460.00	弗460.00	弗920.00
小工公役	弗345.00	弗345.00	弗690.00

(丁)十二月份應發津貼

職別	一般津貼	米貼	房貼	總計
科長主任以上	弗13,154.40	弗720.00	弗2,400.00	弗16,274.40
股長工程師	弗13,154.40	弗720.00	弗1,800.00	弗15,674.40
科員工務員	弗13,154.40	弗720.00	弗1,400.00	弗15,274.40
見習技工	弗11,340.00	弗720.00	弗1,000.00	弗13,060.00
小工公役	弗8,505.00	弗720.00	弗400.00	弗9,625.00

總協理　　　審核　　　計算

三十三年十二月七日

No 2523

重庆电力股份有限公司股东户名及股款、股权登记表（一九四四年） 0219-2-118

F10066/5

18

重慶電力股份有限公司決算報告表

中華民國三十三年度

董事長 潘仲三

常務董事 康心如 胡仲實（徐廣遲） 潘昌猷

董事 浦心雅 周見三 郭景琨 甯芷邨 杜梅和 周季悔 王君韌 石竹軒 劉航琛 石體元

監察 傅友周 楊燦三 梁平 胡子昂 何說岩 伍劍若 尹國墉

總經理 浦心雅

協理 程本臧

會計師 謝霖

重庆电力股份有限公司股东户名及股款、股权登记表（一九四四年） 0219-2-118

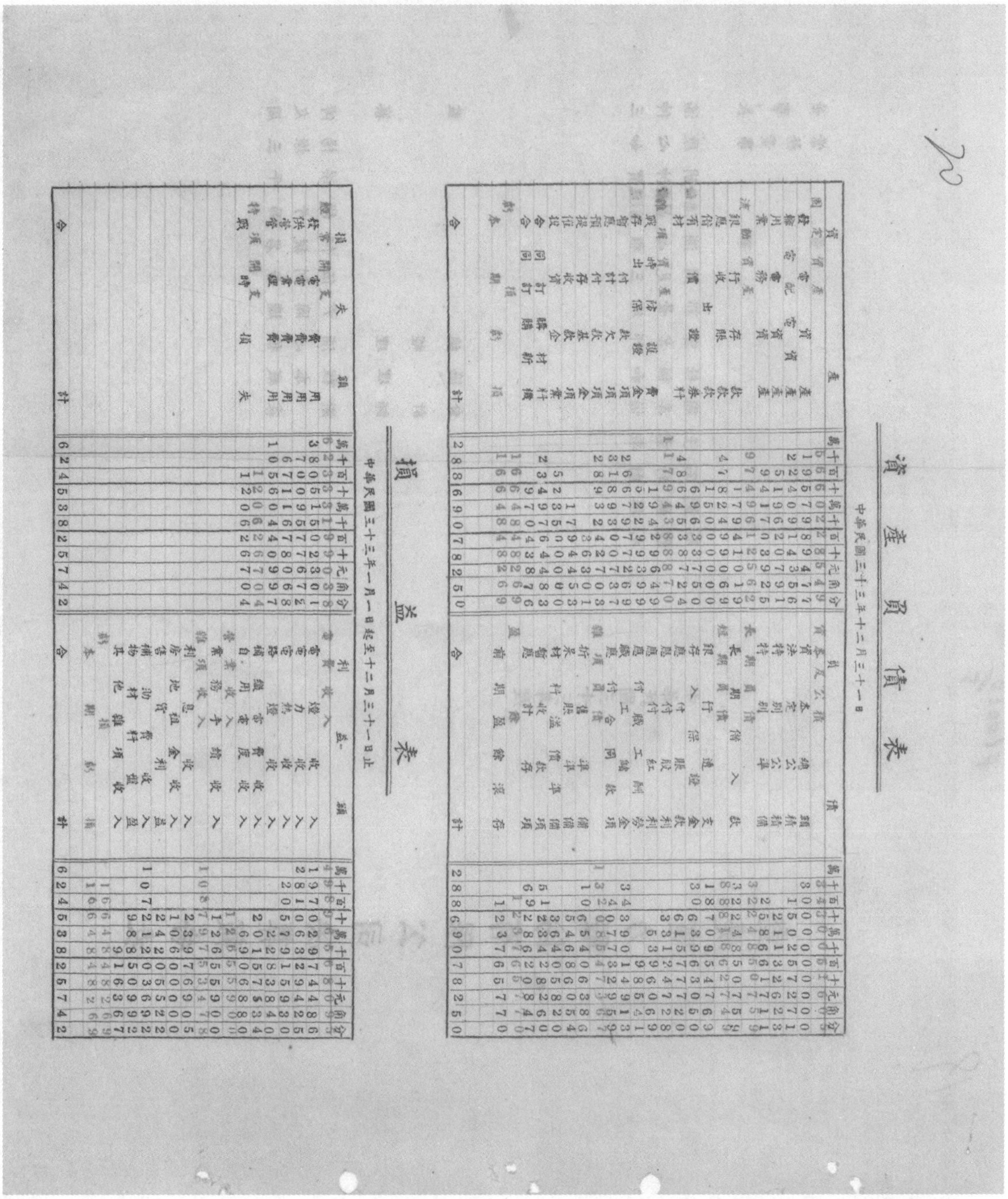

資產負債表

中華民國三十三年十二月三十一日

損益表

中華民國三十三年一月一日起至十二月三十一日止

重庆电力股份有限公司一九四四年报表　0219-2-51

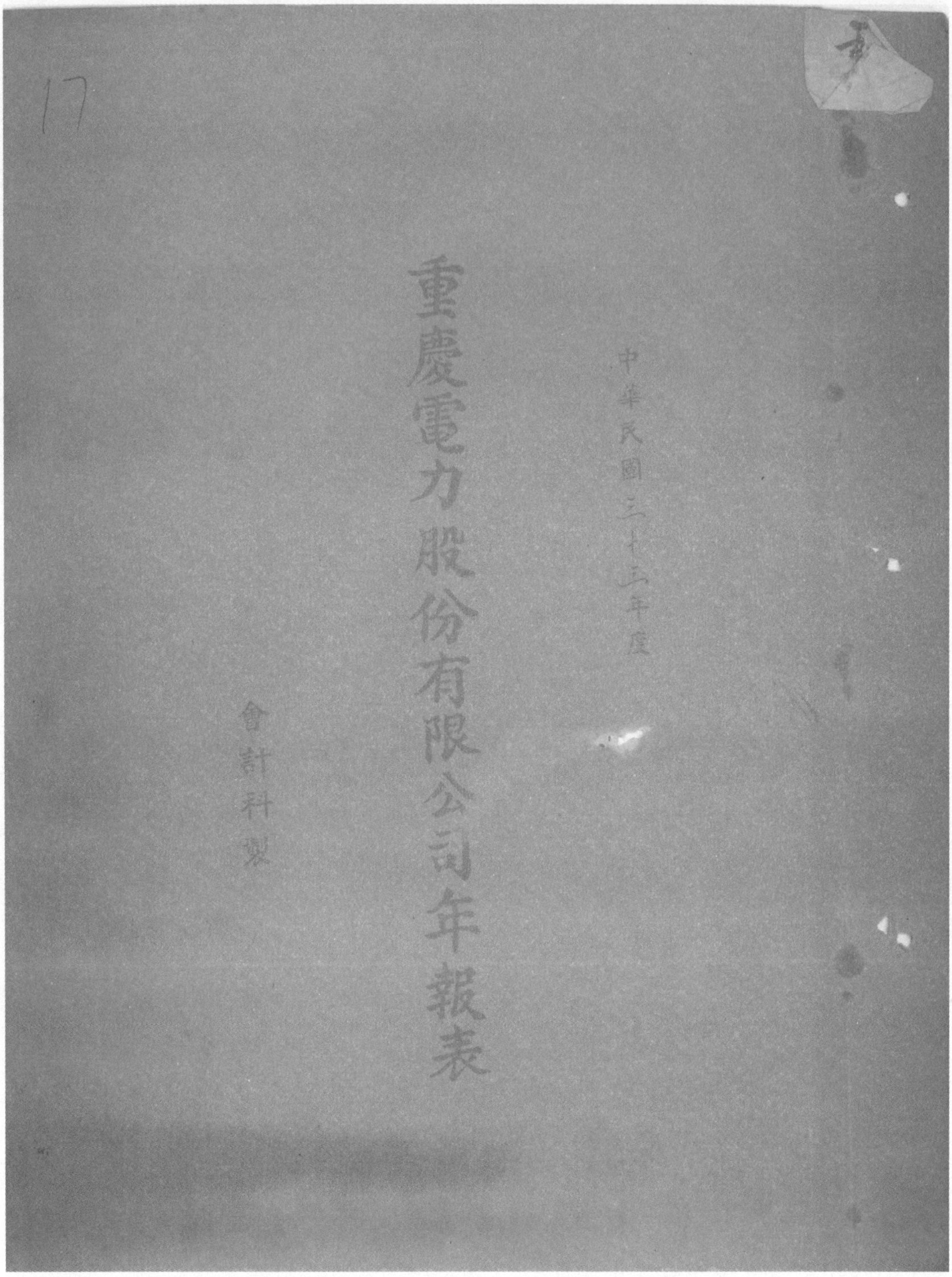
17

中華民國三十三年度

重慶電力股份有限公司年報表

會計科製

18

重慶電力股份有限公司　月份各項報告表目錄

資產負債表
損益計算書
各項費用分類登記表
各項收入分類登記表
收支對照表
收支金額月計表
資產目錄表
負債目錄表
應計折舊表
特項開支表

重庆电力股份有限公司一九四四年报表　0219-2-51

19

資產負債表

重庆电力股份有限公司一九四四年报表 0219-2-51

20

民國 33 年度
第 9 屆決算

重慶電力股份有限公司資產負債表

(計25)

12 月 31 日

資產	金額	合計	負債	金額	合計
固定資產：		56,602,285.49	資本及公積：		34,300,516.05
發電資產	19,579,894.77		資本總額	30,000,000.00	
輸電配電資產	22,409,143.56		法定公積	1,502,572.71	
用電資產	5,196,207.91		特別公積	211,326.23	
業務資產	9,417,039.25		償債公積		
其他固定資產			特別準備	2,586,617.11	
流動資產：		97,496,125.62	長期負債		32,248,507.59
現金			長期借入款	32,248,507.59	
銀行存款	179,410.19		公司債		
應收票據	~~47,824,990.69~~				
應收賬款	47,824,990.69		短期負債：		88,818,627.49
借出款	150,000.00		短期借入款		
存出款			應付票據		
有價證券	696,337.50		銀行透支	18,709,547.69	
材料	48,645,387.24		存入保證金	30,639,630.50	
未繳股款			應付賬款	615,777.20	
其他流動資產			應付股利	331,247.28	
			應付鴻利	53,960.69	
雜項資產：		117,943,388.70	應付職工酬勞	935.41	
職務防疫費	194,296.49		職工儲金	34,390,149.13	
存出保證金	522,993.99		應付合同款項	4,077,329.59	
暫付款項	26,679,772.69		其他短期負債		
應計欠項	31,893,[illegible]7.37				
預付款項	28,932,[illegible]7.03		雜項負債：		132,485,473.67
提存基金	363.01		折舊準備	10,654,063.86	
催收款項	17,944.53		呆賬準備	546,860.54	
投資公業	5,235,000.00		材料溢價準備	364,058.20	
合同訂購材料	23,497,644.83		其他各項準備		
合同訂購新機	970,438.76		暫收款項	51,234,282.60	
其他雜項資產			應計存項	69,286,208.47	
			其他雜項負債		
虧損：		16,648,482.69	盈餘：		1,237,657.70
前期虧損			前期盈餘滾存	1,237,657.70	
本期虧損	16,648,482.69		本期盈餘		
合計	288,690,782.50	288,690,782.50	合計	288,690,782.50	288,690,782.50

總經理 協理 科長 股長 覆核 製表

重庆电力股份有限公司一九四四年报表 0219-2-51

21

損益計算書

22

民國 33 年度
第 9 屆決算

重慶電力股份有限公司損益計算書

(計.36)

自1月1日起
至12月31日止

損失	金額	合計	利益	金額	合計
經常開支：		623,331,990.38	電費收入：		498,965,680.95
發電費用	380,515,023.01		電燈收入	197,029,744.86	
供電費用	70,095,776.72		電力收入	281,063,294.28	
營業費用	67,116,780.68		電熱收入	20,579,159.30	
管理費用	105,604,409.97		路燈收入	22,838.40	
特項開支：		1,206,267.04	補繳電費收入	201,575.34	
戰時損失	1,206,267.04		自用電度收入	69,068.80	
盈餘：					
本期盈餘			營業收入：		126,559.00
			業務手續收入	126,559.00	
			機械租金收入		
			其他業務收入		
			雜項收入：		108,797,534.78
			利息收入	239,769.05	
			房地租金收入	106,000.00	
			進貨折扣收入		
			售貨利益	242,055.22	
			補助費收入	107,212,036.92	
			匯兌利益		
			物材料盤盈	988,509.92	
			其他雜項收入	9,163.67	
			虧損：		16,648,482.69
			本期虧損	16,648,482.69	
合計	624,538,257.42	624,538,257.42	合計	624,538,257.42	624,538,257.42

總經理　協理　科長　股長　覆核　製表

重庆电力股份有限公司一九四四年报表　0219-2-51

23

各項費用分類登記表

24

重慶電力股份有限公司各項費用分類統計表

民國33年 月份

自1月1日起至12月31日止

科目	發電費用		供電費用		營業費用		管理費用		總計		每月平均金額
	本月份金額	累計金額	本月份金額	累計金額	本月份金額	累計金額	本月份金額	累計金額	本月份金額	累計金額	
薪金		4979143.46		3142747.35		4873827.19		9443673.75		22439791.75	
工資		17791862.40		9890577.39		612867.92		4467686.47		32762494.18	
生活津貼		72801543.85		38040780.22		20071096.33		43706261.25		174619681.65	
燃料消耗		204057902.48								204057902.48	
潤滑油消耗		868961.79						30000.00		898961.79	
物料消耗		19831969.21		11877008.62		41700.00		6851354.62		38602032.45	
工具消耗		86945.15		4616.61						91561.76	
化驗藥物		18150.00								18150.00	
修繕費		195575.25		130220.00		93000.00		290365.90		709161.15	
房地租				16100.00		200.00		147845.00		164145.00	
車旅運費		699367.90		3275313.90		1861107.74		2207614.50		8043404.04	
廣告費				2900.00		84281.00		186257.00		273438.00	
財務律務費								276169.67		276169.67	
文具印刷費		1506833.40		545339.30		2946907.70		4304401.31		9303481.71	
郵電費		2332.50		9513.50		1184.00		107973.75		121003.75	
自用電度								60758.21		60758.21	
醫藥費				49174.00		51393.00		2428043.50		2528610.50	
茶水薪炭		934447.51		255601.81				1358438.80		2548488.12	
服裝		9221.00						349122.60		358343.60	
雜支		732788.65		292393.80		27056.00		2697884.70		3750123.15	
獎勵酬卹		2308463.07		1133103.65		845920.89		1123539.10		5411026.71	
保險費								1104643.01		1104643.01	
匯兌虧損											
材料盤損											
呆帳								9803.39		9803.39	
稅捐		55739.20		18754.00		16816299.12		5118043.10		22008835.42	
借款利息								13887721.04		13887721.04	
折舊		888673.56		1193398.17		428486.32		939273.07		3449831.12	
其他費用		2346662.75		201064.40		18354883.47		4456998.43		25361609.05	
書報		43176.00		16170.00		7170.00		50537.80		117053.80	
購電費		50353764.18								50353764.18	
合計		380515023.01		70095776.72		67116780.58		105604409.97		623331990.38	

總經理　協理　總務科長　會計科長　股長　覆核　製表

重庆电力股份有限公司一九四四年报表　0219-2-51

重庆电力股份有限公司一九四四年报表　0219-2-51

25

各項收入分類登記表

重庆电力股份有限公司一九四四年报表　0219-2-51

26

重慶電力股份有限公司營業收入表

第　號　中華民國 33 年　月　日製　第 1 頁

科目	金額	分計	合計
電費收入			498,965,680.95
電燈收入		197,029,744.86	
包價燈	180,772,094.61		
表價燈	15,294,186.32		
臨時燈	165,764.05		
折表損耗費	592,131.68		
職工特價燈	205,568.20		
電力收入		281,063,294.25	
合同電力	213,634,835.66		
普通電力	67,182,679.10		
折表損耗費	245,779.49		
電熱收入		20,579,159.30	
合同電熱	1,634,431.96		
普通電熱	18,944,727.34		
路燈收入		22,838.40	
路燈	22,838.40		
專用電度收入		69,068.80	
電燈	69,068.80		
補收電費收入		201,575.34	
竊電賠償費	201,575.34		
營業收入			126,559.00
業務手續費收入		126,559.00	
接電費	98,450.00		
檢驗費	8,990.00		
校表費	350.00		
移表費	18,769.00		
雜項收入			108,797,534.78
利息收入		239,769.05	
銀行存款息	21,791.03		
美金公債息	102,279.38		
川康公司股紅息	105,300.00		
支票延期利息	10,398.64		
房地租金收入		106,000.00	
房地租	106,000.00		
售貨利益		242,055.22	
物料	242,055.22		
補助費收入		107,212,036.92	
裝戶線補助費	2,520,968.52		
電表補助費	4,138,186.40		
2 頁	606,339,219.14	606,892,101.14	607,889,774.73

總經理　協理　科長　主任　覆核　製表

重庆电力股份有限公司一九四四年报表　0219-2-51

27

重慶電力股份有限公司 各項收入表

第　號　中華民國 33 年　月　日製　第 1 頁

科目	金額	分計	合計
營業[illegible]	506,339,219.14	606,892,101.14	607,889,774.73
其他用電裝置補助費	552,882.00		
限價津貼補助費	100,000,000.00		
物材料盤盈		988,509.92	
材料	645,828.92		
物料	342,681.00		
其他雜項收入		9,163.67	
雜項	9,163.67		
合計	607,889,774.73	607,889,774.73	607,889,774.73

總經理　協理　科長　主任　覆核　製表

重庆电力股份有限公司一九四四年报表 0219-2-51

28

資產目錄表

重庆电力股份有限公司一九四四年报表 0219-2-51

29

重慶電力股份有限公司 資產目錄表

第　號　中華民國 33 年　月　日製　第 1 頁

科目	金額	分計	合計
固定資產	56,602,285.49	56,602,285.49	56,602,285.49
營業資產			19,579,894.77
發電所土地		801,201.08	
大溪溝發電所土地	350,977.35		
南岸分廠土地	342,821.93		
大田坎土地	81,154.80		
李子壩分廠土地	26,247.00		
發電所建築		3,104,198.79	
廠房建築	859,838.16		
駁岸	114,078.69		
起水運煤坡道	38,560.11		
煤棧	109,841.83		
廠內道路	5,395.62		
廠房大門	4,127.01		
地洞	39,000.00		
進水井	38,535.84		
冷水池	201,693.42		
週冷水塔	324,482.31		
冷水塔大池	110,400.00		
水塔鐵管及開關	89,580.00		
下水道	13,053.87		
土工工程	140,151.15		
修理房及試驗室	34,207.80		
衛生設備	3,952.53		
南岸分廠建築	388,287.37		
南岸分廠辦公室建築	92,837.28		
電視洞	198,163.80		
運煤便橋	111,584.00		
石洞出水溝	186,428.00		
鍋爐設備		7,466,250.37	
[illegible]	3,928,812.91		
鍋爐房基工程	459,250.00		
鍋爐房石牆	188,067.00		
加熱器	162,737.46		
自動加煤機	290,073.27		
引風機	185,553.93		
蒸氣鍋水泵	121,014.12		
煙筒	82,357.50		
鍋爐房全部	754,811.19		
過第 2 頁	10,078,077.25	11,371,650.24	19,579,894.77

總經理　協理　科長　主任　覆核　製表

30

重慶電力股份有限公司資產目錄表

第　號　中華民國 33 年　月　日製　第 2 頁

科目		金額	分計	合計
承第 1 頁		10,075,077.25	11,371,650.24	19,579,894.77
	濾水器	26,299.02		
	加水泵	22,789.23		
	吊台及固定[illegible]	4,313.32		
	煙道閘門	4,147.99		
	人[illegible]	35,727.67		
	鋼筋混凝土	55,627.39		
	保熱設備	32,823.40		
	油漆	4,680.89		
	混凝土水箱	25,328.67		
	鋼板水箱	53,862.89		
	走廊鐵梯	19,090.66		
	進水管道	36,632.55		
	閥門及零件	16,048.04		
	冷油器管子	6,445.39		
	安裝費用	885,656.42		
原動及發電機			5,927,964.89	
	4500K.W.透平發電機	3,716,282.50		
	1000K.W.透平發電機	1,413,582.77		
	電[illegible]	335,531.12		
	透平機地基工程	328,107.18		
	電[illegible]室地基工程	63,250.00		
	電[illegible]室建築	69,580.50		
	循環水管	95,767.84		
	熱水器	33,524.04		
	[illegible]水器	78,015.90		
	[illegible]地[illegible]	5,405.57		
	混凝土基礎	53,093.04		
	分油器及濾油器	45,844.62		
	保熱設備	13,152.97		
	油漆	3,721.25		
	安裝費用	673,104.63		
電氣設備			436,001.95	
	電[illegible]座架	4,000.00		
	[illegible]	169,657.55		
	[illegible]電[illegible]	125,464.15		
	廠用電表	26,113.40		
	電力板上[illegible]子及[illegible]	4,749.75		
	電纜	23,223.00		
過第 3 頁		13,652,761.98	18,734,417.08	19,579,894.77

總經理　協理　科長　主任　覆核　製表

重庆电力股份有限公司一九四四年报表 0219-2-51

31

重慶電力股份有限公司資產目錄表

第 號 中華民國 33 年 月 日製 第 3 頁

科目	金額	分計	合計
接第 2 頁	18,652,761.98	18,734,617.08	19,579,894.77
避雷器	1,500.00		
安裝費用	80,355.10		
廠內附屬設備		845,277.69	
馬達設備	13,302.44		
給水進水管道機器設備	579,256.24		
修理房設備	83,486.23		
全廠電燈設備	58,241.13		
起重機	64,818.80		
安裝費用	33,622.85		
電纜及電線附件	6,800.00		
電風扇	5,750.00		
輸電配電資產			22,409,143.56
輸電配電土地		39,880.76	
過江鐵塔地皮	295.23		
分電站地皮	39,585.53		
輸電配電建築		196,745.95	
配電站建築	196,745.95		
配電所設備		34,719.30	
配電盤	31,443.05		
分電站機件	3,276.25		
架空線路		15,202,757.70	
[illegible]	155,382.84		
木桿	2,267,352.74		
瓷瓶	25,926.13		
裸銅線	7,877,261.32		
風雨線	89,050.38		
[illegible]子及附件	1,121,208.30		
保險盒	381,143.44		
避雷器	132,536.27		
南岸過江鐵塔	75,508.98		
江北過江鐵塔	27,515.25		
過江綫及附件	48,926.85		
油漆[illegible]	27,858.12		
扁角鐵	676,067.43		
[illegible]	942,408.42		
地錨及附件	1,169,744.19		
安裝費用	184,808.04		
變壓器		6,935,039.85	
過第 4 頁	35,053,998.48	41,989,038.33	41,989,038.33

總經理 協理 科長 主任 覆核 製表

32

重慶電力股份有限公司資產目錄表

第 號　中華民國 33 年　月　日製　第 4 頁

科目	金額	分計	合計
承第 3 頁	35,053,998.48	41,989,038.33	41,989,038.33
[illegible]	6,935,039.85		
用電資產			5,196,207.91
接戶設備		4,325,445.86	
接戶線	745,569.70		
電度錶	3,579,876.16		
其他用電資產		870,762.05	
[illegible]	16,896.18		
[illegible]	1,510.00		
變流器	700,343.67		
專用電話	147,154.04		
路燈自動控制設備	4,858.16		
業務資產			9,417,039.25
事務所土地		524,511.70	
[illegible]	13,161.70		
沙坪壩辦事處土地	10,290.00		
民權路總公司土地	501,060.00		
事務所建築		4,243,036.29	
[illegible]	105,336.00		
[illegible]	48,866.40		
[illegible]	18,662.45		
南岸辦事處建築	22,902.74		
沙坪壩辦事處	97,654.24		
總公司辦事處	3,109,505.87		
大溪溝三元橋房屋	840,108.59		
運輸設備		2,330,503.82	
載重汽車	1,855,095.02		
[illegible]	1,500.00		
[illegible]	543.80		
[illegible]	455.00		
[illegible]	375,000.00		
大通客車	98,000.00		
試驗設備		25,266.05	
[illegible]	5,361.76		
[illegible]	5,800.66		
[illegible]	28.00		
電流測量器	1,694.62		
變流器	3,301.01		
[illegible]	6,800.00		
轉第 5 頁	54,306,264.10	54,308,564.10	56,602,285.49

總經理　協理　科長　主任　覆核　製表

重慶電力股份有限公司資產目錄表

第　號　中華民國 33 年　月　日製　第 5 頁

科目	金額	分計	合計
承第 4 頁	54,306,284.10	54,308,564.10	56,602,285.49
五門驗表台	2,280.00		
器具設備		2,272,856.53	
營業用具	2,081,222.60		
醫務用具	9,575.60		
其他用具	182,058.33		
其他業務資產		20,864.86	
大溪溝木料庫房	20,864.86		
流動資產	97,496,125.62	97,496,125.62	97,496,125.62
銀行存款			179,410.19
中國銀行	7,518.21	7,518.21	
中央銀行	5,301.05	5,301.05	
中央銀行國庫局	15,352.13	15,352.13	
交通銀行	544.76	544.76	
交通銀行[illegible]	33,611.69	33,611.69	
中國農民銀行	29,842.36	29,842.36	
農民銀行[illegible]	564.89	564.89	
四川省銀行	5,357.87	5,357.87	
美豐銀行	155.24	155.24	
川康平民商業銀行	487.34	487.34	
川康平民商業銀行[illegible]	36,103.43	36,103.43	
川鹽銀行	43,631.70	43,631.70	
郵政儲金匯業局	939.50	939.50	
應收賬款			47,824,990.69
應收電燈費		15,219,546.58	
各區用戶	15,219,546.58		
應收電力費		27,801,909.73	
各區用戶	27,801,909.73		
應收電熱費		4,728,508.68	
各區用戶	4,728,508.68		
應收路燈費		75,025.70	
[illegible]燈管理所	75,025.70		
借出款			150,000.00
本公司職員消費合作社	150,000.00	150,000.00	
有價證券			696,337.50
美金儲蓄券	422,000.00	422,000.00	
建設美金公債	107,800.00	107,800.00	
節約儲蓄券	158,537.50	158,537.50	
救國公債	8,000.00	8,000.00	
轉第 6 頁	105,433,023.87	105,433,023.87	105,453,023.87

總經理　協理　科長　主任　覆核　製表

重庆电力股份有限公司一九四四年报表　0219-2-51

重庆电力股份有限公司一九四四年报表 0219-2-51

34

重慶電力股份有限公司 資產目錄表

第　號　中華民國 33 年　月　日製　第 6 頁

科目	金額	分計	合計
接第 6 頁	105,433,023.87	105,433,023.87	105,433,023.87
公益儲蓄券	20,000.00	20,000.00	
材料			48,645,387.24
物料		32,350,530.38	
第一廠庫存各料	20,771,088.54		
第二廠庫存各料	2,377,493.21		
第三廠庫存各料	4,812,433.64		
南岸區庫存各料	2,793,720.70		
江北區庫存各料	218,655.29		
沙坪區庫存各料	623,332.55		
用戶股庫存各料	753,806.55		
電錶		19,935.32	
本月庫存各錶	19,935.32		
燃料		2,857,583.64	
總廠庫存煤	1,037,521.31		
南岸分廠庫存煤	34,357.22		
鵝公岩廠庫存煤	1,785,705.11		
押款購料		13,417,337.90	
本月庫存各料	13,417,337.90		
[illegible]	117,943,888.70	117,943,888.70	117,943,888.70
[illegible]			194,296.49
[illegible]設備費	1,000.00	1,000.00	
防空工料費	126,892.10	126,892.10	
防空設備費	66,404.39	66,404.39	
存出保證金			522,993.9
房屋押金		27,440.00	
張成文	20,000.00		
[illegible]	800.00		
[illegible]	1,200.00		
[illegible]	2,000.00		
[illegible]	300.00		
[illegible]	30.00		
[illegible]	70.00		
嚴吉光	60.00		
[illegible]	40.00		
[illegible]	100.00		
重慶銀行	800.00		
[illegible]文[illegible]	1,400.00		
[illegible]	300.00		
[illegible] 7 頁	154,319,807.60	154,320,147.60	154,815,701.59

總經理　協理　科長　主任　覆核　製表

重庆电力股份有限公司一九四四年报表 0219-2-51

35

重慶電力股份有限公司 資產目錄表

第　號　中華民國 33 年　月　日製　第 7 頁

科　目	金　額	分　計	合　計
承前 6 頁	154,319,807.60	154,320,147.60	154,815,701.59
[illegible]同業公會	200.00		
[illegible]	140.00		
水錶押金		9,010.00	
自來水管理處	9,010.00		
自用電錶		518.99	
本公司	518.99		
電話押金		74,820.00	
電話總所	74,500.00		
電政管理局	320.00		
保險箱押金		1,875.00	
美豐銀行	1,875.00		
雜項押金		99,330.00	
氧氣瓶押金	60,000.00		
油桶押金	39,330.00		
房屋押金		310,000.00	
[illegible]	10,000.00		
[illegible]	400,000.00		
暫付款項			26,579,772.69
遷建工程處		12,980,145.72	
運機[illegible]費	9,295.00		
[illegible]支款	8,321,145.58		
購料支款	4,647,705.14		
日常備用金	4,000.00		
營建工程處		7,401,908.64	
購料支款	4,412,996.21		
[illegible]支款	2,988,912.43		
暫記各項		6,297,718.33	
[illegible]公館	117,784.75		
業務科用戶股	3,500.00		
[illegible]	14,751.03		
沙坪壩辦事處	3,500.00		
[illegible]辦事處	4,500.00		
[illegible]辦事處	3,500.00		
各廠工	778,358.18		
[illegible]	154,127.41		
福利委員會	992,480.00		
[illegible]	48,191.72		
[illegible]	1,364.58		
轉次 8 頁	177,319,813.62	181,496,474.28	181,496,474.28

總經理　協理　科長　主任　覆核　製表

36

重慶電力股份有限公司 資產目錄表

第　號　　中華民國 33 年　　月　　日製　　第 8 頁

科目	金額	分計	合計
接第 7 頁	177,319,813.62	181,495,474.28	181,495,474.28
退回支票	46,409.94		
職工伙食	140,000.00		
中央電瓷廠電力	920.40		
[illegible]	3,376.80		
福利委員會[illegible]	972,400.00		
職工借支	512,977.96		
[illegible]	366,333.39		
交通銀行	10,194.09		
[illegible]材料庫房	300,000.00		
[illegible]	730,000.00		
[illegible]本號	1,800.00		
軍事委員會[illegible]局	6,353.36		
[illegible]	200,640.00		
中央[illegible]	22,555.00		
[illegible]	100,000.00		
職工福利社	760,000.00		
[illegible]款項			31,893,007.37
應計未收款項		31,893,007.37	
[illegible]	3,369.80		
興華保險公司	428.36		
[illegible]	58,000.00		
電費[illegible]	30,000,000.00		
天府公司	7,623.00		
黃桂泉[illegible]	1,823,686.21		
預付款項			28,932,427.02
預付費用		3,411,256.82	
職工薪津	188,890.61		
[illegible]保險費	192,452.81		
預付兵險保費	551,988.00		
[illegible]	3,000.00		
[illegible]	31,800.00		
[illegible]	3,000.00		
[illegible]	8,547.70		
[illegible]	1,500.00		
工[illegible]	5,000.00		
[illegible]	4,060.00		
[illegible]	330.00		
[illegible]用品	746,202.70		
轉第 9 頁	215,126,250.47	216,799,740.47	242,320,908.68

總經理　　協理　　科長　　主任　　覆核　　製表

37

重慶電力股份有限公司資產目錄表

第　號　中華民國　33 年　月　日製　第 9 頁

科目	金額	分計	合計
承第 8 頁	215,125,250.47	215,799,740.47	242,320,908.68
群植堂	3,500.00		
精益廠	6,000.00		
會計科	300.00		
第三發電廠	6,000.00		
江北辦事處	1,000.00		
第二發電廠	1,000.00		
沙坪壩辦事處	2,000.00		
各鄉村	233,500.00		
用户股表簿工資	12,490.00		
建業營造廠	1,160,000.00		
材料股	54,000.00		
開源印書館	97,200.00		
楊有為	10,000.00		
崇新毛織二廠	30,000.00		
劉杰工程師	57,500.00		
預付購料款項		25,521,168.21	
總務科	50,000.00		
安利洋行	14,615.94		
華成	42,409.24		
寬成	50,000.00		
華新	62,857.60		
防空司令部	10,202.00		
香港運料損失	2,132.14		
資源公司	5,233,246.26		
華西公司	7,000.00		
昆明轉運處	2,600.00		
昆明轉運雜費	881,967.33		
[illegible]委員會	46,500.00		
東記字號	30,000.00		
蔡嘉業	38,000.00		
合宜煤礦公司	92,771.91		
建一煤礦公司	3,027,695.36		
建一煤礦公司運費	1,016,052.50		
華安公司	800,000.00		
[illegible]	146,199.71		
嚴鹽廠	6,512,210.00		
天府公司	656,290.46		
上海機器廠	30,000.00		
過第 10 頁	235,572,540.92	242,320,908.68	242,320,908.68

總經理　協理　科長　主任　覆核　製表

重庆电力股份有限公司一九四四年报表 0219-2-51

38

重慶電力股份有限公司財產目錄表

第　號　中華民國 33 年　月　日製　第 10 頁

科目	金額	分計	合計
承[illegible] 9 頁	235,572,540.92	242,320,908.68	242,320,908.68
中興公司	80,000.00		
經濟部工礦調整處	640,000.00		
中央電工器材廠	5,035.00		
中央信託局	562,930.00		
中央電瓷廠	20,622.90		
義大公司	84,000.00		
集和商行	1,694,000.00		
沙坪壩辦事處	10,000.00		
中國銀行	2,905,979.86		
貴州煉銅廠	375,000.00		
三才生煤礦公司	370,800.00		
儲存基金			363.01
償債基金		363.01	
中國銀行	363.01		
應收款項			17,944.53
各區用戶	17,944.53	17,944.53	
投資企業			5,235,000.00
富源發電公司	1,000,000.00	1,000,000.00	
第一煤礦	2,000,000.00	2,000,000.00	
國民公報社	5,000.00	5,000.00	
華安礦業公司	1,250,000.00	1,250,000.00	
川康興業公司	900,000.00	900,000.00	
渝鑫實業公司	50,000.00	50,000.00	
[illegible]股份有限公司	10,000.00	10,000.00	
[illegible]股份有限公司	10,000.00	10,000.00	
金融導報社	10,000.00	10,000.00	
合同定購材料			23,497,644.82
購料合同		8,861,634.95	
華西購料合同	64,933.29		
鴻康購料合同	4,911.16		
鴻康購料合同	14,039.79		
鴻康電表合同	2,586.50		
安利購料合同	22,217.30		
安利購料合同	40,525.21		
安利購料合同	11,068.20		
安利購料合同	110,189.86		
安利購料合同	8,343.72		
安利購料合同	11,169.67		
轉[illegible] 11 頁	242,893,220.92	256,435,051.18	271,071,861.05

總經理　協理　科長　主任　覆核　製表

重庆电力股份有限公司一九四四年报表 0219-2-51

39

重慶電力股份有限公司資產目錄表

第　號　　中華民國 33 年　月　日製　　第 11 頁

科目	金額	分計	合計
接第 10 頁	242,893,220.92	256,435,851.18	271,071,861.05
安利購料合同	32,248.09		
安利購料合同	49,405.26		
福新電表合同	5,233.28		
西門子電表合同	5,706.22		
協力購煤合同	346,443.92		
謙記木桿合同	4,118.30		
保興木桿合同	6,312.70		
華南行購料合同	65,767.00		
永利電料合同	47,295.92		
怡和購料合同	50,656.11		
怡和購料合同	8,030.81		
中央電瓷製造廠購料合同	150,794.05		
中央電瓷製造廠購料合同	3,300.00		
中央電瓷製造廠購料合同	50,177.00		
中央電瓷製造廠購料合同	40,141.60		
中央電瓷製造廠購料合同	16,500.00		
聚興誠銀行購料合同	41,000.00		
華美購料合同	819,000.00		
華生電器廠	1,210,000.00		
永祥購料合同	910,000.00		
華益購料合同	276,500.00		
中國興業公司	4,400,000.00		
押款購料		14,587,289.16	
中工購料合同	33,040.52		
安利洋行電表合同	23,672.31		
中央電瓷製造廠購料合同	102,880.40		
中孚購料合同	5,893,922.50		
華成購料合同	1,011,370.80		
中央電工器材廠	5,198,392.23		
大陸購料合同	1,875,000.00		
[illegible]德康購料合同	449,010.40		
香港購料		48,720.71	
愛立文電話料合同	8,641.08		
鴻康購料合同	38,345.93		
合作華行購料合同	1,733.70		
合同定購新機			970,438.76
發電所新機		970,438.76	
慎昌鍋爐合同	399,456.43		
轉第 12 頁	271,471,317.48	272,042,299.81	272,042,299.81

總經理　協理　科長　主任　覆核　製表

40

重慶電力股份有限公司資產目錄表

第　號　　中華民國 33 年　　月　　日製　　第 12 頁

科目	金額	分計	合計
[illegible]類	271,471,317.48	272,042,299.81	272,042,299.81
[illegible]平準合同	570,982.33		
[illegible]			16,648,482.69
本[illegible]盈餘	16,648,482.69	16,648,482.69	16,648,482.69
合計	288,690,782.50	288,690,782.50	288,690,782.50

總經理　　協理　　科長　　主任　　覆核　　製表

重庆电力股份有限公司一九四四年报表 0219-2-51

41

負債目錄表

42

重慶電力股份有限公司負債目錄表

第　號　中華民國 33 年　月　日製　第 1 頁

科目	金額	分計	合計
資本及公積			34,300,516.05
股本總額		30,000,000.00	
各股東	30,000,000.00		
法定公積		1,502,572.71	
法定公積金	1,502,572.71		
特別公積		211,326.23	
債庫攤償	211,326.23		
特別準備		2,586,617.11	
三十年度提存	379,218.40		
三十一年度提存	1,062,418.87		
三十二年度提存	1,144,979.84		
長期負債			32,248,507.59
長期借入款		32,248,507.59	
四行聯放委員會	10,000,000.00		
交通銀行抵押放款	22,248,507.59		
短期負債			88,518,627.49
銀行透支		18,709,547.69	
交通銀行	18,709,547.69		
存入保證金		30,639,630.50	
電表押金	99,720.00		
增收電表押金	496,005.00		
用電保証金	46,591.00		
增收用電保證金	621,088.00		
路燈保証金	185,960.50		
電力保証金	56,199.00		
電熱保証金	4,805.00		
臨時燈保証金	460.00		
雜項保証金	630.00		
[illegible]	5,000.00		
[illegible]	5,000.00		
大溪口[illegible]押金	13,170.00		
用戶欠電燈表押金	5,693,050.00		
用戶欠電燈表保證金	3,596,285.00		
用戶欠電力表押金	1,761,350.00		
用戶欠電力表保證金	2,394,525.00		
用戶欠電熱表押金	6,200.00		
用戶欠電熱表保證金	10,000.00		
臨時欠電燈表押金	441,000.00		
臨時欠電燈表保證金	452,600.00		
轉第 2 頁	101,348,226.83	115,898,201.83	155,367,651.13

總經理　協理　科長　主任　覆核　製表

重庆电力股份有限公司一九四四年报表　0219-2-51

43

重慶電力股份有限公司負債目錄表

第　號　　中華民國 33 年　月　日製　　第 2 頁

科目	金額	分計	合計
承前頁	101,348,226.33	115,898,201.53	155,367,651.13
江新廠電力表押金	774,500.00		
江新廠電力表保證金	1,488,750.00		
南新廠電燈表押金	1,477,600.00		
南新廠電燈表保證金	1,355,500.00		
南新廠電力表押金	1,521,600.00		
南新廠電力表保證金	2,097,225.00		
南新廠電熱表押金	2,500.00		
南新廠電熱表保證金	3,000.00		
沙新廠電燈表押金	602,750.00		
沙新廠電燈表保證金	573,600.00		
沙新廠電力表押金	768,000.00		
沙新廠電力表保證金	2,277,950.00		
沙新廠電熱表押金	2,500.00		
沙新廠電熱表保證金	4,500.00		
沙[illegible]押金	1,600,000.00		
應付股款		615,777.20	
各[illegible]付	615,777.20		
應付股利		331,247.28	
二十九年度股息	3,215.00		
三十年度股息	18,825.20		
三十一年度股息	83,691.12		
三十二年度股息	225,514.96		
應付紅利		53,960.69	
[illegible]酬勞	.14		
董監酬勞	.31		
三十二年度紅利	53,960.24		
應付職工酬勞		985.41	
各職工	985.41		
職工儲金		34,390,149.13	
工友儲金	23,290,527.44		
職員儲金	11,099,621.69		
應付合同款項		4,077,329.59	
安利購料合同	45.50		
鴻康購料合同	3,287.24		
鴻康購料合同	5,722.06		
寶源購煤合同	1,002.77		
謙記木料合同	2,051.00		
保興木料合同	9,732.50		
過次頁	151,312,162.61	155,367,651.13	155,367,651.13

總經理　　協理　　科長　　主任　　覆核　　製表

重庆电力股份有限公司一九四四年报表　0219-2-51

44

重慶電力股份有限公司資負目錄表

號　中華民國 33 年　月　日製　第 3 頁

科目	金額	分計	合計
承前 2 頁	151,312,162.61	155,367,651.13	155,367,651.13
華南行購料合同	13,167.00		
永利電料合同	47,473.57		
華美購料合同	89,750.00		
華益[illegible]木工廠購料合同	111,031.00		
中央電瓷製造廠購料合同	59,469.25		
康興機器廠購料合同	20,800.00		
永祥購料合同	910,000.00		
華生電器廠	363,000.00		
華成購料合同	243,597.70		
大陸購料合同	1,312,500.00		
中國興業公司	380,000.00		
[illegible]負債			132,085,473.67
折舊準備		10,654,063.86	
發電資產折舊準備	3,971,762.57		
輸電配電資產折舊準備	3,277,027.15		
用電資產折舊準備	1,293,680.49		
業務資產折舊準備	2,111,593.65		
呆賬準備		546,860.54	
二十四年度[illegible]	5,217.81		
二十七年度[illegible]	11,690.22		
二十八年度[illegible]	25,764.31		
二十九年度[illegible]	40,060.35		
三十年度[illegible]	136,565.18		
三十一年度[illegible]	327,554.47		
材料溢價準備		364,058.20	
物料溢價準備	306,112.80		
燃料溢價準備	57,945.40		
暫收款項		51,254,282.60	
水費[illegible]	500,000.00		
[illegible]	9,215,216.09		
火險賠費	35,045.16		
華美電業廠	68,000.00		
[illegible]借款附加費	6,709,202.52		
[illegible]借款附加費	17,150,257.70		
欠職工	236,046.20		
[illegible]工程委員會	5,700,000.00		
經濟部工礦調整處	250,000.00		
和成銀行	15,000.00		
轉第 4 頁	206,811,401.69	218,166,916.37	227,453,124.80

總經理　協理　科長　主任　覆核　製表

45

重慶電力股份有限公司資負日報表

第　號　中華民國 33 年　月　日製　第 4 頁

科目	金額	分計	合計
接前 3 頁	206,811,401.69	218,166,916.33	267,453,124.30
新華營造廠	170,775.80		
軍政部兵工署第一廠	44,880.00		
防空獻勞金	1,000.00		
綦仲平	100.00		
所得稅	4,901.42		
鑫宗汽車公司	20,000.00		
自來水公司	4,922,524.14		
軍政部交通司	50,000.00		
燃煤運力	255,493.15		
軍政部衛生器材廠	6,000.00		
中央汽車配件廠	200,000.00		
中央信託局	1,142.41		
昌記公司	1,320.00		
中國農民銀行信託處	36,259.00		
中國興業公司	5,600,000.00		
渝光營造廠	15,053.00		
中國航空公司	46,066.00		
應付帳款		69,226,208.47	
昆明轉運處	30,550.80		
借入款息	337,786.62		
暫記稅款	4,990,526.52		
營業稅	21,954,950.18		
應計未付利得稅	15,265.52		
應計未付所得稅	669,719.61		
印花稅	256,221.50		
[illegible]	9,372,927.99		
未付各商行貨款	11,772.07		
美利洋行	59,228.34		
未付職工津貼	241.47		
應付未付職工薪津	16,644,259.22		
未付房租	537.50		
各職工	1,290,839.97		
大鑫鋼鐵廠	6,000.00		
中央電工器材廠	15,000.00		
吉利洋行	1,871.86		
中央造幣廠	2,364,632.56		
五十兵工廠	2,429,302.97		
電一煤礦公司	8,924,482.77		
轉 1 頁	267,453,124.30	267,453,124.30	267,453,124.30

總經理　協理　科長　主任　覆核　製表

重庆电力股份有限公司一九四四年报表　0219-2-51

46

重慶電力股份有限公司負債目細表

第 號　中華民國 33 年 月 日製　第 5 頁

科目	金額	分計	合計
承第 4 頁	287,453,124.80	287,452,124.80	287,453,124.80
盈餘			1,237,657.70
前期盈餘滾存		1,237,657.70	
三十二年度盈餘	1,237,657.70		
合計	288,690,782.50	288,690,782.50	288,690,782.50

總經理　協理　科長　主任　覆核　製表

重庆电力股份有限公司一九四四年报表　0219-2-51

47

應計折舊表

重庆电力股份有限公司一九四四年报表 0219-2-51

48

重慶電力股份有限公司應計折舊表

第 12 號　中華民國 33 年 12 月 31 日製　第　頁

科目	金額	分計	合計
發電資產		888,673.56	
發電所建築	97,800.22		
鍋爐設備	328,988.93		
原動及發電機	380,965.65		
電氣設備	21,750.12		
廠內附屬設備	59,168.64		
輸電配電資產		1,193,397.87	
輸電配電建築	9,838.84		
變電所設備	1,735.92		
架空線路	834,058.02		
變壓器	347,765.09		
用電資產		428,486.32	
接戶設備	359,075.49		
其他用電資產	69,410.83		
業務資產		939,273.07	
事務所建築	416,171.81		
運輸設備	245,863.14		
試驗設備	3,789.84		
傢具設備	270,318.56		
其他業務資產	3,129.72		
合計	3,449,830.82	3,449,830.82	

總經理　協理　科長　主任　覆核　製表

重庆电力股份有限公司一九四四年报表　0219-2-51

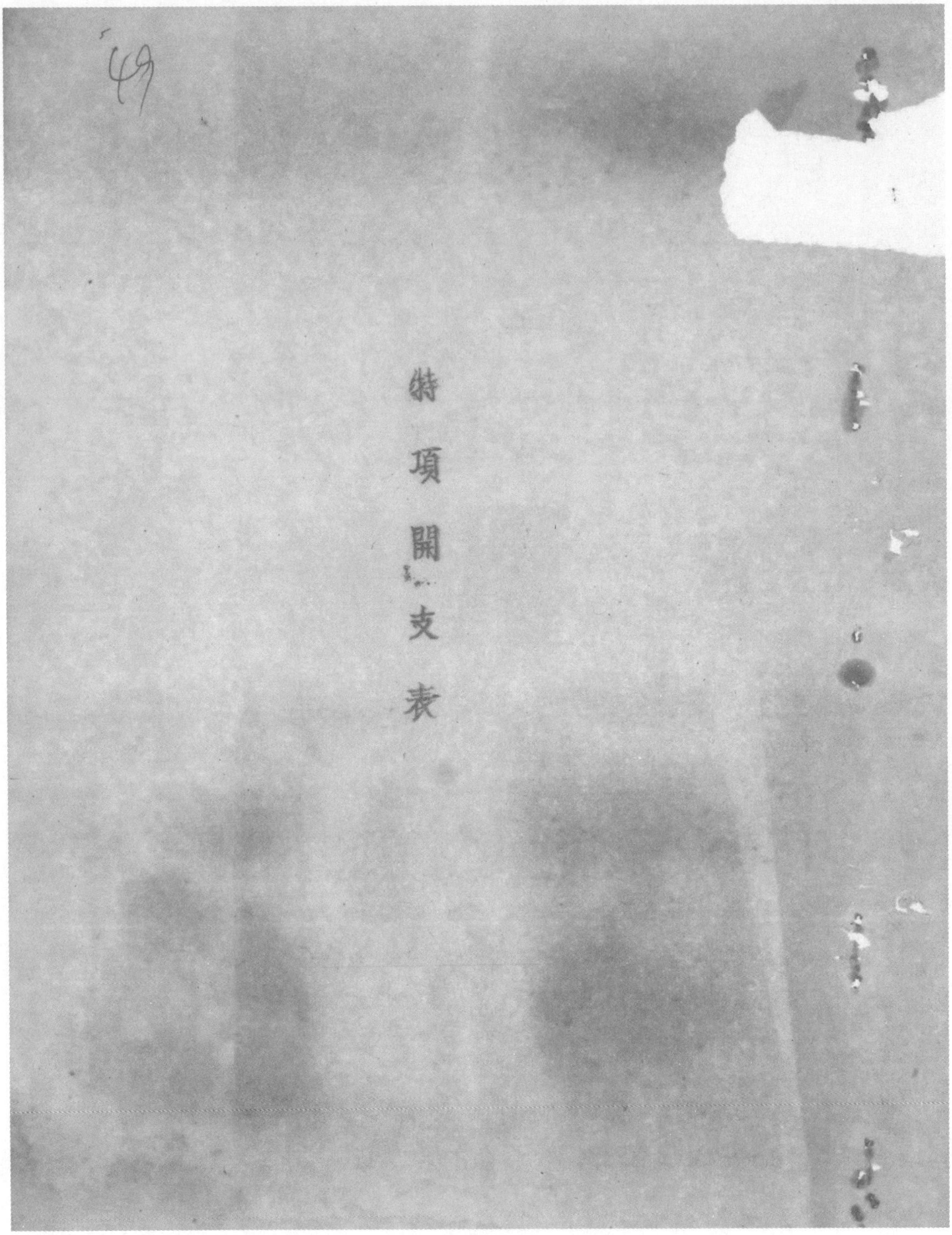

49

特項開支表

重庆电力股份有限公司一九四四年报表 0219-2-51

50

重慶電力股份有限公司 特項開支表

第　號　中華民國 33 年　月　日製　第　頁

科目	金額	分計	合計
戰時損失	1,206,267.04		
防護設備	311,687.39		
修整費	15,000.00		
被炸救濟費	3,160.00		
職工費用	876,419.65		
合計	1,206,267.04		

總經理　協理　科長　主任　覆核　製表

重庆电力股份有限公司一九四五年业务状况及决算情形　0219-2-118

由印
鈔汇 送

甲、卅四年度業務概況及決算情形

(一)用户　本年度迄十二月份底止計有電灯用户一万三千五百八十四户　電力用户一千一百四十七户　電熱用户四十六户　共計有用户一万四千八百七十七户

(二)售電　本年度迄十二月份抄見售電度數共計

一、電灯售電一千六百七十四万四千八百五十度（約33%）

二、電力售電二千五百五十九万二千二百十三度（約59%）

重庆电力股份有限公司一九四五年业务状况及决算情形 0219-2-118

三、电热售电一百二十八万九千七百七十六度

（约略）

灯力热共计售电四千三百六十二万六千八百四十度

以结帐関係本年度不及办理完后移转三十五年度共计电灯售电一百一十二万八千二百六十七度 电力售电四百二十一万六千九百一十三度 电热售电二万七千四百六十二度 共计灯力热五百二十七万二千六百四十二度 实际卅四年度共售出电度四千八百八十九万九千四百八十二度

重庆电力股份有限公司一九四五年业务状况及决算情形　0219-2-118

18

（三）應收電費　本年度實際應收電費金額連同煤價調整費依照按售電度數計共三十七億八千二百零八万六千五百一十三元六角三分除以結帳關係辦理不及移轉三十五年度共二億八千一百八十三万九千三百八十六元六角三分外（内計電灯一億四千二百一十七万九千零五十一元三角七分電力一億三千五百一十三万三千三百五十二元一角九分電熱四百五十二万六千九百八十三元零七分）本年度應收電費為三十

重庆电力股份有限公司一九四五年业务状况及决算情形　0219-2-118

五億零零二十四万七千一百二十七元計

一、電灯電費收入一十三億四千五百七十二万三千零四十八元九角八分（約38%）

二、電力電費收入二十億零八千二百三十九万五千八百三十五元零二分（約59.4%）

三、電熱電費收入七千二百一十二万八千二百四十三元（約06%）

四、本年度撤表尾度電費收入計共一千五百零五万三千七百六十七元七角七分

五、本年度應收電費内代收附加機炉保護

設備費二百四十五百七千一百四十七元二角七分
遷卸機爐費八十一万九千零四十九元零五分
兩共三百二十七万六千一百九十六元三角一分
六、本年度辦理舊欠收電費追費金額計共
四十三万三千一百八十九元五角六分
七、本年度辦理電複謨製等新舊應收電
費收據註銷電費收據金額共計一万二千
零二十五万五千七百九十九元一角五分改製新應
收電費收據金額四千八百零五万四千二百七
十四元八角五分兩相品迭實冲銷七千二百二

十万零一千五百二十四元三角

（四）电费经收情形 本年度收费股经收情形如左

一、接收上年度应收未收电费余额九千四百四十三万三千五百六十七元正 又本年度新装各种应收电费收据金额三十五亿四千八百二十二万九千六百五十九元三角六分正

二、收进各种应收电费计缴款國二十六亿九千四百六十八万四千零零六元三角四分正

三、本年度应收电费金额及上年度移来应收电费金额总计除收缴款及注销者外

重庆电力股份有限公司一九四五年业务状况及决算情形　0219-2-118

100

实存应收未收电费金额八亿二千七百七十二万三千四百廿元零八角七分移卅五年度继续办理

又本年度查获窃电户数为一千五百二十八户窃电度为四十九万五千八百度已了案户数七百二十四户未了案户数八百零四户共收回罚款四亿一十六万八千四百五十七元一角六分

重庆电力股份有限公司一九四五年业务状况及决算情形 0219-2-118

10

乙、財產狀況

(一)關於資產部份(1)固定資產為一億一千五百九十三萬三千二百五十八元八角六分(2)流動資產為八億六千四百四十五萬九千六百〇十七元零二分(3)雜項資產為三億零九百七十二萬一千六百三十八元八角九分總計為一十二億九千零一十一萬四千五百四十四元七角三分

(二)關於負債部份(1)資本及公積為廿三千四百三十萬零零五百一十六元零五分(2)短期負債為六億零八百一十一萬元零九百零四元二角六分

重庆电力股份有限公司一九四五年业务状况及决算情形　0219-2-118

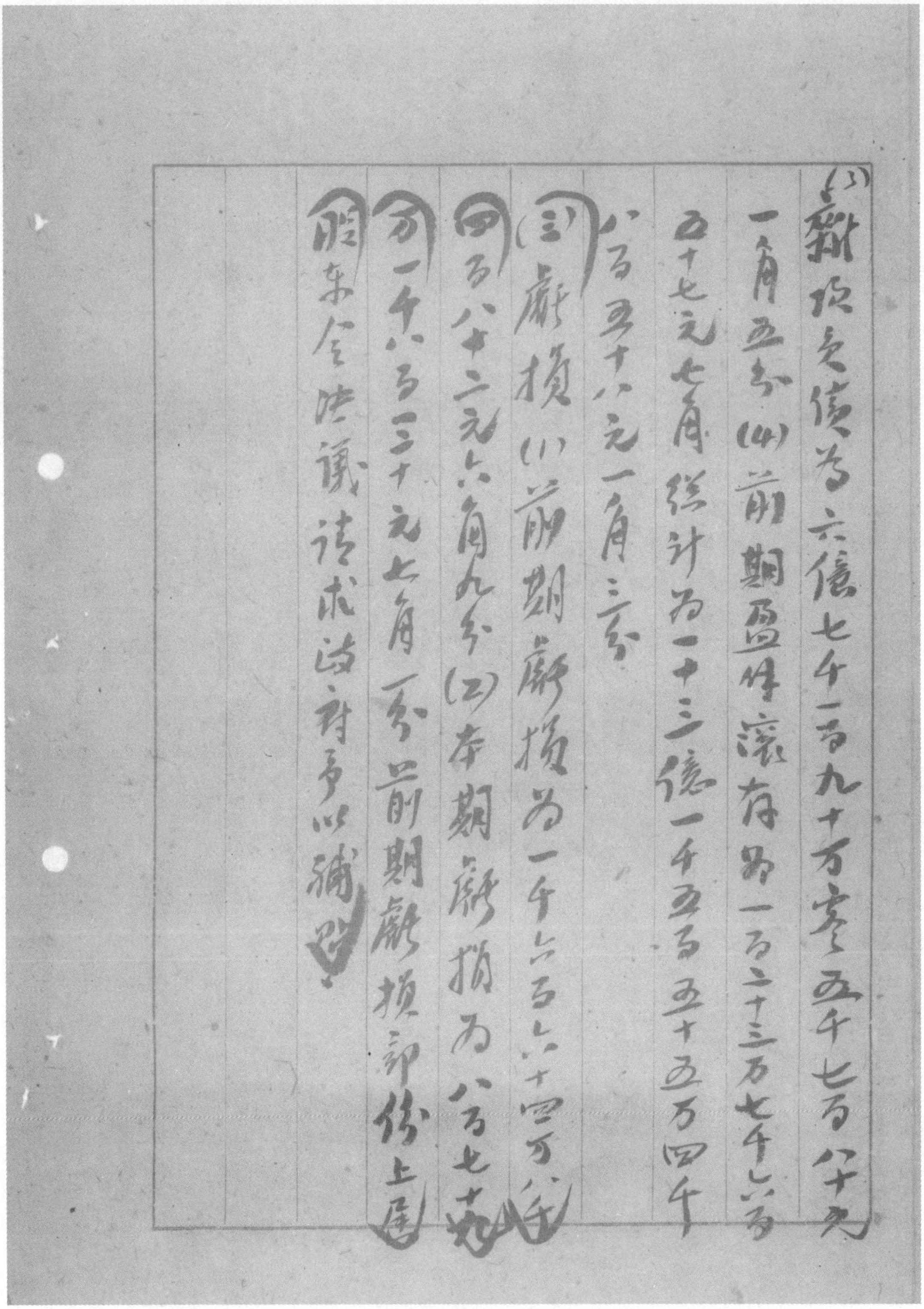
(3)新收欠債為六億七千一百九十萬零五千七百八十九元
一角五分(4)前期盈餘滾存為一百二十三萬七千六百
五十七元七角總計為一十三億一千五百五十五萬四千
八百五十八元一角三分
(三)虧損(1)前期虧損為一千六百六十四萬八千
四百八十二元六角九分(2)本期虧損為八百七十九
萬一千六百三十元七角一分前期虧損部份上屆
股東會決議請求政府予以補助

重庆电力股份有限公司与宝源煤矿公司订购锅炉用精选煤交货付款办法（一九四六年十一月）　0219-2-182

A40241/1

正本

54

立合約人 甲 重慶電力公司 乙 寶源煤礦公司（以下簡稱甲乙方）茲議定甲方向乙方訂購鍋爐用精選煤所有交貨付款等辦法分條列下

（一）品名　寶源精選煤以適合甲方鍋爐燒用并保證其耗量低於天府粒煤百分之十六為標準如與上項標準不符甲方得拒絕收卸

（二）噸量　總額約四千公噸

（三）交貨地點　大溪溝一千五百公噸彈子石一千公噸鵝公岩一千五百公噸

（四）單價　大溪溝交貨每噸三萬三千九百六十九彈子石交貨每噸另加轉江費三百五十九鵝公岩交貨每噸另加轉江費六千二百元整

重庆电力股份有限公司与宝源煤矿公司订购锅炉用精选煤交货付款办法（一九四六年十一月） 0219-2-182

（五）交貨期限　自本月一日起陸續在大溪溝彈子石鵝公岩三地交煤每
三日平均交足四百噸至月底交足四千噸
（六）付款辦法　甲方於月中付出全部貨款之半數於月底補付其餘貨
款但乙方在月中并未交足二千噸時甲方應付貨款亦
照比例核減
（七）囤費規定　煤船到達甲方收貨地點報到後自第四日起甲方應付
給延卸囤費每日每噸國幣一百元惟交鵝公岩煤船凡
在甲方第一廠躉船者則自在第一廠報到之第四日起計
算囤費
（八）意外責任　凡煤船到達甲方地點并辦理報到手續後七十二小時内如

重庆电力股份有限公司与宝源煤矿公司订购锅炉用精选煤交货付款办法（一九四六年十一月） 0219-2-182

55

過水火風險或其他人力不可抗拒之損害以致船及煤遭受損失時概由乙方自理但自報到七十二小時後遇有上述損失則由甲方負責賠償

(九)附記 本約一式四份甲乙方執正副本各一份

甲方 重慶電力股份有限公司

代表人 經理 程本臧

乙方 寶源鑛業股份有限公司

代表人 協理

中華民國三十五年十一月 日 訂

重庆电力股份有限公司一九四六年报表　0219–2–51

9

檔

中華民國三十五年度

重慶電力股份有限公司年報表

會計科製

10

重慶電力股份有限公司　月份各項報告表目錄

資產負債表
損益計算書
各項費用分類登記表
各項收入分類登記表
收支對照表
收支金額月計表
資產目錄表
負債目錄表
應計折舊表

重庆电力股份有限公司一九四六年报表　0219-2-51

11

資產負債表

重庆电力股份有限公司一九四六年报表 0219-2-51

12

民國 35 年度
第 度決算

(計·25)

重慶電力股份有限公司資產負債表

12月 31日

資產	金額	合計	負債	金額	合計
固定資產：		235,363,780.40	資本及公積：		34,300,516.05
發電資產	54,206,361.63		資本總額	30,000,000.00	
輸電配電資產	103,880,535.15		法定公積	1,502,572.71	
用電資產	20,255,972.20		特別公積	211,326.23	
業務資產	57,020,911.39		償債公積		
其他固定資產			特別準備	2,586,617.11	
流動資產：		2325,169,402.31	長期負債		73,387,300.00
現金			長期借入款	73,387,300.00	
銀行存款	6,737,355.25		公司債		
應收票據					
應收賬款	1559,582,873.56		短期負債：		897,167,631.6?
借出款			短期借入款		
存出款			應付票據	328,000,000.00	
有價證券	80,235,203.15		銀行透支	84,419,005.93	
材料	678,613,970.33		存入保證金	414,997,225.30	
未繳股款			應付賬款	1,185,999.20	
其他流動資產			應付股利	595,[illegible].68	
			應付鴻利	23,960.69	
雜項資產：		1250,279,618.05	應付職工酬勞	985.41	
戰時防護費			職工儲金	64,780,073.72	
存出保證金	1,477,555.99		應付合同款項	3,164,897.69	
暫付款項	277,238,364.74		其他短期負債		
應計欠項	2,139,168.57				
預付款項	686,012,939.75		雜項負債：		2834,971,851.9?
提存基金	264,807,918.81		折舊準備	697,072,817.38	
催收款項			呆賬準備	497,833,083.54	
投資企業	7,207,500.00		材料溢價準備		
合同訂購材料	10,425,728.43		其他各項準備		
合同訂購新機	970,438.76		暫收款項	120,468,717.83	
其他雜項資產			應計存項	1509,597,233.15	
			其他雜項負債		
虧損：		25,440,313.40	盈餘：		6,425,814.59
前期虧損	25,440,313.40		前期盈餘滾存	1,237,657.70	
本期虧損			本期盈餘	5,188,156.89	
合計	3836,253,114.16	3836,253,114.16	合計	3836,253,114.16	3836,253,114.16

總經理　協理　科長　股長　覆核　製表

重庆电力股份有限公司一九四六年报表 0219-2-51

13

損益計算書

重庆电力股份有限公司一九四六年报表 0219-2-51

14

民國 35 年度
第 屆決算

重慶電力股份有限公司損益計算書

(計.36)

自1月1日起
至12月31日止

損失	金額	合計	利益	金額	合計
經常開支：		10515,411,262.13	電費收入：		10373,363,029.34
發電費用	6494,956,367.28		電燈收入	4669,084,914.47	
供電費用	1059,736,119.88		電力收入	5634,232,645.07	
營業費用	782,262,048.75		電熱收入	68,062,052.41	
管理費用	2178,454,726.22		路燈收入		
特項開支：			補繳電費收入	1,814,879.79	
戰時損失			自用電度收入	168,537.60	
盈餘：		5,188,156.89			
本期盈餘	5,188,156.89		營業收入：		2,183,855.80
			業務手續收入	2,183,855.80	
			機械租金收入		
			其他業務收入		
			雜項收入：		145,052,833.88
			利息收入	2,143,526.66	
			房地租金收入	2,570,780.34	
			進貨折扣收入		
			售貨利益	177,800.00	
			補助費收入	138,958,601.71	
			匯兌利益		
			物材料盤益		
			其他雜項收入	1,171,825.17	
			虧損：		
			本期虧損		
合計	10520,599,419.02	10520,599,419.02	合計	10520,599,419.02	10520,599,419.02

總經理 協理 科長 股長 覆核 製表

重庆电力股份有限公司一九四六年报表 0219-2-51

15

各項費用分類登記表

16

重慶電力股份有限公司各項費用分類統計表

民國 35 年 月份

自 1 月 1 日起至 12 月 31 日止

科目	發電費用		供電費用		營業費用		管理費用		總計		每月平均金額
	本月份金額	累計金額	本月份金額	累計金額	本月份金額	累計金額	本月份金額	累計金額	本月份金額	累計金額	
薪金		51327961.61		22210436.21		66981124.85		104723219.66		245242742.33	
工資		229904548.56		106787372.51		25687656.03		35808469.67		398188046.77	
生活津貼		806241719.39		342678367.67		311703621.97		449203933.57		1909827642.60	
福利費用		205884160.49		89136166.42		76677383.96		248311888.10		620009598.97	
燃料消耗		2646834810.97								2646834810.97	
潤滑油消耗											
物料消耗		154334629.36		93313164.34		461300.00		51544430.37		299653524.07	
工具消耗											
化驗藥物											
修繕費		2658000.00		29416430.00						32074430.00	
房地租		10000.00		58000.00				6600.00		74600.00	
車旅運費		12007398.00		32855434.50		38890229.50		24729898.00		108482960.00	
廣告費								6438820.00		6438820.00	
財務律務費								6253009.00		6253009.00	
文具印刷費		7916853.80		5249326.96		27090065.24		32753937.03		73010183.03	
郵電費								2893679.53		2893679.53	
自用電度											
醫藥費		1048082.00		25600.00		448140.00		8790282.80		10312104.80	
茶水薪炭		24859598.70		4772255.46				28718636.81		58350490.97	
服裝								7112403.23		7112403.23	
雜支		11014126.00		17615181.00		63000.00		64716323.85		93408632.85	
獎勵酬卹		95526956.03		38212553.31		39644473.64		47278316.81		220662299.79	
保險費								3443070.67		3443070.67	
匯兌虧損											
材料盤損											
呆賬								497484273.76		497484273.76	
稅捐		688632.00		32000.00		142141298.06		26836012.96		169697943.02	
債款利息								207416275.67		207416275.67	
折舊		65546418.00		259170331.50		52023855.50		303542980.15		680283585.15	
書報		31600.00		30000.00				1610200.00		1671800.00	
其他費用		17374857.00		18173500.00		449900.00		18838064.58		54836321.58	
購電費		2161748013.37								2161748013.37	
合計		6494958367.28		1059736119.88		782262048.75		2178454726.22		10515411262.13	

總經理 協理 總務科長 會計科長 股長 覆核 製表

重庆电力股份有限公司一九四六年报表 0219-2-51

重庆电力股份有限公司关于检送公司现有资本与资产总额及历年增值情形致四川省政府的代电

（一九四七年四月三十日） 0219-2-118

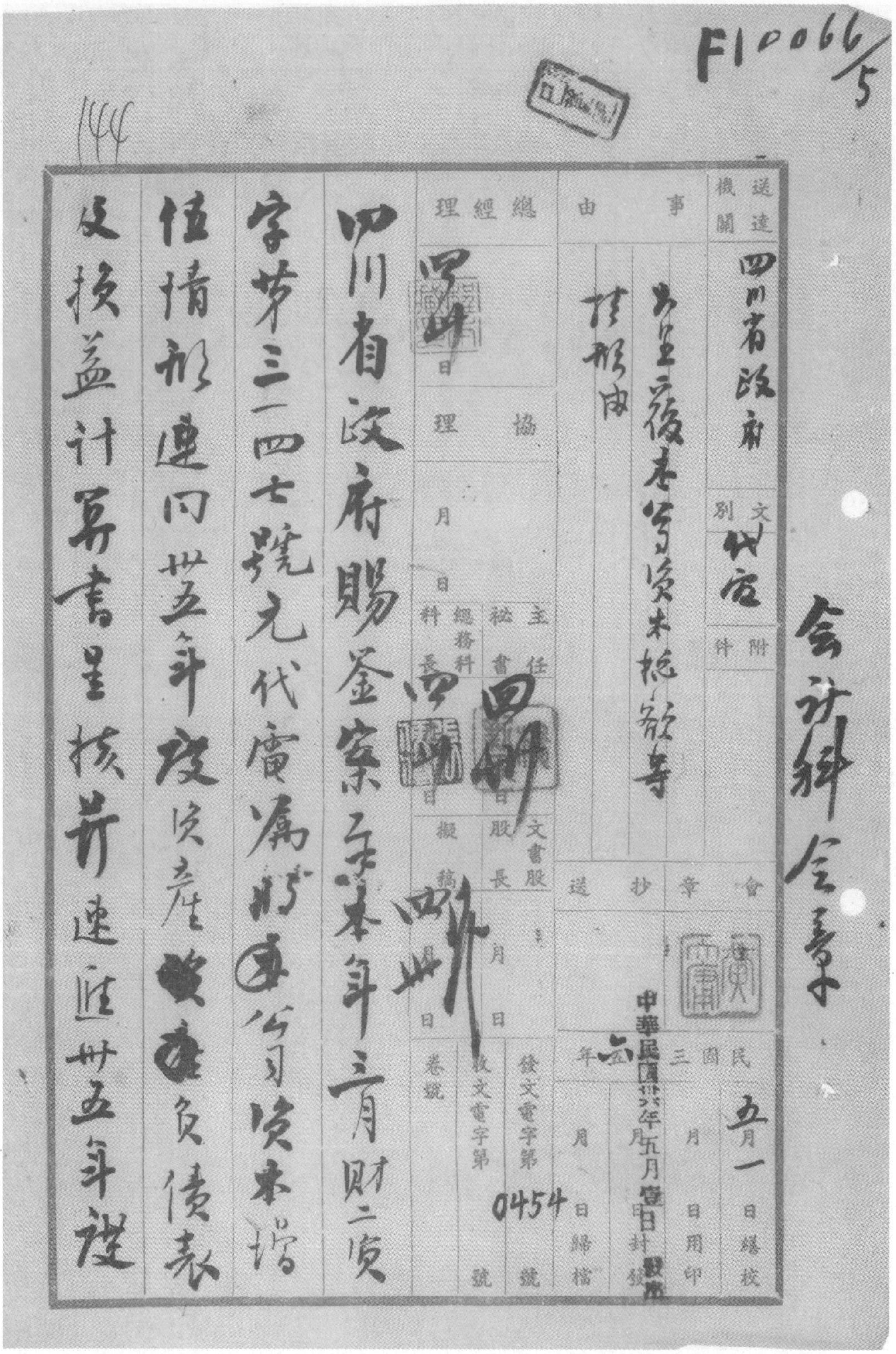

F10066/5

144

送達機關	四川省政府
事由	呈復本公司資本總額等情形由
文別	代電
附件	
總經理	
協理	
主任秘書	
總務科長	
文書股長	
擬稿	
會章	
抄送	
繕校	五月一日
用印	月 日
封發	中華民國卅六年五月壹日
歸檔	月 日
發文電字第	0454號
收文電字第	號
卷號	

民國三十六年 月 日

會計科會辦

四川省政府賜鑒：案奉本年三月財二資字第三一四七號元代電，為將本公司資本增值情形連同卅五年度資產負債表及損益計算書呈核，并速造卅五年度

重庆电力股份有限公司关于检送公司现有资本与资产总额及历年增值情形致四川省政府的代电（一九四七年四月三十日） 0219-2-118

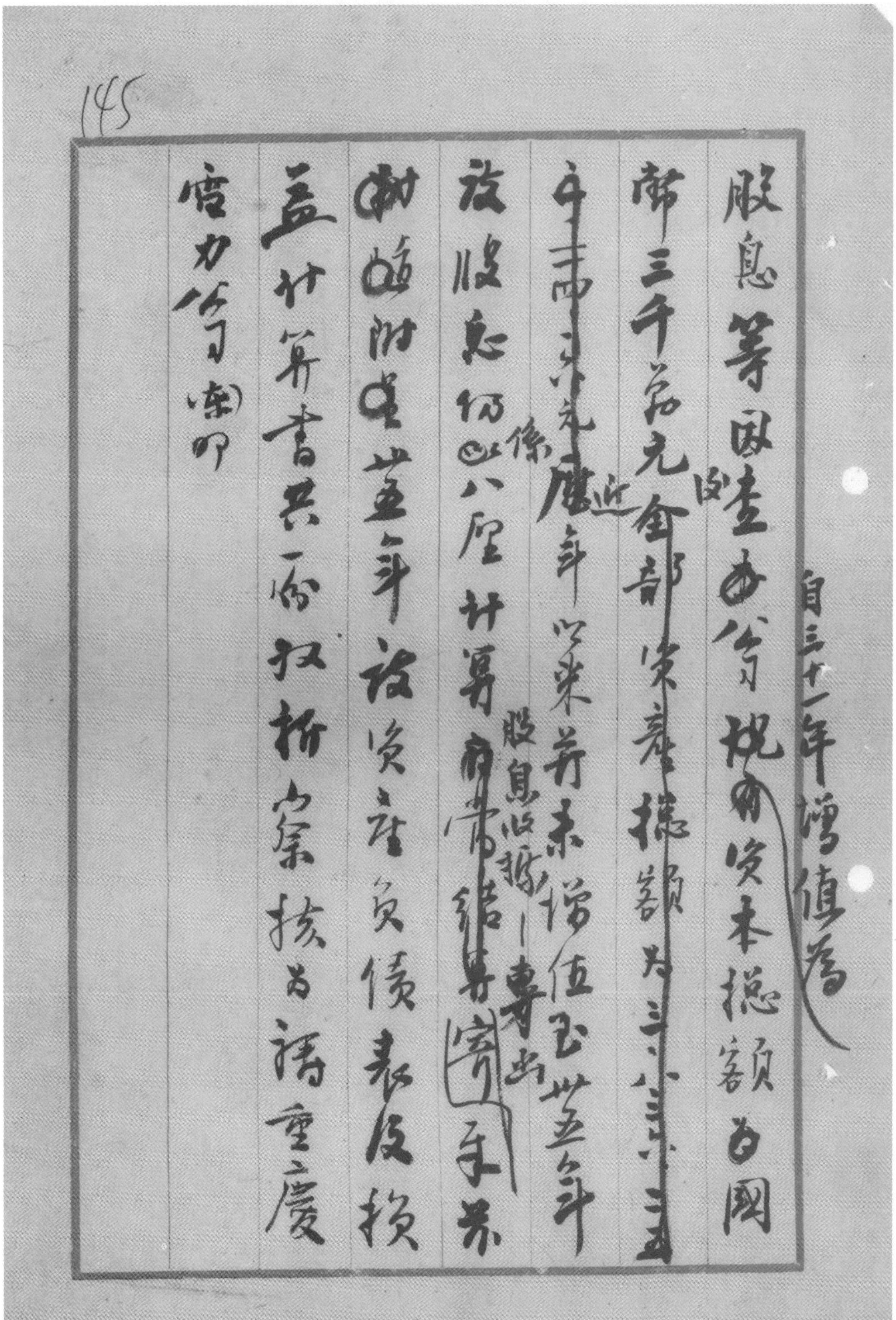
145

股息等因。奉此，查本公司现有资本总额为国

币三千万元，全部资产总额为

自三十一年增值后历年以来并未增值，卅五年

度股息仍以八厘计算

谨随附呈卅五年度资产负债表及损

益计算书共一份，敬祈察核为祷。重庆

电力公司（印）叩

重庆电力股份有限公司关于检送公司现有资本与资产总额及历年增值情形致四川省政府的代电（一九四七年四月三十日） 0219-2-118

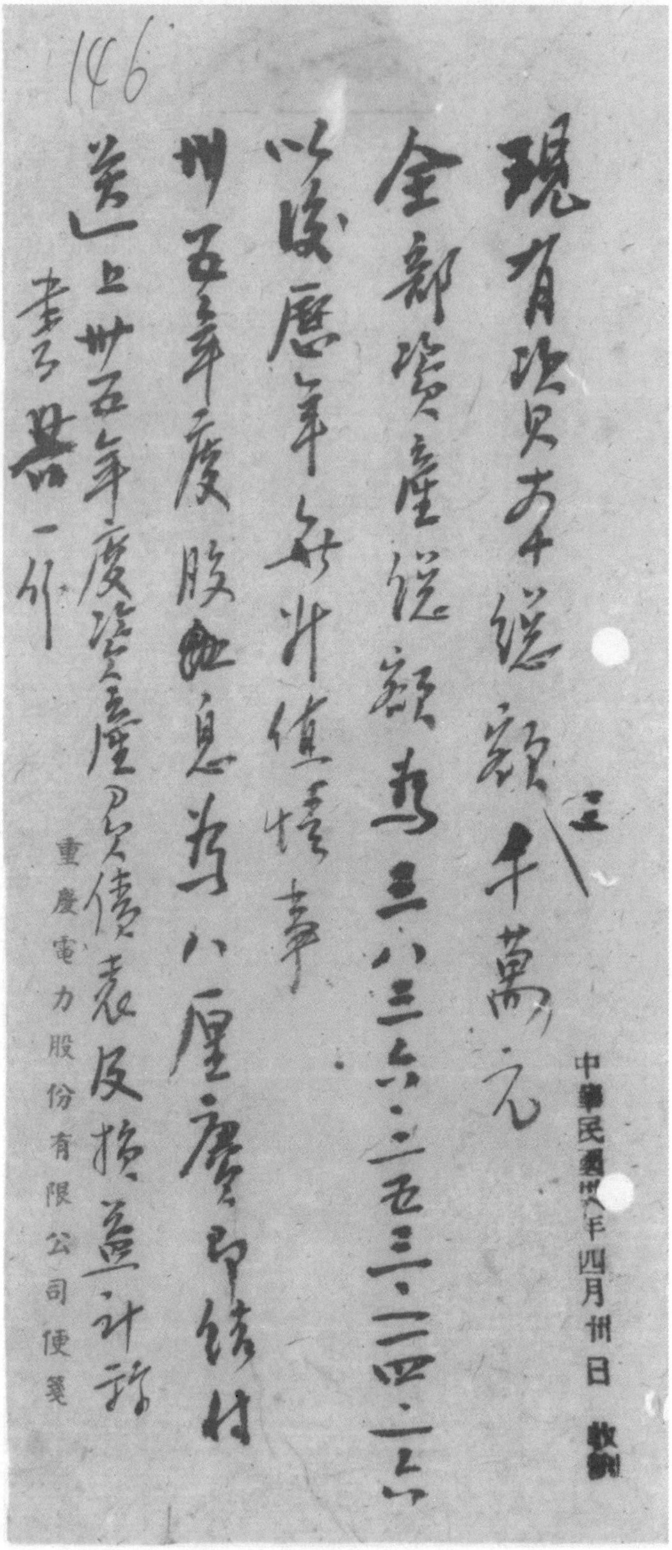
146
現有資本總額三千萬元
全部資產總額為三八三六、二五三、二四、一六
以後歷年無升值情事
卅五年度股息為八厘，應即結付
茲送上卅五年度資產負債表及損益計算書各一份
重慶電力股份有限公司便箋
中華民國卅六年四月卅日

重庆电力股份有限公司关于检送公司现有资本与资产总额及历年增值情形致四川省政府的代电（一九四七年四月三十日）　0219-2-118

147

重慶電力股份有限公司到文簽

收文電字第1831號

來處：四川省政府　代電

資二財字第三一四七號

中華民國卅六年叁月廿六日收到

事由：為電仰呈復歷年增值情形及現有資本總額與資產總額並匯辦卅五年股紅息金由

附件

總經理

協理

關係各科室處組廠（簽意見）

決定辦法：

會計科　卅六、三、廿六

背記股　三、廿七

重庆电力股份有限公司关于检送一九四七年七月开支及收入预算表等并调整电价致重庆市政府、重庆市工务局的代电（一九四七年七月十二日） 0219-2-201

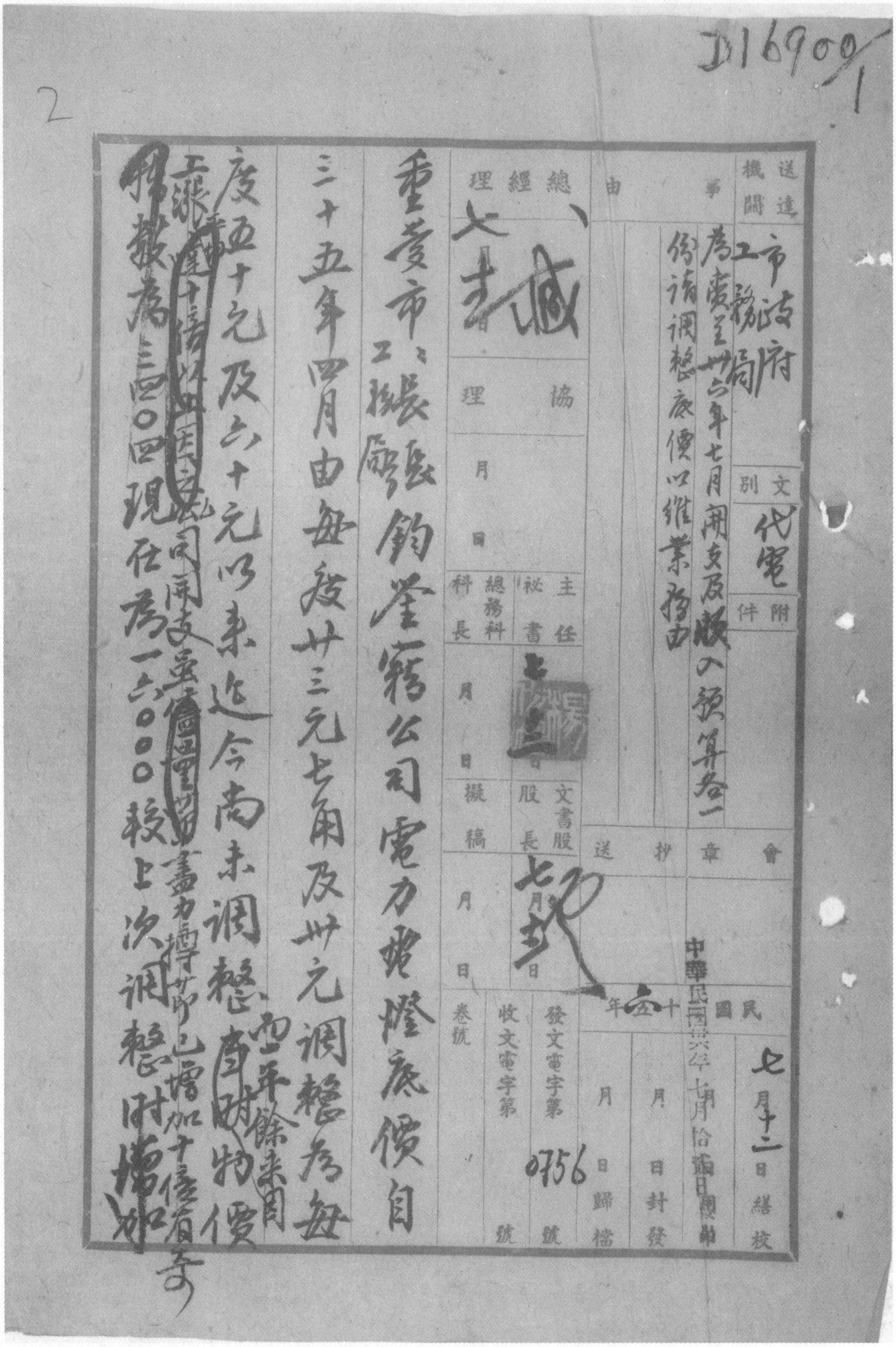
送達機關：市政府 工務局
事由：為呈卅六年七月開支及收入預算各一份請調整電價以維業務由
文別：代電
附件
總經理 七月十二日
協理 月 日
主任秘書 總務科科長 月 日
文書股股長 擬稿 七月 日
會章抄送
中華民國三十六年七月十二日 繕校 封發 歸檔
發文電字第0756號
收文電字第 號
卷號
重慶市工務局長鈞鑒：竊公司電力照燈電價自三十五年四月由每度廿三元七角及卅元調整為每度五十元及六十元以來，迄今尚未調整……

重庆电力股份有限公司关于检送一九四七年七月开支及收入预算表等并调整电价致重庆市政府、重庆市工务局的代电（一九四七年七月十二日） 0219-2-201

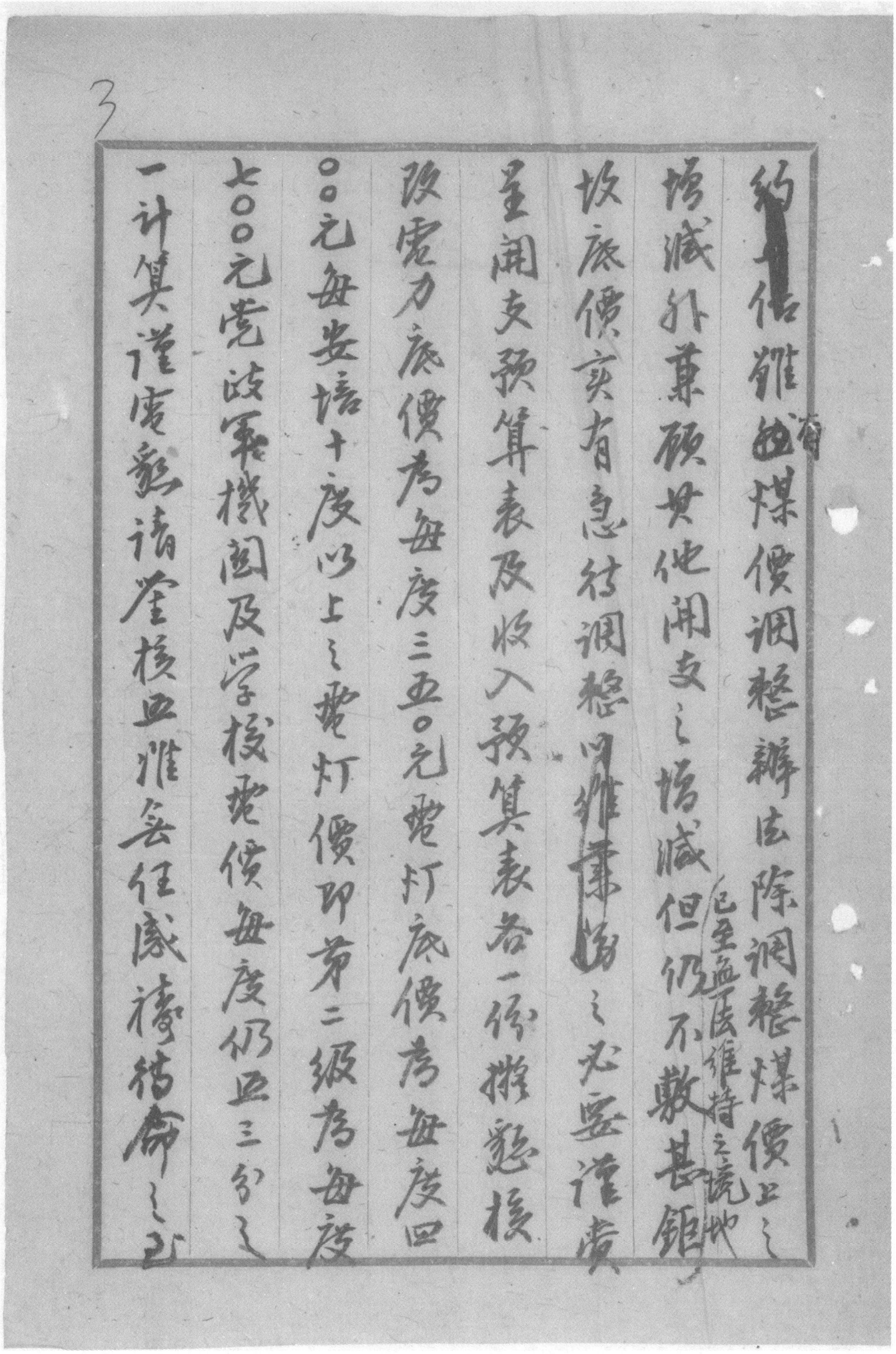
约倍维由煤价调整办法除调整煤价上之
增减外其他开支之增减但仍不敷甚钜（已至无法维持之境地）
故底价实有急待调整以维营业之必要谨赍
呈开支预算表及收入预算表各一份拟恳核
定电力底价为每度三五〇元电灯底价为每度四
〇〇元每安培十度以上之电灯价即第二级为每度
七〇〇元党政军机关及学校电价每度仍照三分之
一计算谨电恳请鉴核照准无任感祷待命之至

重庆电力股份有限公司关于检送一九四七年七月开支及收入预算表等并调整电价致重庆市政府、重庆市工务局的代电（一九四七年七月十二日）　0219-2-201

重庆电力公司卯文附呈卅六年七月开支及收入预祘各一份

七月十四日补呈工务局代电一件附表二帋「代电日期用寒」

5

重慶電力公司電價月報表

六月份

電價	項目＼價格	原核定數（元）	應加調整數（元）	本月份實際數（元）
	電燈	(1) 60 (2) 120	757.65	(1) 817.65 (2) 877.65
	電力	50	〃	807.65
	電熱	〃	〃	〃

燃料	燃料價格調整辦法			本月份到廠燃料實際價格		
	每公噸計算標準數（元）	每公噸變動數（元）	電價每度增減數（元）	每公噸平均價（元）	力運等費（元）	共計平均價格（元）
	3960.00	50.00	0.35	92720.00	13937.00	106657.00

附註

廠長或經理簽名蓋章 [印]　　36年9月　日

重庆电力股份有限公司关于检送一九四七年七月开支及收入预算表等并调整电价致重庆市政府、重庆市工务局的代电（一九四七年七月十二日）　0219-2-201

重庆电力股份有限公司关于检送一九四七年七月开支及收入预算表等并调整电价致重庆市政府、重庆市工务局的代电（一九四七年七月十二日） 0219-2-201

6

重慶電力公司電價月報表

七月份

	價格／項目	原核定數（元）	應加調整數（元）	本月份實際數（元）
電價	電燈	(1)60 (2)120	1086.34	(1)1146.34 (2)1206.34
	電力	50	〃	1136.34
	電熱	〃	〃	〃

	燃料價格調整辦法			本月份到廠燃料實際價格		
燃料	每公噸計算標準數（元）	每公噸變動數（元）	電價每度增減數（元）	每公噸平均價（元）	力運等費（元）	共計平均價格（元）
	3960.00	50	0.35	135733.00	19,635.00	155,368.00

附註：

廠長或經理簽名蓋章 [印]　　36年9月　日

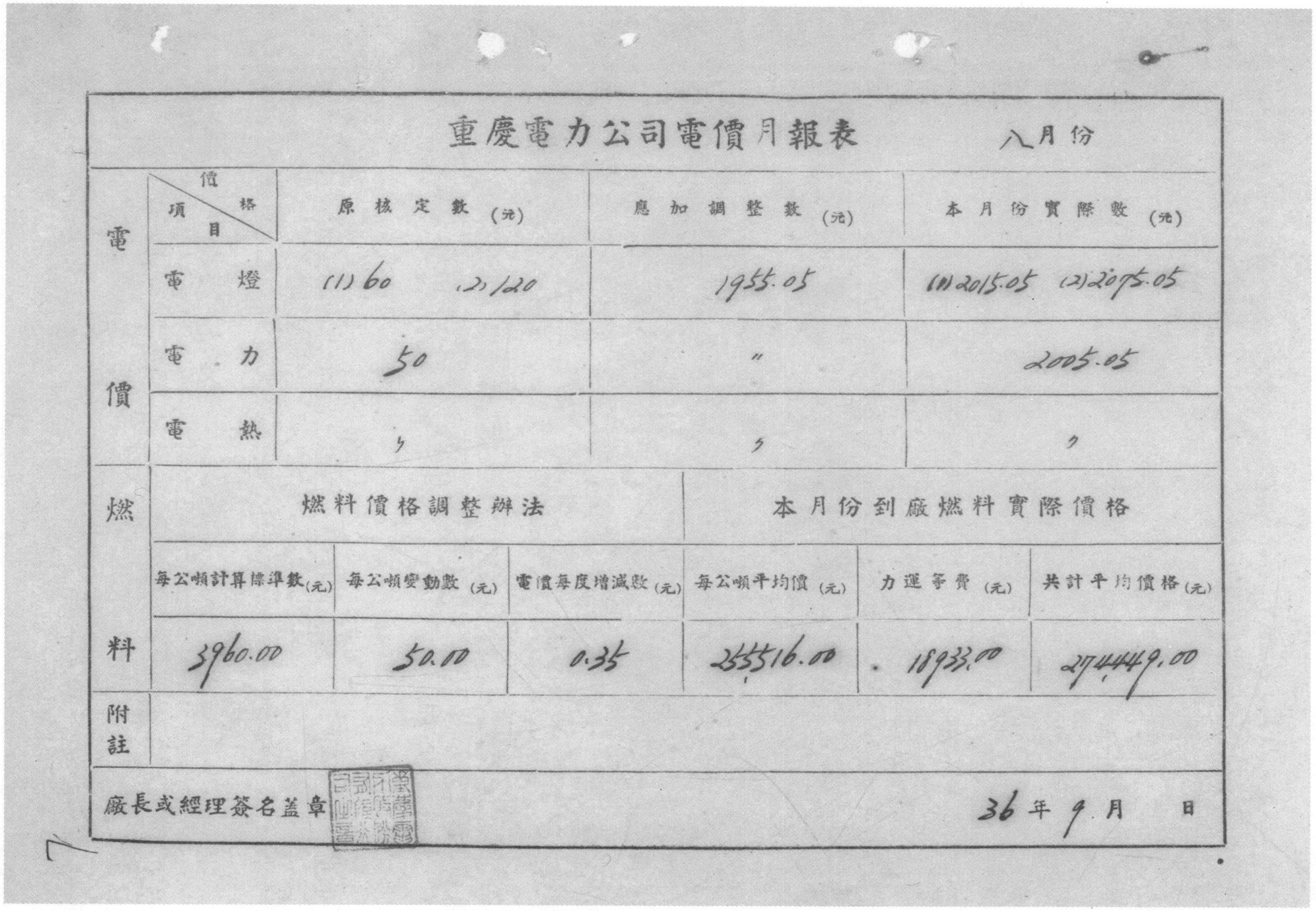

7

重慶電力公司電價月報表

八月份

電價	價格／項目	原核定數（元）	應加調整數（元）	本月份實際數（元）
	電燈	(1)60 (2)120	1955.05	(1)2015.05 (2)2075.05
	電力	50	〃	2005.05
	電熱	〃	〃	〃

燃料	燃料價格調整辦法			本月份到廠燃料實際價格		
	每公噸計算標準數（元）	每公噸變動數（元）	電價每度增減數（元）	每公噸平均價（元）	力運等費（元）	共計平均價格（元）
	3960.00	50.00	0.35	255516.00	18933.00	274449.00

附註

廠長或經理簽名蓋章　36年9月　日

重庆电力股份有限公司关于检送一九四七年七月开支及收入预算表等并调整电价致重庆市政府、重庆市工务局的代电（一九四七年七月十二日）　0219-2-201

重庆电力股份有限公司关于请鉴察一九四七年五月和六月收支概况表致重庆市工务局的代电（一九四七年七月三十一日）　0219-2-201

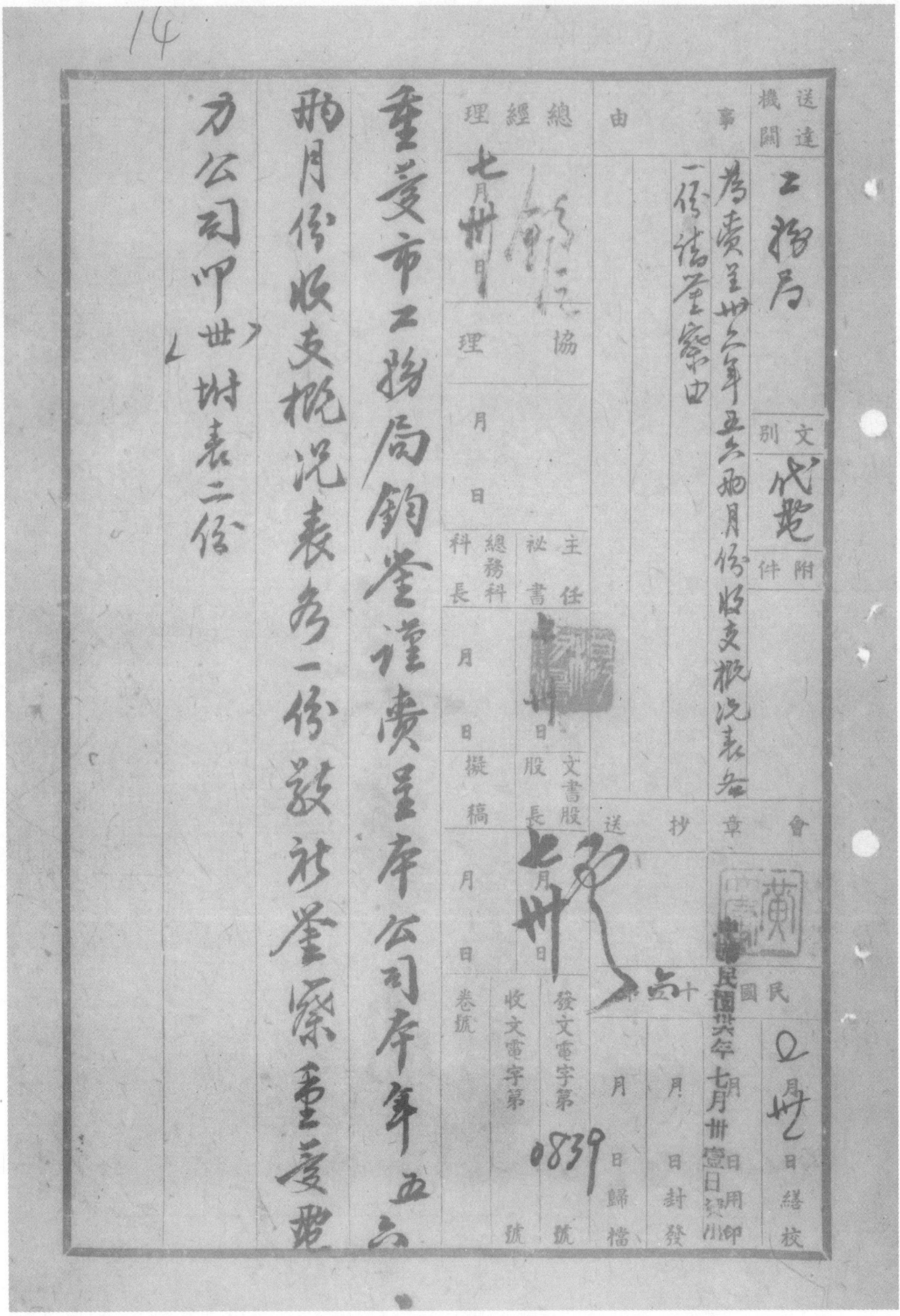
送達機關　工務局
事由　為責呈卅六年五六兩月份收支概況表各一份請鑒察由
文別　代電
附件
總經理　七月卅日
協理
主任祕書
總務科科長
文書股股長
擬稿
會章
抄送
民國卅六年七月卅一日
發文電字第0839號
收文電字第　號
卷號
重慶市工務局鈞鑒：謹責呈本公司本年五六兩月份收支概況表各一份，敬祈鑒察。重慶電力公司叩（卅）
附表二份

重庆电力股份有限公司关于请鉴察一九四七年五月和六月收支概况表致重庆市工务局的代电
（一九四七年七月三十一日） 0219-2-201

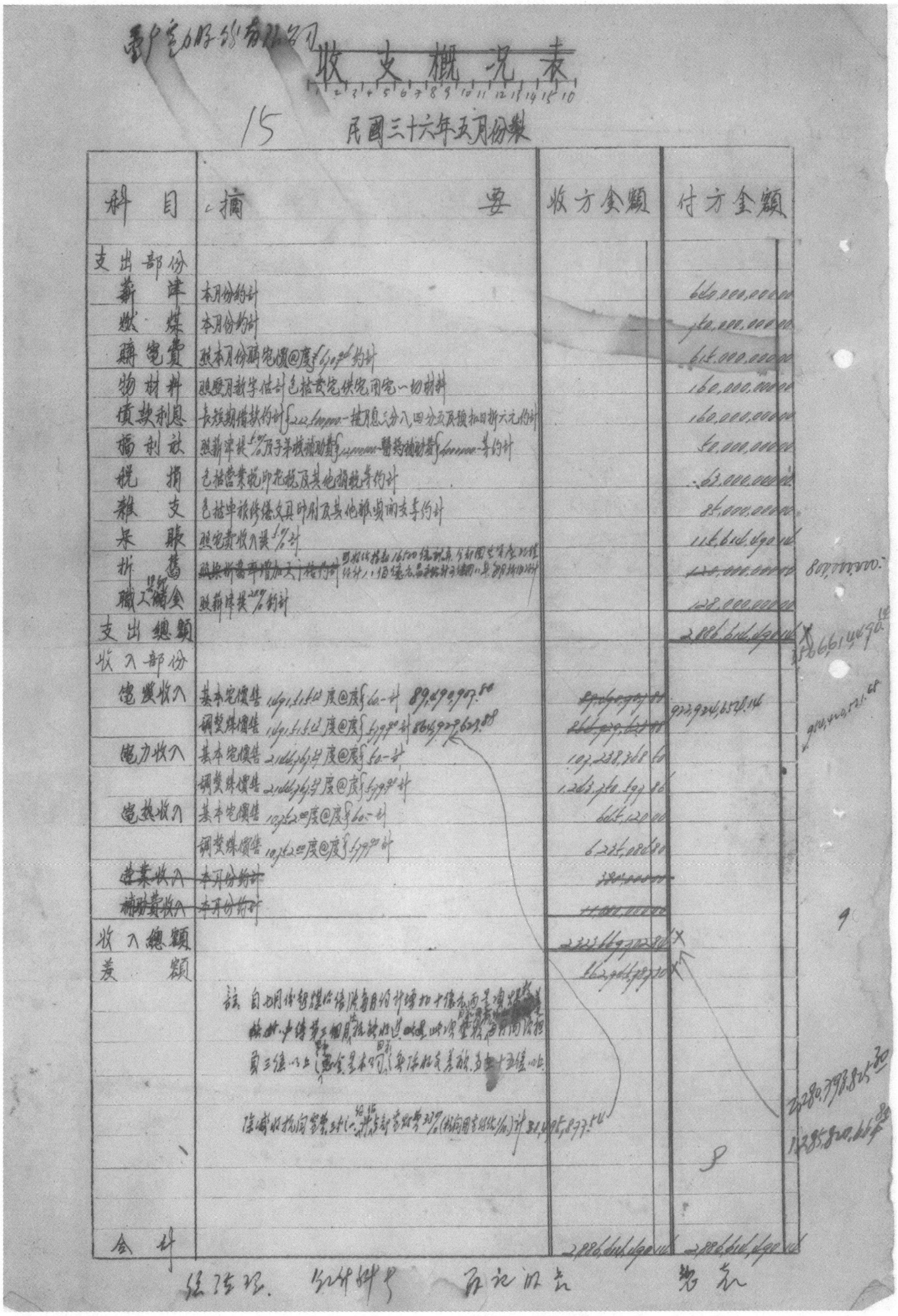

重庆电力股份有限公司关于请鉴察一九四七年五月和六月收支概况表致重庆市工务局的代电（一九四七年七月三十一日）　0219-2-201

重庆电力公司收支概况表

民國三十六年六月份製

科目	摘要	收方金額	付方金額
支出部份			
薪津	[illegible]		810,000,000.00
燃料	[illegible]		980,000,000.00
購電費	[illegible]		738,124,800.00
物料	[illegible]		215,000,000.00
債款利息	[illegible]		175,000,000.00
福利費	[illegible]		58,500,000.00
稅捐	[illegible]		66,000,000.00
雜支	[illegible]		78,000,000.00
呆帳	[illegible]		131,119,438.57
折舊	[illegible]		110,000,000.00
職工儲金	[illegible]		162,000,000.00
支出總額			3,523,744,238.57
收入部份			
電燈	基本電價值1,486,944度@60元	89,216,644.80	
	調整煤價值1,486,944度@655元	[illegible]	
電力	基本電價值2,185,943度@50元	109,297,167.00	
	調整煤價值2,185,943度@655元	1,437,323,048.04	
電熱	基本電價值[illegible]度@60元	265,140.00	
	調整煤價值[illegible]度@655元	2,897,538.30	
營業收入	[illegible]	[illegible]	
補助費收入	[illegible]	12,000,000.00	
收入總額		2,622,388,771.38	
差額		901,355,467.19	
合計		3,523,744,238.57	3,523,744,238.57

[illegible]

重庆电力股份有限公司一九四七年报表　0219-2-51

重慶電力股份有限公司年報表

中華民國 [illegible] 年度

會計科製

重庆电力股份有限公司一九四七年报表　0219-2-51

2

重慶電力股份有限公司　月份各項報告表目錄

資產負債表

損益計算書

各項費用分類登記表

各項收入分類登記表

收支對照表

收支金額月計表

資產目錄表

負債目錄表

應計折舊表

重庆电力股份有限公司一九四七年报表　0219-2-51

3

資產負債表

重庆电力股份有限公司一九四七年报表 0219-2-51

4

民國 36 年度
第 8 屆決算

(計-25)

重慶電力股份有限公司資產負債表

12月31日

資產	金額	合計	負債	金額	合計
固定資產：		592,957,668.96	資本及公積：		34,819,331.74
發電資產	58,725,521.63		資本總額	30,000,000.00	
輸電配電資產	302,829,676.57		法定公積	2,021,388.40	
用電資產	135,600,371.87		特別公積	211,326.23	
業務資產	95,802,098.89		償債公積		
其他固定資產			特別準備	2,586,617.11	
流動資產：		27063,748,326.43	長期負債		12345,317,550.00
現金			長期借入款	12345,317,550.00	
銀行存款	4,392,907.58		公司債		
應收票據					
應收賬款	25457,002,266.90		短期負債：		8348,090,786
借出款			短期借入款		
存出款			應付票據	5200,000,000.00	
有價證券	59,672,103.15		銀行透支	688,256,058.63	
材料	1542,678,048.80		存入保證金	1764,881,083.49	
未繳股款			應付賬款	11,794,249.20	
其他流動資產			應付股利	899,071.68	
			應付鴻利	23,960.69	
雜項資產：		20064,625,213.09	應付職工酬勞	985.41	
戰時防護費			職工儲金	679,070,480.03	
存出保證金	9,143,788.99		應付合同款項	3,164,897.69	
暫付款項	525,567,137.02		其他短期負債		
應計欠項	251,683,733.74				
預付款項	6646,377,357.94		雜項負債：		28428,652,179.9[illegible]
提存基金	148,326,578.21		折舊準備	2324,310,596.38	
催收款項			呆賬準備	3935,351,255.14	
投資企業	117,932,300.00		材料漲價準備		
合同訂購材料	6450,028,428.43		其他各項準備		
合同訂購新機	5915,565,888.76		暫收款項	5206,404,140.41	
其他雜項資產			應計存項	16962,586,188.03	
			其他雜項負債		
虧損：		1441,458,638.94	盈餘：		5,906,998.90
前期虧損	25,440,313.40		前期盈餘滾存	5,906,998.90	
本期虧損	1416,018,325.54		本期盈餘		
合計	49162,786,847.42	49162,786,847.42	合計	49162,786,847.42	49162,786,847.42

總經理　協理　科長　股長　覆核　製表

重庆电力股份有限公司一九四七年报表 0219-2-51

5

損益計算書

重庆电力股份有限公司一九四七年报表 0219-2-51

6

民國	年度
第	届決算

重慶電力股份有限公司損益計算書

(計.36)

自1月1日起
到12月31日止

損失	金額	合計	利益	金額	合計
經常開支：		73593,576,794.90	電費收入：		71480,864,401.20
發電費用	45432,990,099.66		電燈收入	29473,246,463.66	
供電費用	6737,302,306.19		電力收入	41684,367,473.82	
營業費用	4832,541,329.86		電熱收入	306,082,158.72	
管理費用	16590,743,059.19		路燈收入		
特項開支：			補繳電費收入	17,168,300.00	
戰時損失			自用電度收入		
盈餘：					
本期盈餘			營業收入：		42,162,450.00
			業務手續收入	42,162,450.00	
			機械租金收入		
			其他業務收入		
			雜項收入：		654,551,618.16
			利息收入	362,190,963.53	
			房地租金收入	22,265,262.53	
			進貨折扣收入		
			售貨利益		
			補助費收入	264,214,560.10	
			匯兑利益		
			物材料盤盈		
			其他雜項收入	5,880,832.00	
			虧損：		1416,018,325.54
			本期虧損	1416,018,325.54	
合計	73593,576,794.90	73593,576,794.90	合計	73593,576,794.90	73593,576,794.90

總經理　　協理　　科長　　股長　　覆核　　製表

重庆电力股份有限公司一九四七年报表　0219-2-51

7

各項費用分類登記表

重庆电力股份有限公司一九四七年报表　0219-2-51

8

重慶電力股份有限公司各項費用分類統計表

民國 36 年　月份

自 1 月 1 日起至 12 月 31 日止

科目	發電費用 本月份金額	發電費用 累計金額	供電費用 本月份金額	供電費用 累計金額	營業費用 本月份金額	營業費用 累計金額	管理費用 本月份金額	管理費用 累計金額	總計 本月份金額	總計 累計金額	每月平均金額
薪金		370464235.42		376640943.50		656994715.52		917741072.70		2321840968.14	
工資		2168409466.95		1127325959.97		83316885.27		331079674.88		3710131987.07	
生活津貼		6080281663.42		3398300257.88		2008518857.44		3629618314.38		15121687093.12	
福利費用								649548149.50		649548149.50	
燃料消耗		22424369885.26								22424369885.26	
潤滑油消耗											
物料消耗		521891262.22		207591288.73		11693400.00		268610074.86		1009786045.81	
工具消耗											
化驗藥物											
修繕費		5642000.00		28562100.00						34204100.00	
房地租				1600000.00						1600000.00	
車旅運費		71133462.00		183502810.00		143599828.00		103601397.00		501525697.00	
廣告費								28476420.00		28476420.00	
財務律務費								60540000.00		60540000.00	
文具印刷費		49453595.06		67924182.14		226159178.15		260926951.98		604503907.35	
郵電費								123161498.05		123161498.05	
自用電度											
醫藥費		7601872.00		2194748.00		386100.00		22035550.69		32188270.69	
茶水薪炭		76501827.00		2287165.89				124636496.66		203425487.55	
服裝								6399750.00		6399750.00	
雜支		53146874.00		56906647.00		3077000.00		254520151.80		367650672.80	
獎勵酬卹		1079900937.51		741069309.58		564306456.68		707182540.48		3092459244.25	
保險費								2548458.91		2548458.91	
匯兌虧損											
材料盤損											
呆賬								3437518171.60		3437518171.60	
稅捐		58712354.00		2750000.00		588973466.30		464165138.31		1111608958.61	
債款利息								4686447571.96		4686447571.96	
折舊		131241760.00		529420495.50		544979942.50		421595561.00		1627237779.00	
書報		5868700.00		1086800.00				18393200.00		25348700.00	
其他費用		19355200.00		10078900.00		572000.00		72026914.43		102033014.43	
購電費		12307064966.80								12307064966.80	
合計		45432990099.66		6757302306.12		4832841329.86		16890743069.19		73593578794.90	

總經理（印）　協理　總務科長　會計科長（印）　股長（印）　覆核（印）　製表（印）

资源委员会天府煤矿公司关于派员商洽偿还历年所欠煤款事宜致重庆电力股份有限公司的函

（一九四八年四月二十六日）　0219-2-273

107

資源委員會天府煤礦公司用箋

天總(37)發字第1375號

電報掛號 三五六一（重慶）

查

貴公司歷欠本公司煤款錢近百億迭經派員洽收迄未能與

貴公司主管人員晤面惟本公司邇來開支浩繁現金週轉至感不敷甚鉅迫不獲已另向金城銀行借到國幣叁拾億元建業銀行借到國幣貳拾億元約自本月廿七日起至月底止所有息金照市價計算擬請

四川重慶民國路五十三號

電話四一二五〇號

资源委员会天府煤矿公司关于派员商洽偿还历年所欠煤款事宜致重庆电力股份有限公司的函（一九四八年四月二十六日）　0219-2-273

108

資源委員會天府煤鑛公司用箋

貴公司惠予担保至全部息金請由
貴公司負担藉裕本公司資金之週轉相
應函請
查照賜辦為荷
此致
重慶電力公司

天府煤鑛股份有限公司　啓

中華民國卅七年四月廿六日

照復不能認利息
[illegible] 戚の

電報掛號三五六一（重慶）

四川重慶民國路五十三號

電話四一二一五〇號

重庆电力股份有限公司与电一煤厂订购售煤合同（一九四八年五月） 0219-2-273

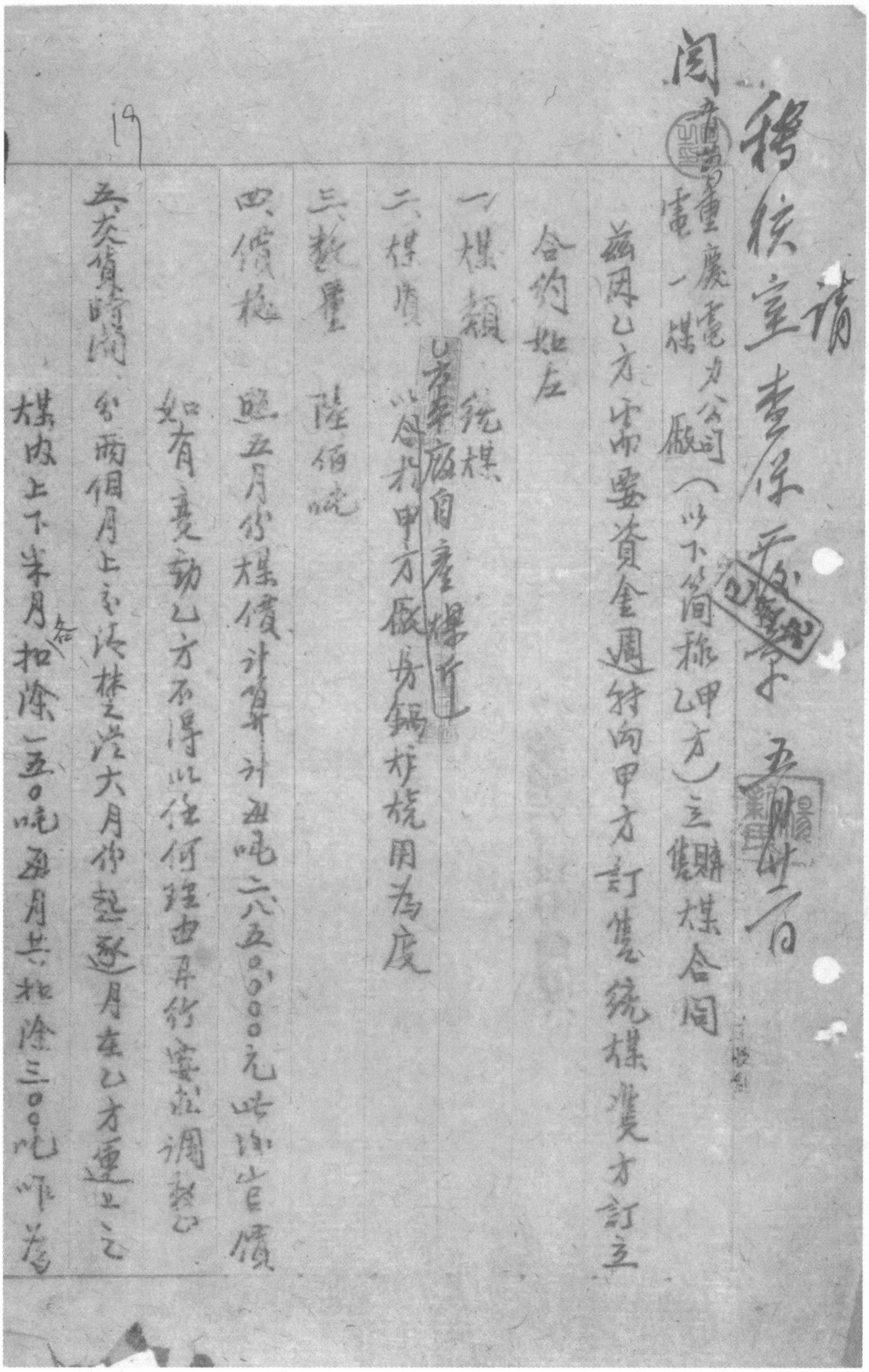
稽核室 请查存案 五月廿日

阅

立合同 重庆电力公司（以下简称甲方）电一煤厂（以下简称乙方）订购售煤合同

兹因乙方需要资金週转向甲方订售统煤双方订立

合约如左

一、煤额 统煤

二、煤质 以乙方本厂自产煤炭以合格甲方厂房锅炉烧用为度

三、数量 陆佰吨

四、价格 照五月份煤价计算计每吨六八五0，000元此系官价

如有变动乙方不得以任何理由要求调整

五、交货时间 分两个月上下旬从六月份起逐月在乙方应交之

煤内上下半月各扣除一五0吨两月共扣除三00吨作为

重庆电力股份有限公司与电一煤厂订购售煤合同（一九四八年五月） 0219-2-273

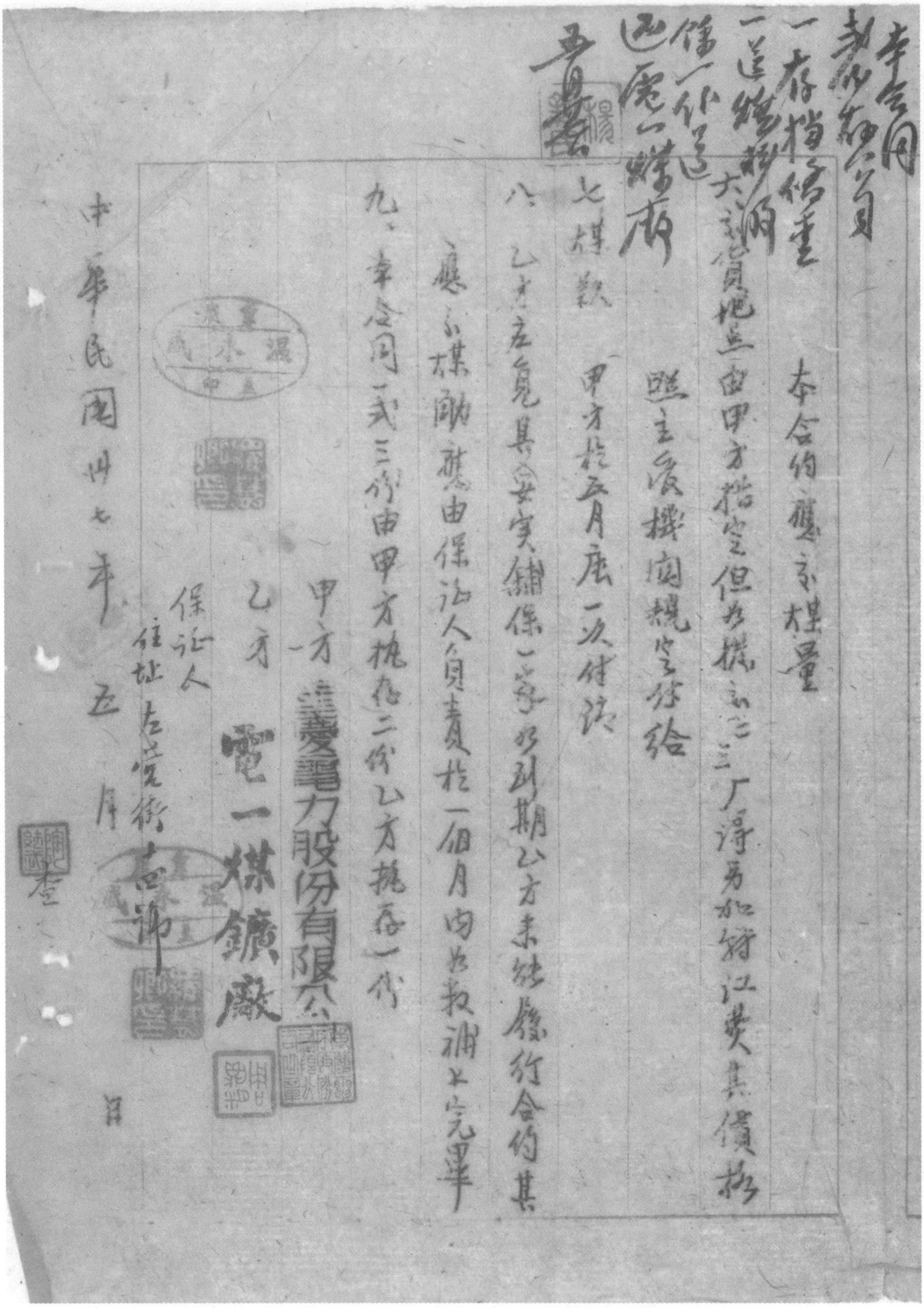
本公司……
一、存檔備查
二、送總務科
三、簽一份送
四、電一煤廠
五月……

本合約應交之煤量
六、交貨地點由甲方指定，但如指定二、三廠，得另加過江費，其價格
照主管機關規定價給
七、煤款 甲方於五月底一次付清
八、乙方應覓具殷實鋪保一家，如到期乙方未能履行合約，其
應交之煤數，應由保證人負責於一個月內如數補足完畢
九、本合同一式三份，由甲方執存二份，乙方執存一份
甲方 重慶電力股份有限公司
乙方 電一煤礦廠
保證人
住址
中華民國卅七年五月 日

重庆电力股份有限公司关于请将每月现钞额增为八十亿元致中央银行重庆分行的函（一九四八年六月七日） 0219-2-230

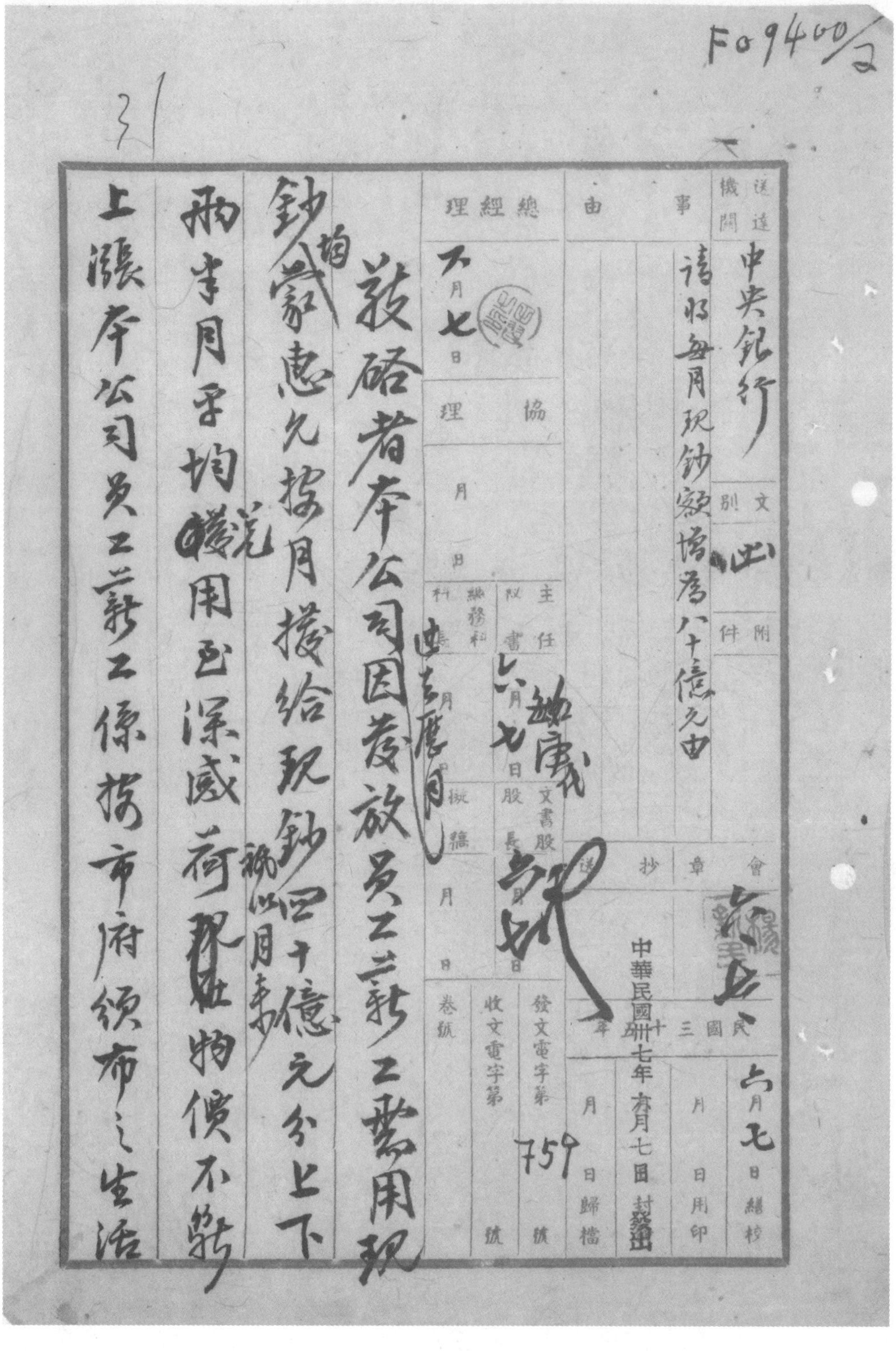
F09400/2

送達機關：中央銀行

事由：請將每月現鈔額增為八十億元由

文別：函

附件

總經理 六月七日

協理

中華民國卅七年六月七日封發

敬啓者：本公司因發放員工薪工需用現鈔，曾蒙惠允按月撥給現鈔四十億元，分上下兩半月平均撥用，至深感荷。現在物價不斷上漲，本公司員工薪工係按市府頒布之生活

重庆电力股份有限公司关于请将每月现钞额增为八十亿元致中央银行重庆分行的函（一九四八年六月七日） 0219-2-230

32

指數算發每月均有增加前承惠允之現鈔
數額早感不敷發放爲特再函奉商擬請
增加每月現鈔額為捌拾億元仍分上下兩半月撥兌
用事關員工生活務祈
俯允賜辦為荷此致
重慶中央銀行
公司啓

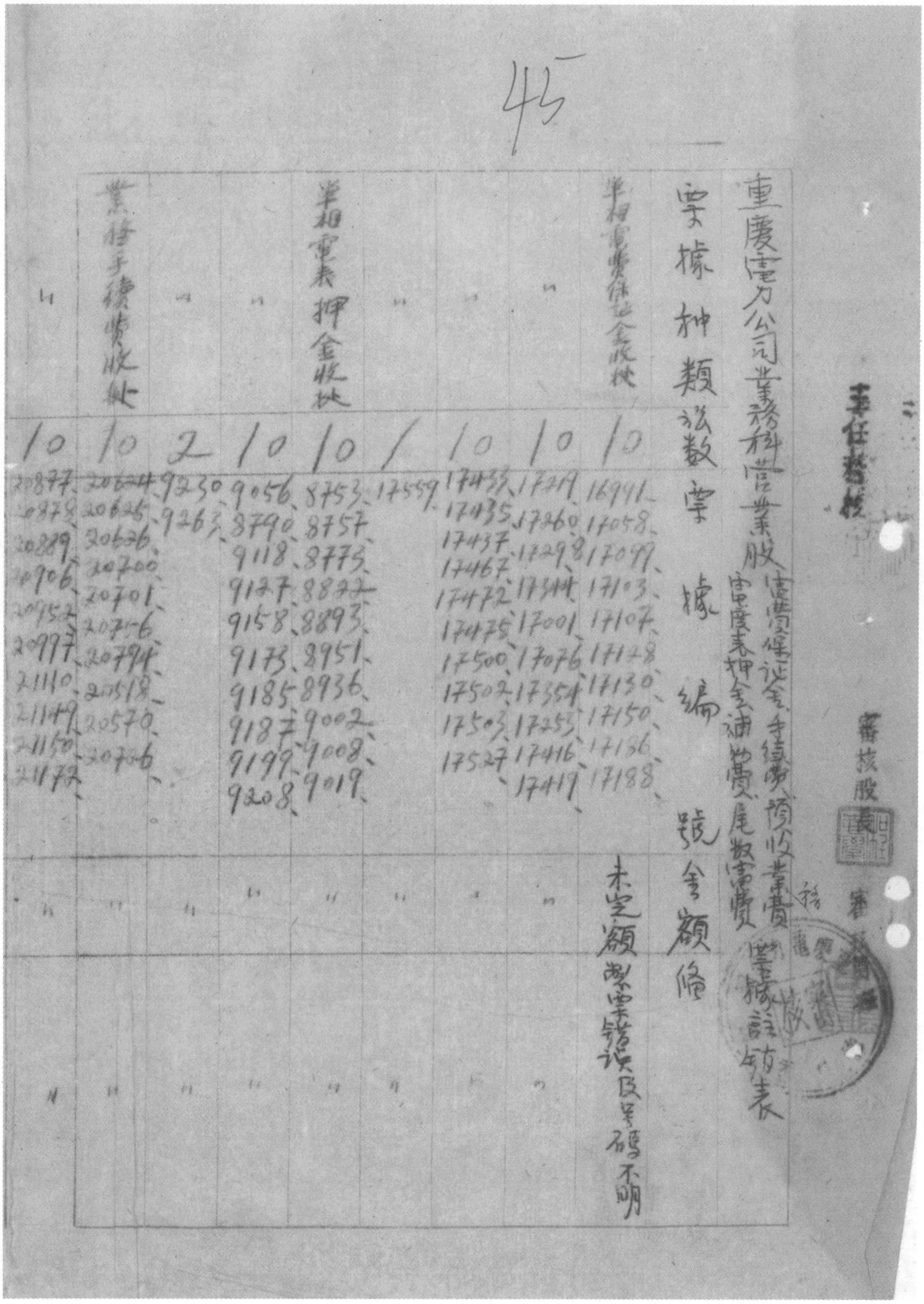

45

重慶電力公司業務科營業股 電費保證金、手續費、預收業費、電度表押金、補助費、電費尾數電費 單據註銷表

單據種類	總數	單據編號	金額	備考
單相電費保證金收據	10	16991、17058、17099、17103、17107、17128、17130、17150、17186、17188	〃	未定額 單據錯誤及號碼不明
〃	10	17219、17260、17298、17344、17001、17076、17354、17253、17416、17417	〃	〃
〃	10	17433、17435、17437、17467、17472、17475、17500、17502、17503、17527	〃	〃
〃	1	17559	〃	〃
單相電表押金收據	10	8753、8757、8775、8822、8893、8951、8936、9002、9008、9019	〃	〃
〃	10	9056、8790、9118、9127、9158、9173、9185、9187、9199、9208	〃	〃
〃	2	9250、9263	〃	〃
業務手續費收據	10	20624、20625、20626、20700、20701、20756、20794、20518、20570、20706	〃	〃
〃	10	20877、20878、20889、20906、20952、20997、21110、21149、21150、21172	〃	〃

主任 審核股 股長 審核

重庆电力股份有限公司业务科营业股电费保证书、手续费、预收业费、补助费等表格（一九四八年八月十二日） 0219-2-295

〃	補助費收據	〃	撇大尾數電費收據	預收業務費臨時收據	總計
1	10	7	6	2	99
212144、	16448、16968、17008、16904、17302、17304、17317、17322、17327、17369、	17374、17380、17389、17411、17412、17504、17532、	10177、10196、10208、10209、10269、10276、	879、886、	
〃	〃	〃	〃	〃	
〃	〃	〃	〃	〃	

中華民國三十七年八月十二日

管票員
股長
科長

重庆电力股份有限公司业务科营业股电费保证书、手续费、预收业费、补助费等表格（一九四八年八月十二日） 0219-2-295

重庆电力股份有限公司订购电力设备概况（一九四八年十月十五日） 0219-2-270

F000738 稿

重慶電力公司

中華民國卅七年十月拾五日發出

渝字第981號

本公司業務以電灯、電力、電熱為主，因本公司設備僅（原供三十万市民之用，目前本市人口已超過百萬，以致）有一萬一千瓩，本市需要量約在二萬瓩以上，供應不敷（以下兩項協助）情形早在各用戶洞鑒中，兼以原有供電用電設備經抗戰八年之晝夜不停使用，復經敵機轟炸損壞不堪，故隨時有臨時停電之情事發生（除分區輪流停電外，設法），致影響市區用電，殊深歉疚，雖經本公司百般努力設法向國外訂購一萬瓩新機一座，惟因外匯牢隨時變更，至今僅完成第二期貨款，尚有第三期貨款美金五十萬元尚無着落，是否能如期付款將機器運回，殊無把握。本公司為公用事業，不有本市市民大眾合力協助，決不能解決本市現時嚴重電荒情形，為此甚盼本市參議會及區民代表協助本公司呈請行政院工商部將前允撥之日本賠償拆遷物資中之

重庆电力股份有限公司订购电力设备概况（一九四八年十月十五日）　0219-2-270

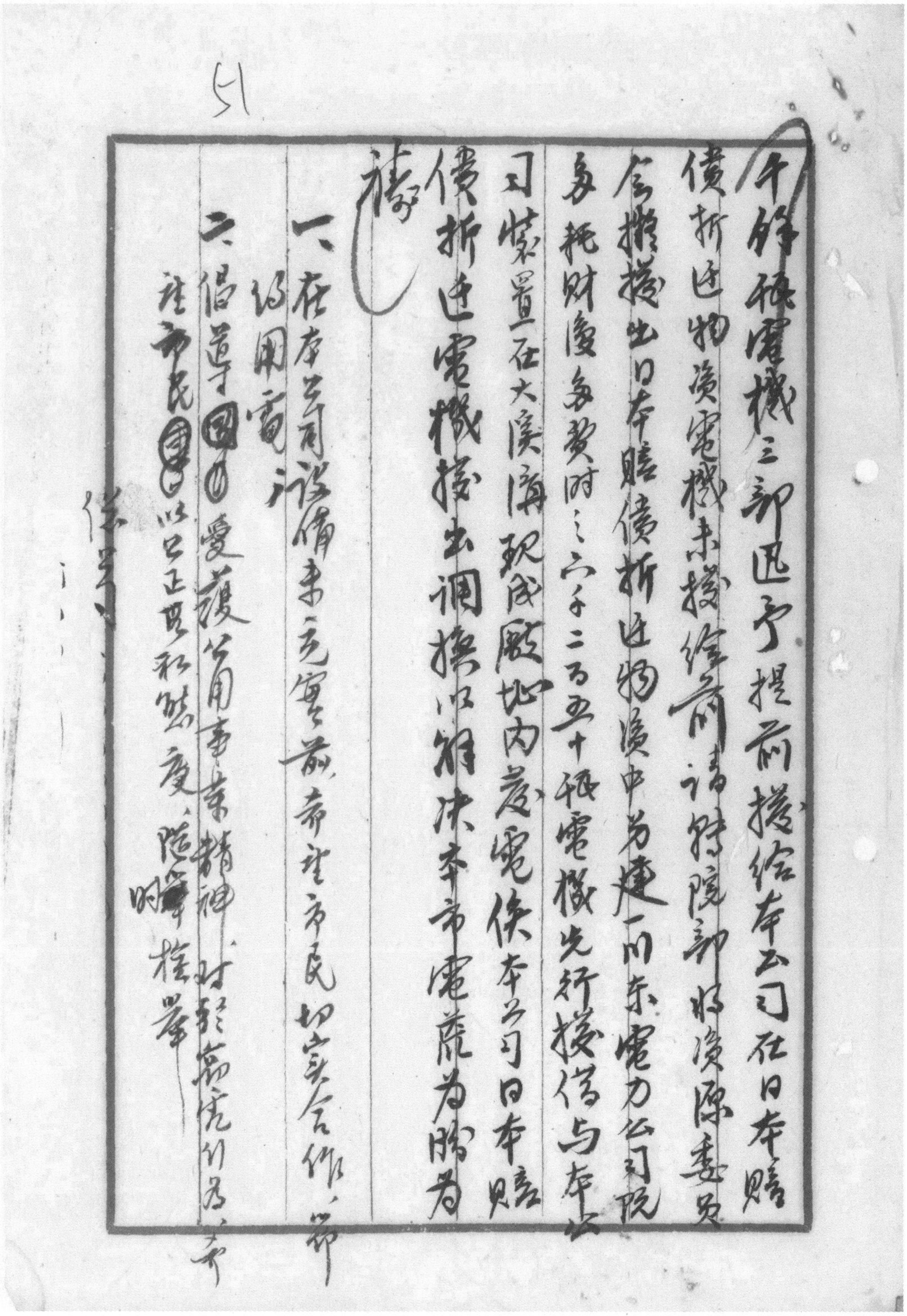
51

千瓩發電機三部迅予提前撥給本公司在日本賠
償拆遷物資電機未撥給前請轉院部將資源委員
會撥撥出日本賠償拆遷物資中爲建一問東電力公司現
多耗財後多費時之六千二百五十瓩電機先行撥借與本公
司裝置在大溪溝現成廠址內俾電供本公司日本賠
償拆遷電機撥出調換以解決本市電荒爲盼爲
禱

一、在本公司設備未充實前，希望市民切實合作，節
約用電。

二、倡導國人愛護公用事業精神，對於竊電行爲，希
望市民國人以公正無私態度，隨時檢舉

工商部关于公布电价调整计算公式给重庆区电气工业同业公会的通知（附公式）（一九四八年十二月三日） 0219-2-301

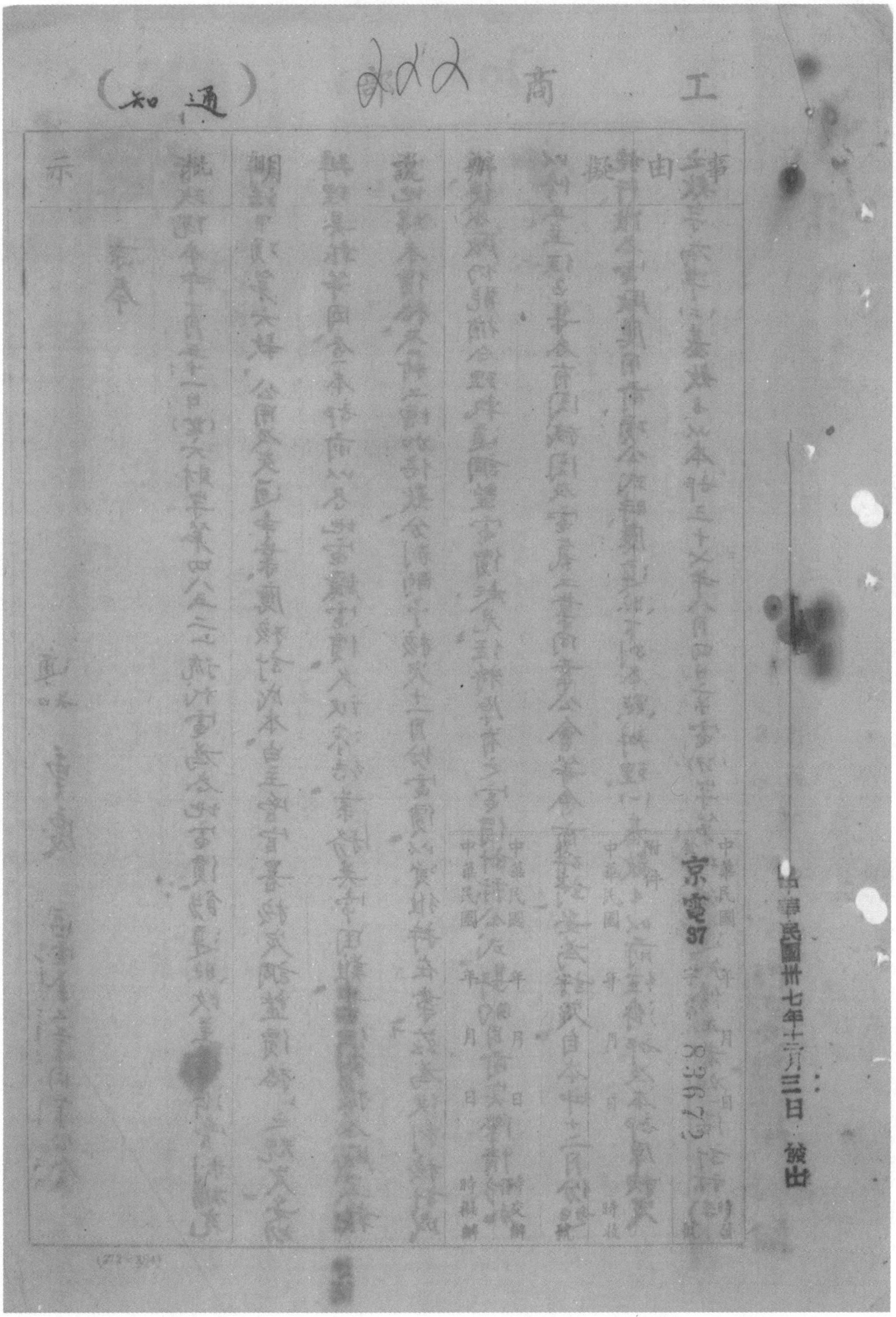
工商

（通知）

京電37

中華民國卅七年十二月三日發出

工商部关于公布电价调整计算公式给重庆区电气工业同业公会的通知（附公式）（一九四八年十二月三日） 0219-2-301

通知 重慶區電氣工業同業公會

案奉

行政院本年十月三十一日(卅七)六財字第四八五二一號代電為各地電價飭遵照改善經濟管制補充辦法甲項第六款，公用及交通事業應核計成本由主管官署核定調整價格之規定妥切辦理具報等因。查本部前以各地電廠電價久被凍結，業務異常困難，業經飭據各廠呈報當地煤米價格及薪工增加倍數分別酌予核定十一月份電價，以資維持在案。茲為便利核計成本，使各廠仍能循合理軌道調整電價起見，經將原有之電價計算公式斟酌目前實際情形加以修正，並經召集各有關機關及電氣工業同業公會等會商研討，妥為訂定，自本年十二月份起施行。惟各電廠應用前項公式時應遵照下列各點辦理：(一)基數A，以前經濟部及本部原核定之數字為準；(二)基數B，以本部三十七年八月四日京電(37)字第72271號通知修正者加一倍計算；(三)

工商部关于公布电价调整计算公式给重庆区电气工业同业公会的通知（附公式）（一九四八年十二月三日） 0219-2-301

223

百分數九及九以60及40計算（四）前三項有調整必要者可專案呈請本部修正（五）未經核定基數者應從速造具表件呈請核定基數其電價暫照本部三十七年十一月十日京電（37）字第八二七二六號代電辦理除呈請行政院備案並分行資源委員會及各省市政府查照飭遵外茲再檢發電價調整計算公式仰即知照并限於文到三日內轉行各電廠遵照為要特此

通知

附發電價調整計算公式三份

中華民國三十七年十二月　日

(192×272公厘)

工商部关于公布电价调整计算公式给重庆区电气工业同业公会的通知（附公式）（一九四八年十二月三日） 0219-2-301

224

電價調整計算公式

甲、公式：

每度成本 $= xa + \left(\frac{n}{100}y + \frac{n'}{100}z\right)b$

解、

a —— 每度燃料消耗基數　公斤/度

b —— 每度業務費用基數　元/度

x —— 新定到廠燃料價格　元/度

y —— 新定當地工人生活費指數

z —— 新定外滙率

n —— 業務費用與生活指數有關部份所佔百分數

n' —— 〃〃〃〃外滙有關部份所佔百分數

A —— 每度燃料費用　元/度

B —— 每度業務費用　元/度

每度成本 $= A + B$

$A = xa$

$B = \left(\frac{n}{100}y + \frac{n'}{100}z\right)b$

即每度成本 $= xa + \left(\frac{n}{100}y + \frac{n'}{100}z\right)b$

七、說明

1. 公式內所謂「每度」係指售電每度數。
2. 業務費用為電廠各種合法之總費用除去燃料費用。
3. a b 兩基數及 n m 兩百分數由工商部核定或修正之。
4. 燃料價格 X、工人生活指數 Y 依當地主管機關公佈之數字為準。
5. 外滙率 Z 以計算電價前一日之銀行售出外滙移轉證價數三十七年八月十五日外滙市價(以約八百萬元約等於金圓4元)之倍數為準。
6. 非管制之燃料價格以當地議價為準。
7. 當地如無工人生活費指數公佈時，暫代以最接近城市之工人生活指數計算。
8. 當地如不能取得外滙轉移證價格時，暫以工人生活費指數計算。
9. 如煤油合用、購電一部份轉供者，則公式內

$A = x_1a_1 + x_2a_2 + x_3a_3$

x_1 = 新定到廠煤價　元/公斤
a_1 = 每度煤耗基數　公斤/度
x_2 = 新定到廠油價　元/公斤
a_2 = 每度油耗基數　公斤/度
x_3 = 新定每度購電價　元/度
a_3 = 每度購電基數

上列煤、油、購電三項如僅有二項消用，其他一項刪去之

10. 依公式算出之數額為電燈、電力、電熱每度之售電成本，如灯力二者售者得將燈價酌量提高，但不得超過40%，家庭用電熱按電燈價計算，工業用者照電力價計算。
11. 電廠為適合當地情形，得將燈價分級計算，但以三級為限，且各級電價不得超過上級電價30%，如為節約或推廣用電起見，得酌予變通。
12. 包燈每月每瓦電費＝每度表燈電價×h/1000，h為每日包燈供電小時數。
13. 全部購電轉售者，其電價依照購價及售價之比例酌定，其比例數由工商部核定或修正之。

工商部关于公布电价调整计算公式给重庆区电气工业同业公会的通知（附公式）（一九四八年十二月三日）　0219-2-301

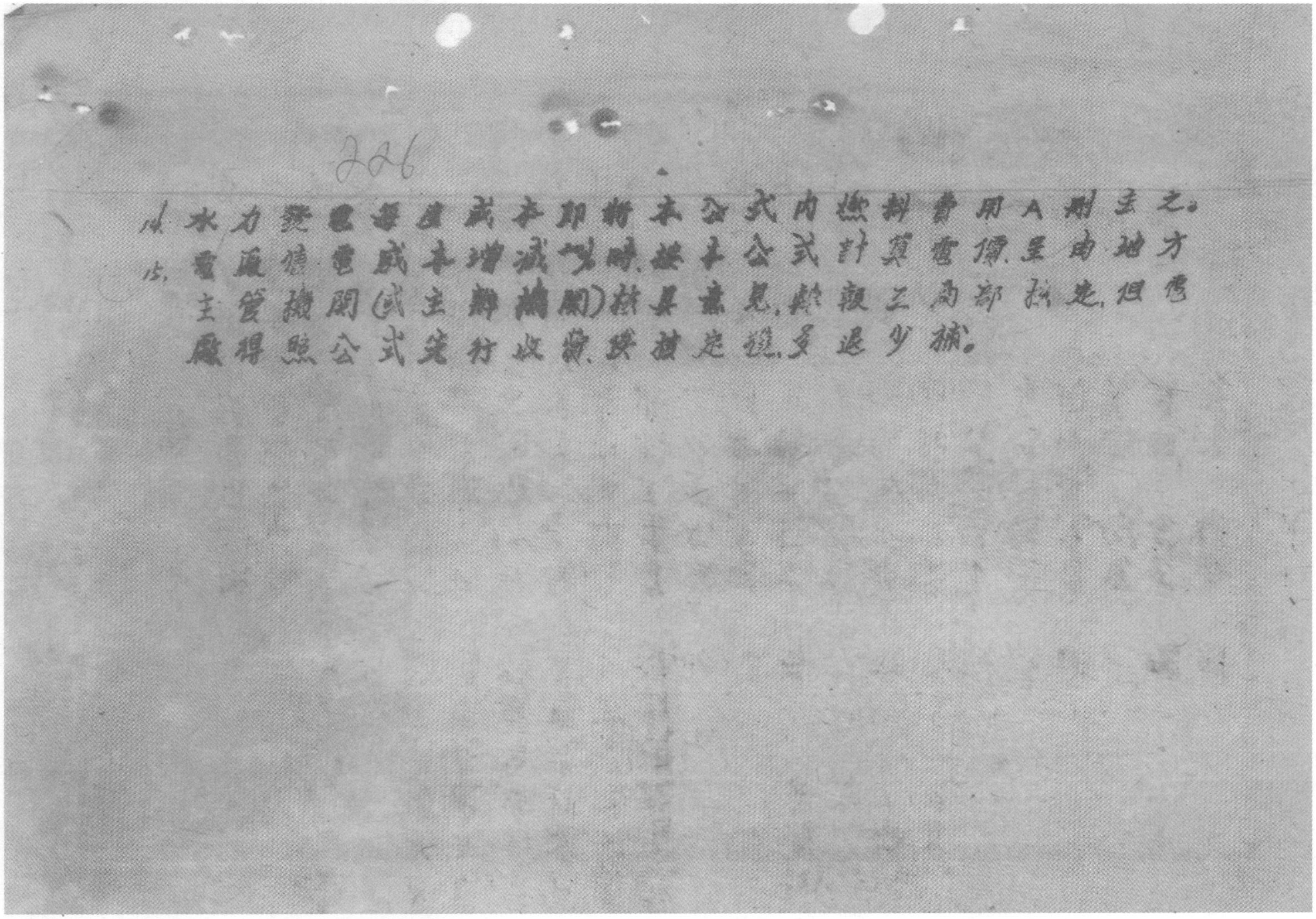
226

14. 水力發電每度成本即將本公式內燃料費用A删去之。

15. 電廠售電成本增減5%時，按本公式計算電價，呈由地方主管機關(或主辦機關)核具意見，轉報工商部核定，但電廠得照公式先行收費，俟核定後，多退少補。

227

電廠調整電價表　　年　月　日起				
a（售電每度燃料消耗基數）＝			b（售電每度業務費用基數）＝	
x（新定每公斤到廠燃料價格）＝			y（新定當地工人生活費指數）＝	
z（新定外匯率）＝				
變動數				電價
A（售電每度燃料費用）			元	
B（售電每度業務費用）			元	
供電種類	電力		元/度	
	電燈	表燈	元/度	
		包燈	元/瓦	
		路燈	元/瓦(盞)	
		臨時燈	元/度(盞)	
		螢光燈	元/度(支)	
		霓虹燈	元/度(盞)	
	電熱		元/度	

工商部关于公布电价调整计算公式给重庆区电气工业同业公会的通知（附公式）（一九四八年十二月三日）　0219-2-301

工商部关于公布电价调整计算公式给重庆区电气工业同业公会的通知（附公式）（一九四八年十二月三日） 0219-2-301

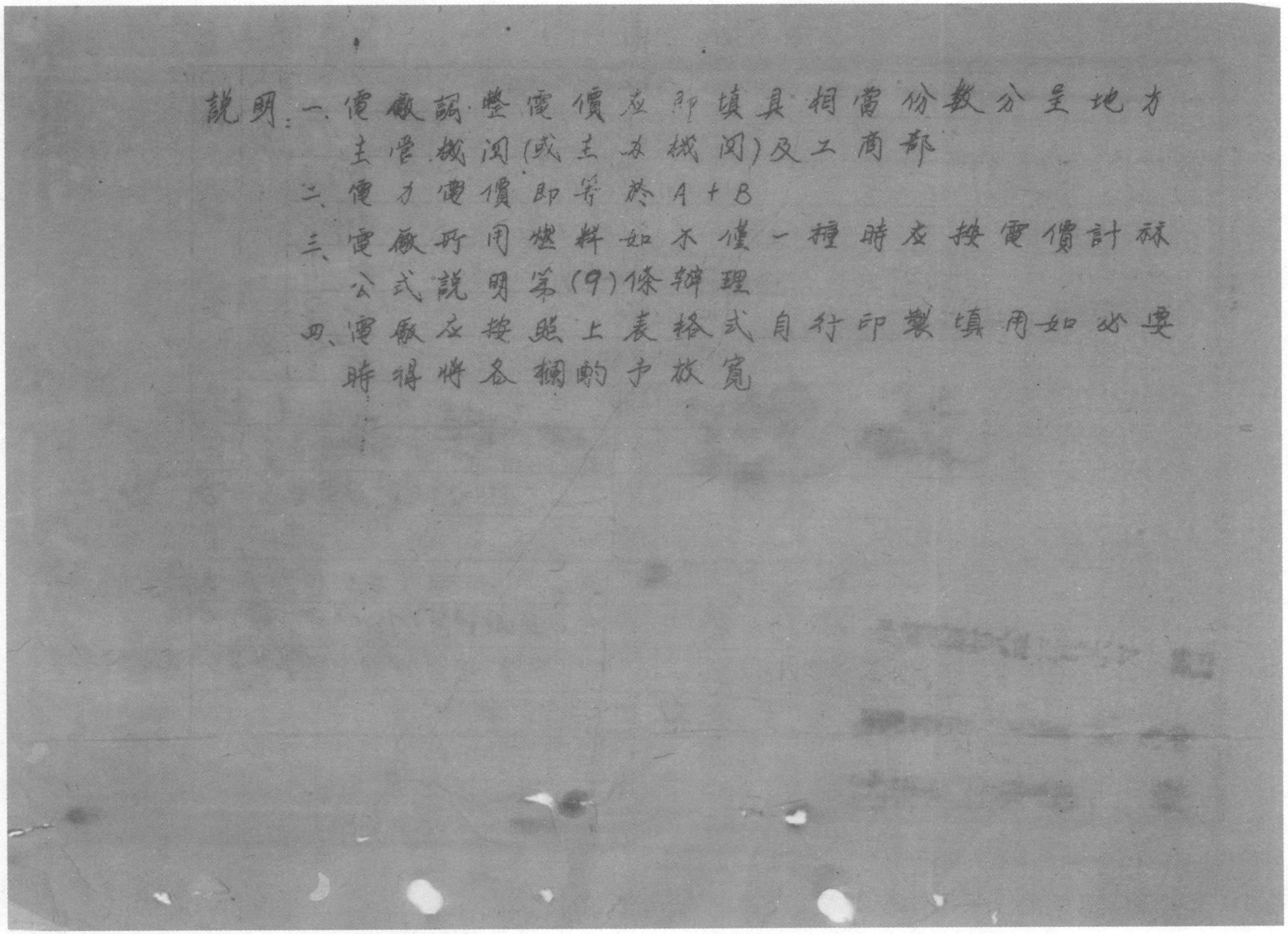

說明：一、電廠調整電價應即填具相當份數分呈地方主管機關（或主辦機關）及工商部
二、電力電價即等於A+B
三、電廠所用燃料如不僅一種時應按電價計算公式說明第（9）條辦理
四、電廠應按照上表格式自行印製填用如必要時得將各欄酌予放寬

交通银行重庆分行关于检送储煤贷款契约致重庆电力股份有限公司的函（附契约）（一九四八年十二月八日） 0219-2-307

197

重慶電力股份有限公司到文簽

收文電字第 37收文電字第5167號

來文機關	交通銀行渝行
字號	交字第一五八一號
到文日期	中華民國卅七年十二月九日到
事由	為送儲煤欵卅五萬元契約見復由
附件	契約抄本一份
總經理	
協理	
關係各科室處組廠簽（意見）	會計科 十二.九 呈閱 存查 十二.十
決定辦法	

交通银行重庆分行关于检送储煤贷款契约致重庆电力股份有限公司的函（附契约）（一九四八年十二月八日） 0219-2-307

198

（二）

重慶交通銀行

逕啓者查

貴公司向敝行及中國銀行合借儲煤貸款金圓卅五萬元契約業經訂妥至依約應派駐之稽核及押品監管員仍派原駐 貴公司廖世浩及王澤分別兼充除分函外用特檢同契約抄本一份函請

督存見復爲荷此致

重慶電力公司

附契約抄本一份

交通銀行重慶分行啓

中華民國卅七年十二月八日

交字第一五八一號 全 頁

重慶打銅街二十六號

交通银行重庆分行关于检送储煤贷款契约致重庆电力股份有限公司的函（附契约）（一九四八年十二月八日） 0219-2-307

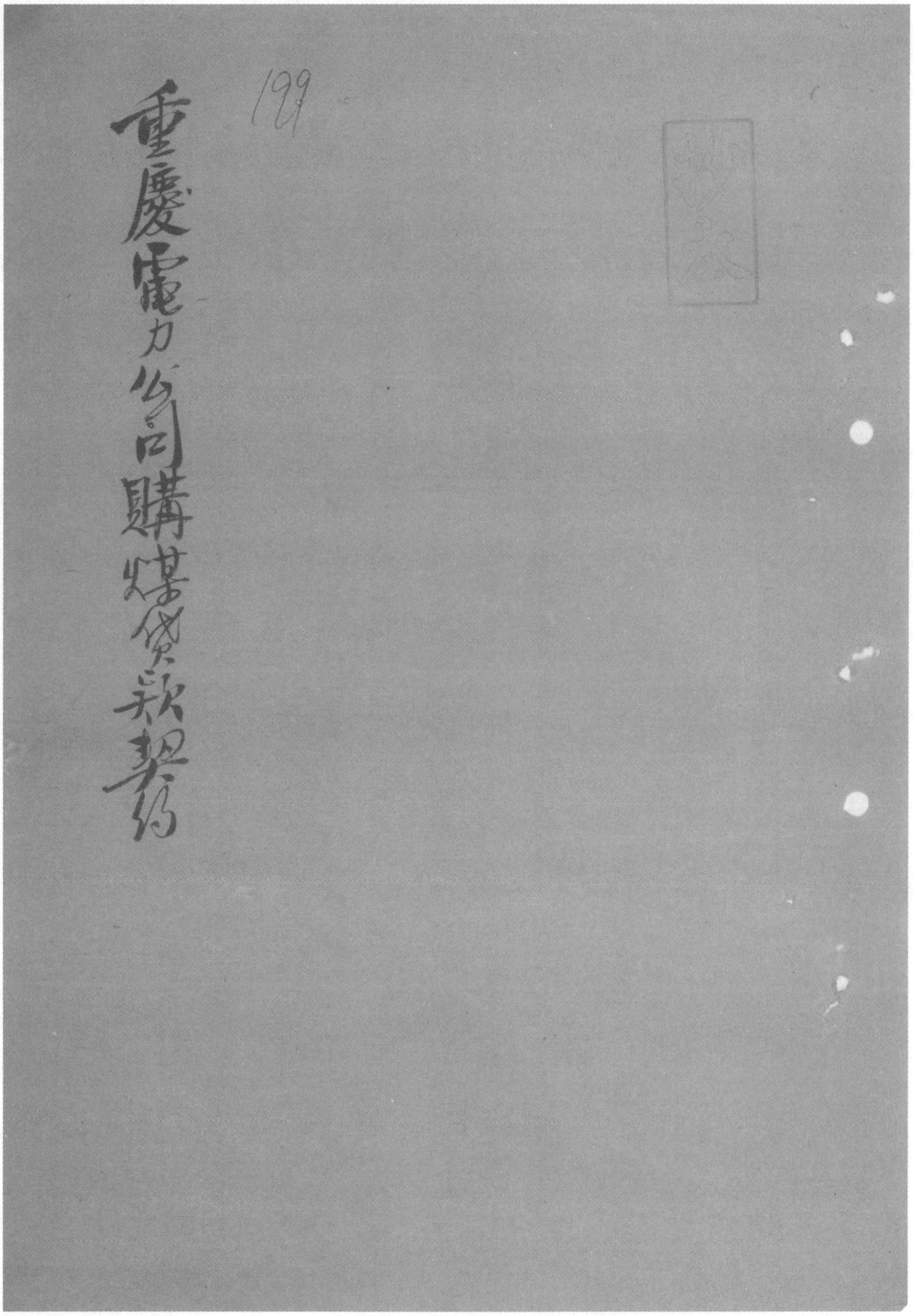

199

重慶電力公司購煤貸款契約

交通银行重庆分行关于检送储煤贷款契约致重庆电力股份有限公司的函（附契约）（一九四八年十二月八日）　0219-2-307

200

立質押透支契約人重慶電力股份有限公司（以下簡稱立契約人包括繼承人受讓人及法定代理人）茲因購儲燃煤需款商經　貴兩行同意以自有庫存器材作抵向　貴兩行各押借金圓壹拾柒萬伍仟元共計借到金圓叁拾伍萬元正由　貴兩行推由交通銀行為代表行辦理本借款收付一切事宜所有左列條款均願遵守此據

一、借款額度以金圓叁拾伍萬元為限由　貴兩行各攤借金圓拾柒萬伍仟元自立具本契約之日起由立契約人按照實際購煤需要陸續開具支票經　貴兩行派駐稽核核明用途簽署後向　貴代表行交通銀行支用

二、借款期限訂為叁個月自叁拾柒年拾壹月叁拾日起至叁拾捌年貳月貳拾捌日止屆期清償決不拖延

三、借款利率按月息叁拾分計算每月結付壹次　貴兩行並得視市息升降隨時調整利率立契約人決無異議

交通银行重庆分行关于检送储煤贷款契约致重庆电力股份有限公司的函（附契约）（一九四八年十二月八日）　0219-2-307

四、借款用途專供立契約人購煤之用不得挪作別用所有立契約人購煤合同暨發票單據均應送交　貴兩行派駐稽核查核以憑核付借款

五、立契約人以自己所有之器材按估價柒折向　貴兩行質借款項如質物價格低落於估價或有低落之趨勢時立契約人應負責立即增加或掉換相當質物或繳入現款至少以補足低落之價格為準

六、立契約人以坐落本市大溪溝第一發電廠內全部倉庫無償貸與　貴兩行使用專堆存　貴兩行質物並於倉庫門首懸掛「重慶中國交通銀行質物倉庫」字樣之招牌以明質權

七、貴兩行如認為質物必須遷移堆存時一經通知立契約人自當負担費用立即照辦萬一有因遷移而發生損失立契約人亦自願負責與　貴兩行無涉

八、質物應由立契約人按照時價用　貴兩行名義向　貴兩行同意之保險公司投保火險其保費稅歸立契約人負担所有保險單及保費收據

交通银行重庆分行关于检送储煤贷款契约致重庆电力股份有限公司的函（附契约）（一九四八年十二月八日）　0219-2-307

應交　貴代表行收執倘遇不測聽憑　貴兩行直接向保險公司領受賠款抵償借款及其他墊付款項如保險賠償不足甚至不得賠償立契約人仍當負責立即另繳相當質物或現款決不藉口意外損失主張卸責如在未經領受賠款以前　貴兩行認為須另行提供相當質物時立契約人亦願照辦

九、立契約人如急於遷移保險或辦理其他手續或繳付各項費用時　貴兩行均得代辦代付其代辦代付之費用應由立契約人立即償還但　貴兩行並無代辦代付之義務如不代辦代付亦不因而負担任何責任與損失

十、貴兩行以代表行原派駐立契約人稽核及監管員分別兼辦本借款稽核及監管本項借款質物事宜但質物仍應由立契約人負担一切善良管理責任如有走漏損壞品質不符或因天災人禍以及其他不可抗力事故以致消滅全部或一部份時　貴兩行概不負責仍由立契約人負責

交通银行重庆分行关于检送储煤贷款契约致重庆电力股份有限公司的函（附契约）（一九四八年十二月八日）　0219-2-307

立即增加或另繳相當質物或以現款補償

十一、立契約人掉換增加或取出質物時其種類及數量須經　貴兩行同意並應隨即填具質物報告表由立契約人負責人員蓋章並經　貴兩行派駐稽核及監管員簽證後送交　貴兩行查核

十二、立契約人如有違背或不履行本契約所訂各條時或　貴兩行認為有違背或不履行之虞時所有　貴兩行貸款及墊付之款得要求立契約人立即清償　貴兩行並得毋庸通知立契約人及承還保證人逕將質物變賣或處分立契約人及承還保證人對於變賣方法賣價高低以及變賣遲早或如何處分決無異議但　貴兩行並無變賣或處分之義務如未經變賣或處分而時價低落所有損失與　貴兩行無涉其因變賣或處分所付之一切費用均由立契約人負担

十三、質物變賣或處分所得之款項即以抵償借款本息及各項費用如不足清償仍由立契約人負責立即補足如有餘款　貴兩行並得移償或扣

202

抵立契約人所欠 貴兩行其他欵項

十四、立契約人如到期不將本息如數清償時由承還保證人負責立即代為如數清償承還保證人決不以質物未經變賣或處分或對立契約人所有財產未能強制執行或藉口其他任何理由延緩履行保證責任並自願拋棄民法債篇第二章第二十四節關於保證人之抗辯及權利

十五、在本借款未清償前保證人不得自行退保但 貴兩行通知更換保證人時立契約人應即照辦

中國銀行重慶分行

交通銀行重慶分行

立質押透支契約人重慶電力股份有限公司

總經理

交通银行重庆分行关于检送储煤贷款契约致重庆电力股份有限公司的函（附契约）（一九四八年十二月八日） 0219-2-307

和源實業股份有限公司

副理 車

會計股主任

承還保證人

中華民國叁拾柒年拾壹月 日

重庆电力股份有限公司与宝源矿业公司订购煤合约（一九四九年一月十五日） 0219-2-182

268

中華民國卅八年一月

立合約重慶電力公司
寶源鑛業公司（以下簡稱甲乙方）双方同意訂
立定購煤合約双方遵守條約如下
(一)數量：壹仟公噸
(二)價格：每噸暫照現時米價每市斗壹拾柒元一
次計於[illegible]社會局如[illegible]新
價[illegible]公即一次付補蓋額鑑收試燒礙
係精選煤另照精選標準計算轉運躉子
石及精公岩溪廠之煤另加轉江費其價
格照社會局核定數目付給
(三)煤質：以適合甲方鍋爐燒用并水份不得超過
百分之[illegible]為度如有攙雜或水濕過重甲
方得拒收卸因此不交之煤乙方應於當
日或次日補交足額
(四)交貨地点：由乙方運行運交甲方大溪溝四百噸
公岩躉子石各叁百噸

38 收文 號

240

重庆电力股份有限公司与宝源矿业公司订购煤合约（一九四九年一月十五日） 0219-2-182

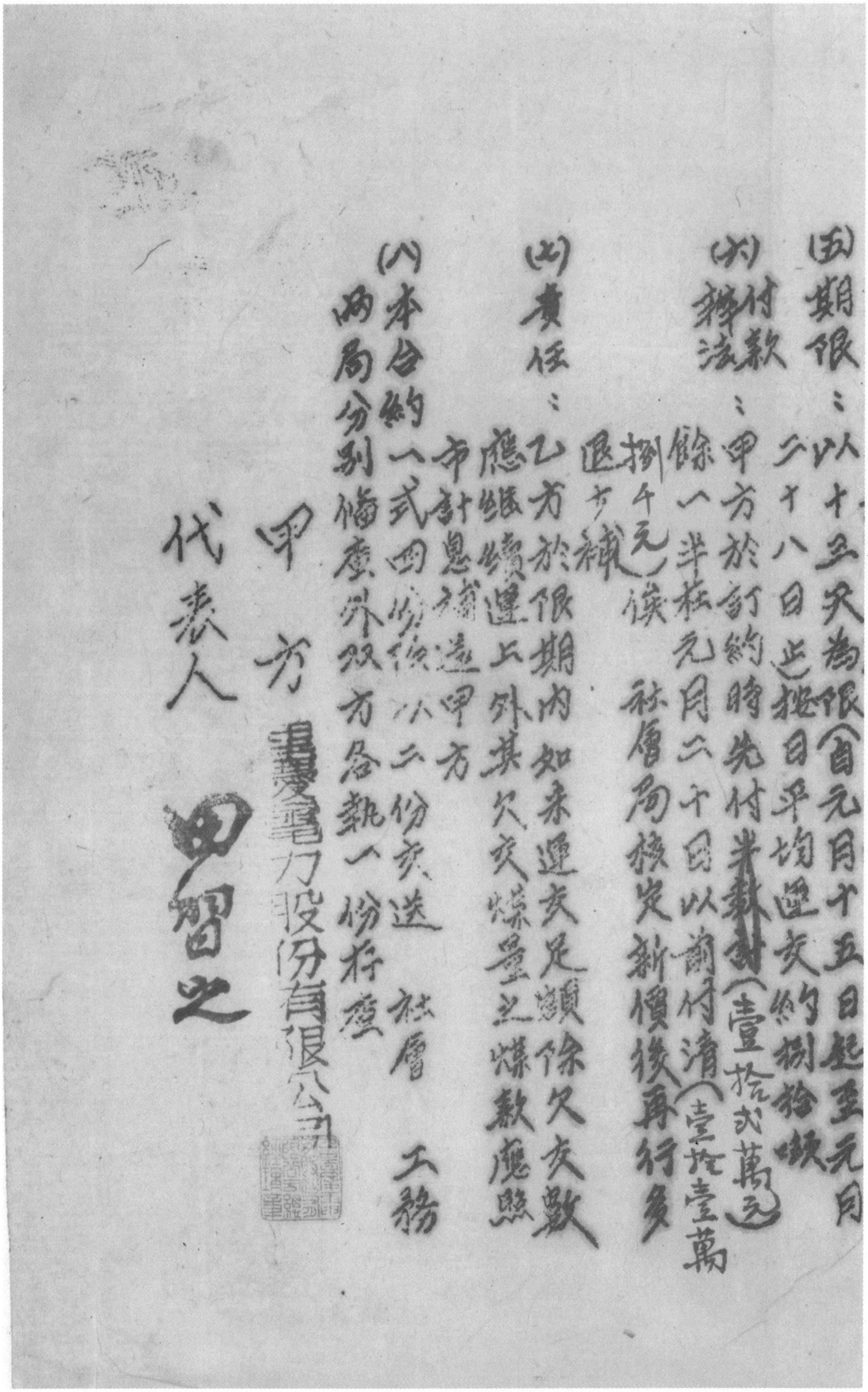

（五）期限：以十五天為限（自元月十五日起至元月二十八日止）按日平均並交約捌拾噸

（六）付款辦法：甲方於訂約時先付半數計（壹拾貳萬元）餘一半於元月二十日以前付清（壹拾壹萬捌千元）俟社會局核定新價後再行多退少補

（七）責任：乙方於限期內如未運交足額除欠交數應繼續運足外其欠交煤量之煤款應照市計息補還甲方

（八）本合約一式四份除以二份交送社會工務兩局分別備查外雙方各執一份存查

甲方 重慶電力股份有限公司

代表人 [illegible]

重庆电力股份有限公司与宝源矿业公司订购煤合约（一九四九年一月十五日） 0219-2-182

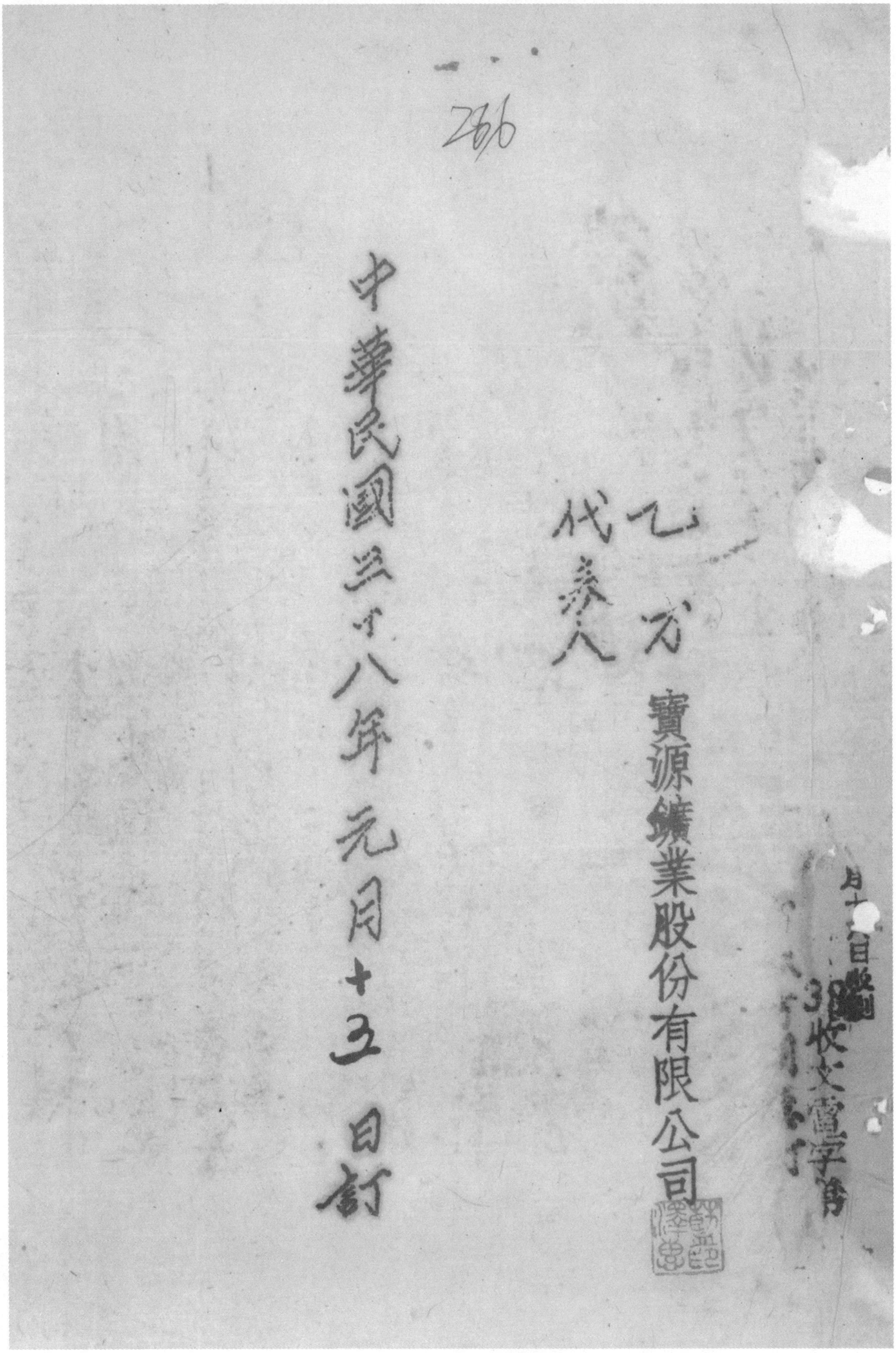
286

乙方 寶源鑛業股份有限公司

代表人

中華民國三十八年元月十五日訂

资源委员会天府煤矿公司营运处关于检送天府煤矿公司煤价表致重庆电力股份有限公司的函（一九四九年二月四日） 0219-2-274

34

資源委員會天府煤鑛公司營運處

字第　　號

案准嘉陵江區煤鑛業同業公會二月三日(卅八)業字第010號通知以最近米价上揚超過原計算煤价之百分之十以上現本會按二月三日中山熟米每市斗金圓一百元价格調整煤价自二月四日起實行檢附煤价表一份囑查照等由自當照辦除分函外相應據附本公司煤价表一份函請

查照爲荷

此致

重慶電力公司

附表一份

中華民國　　年　　月　　日

啓六四、

87.11.15.10,000張

重慶民國路五十三號　電話 四一二五〇 四一三九三

電報掛號三五六一（重慶）

资源委员会天府煤矿公司营运处关于检送天府煤矿公司煤价表致重庆电力股份有限公司的函

（一九四九年二月四日）　0219-2-274

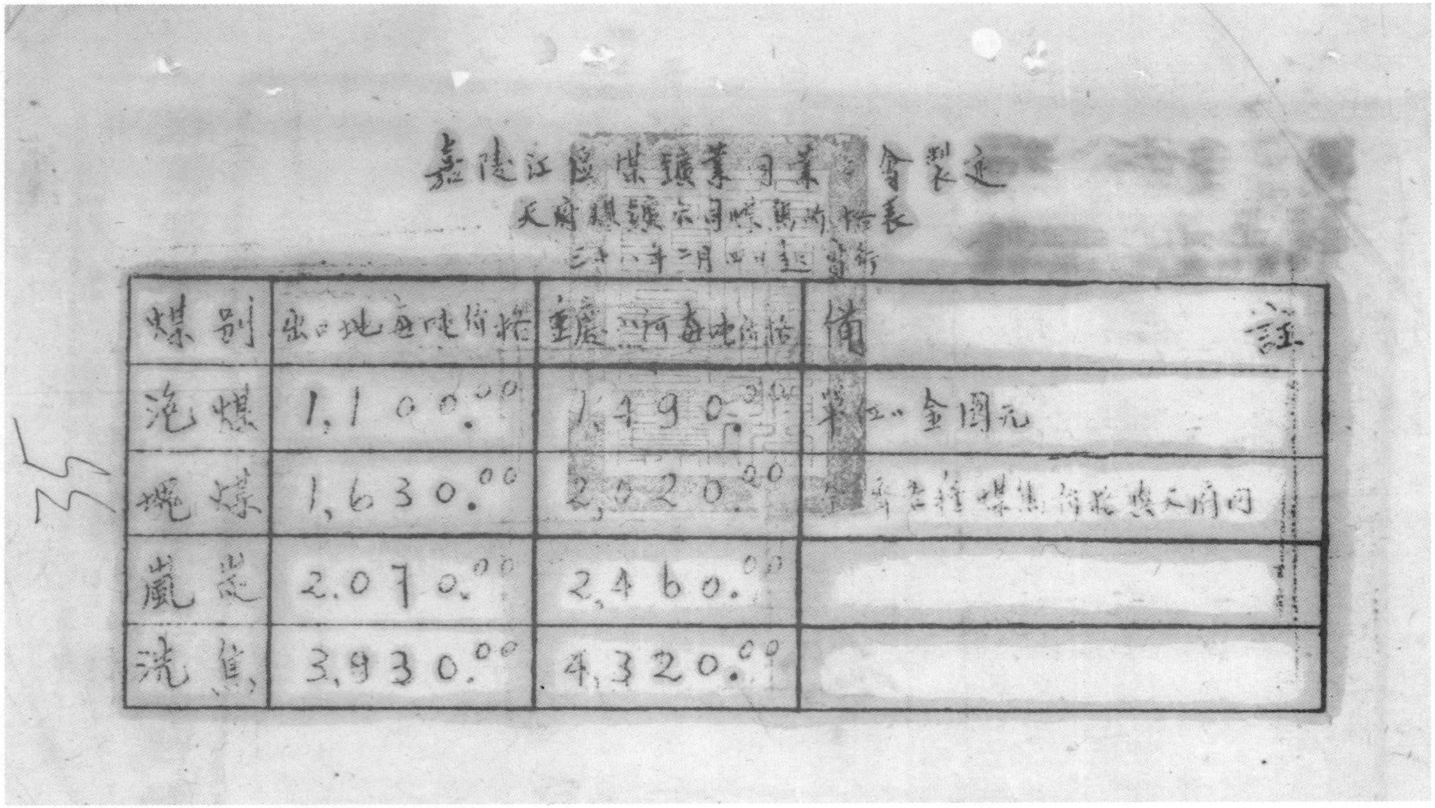

35

嘉陵江区煤矿业同业公会制定
天府煤矿公司煤焦价格表
三十八年二月四日起实行

煤别	出口地每吨价格	重庆南岸每吨价格	备注
洗煤	1,100.00	1,490.00	单位：金圆元
块煤	1,630.00	2,020.00	本公司煤焦价格与天府同
岚炭	2,070.00	2,460.00	
洗焦	3,930.00	4,320.00	

渝新纺织股份有限公司关于检送用电合同正副本致重庆电力股份有限公司的函（附合同）（一九四九年二月七日）　0219-2-295

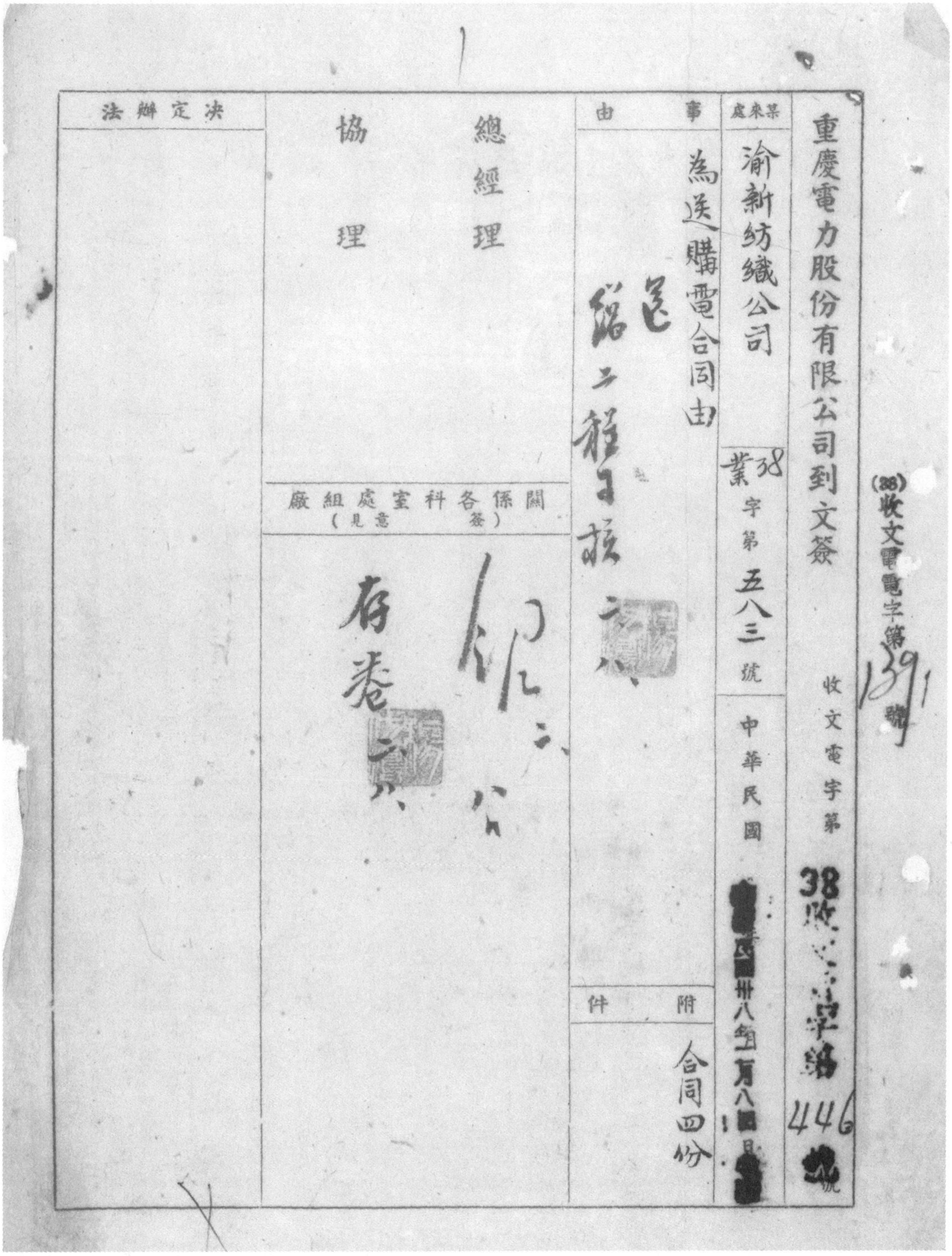

重慶電力股份有限公司到文簽

來處：渝新紡織公司

業38字第五八三號

中華民國卅八年二月八日

事由：為送購電合同由

附件：合同四份

總經理

協理

關係各科室處組廠簽（意見）

存卷

決定辦法

(38)收文電字第1391號

收文電字第446號

渝新纺织股份有限公司关于检送用电合同正副本致重庆电力股份有限公司的函（附合同）（一九四九年二月七日） 0219-2-295

渝新紡織股份有限公司用箋

(38) 業函字第五八三號 第全頁

逕啟者查

貴公司賒用敝公司剩餘電力茲已將用電合同簽章就緒特檢附該項合同正副本各二份函請

查照存查為荷此致

重慶電力公司

附用電合同正副本各二份

渝新紡織股份有限公司 啟

卅八年二月七日

廠址：小龍坎上土灣四十七號

營業處：民族路藍家巷特五號

電話：工廠六二五八 營業處四一二三二

電報掛號：七一一七三

渝新纺织股份有限公司关于检送用电合同正副本致重庆电力股份有限公司的函（附合同）（一九四九年二月七日） 0219-2-295

重慶電力公司用渝新紡織廠供電合同

立用供電合同重慶電力公司渝新紡織廠（以下簡稱甲方乙方）茲乙方以剩餘電力供給甲方轉供豫豐紗廠臨時應用經雙方同意訂立供用電合同如下：

（一）乙方發電量除自用外以剩餘電力四百開維愛日夜供給甲方轉供豫豐紗廠惟每逢星期日上午六時至下午二時得機動整理不供電流供電方式為三相六十週波三、三〇〇伏交流電

（二）因購供電流所需用之一切設備除由乙方供給電錶及控制設備外其餘所需輸電材料均由甲方負責供給並裝置

（三）計電設備應送至第三者校驗合格為度由甲乙雙方會同豫豐紗廠裝置于豫豐紗廠配電間並會同加封又甲方五十週波電度表用于六十週波電源其電度差額仍照舊案辦理計算電費

（四）乙方開始供電時應由雙方會同紀錄合電度表底度以後每月月底抄錄一次每次紀錄由雙方簽蓋各執一份

渝新纺织股份有限公司关于检送用电合同正副本致重庆电力股份有限公司的函（附合同）（一九四九年二月七日） 0219-2-295

〈五〉購電度數照抄錄電度數九折計算購電電費照政府核定甲方購電價計算每月應付電費甲方應予得到乙方通知單後予五日內付清

〈六〉自本合同有效之日起除乙方發電或輸電設備發生故障或乙方訂購供電用之燃煤鑛商逾期不交致燃煤告缺或甲方收到乙方供電費計算單五日內不結清上月供電費用甚或他人力不能抵抗之原因外乙方應按照本合同第一条之規定日夜繼續供電如乙方遇本条所載原因不能供電時當立即用電話通知甲方並在可能之最短期內設法恢復如因煤質不佳發電量不足時乙方得隨時以電話通知甲方減少用電量

〈七〉乙方如遇發電設備發生故障或燃煤告缺電力僅敷供應本廠生產需要而無餘電供給甲方時得隨時通知甲方停止供電

〈八〉本合同自甲乙方開始供用電之日起以兩月為有效期間

〈九〉雙方發生爭執不能解決時得請主管機關仲裁之

〈十〉本合同正本兩份甲乙各執一份另備副本八份分送有關公會備查

甲方代表總經理

乙方代表副經理

中華民國三十八年弍月　日

重庆电力股份有限公司关于改订收费办法的启事（一九四九年二月十五日） 0219-2-301

129

電字第251號

重慶電力公司改訂收費辦法啟事

敬啟者：查近來本市各物猛漲，公司發電所需燃煤價隨來價照例調整價格，本月煤價隨時上昂，煤價亦告上漲，本公司送據嘉陵江煤鑛業公會通知本月一日每噸為七百元，四日改為一千四百九十元，十一日改為二千八百三十元，昨日又改為三千四百二十元，然目前物價趨勢仍有繼續再隨來價調整可能，而公司電價每月祇能奉准調整一次，又須經過擬表製票手續，至東亦在用戶用電後，遲至半月始能收費，平時物價波動不劇之際，收支已難望適合，春節以來，一般物價逐日飛漲，公司經濟更瀕絕境，至今已負債弍仟萬元以上，將來負担愈重，瞬有瀕於破產之虞，再三思維，除力求縮短收費時間，俾可加強週轉能力之外，別無善策，謹將改訂收費辦法分列如次：

（一）本公司根據工商部所頒計算公式算出當月電價後，即行製票收費

（二）每度電費於出票收取，照上海收費辦法，定於三日內完全收清，各用戶於本公司派員赴收時希即惠付，逾限即執行斷火

41

重庆电力股份有限公司关于改订收费办法的启事（一九四九年二月十五日）　0219-2-301

（三）本公司頃准聯合勤務總司令部兵工署第五十厰元月十日（卅八）會密第二三九號公函略謂為本公司應收之購電費以物價高漲從二月份起改為每月十五及月底兩期結算否則停止售電本公司為應付購電周轉起見對於大戶亦改為每月十五及月底抄表一次

以上各点情非得已務望各用戶惠諒本公司困難同情維護俾得勉渡難關繼續服務無任感幸

中華民國卅八年二月拾五日發出

重庆电力股份有限公司关于改订收费办法的启事（一九四九年二月十五日）　0219-2-301

修订收费股收费办法

A、地区划分与人事配备

（一）拟就现有收费员人数及地区分组分段，将城区一至二十区分为五组四十二段，郊区南岸分为三组十三段，江北分为两组四段，沙坪坝分为三组八段，每组包括若干区，每区分数段（详附表一），设领组一人，由该组收费员内推举，并由抄表经理室备查。收费员若干人分别担任收费工作。

B、分区段工作与个人工作

（一）外勤方面

甲、分区段工作

1、各区段收费员每日分区段论收，日清日结，不得擅存票据。

2、各领组率同该组收费员，同时分别领取该组之票，向各区段分别收费，并应尽督导之责。

3、区域既经划定，每月每组划其固定区段之票据，无论若干，应须于半月内尽量办理完竣。

4、各区段收费员于本月内将本区票据办理完毕，或无新票时，应由领组秉承股长之命，率同各员协助其他各区段收费。

乙、收费员个人工作

重庆电力股份有限公司关于改订收费办法的启事（一九四九年二月十五日） 0219-2-301

2、各領組乘同該組收費員同時分別領取該組之票向各區段分別收費並應盡督導之責

3、區域既經劃定每月每組對其所經收各區段之票據無論若干應須於本月內盡量辦理完竣

4、各區段收費員於本月內將本區票據辦理完竣或無新票時應由領組依據股長之命率同各員協助其他各區段收費員個人工作

1、各區段收費員既經劃定區域每日領票時應按區段分別計領洽收日清日結最低限度

三點以上

2、各區段收費員每日所領票據如有新票應即先按户整理盡量洽收如無新票時對於所領票據仍應按户整理設法洽收對合同大户並應特別努力催洽提前收回

（二）內勤方面

1、關於股長部門

重庆电力股份有限公司关于改订收费办法的启事（一九四九年二月十五日） 0219-2-301

1. 主管股長應置備記事簿一本於每日檢閱收費員報告後摘記各區段收費員對用户約期或改票及其他特别事項以備參攷並設法處理
2. 主管股長於每日檢閱收費員報告時應隨時密切注意各區段收費員之勤惰並以憑考核懲獎（懲獎辦法待請示後另訂之）

B. 分票部門

1. 分票時分票員應密切注意劃定區域内用户集中或分散或交通是否便利配搭各收費員應領票據不能紊亂次序並不得隨意多寡
2. 每日配發各區段之票皆應以機關與普通票兼搭（因機關辦公時間之外九時以前十二時至二時之間或五時以後即可收普通用户）以收事半功倍之效其有特殊情形者由分票員報股長[illegible]另行設法辦理

C. 發票部門

1. 發票員每日發票應就已配分新舊各票按劃定區段發給收費員不得任意變更如有意見應與分票員商洽辦理

重庆电力股份有限公司关于改订收费办法的启事（一九四九年二月十五日） 0219-2-301

2、如無新票須錄收時應與分票員根據長項一條酌量分配不可過多或過少

3、如須臨時提收大用戶或合同用戶時可與主管股長及區領組商洽辦理

D、總管票部門

1、總管票除每日提收門市票據外應隨時提查收費員報告將各區段應行提收之票據按時提出交發票員分別配給各區段洽收

2、總管票員根據日清日結原則應嚴格注意各收費員收繳情形及股內票據異動情形，遇特別情形時並應立即報告股長

E、其他部門

1、除總管票分發票外其餘如過退票徒賬等仍照舊工作不變

（三）組織方面

1、各區段收費員及領組必要時由主管斟酌情形互相調動以杜流弊

2、各區領組可隨時或一星期召集各該區收費員開小組會一次商討已往及未來之工作計劃並呈報主管股長

3、各區領組每星期或半月會同主管股長開檢討會一次解決各項工作上之問題

4、主管股長應每月召集全體收費員及區領組開座談會一次檢討各區段之工作績使明瞭本月收費情形以謀增進收費效率

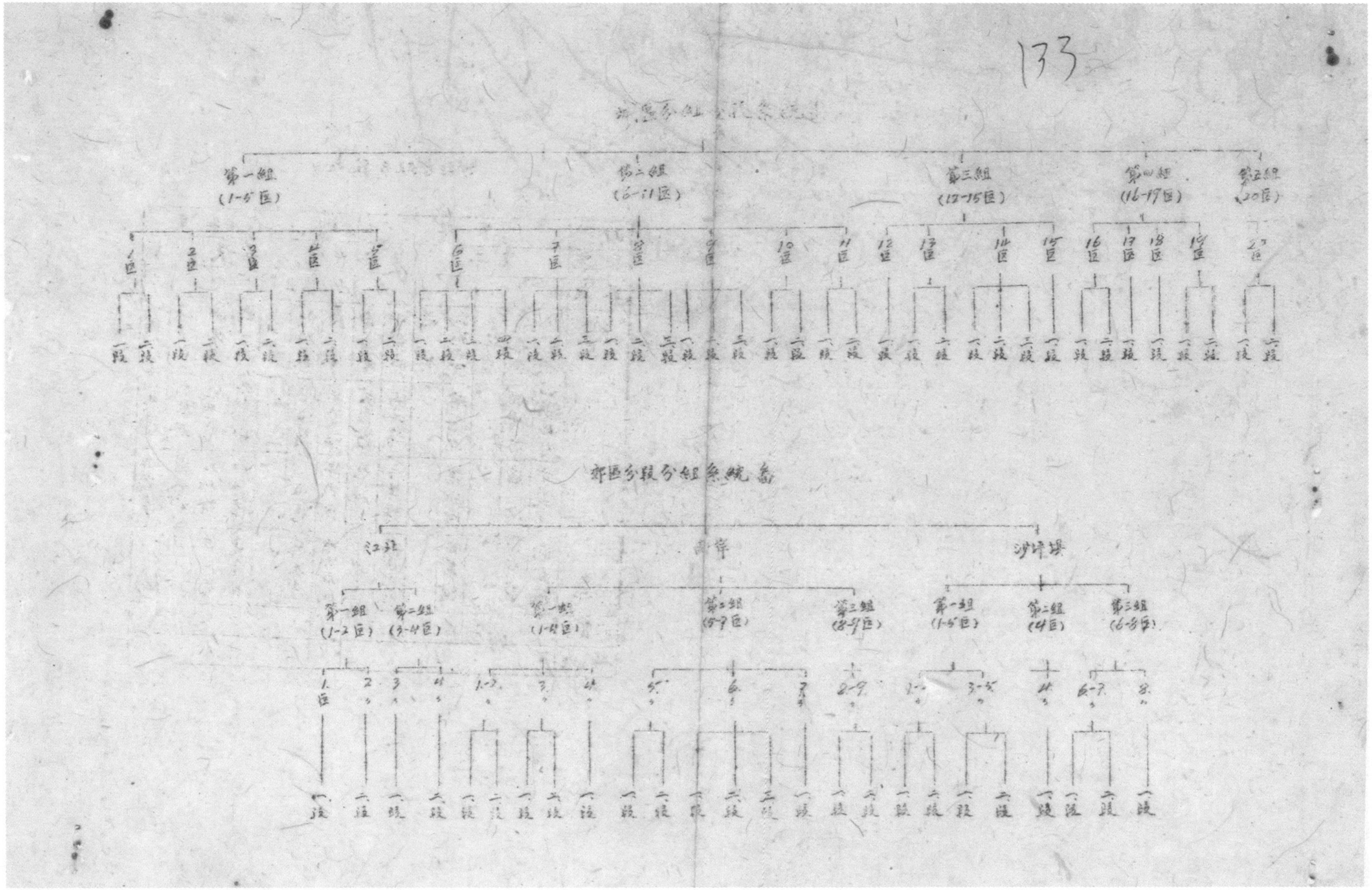

重庆电力股份有限公司关于改订收费办法的启事（一九四九年二月十五日） 0219-2-301

重庆电力股份有限公司关于改订收费办法的启事（一九四九年二月十五日） 0219-2-301

134

沙區分組分段表

組別	第一組							第二組	第三組					
區數	1.2					3-4		5	6-7					8
段數	1			2		1		1	1		2			1
街	楊家坡	夔巷子	文中里	高家花園	新街	小龍坎	雲泉寺	盤溪	紅槽房	天星橋	新橋	新開寺	碑口	大渡公路
	沙坪新村	碚樹林		磁器口		上土灣	黃角灣	瓦窯埡	覃家崗		石壁山	龍井灣	新上游	小龍公路
	中渡口	廟灣		詹家溪		下土灣	石門新村	石門坎	周家灣		石橋溪	松林橋	遊龍山	煤炭灣
道	南開坡	沙坪正街		石馬河		梅園新村	下土灣	石家花園	復元寺		雙河橋	西山街	山洞	
收費員	2					2		1	2					1
領組	1							1	1					

南岸分組分段表

組別	第一組															
區數	1.2、									3.			4.			
段數	1				2.					1		2.	1			
街道	李家沱	新民村	銅元後街	瑪瑙溪	官家堡	興隆街	敦厚中段	向家坡	煙雨堡	新碼頭	老碼頭	上後街	壅子灣	彭家灣	茶亭後街	米市街
	蘇家垻	營門街	大田垻	南岸正街	龔店灣	丁家嘴	敦厚下段	煙雨段	瓦廠灣	下新街	達紫嵐	前驛路	問胡街	裕翁院	龍門寺	獅子口
	中美村	英厂街	大田垻后街		余家巷	海棠溪茶亭	黄家河濟	海棠正街	馬鞍山	道摩廂	灘子口	桂花園	望月樓	下浩正街	周家灣	覺林寺
	老君廟	銅元河街	黃桷渡		菜園村	敦厚上段	巨噴巷	海棠河街		下後街	普善巷	上新街	覃家橋	茶亭	鄧中里	新房子
收費員	2.									2.			1.			
領組	1															

重庆电力股份有限公司关于改订收费办法的启事（一九四九年二月十五日）　0219-2-301

附135

江北分组分段表

组别	区数	段数	街道				收费员	领组
第一组	甲	1	香国寺	香国新村	华兴街	任家花园	1	1
			董家溪	红砂碛	猫儿石			
	乙	2	简家台	官山坡	刘家台河街	刘家台	1	
			通顺桥	马耳湾	感应寺	洗足溪		
			刘家台官山	廖家台	陈家馆	陈家馆官山		
			陈家馆河街	沙湾	周家湾	黄桷堡		
			适中村					
第二组	丙	1	江北正街	水涛	公园内	公园口	1	1
			黄土坡	衙门口	武库街	三道公门		
			[illegible]街	龙隐顺城	觐阳码头	月台坝		
			弋廊	下横街	人寿局	鼎升楼		
			体仁堂	金星楼	水市口	东升顺城		
			问津门	问津顺城	培城垴	大坡堡		
			上檀台	潮音寺	鲤鱼石	郑家院		
			沙井湾	桂花街	雨雾庙	衙门顺城		
			永平门	水神庙	节孝祠	桂花街		
			文华街	茅竹寺	新城	新街		
			上横街	宏殿街	鱼骨街	马号街		
			老戏园	九龙巷	洗布塘	米街后		
			火龙祠	杉树街	育婴街	土地坡		
			紫云宫	兵家湾	汇川顺城	大院坝		
			汇川门	黄土坡	保定门	磨坊街		
			四方井	文昌宫	金沙街	木阁街		
			盐林街	宝盖寺	天主堂	玉山庙		
			芭蕉园	高花土地	四楞碑	米亭子		
			小市场			—		
	丁	1	茅溪	溉澜溪	头塘	青草坝	1	

南岸分组分段表

组别	区数	段数	街道	收费员	领组
第二组	5	1.	聚福巷、南园、八角巷、玄坛庙、黄家巷、[illegible]河、铜[illegible]、觉[illegible]街	2.	1.
		2.	新生院、[illegible]子镇、海狮路、皇[illegible]庙、太子里、忠恕巷		
	6	1.	野猫溪、石溪路	3.	
		2.	杨家街、[illegible]寺、中学巷、简[illegible]湾、五桂石、裕华街、[illegible]打石、半边街		
		3.	昇平巷、百[illegible]街、太平街、麻井街、长新街、凉水井、文星街、学堂巷、[illegible]山街、中兴街、[illegible]街、[illegible]泰巷、弹子石正街、弹子石后街、弹子石河街、王家沱、[illegible]建楼		
	7	1.	石[illegible]路、[illegible]子堡、龙井湾、鸭[illegible]、十里沱、文石[illegible]、猫背沱、石桥段、复兴路、大佛段、[illegible]角沱、大有街、森[illegible]、建新街	1.	
第三组	8-9	1.	文峰塔、黄桷垭、[illegible]山、新村、[illegible]心村、[illegible]、[illegible]城、[illegible]路、重庆花园、[illegible]、中兴路、新大路、黄桷垭正街、黄桷垭后街、黄桷垭河街、杨家花园	2.	1.
		2.	清水溪、放牛坪、丁家[illegible]、汪山、下莲花街、莲花山、[illegible]家院		

重庆电力股份有限公司关于改订收费办法的启事（一九四九年二月十五日） 0219-2-301

重庆电力股份有限公司关于改订收费办法的启事（一九四九年二月十五日） 0219-2-301

137

城區分組分段表

組別：第一組

函數	段數	街道				收費員
1	1	馬王廟	信義街	金沙崗	千廝門行街	2
		水巷子	曾家巷	頂巷子	中正路	
	2	蔡家灣	千廝正街	紅岩洞	鎮江寺	
		小河順城街	鹽井巷	姚家巷	當鋪馬頭	
		嘉陵碼頭	麻柳灣	鹽碼頭	煙家碼頭	
		紙碼頭	天成巷	鷄毛土地		
2	1	陝西路	金紫巷	鏡江街		2
		洪崖洞	[illegible]背街	黑巷子	白鶴亭	
		磨兒石	大河街	沙木灣	石門街	
3	1	林森路	聘芳里			2
	2	林森路	太華樓	致中和	憲審巷	
4	1	四方街	人和灣	太平碼頭	海關巷	1
		郵局巷	香水寺巷	鑾巷子	九道門	
		羊子壩	儲奇門	儲奇行街	鎮守使	
		金紫行街	伍家街	寶善寺	鑄行街	
		老關廟				
	2	東水門	芭蕉院	太洪崗	下洪學	
		月亮街	東正街	打銅巷	石灰倉	
		望龍門	白象街	石門坎	太平行街	
		元通寺	禹王廟	望江巷	元寶街	
5	1	打銅街	商業場	遠化街	漆溢場	2
		小市場	上洪學	二府衙	東升樓	
		陸金局	永齡巷	蕭家凉亭	公園路	
		山王廟				
	2	瞭望街	凱旋路	雷公咀	扁担巷	
		馬家巷	征東橋	四大四街	左營街	
		文華街	神仙口	東華觀	刁家巷	

領組：1

城區分組分段表

組別	區數	段數	街道	收費員	領組
第二組	6	1	小[illegible]一里、保安路	4	1
		2	民國路、育嬰堂、正陽街、朝陽街		
		3	鄒容路、中華路、新生路、官井巷；致誠巷		
		4	中正路		
	7	1	民族路、治平寺	3	
		2	[illegible]子街、[illegible]子廟、羅漢寺、棉和街；[illegible]陽巷、二府衙、九尺坎、炮台街；鐵板街、蔬菜園、臨江路、書院街		
		3	[illegible]路、江家巷、戴家巷、復興觀巷；臨江路		
	8	1	中華路、新生路	5	
		2	東[illegible]巷、臨江路、川鹽二里、文華巷；西來寺		
		3	[illegible]、吉家巷、臨江正街、北[illegible]廟；[illegible]閣、吉祥巷、丁口街、丁字樓街；[illegible]、石灰碼頭、豆腐石、油[illegible]；興隆街、[illegible]碼頭、太平橋、乾城巷；[illegible]、[illegible]、新河街、[illegible]十字；三聖宮、富城路		
	9	1	民權路、米亭子、[illegible]	3	
		2	民生路、天主堂		
		3	若瑟堂、[illegible]洞、依仁巷、青年路；蓮花洞、大同巷、[illegible]		
	10	1	百子巷、新民街、[illegible]巷、[illegible]；會仙巷、鋼鼓台、新華街、[illegible]；福興里、[illegible]、和平路、水市巷；蓮花池、中山街	2	
		2	演武廳、[illegible]街、竹子市、倉[illegible]；三牌坊、[illegible]街、忠烈祠、[illegible]巷；[illegible]、二[illegible]橋、[illegible]巷、[illegible]里；[illegible]、曾家巷、新華街		
	11	1	[illegible]街、善果街、大巷子	2	
		2	花街子、守備街、青年里、響水橋；厚慈街、[illegible]子、十八梯、鳳凰台；[illegible]街、永興宮、迎水溝		

138

重庆电力股份有限公司关于改订收费办法的启事（一九四九年二月十五日） 0219-2-301

重庆电力股份有限公司关于改订收费办法的启事（一九四九年二月十五日） 0219-2-301

城區分組分段表

組別	第三組																			
區數	12					13								14					15	
段數	1					1			2					1	3				1	
街道	金湯街	放牛巷	涼亭子	吉祥公所	洪心堂	南區路	川道拐	飛機碼頭	凝泥灣	天水井	樅樹灣	交通街	下南區路	中二路	山城里	臨華街	神仙洞	義林新村	中山路	馬鞍山
	打槍壩	天官府	藤家石堡	鐵井巷	蜂新街	南紀正街	一字街	下寧店	菜元壩正街	王家坡	蕭家灣	新民街		協合里	嘉廬	張家花園	純陽洞	莊園公館	羅家灣	枣子嵐埡
	鎮守巷	金堅寓	觀音灘	九塊橋	仁愛堂	國珍街	雷公坡		天星橋	燕子背	大菜元壩	平安路		興隆街	桂廬	雙龍巷	石板坡	中一支路	康寧路	兩路公園
	火藥局	當塘巷	韓家巷	馬蹄街	中興路	下石板坡	燕喜洞		纜廠巷	黃沙溪	鐵路壩	嶽峯岩			曾家岩口		神仙洞新街		飛來寺	
收費員	1					2								3					1	
領組	1																			

武區分組分段表

組別	第四組															第五組				
區數	16.				17.					18.			19.				20.			
段數	1.	2.			1.					1.			1.		2.		1.		2.		
街	中三路	春森路	巴中校	學田灣	新村花園	茶亭	遺愛祠	[illegible]	王家花園	人和街	建設路	國府路	中四路	曾家岩新街	上清寺	牛角沱	李子壩	李子壩新街	建設新村	化龍新村	交農新村
	老兩路口	天興別墅	孟園		大坪	歇台子	李園	黃家花園		[illegible]	黃花園	大溪別墅	曾家岩		大田灣		二江村	李子壩後街	鹿家岩	石廟子	化龍山村
	金湯別墅	美專校	重慶村		大佛岩	謝家灣	復興關	新市場		高家莊	三元橋		桂香閣		[illegible]		化龍正街		黃桷壟	半山	紅岩嘴
道		兩路新村	聚興村		七牌坊	兩浮支路	復興關後街	前道岩		[illegible]	[illegible]		龍家灣		桂花園		嘉廬新村		虎頭岩	龍隱路	
收費員		2.			1.					1.											
領組	1.																1.				

138 140

重庆电力股份有限公司关于改订收费办法的启事（一九四九年二月十五日） 0219-2-301

资源委员会天府煤矿公司营运处检送一九四九年三月煤价表致重庆电力股份有限公司的函（一九四九年三月八日）　0219-2-274

61

重慶電力股份有限公司到文簽

收文電字第 38收文電字第841號

來處某：天府公司

天字第二〇〇號

中華民國 三十八年三月十日收到

事由：為送三月八日起煤價表由

附件：表一份

總經理

協理

關係各科室處組廠（意見簽）

總務科 三、十、

燃料股 三、十

已電社會局核示暫請歸檔

決定辦法

资源委员会天府煤矿公司营运处检送一九四九年三月煤价表致重庆电力股份有限公司的函（一九四九年三月八日） 0219-2-274

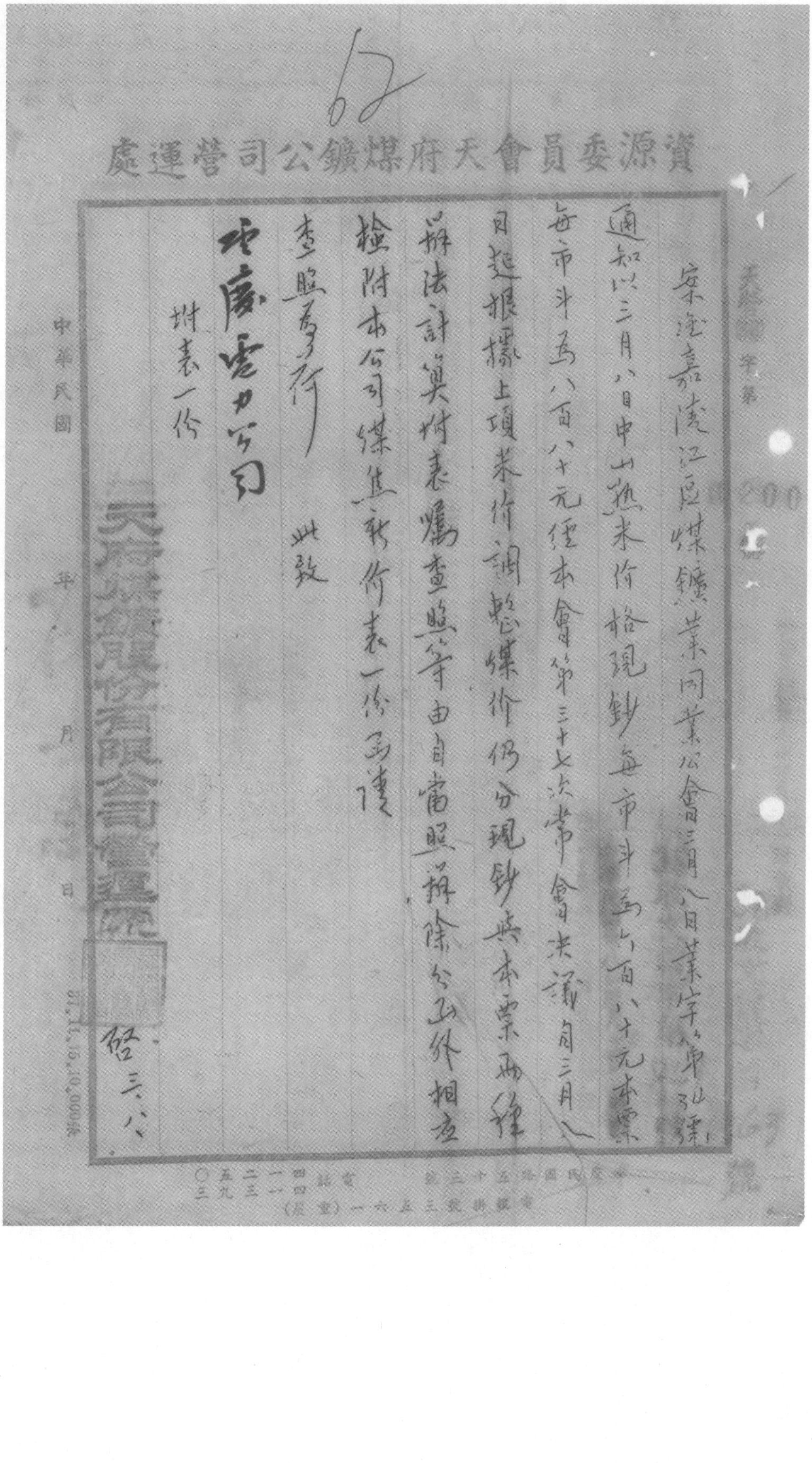

62

資源委員會天府煤鑛公司營運處

天營字第200號

案准嘉陵江區煤鑛業同業公會三月八日業字第弘號

通知以三月八日中山熟米價格現鈔每市斗為六百八十元本票

每市斗為八百八十元經本會第三十七次常會決議自三月八

日起根據上項米價調整煤價仍分現鈔與本票兩種

辦法計算其附表囑查照等由自當照辦除分函外相應

檢附本公司煤焦新價表一份函請

查照為荷

此致

重慶電力公司

附表一份

天府煤鑛股份有限公司營運處

中華民國　年　月　日

經　三、八

重慶民國路五十三號　電報掛號三五六一（重慶）　電話 四一一二五〇 四一三九三

资源委员会天府煤矿公司营运处检送一九四九年三月煤价表致重庆电力股份有限公司的函（一九四九年三月八日）　0219-2-274

嘉陵江區煤鑛業同業公會製定
天府煤鑛公司煤焦價格表
三十八年三月八日起實行

煤別	出口地每吨價格		重慶小河每吨價格		備註
	現鈔	本票	現鈔	本票	
沱煤	7,480	9,680	10,130	13,110	單位：金圓元
坨煤	11,080	14,340	13,730	17,770	全濟各種煤焦價格與天府同
嵐炭	14,680	19,000	17,330	22,430	
洗焦	26,720	34,580	29,370	38,010	

基泰工程司关于检送正式合约致重庆电力有限公司的函（附合约）（一九四九年三月二十四日）　0219-2-251

11

重慶電力股份有限公司到文簽

收文電字第 38收文電字第1061號

來文機關	基泰工程司
字號	渝業字第八三〇二號
日期	中華民國 中華民國卅八年三月廿五日收到
事由	復送合約由　呈核　三、廿五
附件	合約一份
總經理	秘書室查核總〇二、廿五　總工程師閱後回簽　三、廿八
協理	程　三、廿
各科室處組廠簽（意見）	查核合約與第二廠呈廠時合約大体相符共中公費一項原約內註明為百分之四·七五但本函聲明係照本公司所擬定百分率取費似應予以照簽惟第十一項添註之「甲方自備材料及工程期內工資調整均在全部工程總價之內」一節前呈二廠時合約所無是否可予同意請簽核　三、卅
決定辦法	函送基泰一份存查　三、卅一　又呈股

基泰工程司关于检送正式合约致重庆电力有限公司的函（附合约）（一九四九年三月二十四日） 0219-2-251

12

基泰工程司

電報掛號統用七〇三三號

第 渝業 8307 號 第 頁 民國 38 年 3 月 24 日

接奉

貴公司38發文第517號大函及附正式合約二份關於內開各點敝處謹予同意惟敝處以往向各業主取費限於中國建築師學會規定均係在百分之五以上茲為愛護公用事業及與

貴公司同人友誼起見准依照

大函第一點所規定百分率取費惟於合約上擬仍註明為百分之四·七五以免與敝處對其他合約有所不符之處諸祈

亮鑒並函附上合約一份敬請

檢收為荷此致

重慶電力股份有限公司

基泰工程司 啟

附合約壹份

建築師 關頌聲 朱彬，楊廷寶。 土木工程師 楊寬麟。

重慶新運模範區 電話四一九三五號

上海九江路一一三號 電話一二二二二號 廣州長堤一八三號三樓

南京中正路一三二號 電話二一一八二號 北平王府井大街金城大樓

天津馬家口基泰大樓 電話三〇七三號 漢口洞庭街六也村十號

基泰工程司关于检送正式合约致重庆电力有限公司的函（附合约）（一九四九年三月二十四日） 0219-2-251

合約

立合約人 業主（以下稱甲方） 建築師 基泰工程司（以下稱乙方） 茲因甲方擬於 建築 商得乙方同意根據後開各條文訂立合約如下

（一）甲方願依後開條文委託乙方為建築師担任計劃監造上述工程之任務

（二）乙方對於上述工程依後開條文允為担任建築師之任務

（三）乙方之任務、乙方應担任下列各種建築師應盡之任務（甲）參與各項必要之討論（乙）擬具初步之研究（丙）繪具投標所需之圖樣暨工程圖樣（丁）繕具做法說明書大樣暨實樣詳細圖樣（戊）擬具各項投標及合同格式（己）發給付款憑照（庚）記載各項賬目（辛）經管關於本項工程各種普通事務暨監督工程

（四）乙方之公費、為履行前條所載各種任務甲方須付乙方之公費應照全部工程總價百分之 分計算

（五）償還墊款、乙方因履行上述任務所墊之旅費暨食宿費以及代僱特別工程師費用均應由甲方償還不在上述第四條所規定公費之內

（六）額外任務及費用、（甲）倘於上述工程計劃圖樣核定之後如因甲方欲取銷或變更其全部或一部分而致乙方以前之工作完全或一部分作廢時甲方須負償給各該作廢之全部或一部分工作之費用及墊款（乙）如因甲方或承包人或工人方面之行為或其他之過失及意外而致拖延工程之進行及期限時所有乙方一切於延長時期中所生之各種款墊費用均須由甲方負責歸還

（七）公費之給付、無論工程已否完竣或遇工程之全部或一部中止進行或竟作罷乙方之公費應按第四條之規定分別照付如次

（甲）於初步研究完成時即應按照工程公允之估價核算付給乙方之公費總數之百分之二十分

（乙）於做法說明書暨大概工程圖樣（詳細圖樣除外）完成時即應按本合約所定之公費成數再為付給至連同已付之百分之二十分滿足全數百分之六十分此項成數計算方法係根據此項完成之做法說明書暨圖樣所規定工程估價公平核算倘標單已經收到即按照最低之一家或數家所投妥實數目核算

（丙）除第六條所載各項外當工程進行期內隨時應按照乙方所服務之數量予以給付直至按照本條所有給付公費之總數達到本合約所定之成數全數為止並按工程之最後價值核算除公費之給付外其他對於乙方應為之各項給付以乙方所服務任務之完成時暨用費業已墊付

基泰工程司关于检送正式合约致重庆电力有限公司的函（附合约）（一九四九年三月二十四日） 0219-2-251

13-1

時為到期

（丁）凡承包人應交之罰款暨約定之損失賠償以及扣留承包人應得各款俱與乙方無涉更不得藉此扣除乙方之公費

（八）甲方之裁決、甲方對於乙方所交之草樣圖樣做法說明書建議書合同以及其他文件應於最短時間內予以充分考慮採用與否通知乙方如遇有急需決定之事件時甲方應於相當時間內將其決定意思以書面達知乙方俾乙方得以按照一定時期內將圖樣或命令發交承包人辦理以免延誤工程

（九）測量穿鑿試驗、甲方應供給乙方以建築地基之詳細精確測繪地圖載明路線暨道路高低之斜度如有地溝水管及電流之設備尤須詳加說明關於穿鑿或挖掘地穴暨所有必須之化學機械以及其他試驗之種種費用俱由甲方給付

（十）監工範圍、（甲）乙方須負監督工程之責應竭誠隨處顧全及保障甲方之利益以免工程上有所欠缺或錯誤但乙方並不為各承包人履行合同之保證人（乙）建築師監工並非常川駐守工程地者如甲方認為有聘請監工員一人或數人常川駐紮工程地點之必要時乙方得代為聘請但其薪金由甲方給付

（十一）「全部工程總價」之解釋、本合約第四條規定公費成數所根據之「全部工程總價」係指本合約所規定之工程全部所需工料及建築費用等之全部款額而言但乙方之公費及其他工程師監工員之薪金均不在內

（十二）圖樣及文件之所有權、乙方對於本項工程所製之一切圖樣暨做法說明書等件無論採用與否或實行建築與否均保留其所有權

（十三）承繼人暨讓與、甲方與乙方對於各本人及其各代表如承繼人遺產執行人管理人以及承受人續權人均應承認履行本合約所有各條文關於本合約之履行乙方得與其他某一建築師或數建築師善意聯合辦理遇某一合夥人亡故或不能續為合夥人時則乙方之權利與義務如其仍為一聯合組織仍應由存在之某一合夥人或由該一合夥人或數夥人所結之聯合組織照舊承繼以上所述任何方面均認為乙方之續權人直至本合約所包括之義務完全履行為止本於以上之事實甲方應有同樣之權利但對於各合夥人之行業不得加以限制除上述情形外任何方面若無對方之書面許可不得將本合約內之利益讓與或分給或移轉第三者

（十四）調解與公斷、由本約合約所發生之一切爭執問題立合約人任何一方皆得提交公斷以調解之其公斷方法以雙方同意另制規定但凡與本合約或與立合約人任何方面及其事務有經濟關係者皆不得當選為公斷人

上述各條係經甲方與乙方雙方同意均願遵守履行不得違背特立本約為據

附則

基泰工程司关于检送正式合约致重庆电力有限公司的函（附合约）（一九四九年三月二十四日） 0219-2-251

印花

合約

甲　方（業主）

見證人

乙　方（建築師）

見證人

中華民國　　年　　月　　日　立

基泰工程司关于检送正式合约致重庆电力有限公司的函（附合约）（一九四九年三月二十四日） 0219-2-251

合約

立合約人 業主 （以下稱甲方）
建築師 基泰工程司 （以下稱乙方） 茲因甲方擬於
建築
商得乙方同意根據後開各條文訂立合約如下

（一）甲方願依後開條文委託乙方為建築師担任計劃監造上述工程之任務

（二）乙方對於上述工程依後開條文允為担任建築師之任務

（三）乙方之任務、乙方應担任下列各種建築師應盡之任務（甲）參與各項必要之討論（乙）擬具初步之研究（丙）繪具投標所需之圖樣暨工程圖樣（丁）繕具做法說明書大樣暨實樣詳細圖樣（戊）擬具各項投標及合同格式（己）發給付款憑照（庚）記載各項賬目（辛）經管關於本項工程各種普通事務暨監督工程

（四）乙方之公費、為履行前條所載各種任務甲方須付乙方之公費應照全部工程總價百分之　分計算

（五）償還墊款、乙方因履行上述任務所墊之旅費暨食宿費以及代僱特別工程師費用均應由甲方償還不在上述第四條所規定公費之內

（六）額外任務及費用、（甲）倘於上述工程計劃圖樣核定之後如因甲方欲取銷或變更其全部或一部分而致乙方以前之工作完全或一部分作廢時甲方須負償給各該作廢之全部或一部分工作之費用及墊款（乙）如因甲方或承包人或工人方面之行為或其他之過失及意外而致拖延工程之進行及期限時所有乙方一切於延長時期中所生之各種款墊費用均須由甲方負責歸還

（七）公費之給付、無論工程已否完竣或遇工程之全部或一部中止進行或竟作罷乙方之公費應按第四條之規定分別照付如次

（甲）於初步研究完成時即應按照工程公允之估價核算付給乙方之公費總數之百分之二十分

（乙）於做法說明書暨大概工程圖樣（詳細圖樣除外）完成時即應按本合約所定之公費成數再為付給並連同已付之百分之二十分滿足全數百分之六十分此項成數計算方法係根據此項完成之做法說明書暨圖樣所規定工程估價公平核算倘標單已經收到即按照最低之一家或數家所投妥實數目核算

（丙）除第六條所載各項外當工程進行期內隨時應按照乙方所服務之數量予以給付直至按照本條所有給付公費之總數達到本合約所定之成數全數為止並按工程之最後價值核算除公費之給付外其他對於乙方應為之各項給付以乙方所服務任務之完成時暨用費業已墊付

基泰工程司关于检送正式合约致重庆电力有限公司的函（附合约）（一九四九年三月二十四日） 0219-2-251

時為到期

（丁）凡承包人應交之罰款暨約定之損失賠償以及扣留承包人應得各款俱與乙方無涉更不得藉此扣除乙方之公費

（八）甲方之裁決、甲方對於乙方所交之草樣圖樣做法說明書建議書合同以及其他文件應於最短時間內予以充分考量採用與否通知乙方如遇有急需決定之事件時甲方應於相當時間內將其決定意思以書面通知乙方俾乙方得以按照一定時期內將圖樣或命令發交承包人辦理以免延誤工程

（九）測量穿鑿試驗、甲方應供給乙方以建築地基之詳細精確測繪地圖載明路線暨道路高低之斜度如有地溝水管及電流之設備尤須詳加說明關於穿鑿或挖掘地穴暨所有必須之化學機械以及其他試驗之種種費用俱由甲方給付

（十）監工範圍、（甲）乙方須負監督工程之責應竭誠儘忠顧全及保障甲方之利益以免工程上有所欠缺或錯誤但乙方並不為承包人履行合同之保證人（乙）建築師監工並非常川駐守工程地者如甲方認為有聘請監工員一人或數人常川駐紮工程地點之必要時乙方得代為聘請但其薪金由甲方給付

（十一）「全部工程總價」之解釋、本合約第四條規定公費成數所根據之「全部工程總價」係指本合約所規定之工程全部所需工料及建築費用等等之全部款額而言但乙方之公費及其他工程師監工員之薪金均不在內

（十二）圖樣及文件之所有權、乙方對於本項工程所製之一切圖樣暨做法說明書等件無論採用與否或實行建築與否均歸留其所有權

（十三）承繼人暨讓與、甲方與乙方對於各本人及其各代表如承繼人遺產執行人管理人以及承受人繼權人均應承認履行本合約所有各條文關於本合約之履行乙方得與其他某一建築師或數建築師善意聯合辦理遇某一合夥人亡故或不能繼續為合夥人時則乙方之權利與義務如其仍為一聯合組織仍應由存在之某一合夥人或由該一合夥人或數合夥人所結之聯合組織無償承繼以上所述任何方面均認為乙方之繼權人直至本合約所包括之義務完全履行為止本於以上之事實甲方應有同樣之權利但對於各合夥人之行為不得加以限制除上述情形外任何方面若無對方之書面許可不得將本合約內之利益讓與或分給或移轉第三者

（十四）調解與公斷、由本合約所發生之一切爭執問題立合約人任何一方皆得提交公斷以調解之其公斷方法以雙方同意另制規定但凡與本合約或與立合約人任何方面及其事務有經濟關係者皆不得當選為公斷人

上述各條係經甲方與乙方雙方同意均願遵守履行不得違背

特立本約為據

附則

基泰工程司关于检送正式合约致重庆电力有限公司的函（附合约）（一九四九年三月二十四日） 0219-2-251

甲方（業主）

見證人

乙方（建築師）

見證人

印花

中華民國　　年　　月　　日　立

重庆电力有限公司关于签订合约致基泰工程司的函（一九四九年四月一日） 0219-2-251

送達機關	基泰工程司
文別	函
附件	合約乙份
事由	函送簽訂合約一份請查存由
總經理	四月一日
協理	月 日
主任秘書	四月一日
秘書	月 日
文書股股長	四月一日
擬稿	四月一日
會章	
抄送	
民國三十八年	中華民國三十八年四月一日
發文電字第 號	586
收文電字第 號	
卷號	

案准

貴工程司本年三月廿四日渝業字第八三零二號大函暨附還簽蓋之合約二份，囑檢收等由，准如囑提取一份外，茲檢函送上一份，函希

查存為荷

重庆电力有限公司关于签订合约致基泰工程司的函（一九四九年四月一日） 0219-2-251

17

此致

基泰工程司

附合约一份

公司启

秘 37-7.1/5000

重庆电力股份有限公司关于电价计算方法的报告（一九四九年四月二十六日） 0219-2-293

121

（本市訊）電力公司百孔千瘡補救之術以後煤價每五日調整一次轉嫁起力貼水付現而電價每半月調整不能與現實配合虧累甚深近來米價一日數變煤價每日調整一次煤商猶感痛苦不堪電力公司之痛苦如何不言而喻現轉嫁公會對於煤船開徙彈子石鵝公岩之轉嫁費及起力均要求以米給付在折衝中如不能解決立有缺煤斷電之虞以此種々原因該公司正考慮以銀元或煤斛為計算電價之基準惟在此金圓急劇貶值情况下究竟有無裨補仍在未定之天。

中華民國卅八年四月廿六日 [illegible]

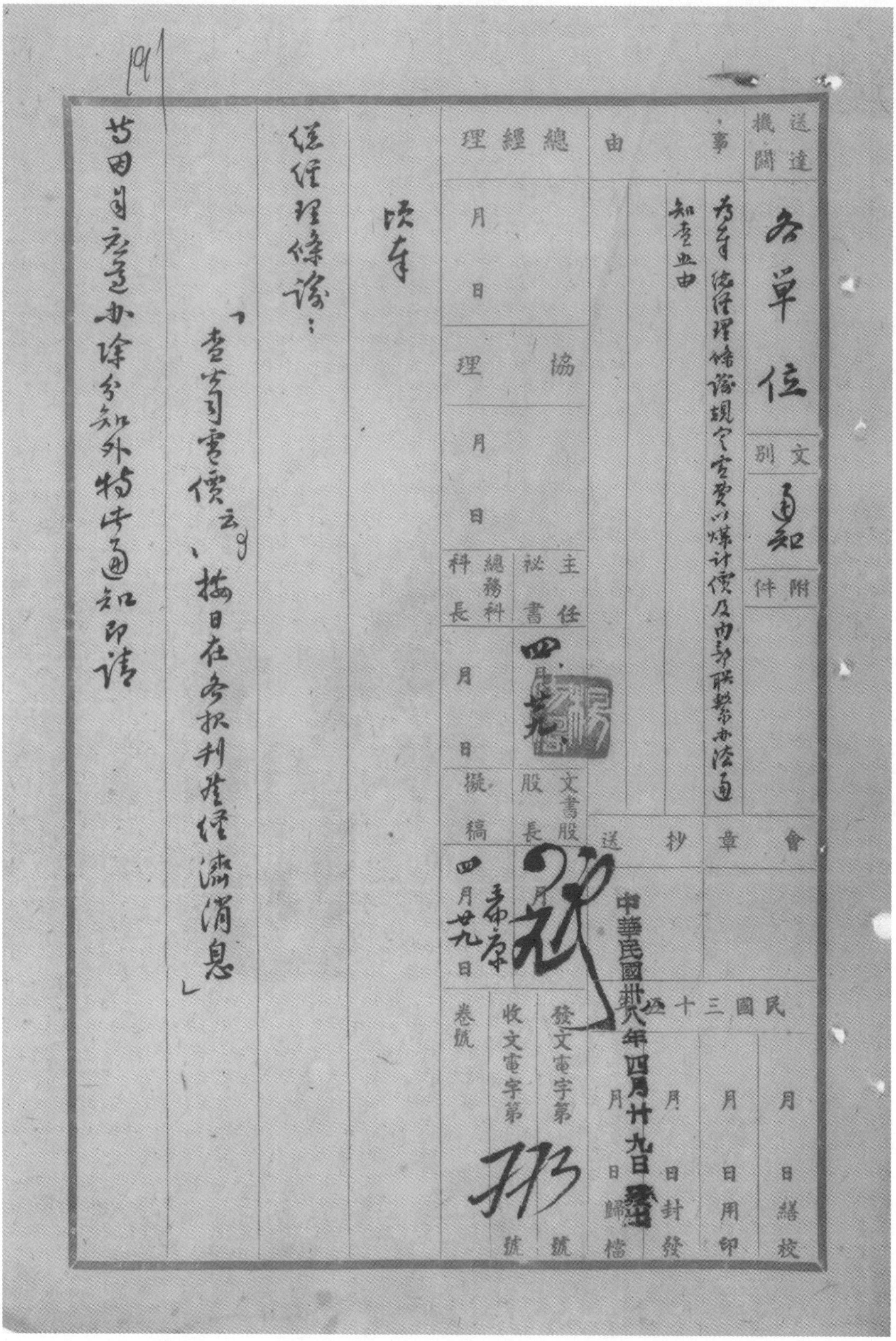
送達機關：各單位
事由：為奉總經理條諭規定電費以煤計價及內部聯整辦法通知查照由
文別：通知
附件
總經理 月 日
協理 月 日
主任秘書 總務科科長 四月廿九日
文書股股長 擬稿 四月廿九日
會章 抄送
民國三十 年 月 日繕校 月 日用印 月 日封發 月 日歸檔
中華民國卅八年四月廿九日發出
發文電字第 號 收文電字第 號 卷號
頃奉
總經理條諭：
「查公司電價云云、按日在各报刊登經濟消息」
等因，自應遵辦，除分知外，特此通知，即請

田习之、重庆电力股份有限公司秘书室关于电费以煤计价及内部联整办法的通知（一九四九年四月二十九日） 0219-2-293

田习之、重庆电力股份有限公司秘书室关于电费以煤计价及内部联整办法的通知（一九四九年四月二十九日）　0219-2-293

192

查照為荷　此致

總務科　業務科　會計科　稽核室

三辦事處

秘書室啓

社 37 $\frac{7.1}{5000}$

田习之、重庆电力股份有限公司秘书室关于电费以煤计价及内部联整办法的通知（一九四九年四月二十九日） 0219-2-293

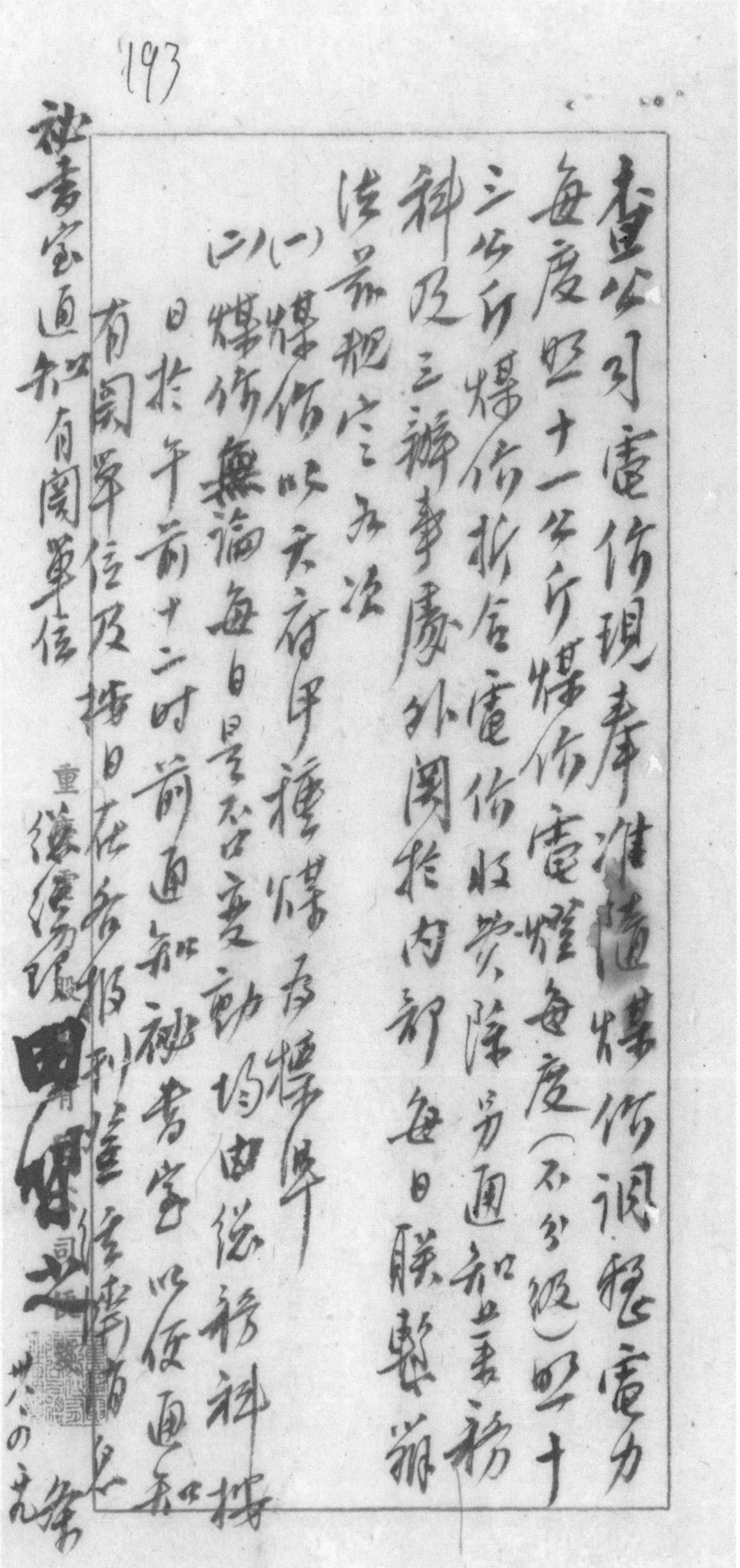

193

查公司電價現奉准隨煤價調整電力每度照十一公斤煤價電燈每度（不分級）照十三公斤煤價折合電價收費除另通知業務科及三辦事處外關於內部每日聯繫辦法兹規定办法

（一）煤價以天府甲種煤牌價為準

（二）煤價無論每日是否變動均由總務科逐日於午前十二時前通知秘書室以便通知有關單位及揭日在各報刊登電價為要

秘書室通知有關單位

重慶電力公司總經理 田習之

卅八.四.廿九發

田习之、重庆电力股份有限公司秘书室关于电费以煤计价及内部联整办法的通知（一九四九年四月二十九日）　0219-2-293

194

38 發文電字第 [illegible] 號

項奉

總經理條諭：

「貴公司電價現奉准隨煤價調整電力每度照十八公斤煤價電燈每度（不分級）照十三公斤煤價折合電價收費除另通知業務科及三個辦事處外關於內部每日聯繫辦法茲規定如次：

（一）煤價以天府甲種煤為標準

（二）煤價無論每日是否有變動均由總務科按日於下午十二時前通知秘書室以便通知有關單位及按日在各報刊登經濟消息」

等因自應遵辦除分知外特此通知即請

查照為荷此致

重慶電力股份有限公司

秘書室

年　月　日

重庆市政府关于核定调整电价办法的训令、代电（一九四九年五月四日）　0219-2-297

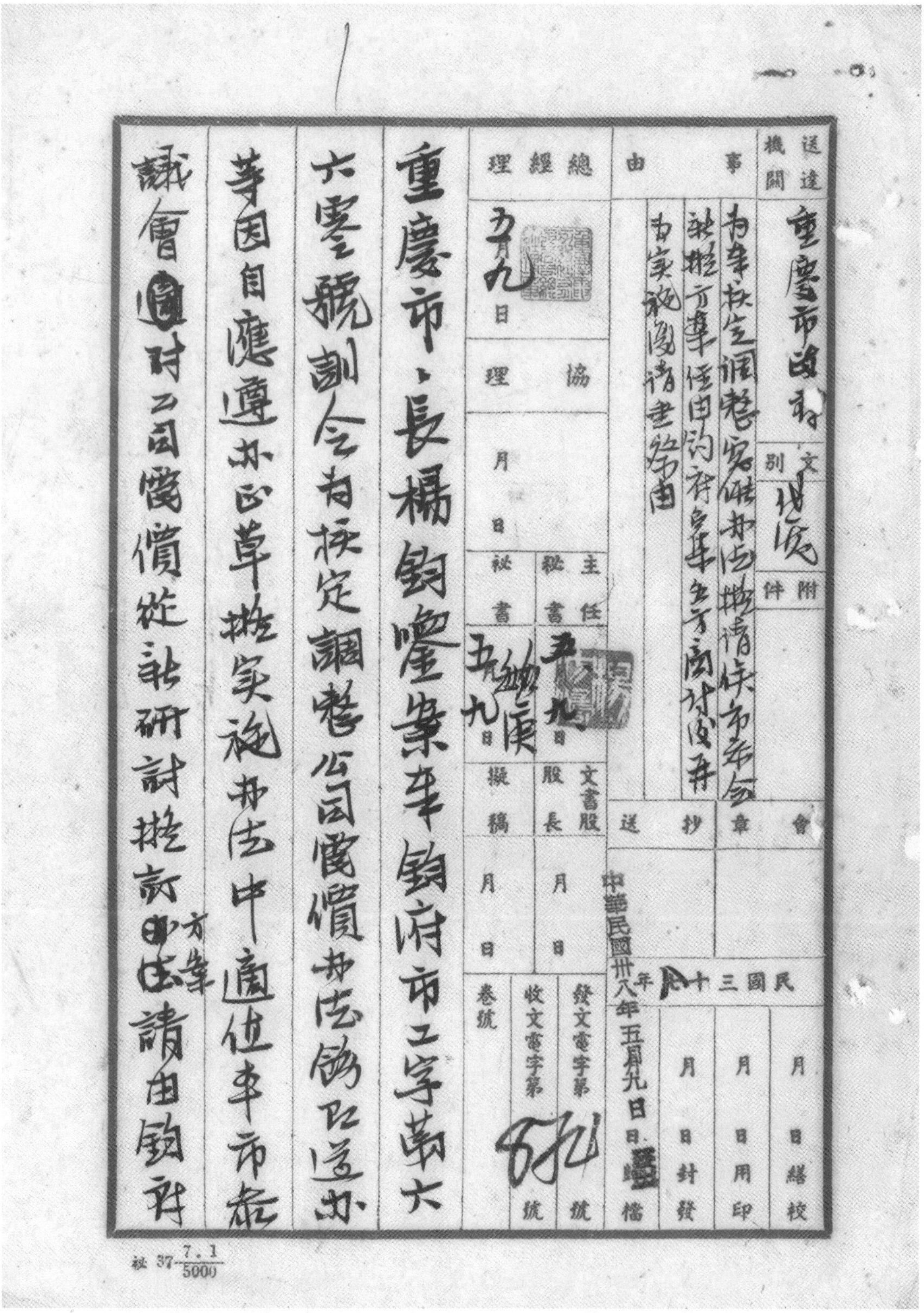

送達機關	重慶市政府	文別	代電	附件	
事由	為奉核定調整電價辦法擬請俟市參會新擬方案經由鈞府會同商討後再予實施祈請查照由				
總經理	五月九日	協理	月　日		
主任秘書	五、九	秘書	五、九		
文書股股長	月　日	擬稿	月　日		
會章	月　日繕校	抄	月　日用印	送	月　日封發
發文電字第　號	收文電字第　號	卷號			

民國三十八年　中華民國卅八年五月九日　歸檔

重慶市市長楊鈞鑒：案奉鈞府市工字第六零號訓令為核定調整公司電價辦法飭即遵辦等因，自應遵辦。正草擬實施辦法中，適值本市參議會通過對公司電價從新研討擬訂辦法方案，請由鈞府

秘37 $\frac{7.1}{5000}$

2

於本月十日召集有關各方討論後再為實施自應靜
候用免紛歧謹電呈復敬祈垂鑒重慶電力公司
叩佳

重庆市政府关于核定调整电价办法的训令、代电（一九四九年五月四日） 0219-2-297

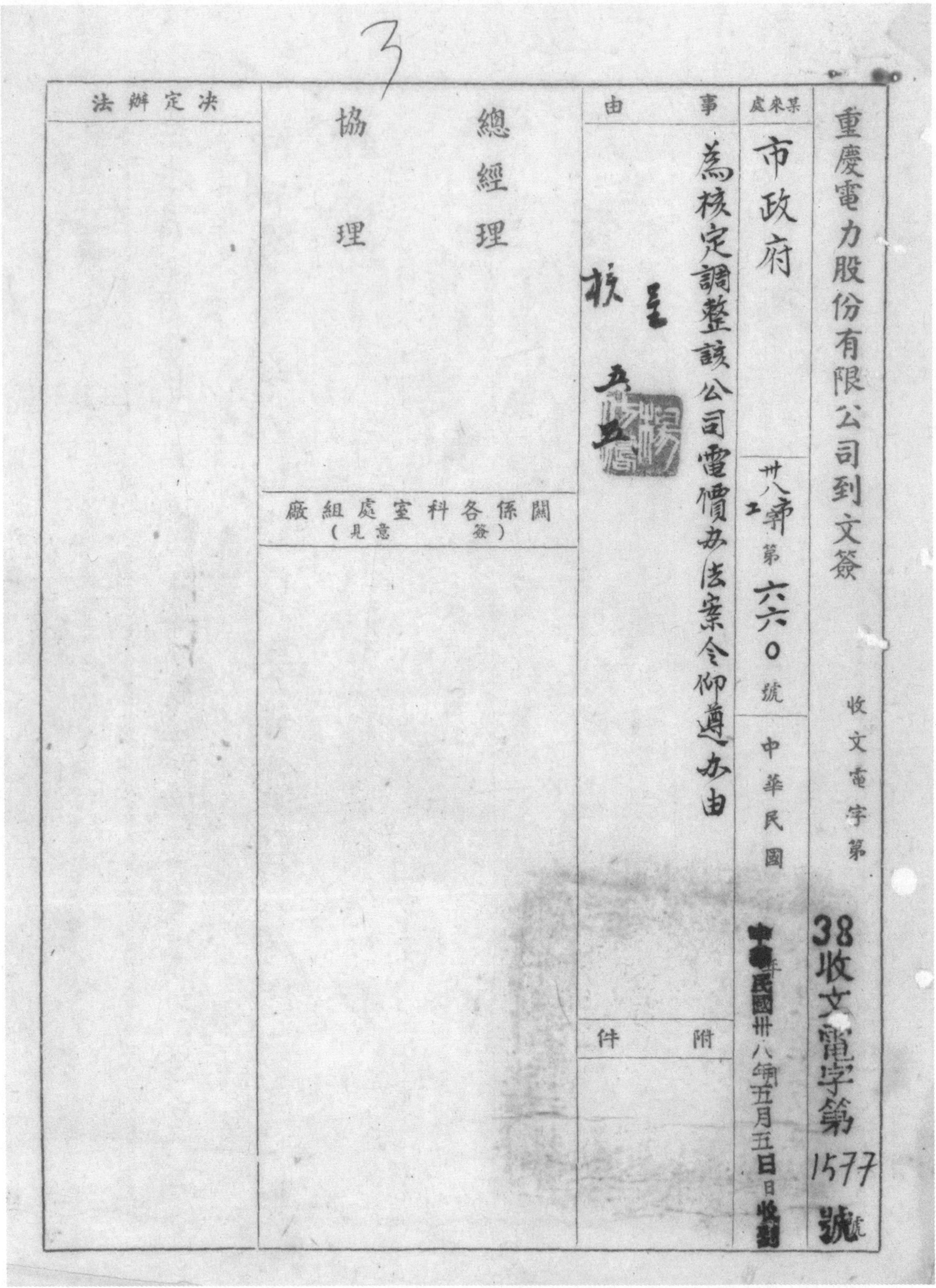

重慶電力股份有限公司到文簽

收文電字第 38 收文電字第 1577 號

某來處	市政府
	卅八工字第六六〇號
	中華民國 中華民國卅八年五月五日收到
事由	為核定調整該公司電價辦法案令仰遵辦由
附件	
總經理	核呈 五.五
協理	
關係各科室處組廠簽（意見）	
決定辦法	

重庆市政府关于核定调整电价办法的训令、代电（一九四九年五月四日） 0219-2-297

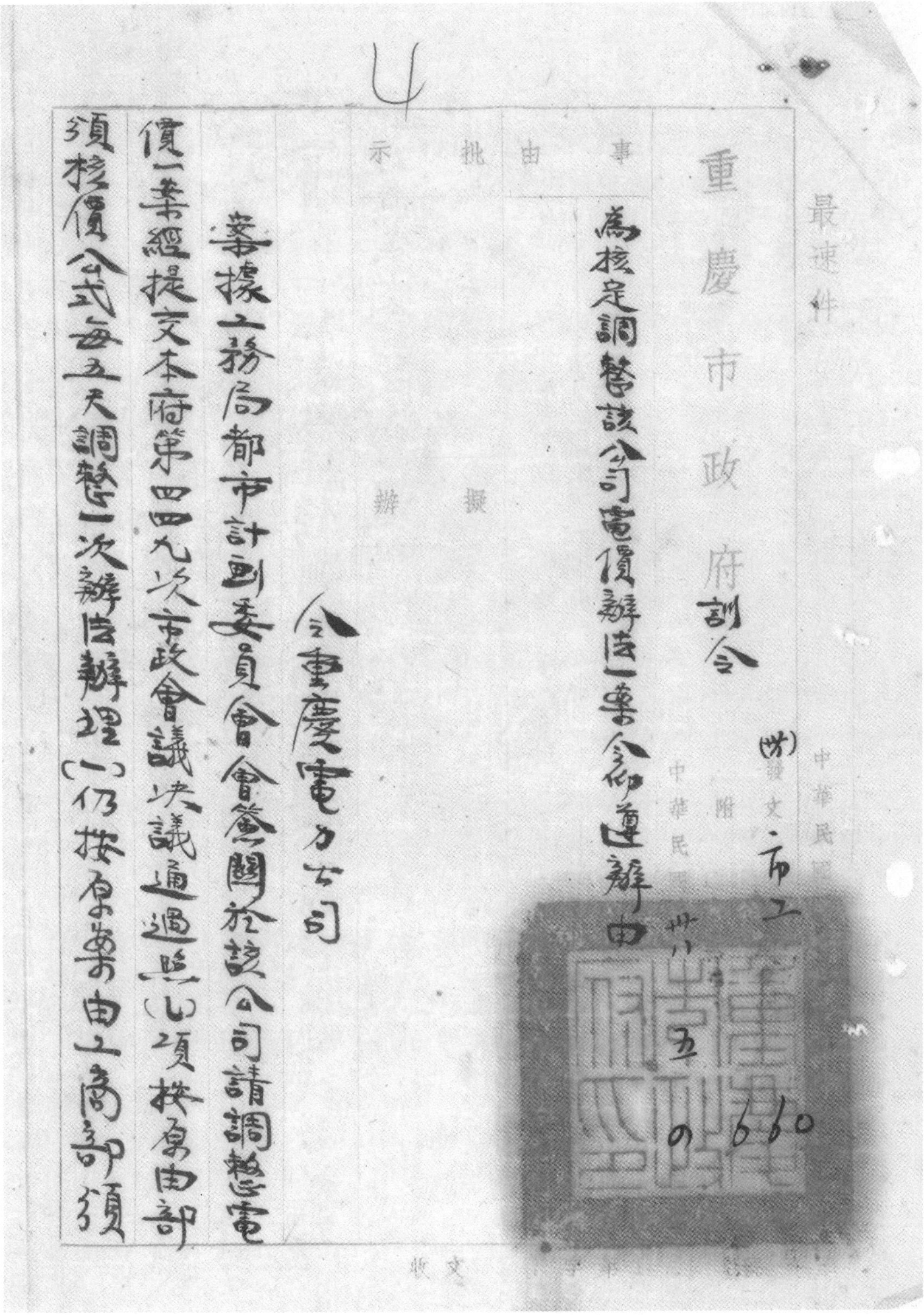
最速件

重慶市政府訓令

事由：為核定調整該公司電價辦法一案令仰遵辦由

擬辦

批示

令重慶電力公司

案據工務局都市計劃委員會會簽關於該公司請調整電價一案經提交本府第四四九次市政會議決議通過照(二)項按原由部頒核價公式每五天調整一次辦法辦理(一)仍按原案由工商部頒

重庆市政府关于核定调整电价办法的训令、代电（一九四九年五月四日）　0219-2-297

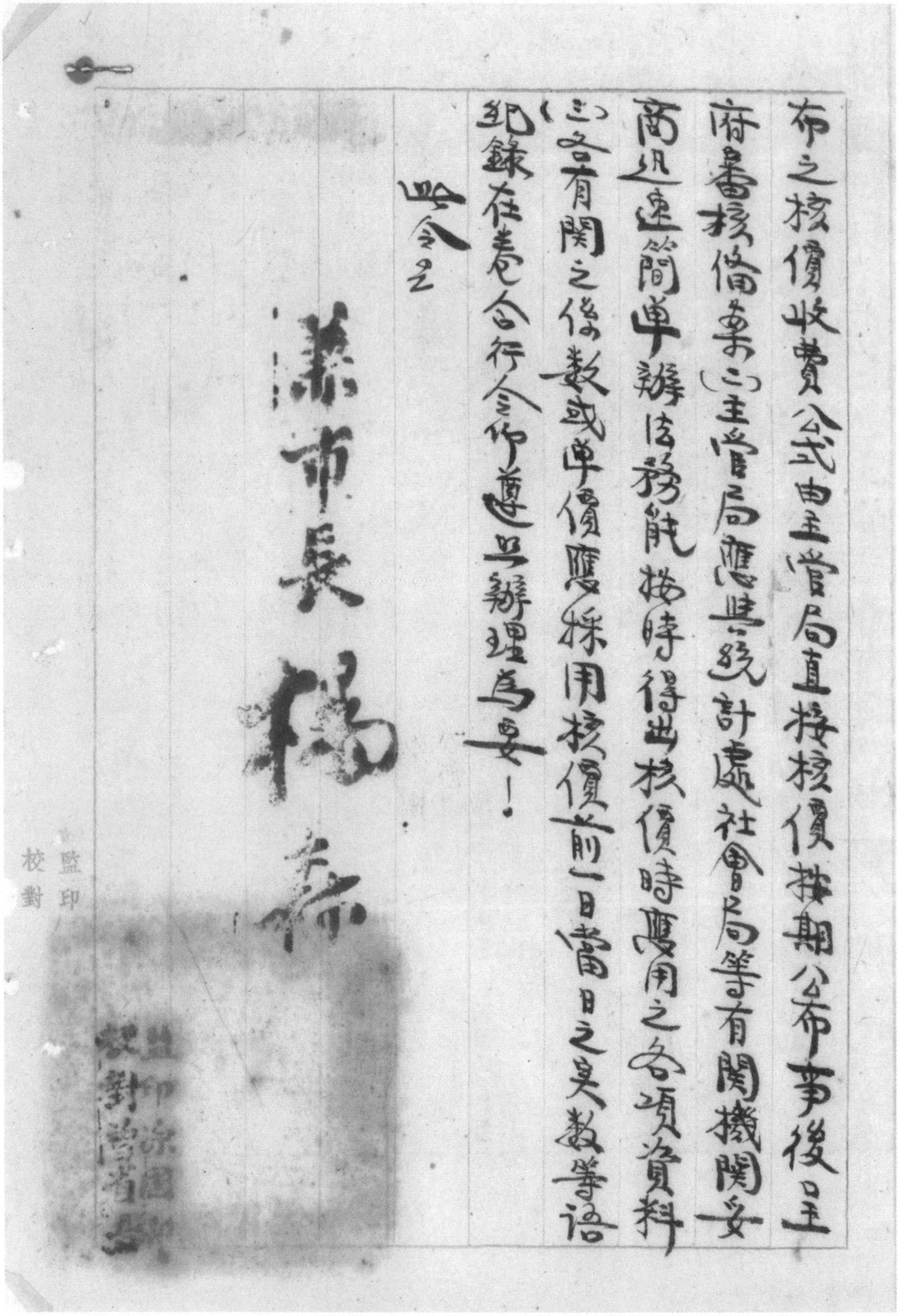

布之核價收費公式由主管局直接核價按期公布事後呈
府备核備案（二）主管局應與統計處社會局等有關機關妥
商迅速簡單辦法務能按時得出核價時應用之各項資料
（三）各有關之係數或單價應採用核價前一日當日之実數等語
紀錄在卷合行令仰遵照辦理為要！

此令

兼市長　楊森

監印
校對

重庆电力股份有限公司关于检送调整电价情形致四望栈的函（一九四九年五月七日） 0219-2-297

52

送達機關	四望棧
文別	函
附件	
事由	復告電價係隨煤價逐日調整情形由
會章	
抄送	
民國三十七年	中華民國卅八年五月七日歸檔
繕校	月 日
用印	月 日
封發	月 日
總經理	五月七日
協理	月 日
主任秘書	月 日
秘書	月 日
文書股股長	月 日
擬稿	月 日
發文電字第	450號
收文電字第	號
卷號	

敬啓者：

大函以本公司派員抄表用電二十四度，何僅隔數日即加價已叁佰弍拾肆萬元，囑查復等由。查本公司電價係隨煤價調整，迩來煤價

秘 37 $\frac{7.1}{5000}$

重庆电力股份有限公司关于检送调整电价情形致四望栈的函（一九四九年五月七日） 0219-2-297

逐日變動本公司電價每月僅許調整一次不能
隨煤價時時調整致收不敷支無法維持迭經
呈准電價照煤價計算即每一度電合十三公斤
煤以後電價照煤價調整逐日公佈照白煤價
變動照銀本公司電價均逐日在報端公佈此種
情形為勉強維持發電情非得已至希
貴戶而予原諒如數交付以免煤價變動電價
隨之增加為荷此致

四望棧

公司啟

重庆电力股份有限公司关于检送调整电价情形致四望栈的函（一九四九年五月七日） 0219-2-297

立号 收

174

中華民國卅八年五月六日 38收文字第1620號 收副

報告

電力貴公司，經理先生台鑒，茲因敝民特來函請經理先生詳情，因前次貴公司派員抄表之時，敝户所用電二十四度，然後又派員收費之時，當時敝户向着收費員說，有沒有敝户的電費收據否，當時收費員言到，收據上面已經沒有下來，直到現在，不过几天光景，占敝户加到叁佰式拾几萬元了，特請貴公司先生詳搽，並不是敝户故意如此，特請原諒此致，

敝户 四望棧緘

重庆电力股份有限公司关于检查电价改用银元为基础情形致资源委员会泸县电厂的函（一九四九年六月二十二日） 0219-2-298

23

送達機關：瀘縣電廠
文別：函
附件：
事由：復告本公司電價改以銀元為基礎情形由

總經理　六月廿二日
協理　月　日
主任秘書　秘書　六.廿二
文書股股長　擬稿　六月廿二
會章　抄送
民國三十八年　中華民國卅八年六月廿二日發
發文電字第1219號
收文電字第　號
卷號
繕校　用印　封發　歸檔

接准

貴廠本年六月十七日瀘廠(卅八)業字第七九八號函

以一般公用事業（交通）均已改用銀元為應付實際需

要，擬自七月份起改以銀元訂價，照電力每度八

校 37 7.1/5000

重庆电力股份有限公司关于检查电价改用银元为基础情形致资源委员会泸县电厂的函（一九四九年六月二十二日）　0219-2-298

24

分燈每度一角，嗣將本公司七月份電價見告俾供參考等由。查本公司電價初為按月調整，嗣以物價急劇上漲，乃改為半月或五日一調整，復以物價一日數變，電價始終落後，虧累甚鉅，始於六月八日並准改以銀元為基數，計電燈每度為六分，電力每度為四分五厘，於燈價漲落為百分之十時，電價即隨之增減。復查當時銀價為每枚四元二角，特函奉復，即希

重庆电力股份有限公司关于检查电价改用银元为基础情形致资源委员会泸县电厂的函（一九四九年六月二十二日） 0219-2-298

25

查照為荷此致

瀘縣電廠

公司啓

根 37 7.1/5000

天原电化厂重庆工厂与重庆电力股份有限公司用电合约（一九四九年七月） 0219-2-319

4

天原電化廠重慶工廠
重慶電力股份有限公司
用電合約

天原电化厂重庆工厂与重庆电力股份有限公司用电合约（一九四九年七月） 0219-2-319

5

天原電化廠重慶工廠（以下簡稱甲方）
重慶電力股份有限公司（以下簡称乙方）用電合約

第一條 用電地址為江北貓兒石甲方工廠

第二條 用電數量甲方需要最高負荷為三百開維愛如將來增加設備時另行備函報驗請求供電

第三條 供電方式甲方為屬電化工廠限於技術需要必需二十四小時繼續開工對於電壓不穩及時常斷電影響生產效率及管理上之困難且可能發生危險而致蒙受損失故在機線無特別故障時每月須連續不斷供電二十五天乙方為使甲方達到上述情形改由大溪溝發電二廠供電如一廠發生故障改由三廠補助供給

第四條 甲方所裝高壓計度表之抄見度數應惠予2%方棚損失

第五條 電費照乙方核定官價於接到抄表通知後即行繳付

第六條 在本合約有效期內乙方應負責經常供應甲方用電並使電壓近於正常而使甲方得能正常生產則甲方不得接用其他電廠電流否則乙方為供應甲方用電添設之器材費用由甲方全部負担之乙方所供之電源斷電

天原电化厂重庆工厂与重庆电力股份有限公司用电合约（一九四九年七月） 0219-2-319

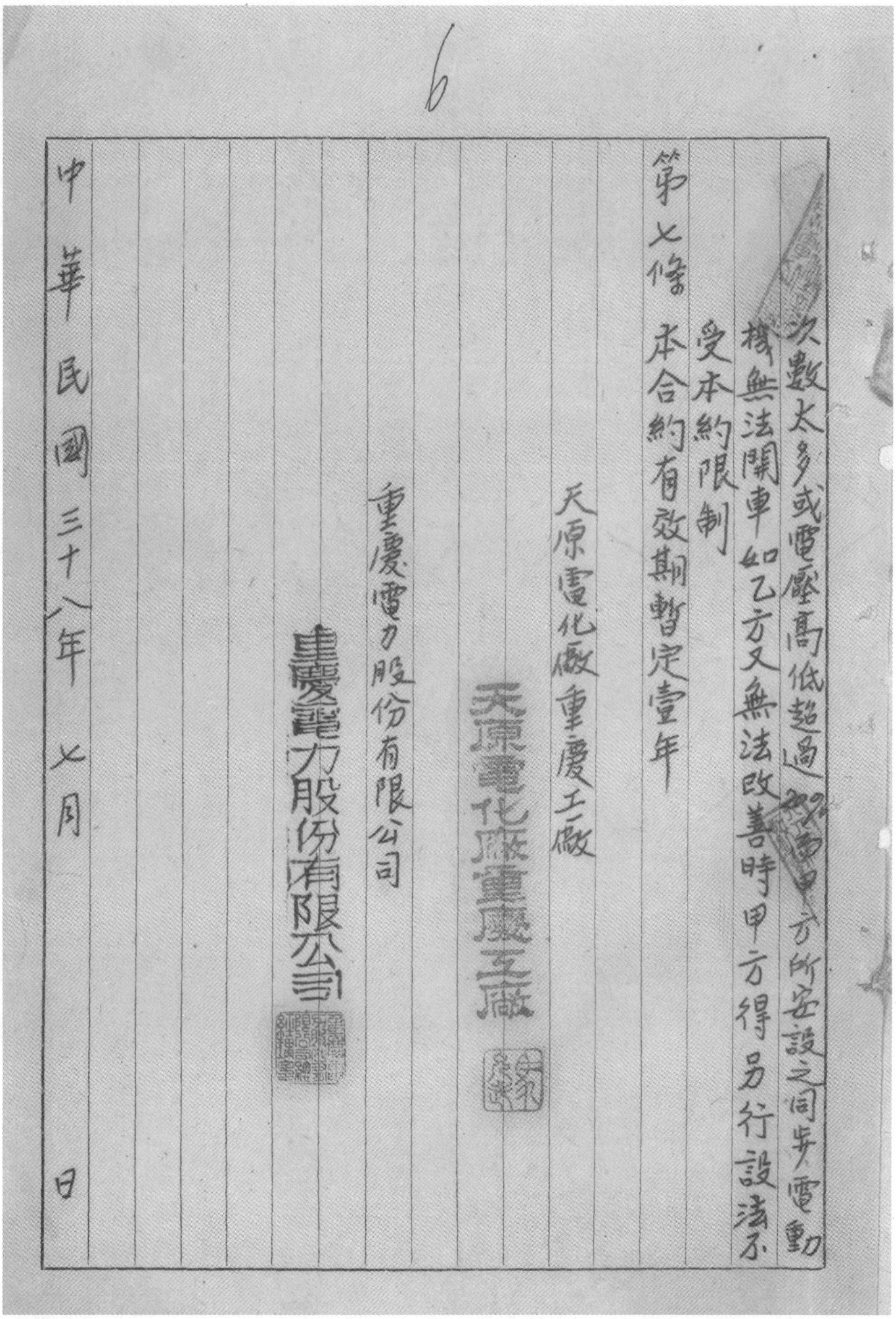

6

次數太多或電壓高低超過甲方所安設之同步電動機無法開車如乙方又無法改善時甲方得另行設法不受本約限制

第七條 本合約有效期暫定壹年

天原電化廠重慶工廠

天原電化廠重慶工廠

重慶電力股份有限公司

重慶電力股份有限公司

中華民國三十八年七月 日

重庆电力股份有限公司当前困难及其请求事项　0219-2-116

61

重慶電力公司當前困難及其請求事項

一、機器陳舊不勝負荷分設三廠管理不便開支加大成本增高非將三廠合併添置新機器增加發電量不足以減低發電成本維持供需由

說明（一）本公司原有機炉設置使用已逾十四年經晝夜不息消磨實已殘舊不堪再難為長期超負荷之供應（二）本公司設備原只敷三十萬市民需要刻本市人口超過百萬目前供需情形不敷約五千瓩（三）在抗戰時奉令疏散保護機器由一廠分為三廠管理既不方便人工費用亦比例增加為構成電價增高原因之一（四）第三廠遷移在岩洞內起水不便發電量較第一廠減少百分之十五耗煤反較第一廠增加百分之十又為構成電價增高原因之一（五）每月抄見電度佔發電量百分之五十幾除線路消耗百分之十五外其餘百分之三十以上俱為竊用本公司雖有用電檢查組之設置但並非執行法令機關可比取締至感困難竊電既不納費更無限制浪費電流又為[illegible]重

61-1

電機負荷之一原因

辦法（一）甲、一二三四項請　貴會轉請行政院工商部將前允撥之日本賠償折遷物資中之六千餘瓩電機三部，迅予提前撥給本公司。乙、在日本賠償折遷物資電機未撥給前，請　貴會查照本公司本年三月十九日致　貴會代電，予為轉請院部將五千瓩電機兩部迅予撥借，俾可將三廠復合併為一廠集中發電，減輕成本與市民負担。（丙）最近資源委員會擬撥出日本賠償折遷物資中六千二百五十瓩電機一部另建一川東電力公司，查新設機構既多耗財力復多費時，且緩不濟急，擬請　貴會轉請院部將此項電機先行撥借與本公司，裝置在大溪溝現成廠址內發電，俟本公司日本賠償折遷電機撥出調換，以解救本市電荒。

（二）第五項請　貴會大聲疾呼，喚醒市民注意，提倡道德，使竊電問題在法治之外得到人治幫助，以收實效。

重庆电力股份有限公司当前困难及其请求事项　0219-2-116

61-2

(二)物價煤價上漲太快影响電價計算并加重用戶負担請政府援照京滬各地電廠成例對本公司需用之煤款一次核准貸放三個月所需採購之電氣器材外匯一次准結匯三個月以輕負担由

說明(一)六月份物價上漲太快一月數倍其中尤以五金電器材料與燃煤價格波動極鉅燃煤並係自七月份起随米價漲跌百分之十自動調整七月初煤價為八百九十萬一噸至目前止各煤商已將牌價調整為一千六百三十萬元本公司電價每月祇能調整一次且七月份電價中生活及物價指數係採用六月份者中間相差過遠其不合理與賠累之鉅不難估計此種辦法如不速謀改善救濟短期即將無法維持而有崩潰之虞

辦法(一)請轉請行政院工商部援照京滬電廠成例對於本公司所需燃煤價款准予一次核借三個月訂購存儲以免受以後煤價上漲影响減輕發電成本及市民負担(二)請援京滬電廠成例對本公司需用之國外器材援照三個月所需數量准予一次結成外匯免致時價波動增高成本

重庆电力股份有限公司职员薪级表 0219-1-35

重慶電力股份有限公司薪級表

差額	薪給	薪額	總經理	協理	總工程師	課長	主任工程師	工程師	主任	副工程師	工務員	科員	助理工務員	助理事務員	實習生	練習生
每級差五十元 共三級	一	800.00														
	二	750.00														
	三	700.00														
每級差四十元 共四級	四	660.00														
	五	620.00														
	六	580.00														
	七	540.00														
每級差三十元 共四級	八	510.00														
	九	480.00														
	十	450.00														
	一一	420.00														
每級差二十元 共八級	一二	400.00														
	一三	380.00														
	一四	360.00														
	一五	340.00														
	一六	320.00														
	一七	300.00														
	一八	280.00														
	一九	260.00														
每級差十五元 共八級	二十	245.00														
	二一	230.00														
	二二	215.00														
	二三	200.00														
	二四	185.00														
	二五	170.00														
	二六	155.00														
	二七	140.00														
每級差十元 共七級	二八	130.00														
	二九	120.00														
	三十	110.00														
	三一	100.00														
	三二	90.00														
	三三	80.00														
	三四	70.00														
每級差五元 共[illegible]	三五	65.00														
	三六	60.00														
	三七	55.00														
	三八	50.00														
	三九	45.00														
	[illegible]	40.00														
	[illegible]	[illegible]														
	[illegible]	30.00														
	[illegible]	[illegible]														
	[illegible]	20.00														
			自三四〇元起支到八〇〇元止計十五級	自三〇〇元起支到六六〇元止計十五級	自四二〇元起支到八〇〇元止計十二級	自三五〇元起支到六八〇元止計二十一級	自二〇〇元起支到四四〇元止計十七級	自一八〇元起支到四六〇元止計二十一級	自一七〇元起支到四五〇元止計十五級	自一〇〇元起支到三二〇元止計十六級	自七五元起支到二〇〇元止計十四級	自五五元起支到一五〇元止計十六級	自四〇元起支到一四〇元止計十二級	[illegible]十二級	自三〇元起支到八〇元止計十級	自二〇元起支到六五元止計九級

備註：

一、查各級職員起支薪額雖經照章規定但因新進者之學術技術以及資格地位之不同得由董事會決定起支薪級計中等以下職員得由總經理協理斟酌起支中等以上職員須董事會斟酌決定之

二、各級職員於每年年終須全體總考核成績一次成績優良服務勤慎者得晉升一級如成績不佳者不勤慎者得停止晉級或降低一級至平時服務有特殊勞績者得由主管人隨時依據晉級或特別獎勵之

三、練習生初次進入公司試用期間限為三個月在此三個月內暫照四十五級起支薪額期滿須考核成績決定取錄成績優良者得分別晉級以資激勵

重庆电力股份有限公司损失总结算　0219-2-116

122

重慶電力公司損失總結算

本公司之損失可分為(一)賬上虧損(二)戰時損失(三)折舊不足等三類

(一)賬上虧損

電氣事業人之電價向受政府管制抗战後政府為免刺激物價極力平抑電價常低至不敷成本故自廿四年正式成立公司以來至廿七年以前每年均略有盈餘廿八年以後有四年均虧折附歷年盈虧表截至卅四年净虧二、六九七、〇八六元

(二)戰時損失

本公司之戰時損失可分為轟炸損失及運輸損失自廿八年至卅一年之間敵機大事空襲重慶本公司之發電廠為目的之一雖中彈多次幸未中要害故發電部份損失尚微惟供電用電設備遍佈市區每次空襲無不損失慘重均呈報政府有案本公司於廿八年向英國訂購四五〇〇瓩發電設備一套運抵海防而海

防渝路被日寇刦奪全部損失又公司尚有一〇〇〇瓩發電設備一套被軍政部徵用茲造具本公司之戰時損失資產簡表照現在國外國內價值計損失美金二、二一九、九三一元及國幣六五四、二七四、二二〇元以三、三五〇折合美金一元共計損失國幣四十七億餘元

(三)折舊不足

發電廠各種設備之平均壽命約二十年本公司於廿三年開始發電大部資產雖祇經過十三年之使用四五〇〇瓩發電設備係廿六年裝置祇使用十年但發電設備因八年來之晝夜不息之過重工作從無整修之機會已損壞不堪壽命將盡供用設備經幾年之轟炸亦破壞甚多大部份須棄舊換新換言之本公司須

重庆电力股份有限公司损失总结算　0219-2-116

127

全部重起爐灶立即建設新廠方能達成任務原有資產均須棄置即不致完全成為廢銅爛鐵殘餘價值亦極有限本來一公司應有重置原有資產之折舊準備新計劃超過原有資產者應以增股或發行公司債以籌之問題至為簡單無如政府為平抑電價不准改變折舊方法仍照戰前所付國幣提存準備致截至卅四年年底止所提折舊準備僅一六、七八九、三三二元二角三分以三三五〇折合美元僅約美金五千元是以本公司之虧損以折舊不足一項為最大本公司之全部資產（附簡表）分別以目前國外國內價格估計共值美金三四五九、八八七元八角及國幣四七二九三四七、〇六〇元總計為國幣一六三億餘元全部資產之平均殘餘價值假定為總值之百分之二十約計三三億元折舊不足之損失應為一三〇億元。

重庆电力股份有限公司一九三五年至一九四五年盈亏表 0219-2-116

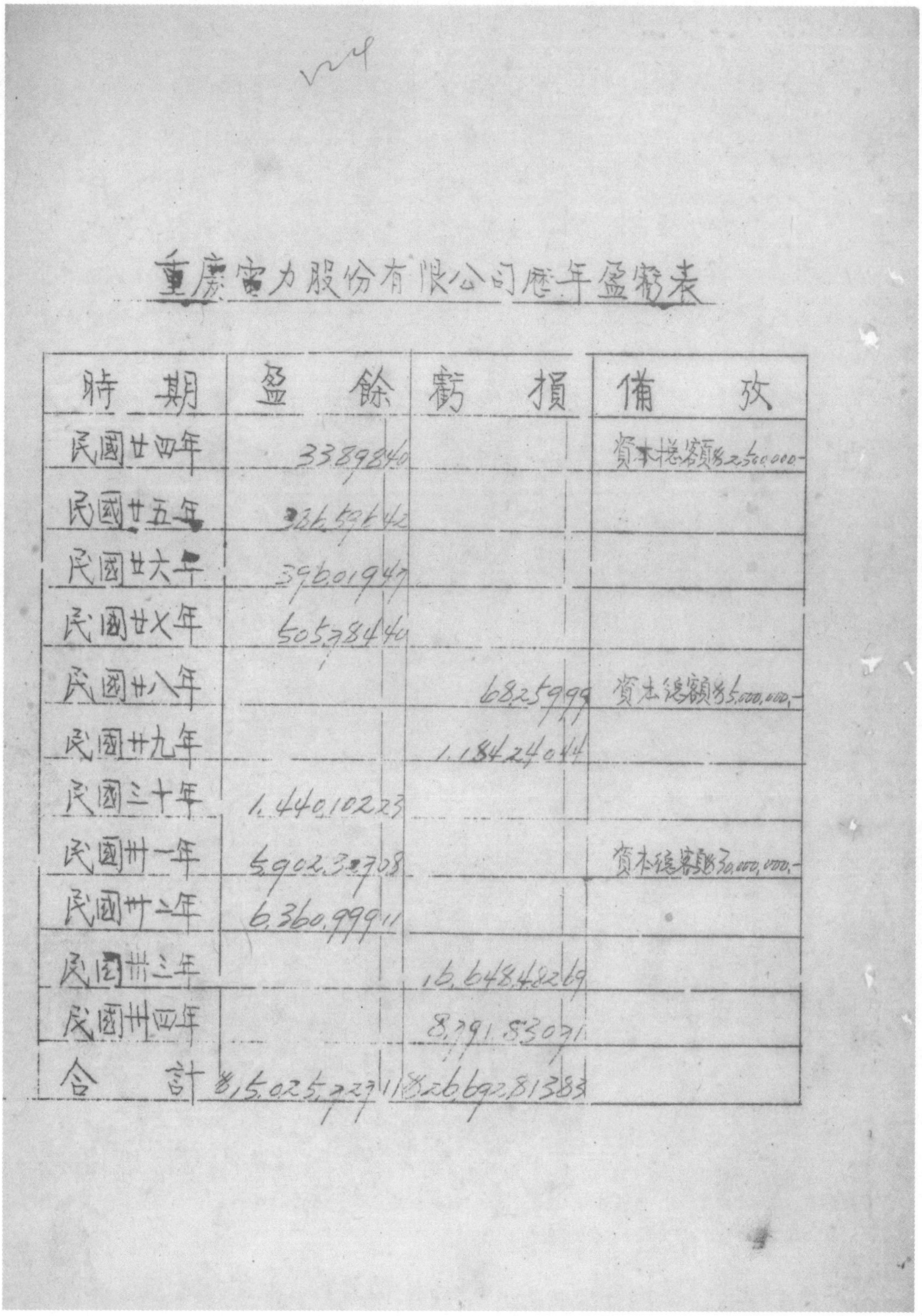

重慶電力股份有限公司歷年盈虧表

時期	盈餘	虧損	備攷
民國廿四年	33,898.40		資本總額$2,500,000.-
民國廿五年	336,596.42		
民國廿六年	396,019.47		
民國廿七年	505,784.40		
民國廿八年		68,259.99	資本總額$5,000,000.-
民國廿九年		1,184,240.44	
民國三十年	1,440,102.23		
民國卅一年	5,902,3[illegible]7.08		資本總額$30,000,000.-
民國卅二年	6,360,999.11		
民國卅三年		16,648,482.69	
民國卅四年		8,791,530.71	
合計	$15,025,227.11	$26,692,813.83	

重庆电力股份有限公司战时损失资产简表　0219-2-116

125

重慶電力公司戰時損失資產簡表

名称	單位	數量	單價(美幣)	單價(國幣)	共價(美幣)	共價國幣	重(噸)量	由渝運費	總價國幣
發電設備	KW	5500	170.00		935000.00	[illegible]	500	300,000,000.00	[illegible]
單相電表1.5A-10A	只	4252	13.00		55276.00	193,884,600.00	4	2400000.00	196,284,600.00
單相電表10A以上	〃	171	25.00		4275.00	14,321,250.00	0.3	180000.00	14,501,250.00
三相電表	〃	1256	50.00		62800.00	210,380,000.00	34	2040000.00	212,420,000.00
風雨綫	噸	32	1,500.00		48000.00	160,800,000.00	32	19,200,000.00	180,000,000.00
裸銅綫	〃	28	1,000.00		28000.00	93,800,000.00	28	16,800,000.00	110,600,000.00
鉛皮綫	呎	96475	.06		5788.50	19,391,475.00	3.5	2100000.00	21,491,475.00
膠皮綫	〃	323564	.04		12942.50	43,357,375.00	6	3600000.00	46,957,375.00
14KV瓷瓶	只	2822	5.00		14110.00	47,268,500.00	12	7200000.00	54,468,500.00
5KV瓷瓶	〃	393	3.50		1375.50	4,607,925.00	0.7	420000.00	5,027,925.00
避電器	只	48	300.00		14400.00	48,240,000.00	0.6	360000.00	48,600,000.00
鋼絲	呎	51180	.30		15354.00	51,435,900.00	1.7	1020000.00	52,455,900.00
分電站設備					20000.00	67,000,000.00	10	6,000,000.00	73,000,000.00
低壓磁瓶	只	3289		1600.00		5,262,400.00			5,262,400.00
透平油	加侖	65		11,000.00		715,000.00			715,000.00
[illegible]油		8956		13000.00		116,428,000.00			116,428,000.00
直脚磁瓶	只	4377		2400.00		10,504,800.00			10,504,800.00
彎脚磁瓶		2457		2400.00		5,896,800.00			5,896,800.00
羊角保險		3774		1200.00		4,528,800.00			4,528,800.00
角鐵	根	1464		29240.00		42,807,360.00			42,807,360.00
扁鐵		2781		1760.00		4,894,560.00			4,894,560.00
橫担		1110		1650.00		868,500.00			808,500.00
木桿		1226		58000.00		71,108,000.00			71,108,000.00
鐵[illegible]分電站						30,000,000.00			30,000,000.00
合計					1,219,921.50	1,379,691,24[illegible].00	602.2	361,320,000.00	[illegible]

914,921.50　2,458,441,245.00　3,819,761,245.00

126

重慶電力公司資產簡表

資產名称	單位	數量	單價(美金)	單價(國幣)	共價(美金)	共價(國幣)	重噸量	申渝運費	總值(國幣)
發電設備	KW	11000	170.00		1,870,000.00	6,264,500,000.00	800	480,000,000.00	6,744,500,000.00
變壓器	KYK	48170	16.00		770,720.00	2,581,912,000.00	4370	2,622,000,000.00	5,203,912,000.00
裸銅綫	噸	213	1,000.00		213,000.00	713,550,000.00	213	127,800,000.00	841,350,000.00
風雨綫	〃	106	1,500.00		159,000.00	532,650,000.00	106	63,600,000.00	596,250,000.00
木桿	根	7691		58,000.00		446,078,000.00			446,078,000.00
14KV針式瓷瓶	只	5568	2.00		11,136.00	37,305,600.00	10	6,000,000.00	43,305,600.00
14KV吊式瓷瓶	〃	740	5.00		3,700.00	12,395,000.00	3	1,800,000.00	14,195,000.00
5KV針式瓷瓶	〃	8436	.80		6,748.80	22,608,480.00	9½	5,700,000.00	28,308,480.00
5KV吊式瓷瓶	〃	1054	3.50		3,689.00	12,358,150.00	2	1,200,000.00	13,558,150.00
低压針式瓷瓶	〃	21100		1600.00		33,760,000.00			33,760,000.00
避雷器	〃	96	300.00		28,800.00	96,480,000.00	1	600,000.00	97,080,000.00
鐵塔	座	6		5,600,000.00		33,600,000.00	24		33,600,000.00
單相表(1½A-10A)	只	13425	13.00		174,525.00	584,658,750.00	11	6,600,000.00	591,258,750.00
單相表10A以上	〃	875	25.00		21,875.00	73,281,250.00	1½	900,000.00	74,181,250.00
三相表	〃	757	50.00		37,850.00	126,797,500.00	2	1,200,000.00	127,997,500.00
表用变流器	〃	834	36.00		30,024.00	100,580,400.00	3½	2,100,000.00	102,680,400.00
鉛皮綫	圈	592	30.00		17,760.00	59,496,000.00	10½	6,300,000.00	65,796,000.00
膠皮綫	〃	5313	20.00		106,260.00	355,971,000.00	49	29,400,000.00	385,371,000.00
直脚礙瓶	只	26875		2,400.00		64,500,000.00	18		64,500,000.00
湾脚礙瓶	〃	19889		2400.00		47,733,600.00	15		47,733,600.00
羊角保險	〃	17162		1200.00		20,594,400.00	5		20,594,400.00
表用変压器	〃	12	400.00		4,800.00	16,080,000.00	2	120,000.00	16,200,000.00
鉄盒保險	〃	36		14,000.00		504,000.00			504,000.00
表箱	〃	15575		1,500.00		23,362,500.00			23,362,500.00
扁鐵	吨	2781		1,760.00		3,894,560.00	2		3,894,560.00
廠房						700,000,000.00			700,000,000.00
總計					3,459,887.80	12,964,641,190.00		3,355,200,000.00	16,319,971,190

重庆电力股份有限公司资产简表　0219-2-116

重庆电力股份有限公司损失资产总表 0219–2–116

128

重慶電力公司損失總表

損失類別	美金	國幣	共計（國幣）
賬上虧損		11,667,086.00	$ 11,667,086.00
戰時損失	1,219,920.00	654,274,220.00	$ 4,741,011,245.00
折舊不足	2,767,910.00	3,785,477,648.00	$ 13,055,976,962.00
總計	3,987,830.00	4,449,418,954.00	$ 17,808,655,283.00

總計虧國幣178億元係以目前國內國外器材價格申渝運費及美匯牌價3350元計算如國內國外材料價格申渝運費及外匯牌價有變動時損失數字應隨之調整。

重庆电力股份有限公司一九三六年至一九四五年折旧表 0219-2-116

128

重慶電力股份有限公司歷年折舊表

時期	分計		累計	
民國廿五年	129.492	52	129.492	52
民國廿六年	125.162	44	254.654	96
民國廿七年	264.573	15	519.228	09
民國廿八年	336.770	31	855.988	42
民國廿九年	362.348	84	1.227.124	33
民國三十年	478.504	36	1.696.851	62
民國卅一年	2.534.132	75	4.230.984	37
民國卅二年	2.973.248	37	7.204.232	74
民國卅三年	3.449.831	12	10.654.063	86
民國卅四年	6.135.168	37	16.789.232	23
合計	$16.789.232	23	$16.789.232	23

重庆电力股份有限公司一九三六年至一九四五年发付股红息数额表 0219-2-116

重慶電力股份有限公司歷年發付股紅息數額表

年度	發付		共計	備攷
	股息	紅息		
民國廿五年度	八厘	七厘	一分五厘	
民國廿六年度	八厘	四厘	一分二厘	
民國廿七年度	八厘	六厘	一分四厘	
民國廿八年度	〇	〇	〇	本年度虧損無股紅息
民國廿九年度	八厘	〇	八厘	本年度虧損由卅年度盈餘項下借付
民國卅年度	八厘	〇	八厘	
民國卅一年度	八厘	〇	八厘	
民國卅二年度	八厘	二厘	一分	
民國卅三年度	八厘	〇	八厘	本年度虧損由股東大會決議借發股息八厘
民國卅四年度	八厘	〇	八厘	〃 〃 〃

重庆电力股份有限公司一九四九年十二月收支预算表　0219-2-191

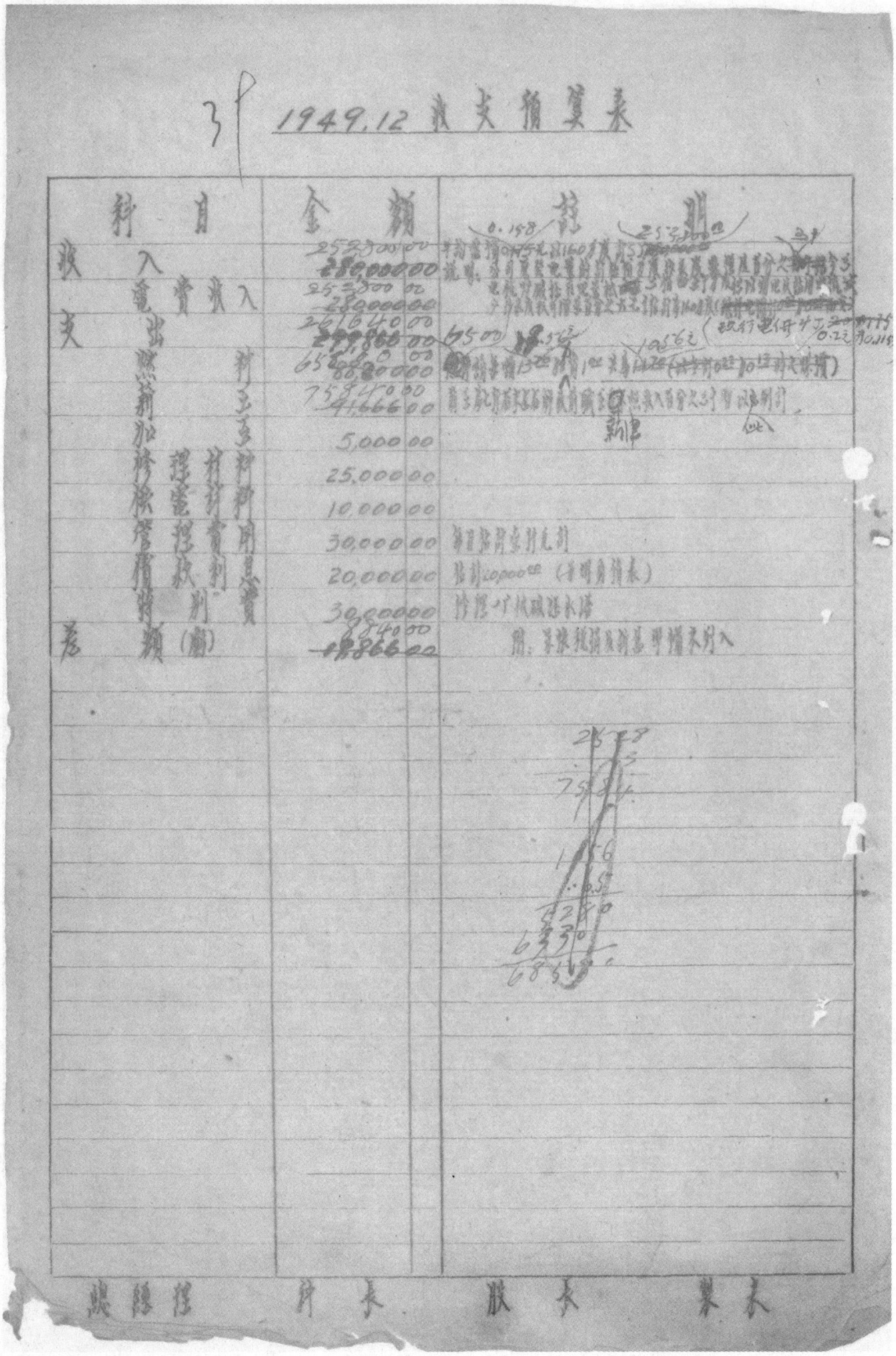

1949.12收支预算表

科目	金额	说明
收入	252,300.00 ~~280,000.00~~	[illegible]
电费收入	252,300.00 ~~280,000.00~~	[illegible]
支出	261,640.00 ~~[illegible]~~	[illegible]
[illegible]	65,000.00 ~~80,000.00~~	[illegible]
[illegible]	75,640.00 ~~41,666.00~~	[illegible]
[illegible]	5,000.00	
[illegible]	25,000.00	
[illegible]	10,000.00	
[illegible]	30,000.00	[illegible]
[illegible]	20,000.00	[illegible]
[illegible]	30,000.00	[illegible]
差额（[illegible]）	9,340.00 ~~18,866.00~~	[illegible]

[illegible]　科长　股长　制表

重庆电力股份有限公司会计科收支情况及弥补办法 0219-2-270

15

會計部门

(一)收支情况

公司電價因受管制收入幾成固定而需用之燃煤五金器材不問其價格如何皆電所需均屬不能減少致使收支失其平衡每月不敷之數約計九億餘元之中間除追收電費外完全舉債以彌補物價波動不已因此今後均有增無已截至本年六月負債達三十三億四千餘萬元之多(參看附表)。全向國家銀行同地方銀行息借而來此種困难情況之目前尚屬無法

改善

（二）弥補辦法

公司負債之鉅已如上段所述，此等債務維持為飲酖止渴，原非得已，欲求更生，實非增加收入、減輕負債不可。開拓收入來源，宜從增加電價入手。目前電價之廉，已如（電價問題）一節所述，應將不公允之管制手續解放，核計所需之燃煤、五金、電氣三種材料、薪工、呆帳、折舊等之實際[illegible]開支成本，予以合理調整，使收支平衡，不能挽救崩潰。其次應請四聯總

重庆电力股份有限公司会计科收支情况及弥补办法 0219-2-270

16

放大借款金額俾在緊急當中有活動支付不受行莊高利借貸威力營電事業乃開解救之方除已電請四聯總處外為稟仰祈鈞鑒呈請

重庆电力股份有限公司收取电费之困难种种　0219-2-270

17

收取電費之困難種種

（此一部份不啻為本公司經濟之大動脈）

本公司收取電費由業務科收費股直接辦理其任務對內負經費之總收入對外經常向用戶收取電費因此工作艱鉅蓋以公司目前經濟困難如收費不足額則無以維繫公司經常支付若加強催收則易引起用戶之反感抗戰軍興首都遷渝機關眾多工廠林立收費區域遼濶而發電成本增高故電費數字亦因龐大內外勤工作人員為應付經常工作每至辦事繁劇時間即星期例假亦不獲休息黽勉將事勝利復員國府還都各種用電戶移

业经审议水电管理方案甲类收费一元化一案本当已经本年五月份起实行

表還燈事件加多清算其前後用戶電費工作愈繁辦事不勝其難茲就最近辦理情形試畧言之俾明真象

(1) 用戶遍佈全市收費地區遼濶遠達兩江南北每月經常派員按戶收費以人力有限最多只能走到兩次

(2) 一般用戶已成習慣大都必須收費員走到第二次始行付款甚則非剪火催收不能付費因此拖延收費時間

(3) 煤價調整電費係照歷月到廠煤價核收故每月核收數字均有變動收費員向用戶收費

重庆电力股份有限公司收取电费之困难种种 0219-2-270

18

時責難備至解說尤費唇舌

（4）一般用户多不依照公司營業章程辦理過户手續因此許多住户與實際用户名稱先後常不相符以致收費時糾紛迭起電費收取亟感困難

（5）行政院核定收取之重置發電設備費雖經市參議會審議解決照收但仍有藉口曾經接到區民代表通知不能付費等語藉口推緩

其積欠電費之原因

（6）因受工業協會抗議不付重置發電設備費

總理方案甲點六項規定電費在月前收清如實非公司所合求無此

拖欠電費已成習慣但有嚴厲制裁亦不能一付諸法律必須社會道德提高始克生效

之影响以致全市廠家均相繼不付益增收費

困難

(7)因窃電過多影响線路致電灯不明許多用

户常以此為推付電費之口實

重庆电力股份有限公司收取电费之困难种种 0219-2-270

电一煤厂资产估价表 0219-2-273

6

重慶電力股份有限公司

電一煤廠資產估計表

1、鑛區一萬二千餘公畝（儲量最少在五十萬噸以上）

2、建有滑拖路一段長計約一公里建造費

估計約值六億元

3、滑拖路路基約六畝每畝估價三千萬

元共值三億八千萬元

4、鑛場辦公房三座計平房十八間估價約

值八億元

重慶電力股份有限公司

5、職員宿舍一座计二十间估價约值五億元
6.工人宿舍三座计三十四间估價约值四億弍千萬元
7.萬家塝辦公房一座计十二间估價约值二億四千萬元
8.萬家塝車站工人宿舍二座计房十二间估價约值六億弍千萬元
9.白庙子辦公房一座计房十八间估價

电一煤厂资产估价表 0219-2-273

8

重慶電力股份有限公司

約值八億元
10、廠地約八畝每畝估價三千萬元計值
價弍億四千萬元
11、坑道內安置有鉄軌路一段約七百
四十公尺長估價約值七億弍千萬元
以上共計約值肆拾億零弍千萬元主要之坑道建
設費用無法估價故未列入其餘工俱
家俱亦未計價

电一煤厂资产估价表　0219-2-273

9

重慶電力股份有限公司電一煤廠現有資產估計表

資產名稱	數量	約值金額
鑛區	一萬二仟餘公畝（儲量最少在七十萬噸以上）	
建有滑拖路一段	長約壹公里建造費估計	六億元
滑拖路上基	約六畝每畝估價三千万元	一億八千萬元
鑛場辦公房一座	計本房十八間估價	八億元
職員宿舍一座	計二十四間估價	五億元
工人宿舍三座	計三十四間估價	四億二千萬元
萬家磚辦公房一座	計十二間估價	二億四千萬元
萬家磚車站工人宿舍一座	計房十二間估價	一億二千萬元
白廟子辦公房一座	計房十八間估價	八億元
廠地	約八畝每畝估價三千万元	二億四千萬元
坑道內安置有鐵板路一段	約一百四十公丈長估價	一億二千萬元

以上共計約值肆拾億另弍仟萬元主要之坑道之建設費用無法估價故未列入其餘工具家俱亦未計價。

重庆电力股份有限公司编制职工工资表注意事项　0219-2-196

302

重慶電力股份有限公司

營業要目——電燈——電力——電熱——各項工業用電

（一）、編造月中工資表時除正工數加工數外另加百分之五十工資。及戰時生活津貼半月

（二）、編造月終工資表時除正工數加工數外另加百分之五十工資及戰時生活津貼全月。半

（三）、應扣工資應於編造工資册時每名扣除不得列總數。

（四）、工資不滿全月者應於備考欄內註明。

（五）、進退工友應於表上備考欄註明并應先期通知會計科

尊處如有聯繫事項請惠臨敝公司接洽無不竭誠歡迎

住址：國府路大溪別墅六號　電話：二四二九號

重庆电力股份有限公司技工、学徒、小工出勤津贴暂行规则　0219-2-196

38

本公司技工学徒小工出勤津貼暫行規則

（一）本公司技工学徒小工因公出勤支領出勤津貼悉依照本規則辦理

（二）出勤津貼分兩種：一為膳費津貼　一為車費津貼

（三）本公司出勤技工学徒小工分兩種：一為經常外勤技工学徒小工即每日均須出外工作者　一為臨時外勤技工学徒小工即因公臨時被派出勤者

（四）經常外勤技工学徒小工如工務科電務股及業務科用戶股與各辦事處之技工学徒小工一律不得支領車費

（五）經常外勤技工学徒小工如工務科電務股及業務科用戶股與各辦事處之技工学徒小工因公出勤不及回固定地点用膳者得

重庆电力股份有限公司技工、学徒、小工出勤津贴暂行规则　0219-2-196

38-1

一、支领饭费津贴规定如左：
（甲）技工每餐壹元　（乙）学徒小工倍差每餐伍角

六、经常外勤技工学徒小工饭费津贴由各科股主管人按照本规则逐日每半月汇由总经理协理核准后交总务科庶务股发给

七、临时外勤学徒小工除事先经主管人允准者外一律不得支取车费津贴

八、临时外勤技工因公出勤得支取公共汽车费实报实销如公共汽车不能达之处事先经主管人允准者得支领洋车费然须实报实销

九、临时外勤技工学徒小工因公出勤不及回固定地点用膳者得支取饭费津贴实报实销并须以饭店帐单为凭领班每次餐不得超过

重庆电力股份有限公司技工、学徒、小工出勤津贴暂行规则 0219-2-196

39

每元技工不得超过壹元伍角小工学徒信差不得超过壹元

十一、臨時外勤技工学徒小工因公被派出勤由派遣主管人填給出勤證證上填明日期出發地目的地出發時間等出勤技工学徒小工公畢返出發地後應立即繳回出勤證以憑支領車費飯費津貼其在出勤證上填明擬自行膳費者須經主管人核定後再由該管科室處主管人簽核發回出勤人憑証領款

十二、經常及臨時出勤技工学徒小工不得故意延宕時間冀領飯費津貼違者除不准支領外並應受懲工處分各科室處主管人有核奪之權

十三、各科室處主管人應根據本規則核定臨時出勤技工学徒小工之一般飯費車費津貼在本規則未經明白規定之處由各科室處主管人

39-1

核定未经各科室处主管人核准者不得支欵

十三）各科室处应每月造具临时出勤职员车费饭费津贴表送主

总经理协理核阅

十四）经常及临时出勤技工学徒小工因公赴江北或南岸或由江北南岸

至北岸均得支欵渡輪或渡船费而先未经主管人允准者不得包括

十五）本规则自公布之日施行

十六）本规则如有未尽事宜得随时修改之

重庆电力股份有限公司技工、学徒、小工出勤津贴暂行规则　0219-2-196

發文電字第 001958 號

兹將本公司職員出勤津貼暂行規則第四條及第五條兩項公佈

總經理劉航琛　卅九年十月七日

增修正条文如下：

第四條　經常外勤職員分兩種，車費膳費津貼規定如左：甲、凡整日在一區域內工作者（如業務科之抄表員收費員竊電取締組之外勤人員等）每月得支领下列津貼　膳費津貼五十元　車費津貼二十元　乙、凡整日不僅在一區域內工作者（如工務科之監工員、業務科及稽查室之檢驗員、封表員、監工員等）每月得支领下列津贴，如毋须每日出勤者，其车膳费津贴依照临时外勤职员津贴规则办理（如有接送之点，该员不得领车费津贴）。膳费津贴三十元，车费津贴五十元。第九条（丙）凡系公务汽车乘搭之处，按照车费或轿费支领津贴，惟出勤地点在一公里之内者不得支领车费或轿费津贴，惟因工作关系不及回厂宅地点用膳者得支膳费津贴。

秘书室 十月十六日 宝蕙文 2028 梁又修

正贡

重庆电力股份有限公司职员出勤津贴暂行规则　0219-2-196

140

本公司職員出勤津貼暫行規則

(一)凡本公司職員因公出勤支領出勤津貼悉依照本辦法辦理。

(二)出勤津貼分兩種：一為膳費津貼，一為車費津貼。

(三)本公司出勤職員分兩種：一為經常外勤職員，即每日均須在外工作者；一為臨時外勤職員，即因公臨時被派出勤者。

(四)經常外勤職員分兩種：車費膳費津貼規定如左：

(甲)凡整日在一區域內工作者(如業務科之抄表員及收費員、業務科查緝偷電員等)每月得支領下列津貼

膳費津貼叁拾元

車費津貼貳拾元

(乙)凡整日不僅在一區域內工作者(如工務科之監工員、業務科及分辦

事務之催繳員、抄表員、監工員等，每月得支領下列津貼，如有專車
接送之監工員，不得領車費津貼。
膳費津貼叁拾元　車費津貼肆拾元
（五）經常外勤職員車費、飯費津貼，由各科室主管人按照本規則，逐月造表會
呈，經協理核准後，交總務科庶務股定日發給。
（六）臨時外勤職員，因路途遥遠，須乘車輪者，得按路程遠近支領車費津貼。
（七）臨時外勤職員，不及歸回固定用膳地點用膳者，得支領膳費津貼。
（八）臨時外勤職員，被派公出時，由派遣主管人員發給出勤證，證上填明日期、
出發地、目的地、出發時間等，出勤員公畢返出發地後，如須支領車費、
膳費津貼者，當日交出勤證並[illegible]填明數目，併膳費單

14

須經由主管人員[illegible]核之後，再由科、股主管人簽核後由出勤人員總務領款。

九、臨時外勤職員（或職工）之車費飯費津貼規定如左：

甲、膳費津貼應實報實銷，并須以飯店賬單爲憑，工程師、股主任以上職員每餐不得超過叁元，工程師、股主任以下職員每餐不得超過兩元。

乙、凡職員臨時被派因公出城進城或至小龍坎、沙坪壩等地，其車費津貼數目，按照公共汽車車價支領。

丙、凡無公共汽車乘搭之處，得按照洋車費或轎費支領津貼，惟出勤地点在一公里之内者，不得支領車費或轎費津貼。

丁、凡乘公司卡車出勤工作者，不得支領車費津貼。

戊、凡乘搭公共汽車或公司卡車而不能達到之地點，其後段車費津貼得照本條丙款規定支領，惟離公共汽車站在一公里遠近者，不得支領洋車費或轎費津貼。

十、臨時出勤職員不得故意延長時間，冒領飯費津貼，違者除不准支領外，并應受懲戒處分，各科室處主管人有核奪權。

十一、各科室處主管人應按照本規則核定飯費車費，其本規則未能顧及規定之處，由各科室處主任核奪，未經各科室處主管人核准者不准支領。

十二、各科室處應每月造具臨時出勤職員車費飯費津貼表送呈

重庆电力股份有限公司职员出勤津贴暂行规则 0219-2-196

142

经协理核阅、

十三、经常或临时出勤职员由公至江北或南岸、或由江北或南岸至北岸、均得支领渡轮或渡船费、事先未经主管人允准者、不得包船、

十四、本规则自公布之日施行

十五、本规则如有未尽事宜得随时修改之

56

重慶電力公司第一計劃經費預算表

摘要	數量	美金	國幣	附註
10000瓩透平發電機連附屬設備	3	1,080,000	19,500,000,000	瑞士白朗拔代利廠報價
10000瓩透平機之凝汽器連水泵及循環水泵	3	240,000		〃
電壓控制設備及配電開關器		99,000		〃
發電部份設備由瑞士至上海運費		411,000		〃
10000瓩蒸汽鍋爐	4	2,600,000		根據他處報價估計
起煤起重設備		300,000		估計
鍋爐部份由美國至上海運費保險		580,000		以出廠價之20%估計
關稅		530,000		以上海交貨總價之10%計算
全部器材自上海至重慶運費			1,200,000,000	以2000噸每噸六十萬估計
新廠建築費			2,000,000,000	照目前工價料價估計
安裝費			1,500,000,000	〃
總計		US$5,840,000	¥24,200,000,000	

57

重慶電力公司第二計劃經費預算表

卅五年十月造

摘要	數量	美金	國幣	附註
4500瓩透平發電機	4	760,000.	19,380,000,000.	上海交貨
4500瓩蒸汽鍋炉	5	1,100,000.		〃
增加電氣控制設備		40,000.		〃
起煤暨水冷卻設備		400,000.		〃
現有机炉整修配件		250,000.		〃
關稅		255,000.		10%
全部器材自上海至重慶運費			840,000,000.	以1400噸每噸六十萬元計
建築費			1,500,000,000.	照目前工價料價估計
安裝用器材及工資			1,000,000,000.	〃
舊機炉拆装費用			600,000,000.	〃
總計		US$2,800,000.	13,320,000,000.	

重庆电力股份有限公司第二计划经费预算表　0219-2-187

重庆电力股份有限公司其他营业外支出明细表 0219-2-286

重慶電力公司

其他营業外支出明細表

編製單位：　　　　年　月　日　　　　第　頁

科目及摘要	金額	說明
[illegible]座捐献高射炮款	750,000.00	
旧存材料损失	836,800.00	
回存运押	1,981,900.00	
资遣人员津贴	5,610,233.00	
杂支其他	315,526,763.30（~~319,776,763.30~~）	
工展会费用	68,916,260.00	
罚金	83,820.00	
小计	1,161,205,709.30（~~1,161,[illegible]~~）	
财务费用	~~227,038,800.00~~	已[illegible]
以汇兑支应	227,038,800.00	
盈亏整理—摘要		
1949年累计盈亏	12,013,800.00	
1950年 〃	81,218,319.00	
小计	93,232,119.00	
	1,254,743,[illegible]	

經理　　會計科長　　帳務股長　　審核　　製表

重庆电力股份有限公司业务科收费股账务说明　0219-2-295

重慶電力股份有限公司

業務科收費股帳務說明

(一)主管帳簿名稱：1、電費分類登記簿 2、電費分戶帳

(二)會計科目及使用方法：本股分類簿在會計上之科目1、"應收帳款"，凡票據股之新製本股收繳及註銷概歸該科目 2、"催收款項"，即本股無法收費據轉催收股辦理。

(三)根據入帳之原始單據名稱：分類簿根據票據股支出傳票及收費員繳款憑單

(四)記帳方法：分類帳記帳方法每日照會計科目使用法製成之收支傳

重庆电力股份有限公司业务科收费股账务说明　0219-2-295

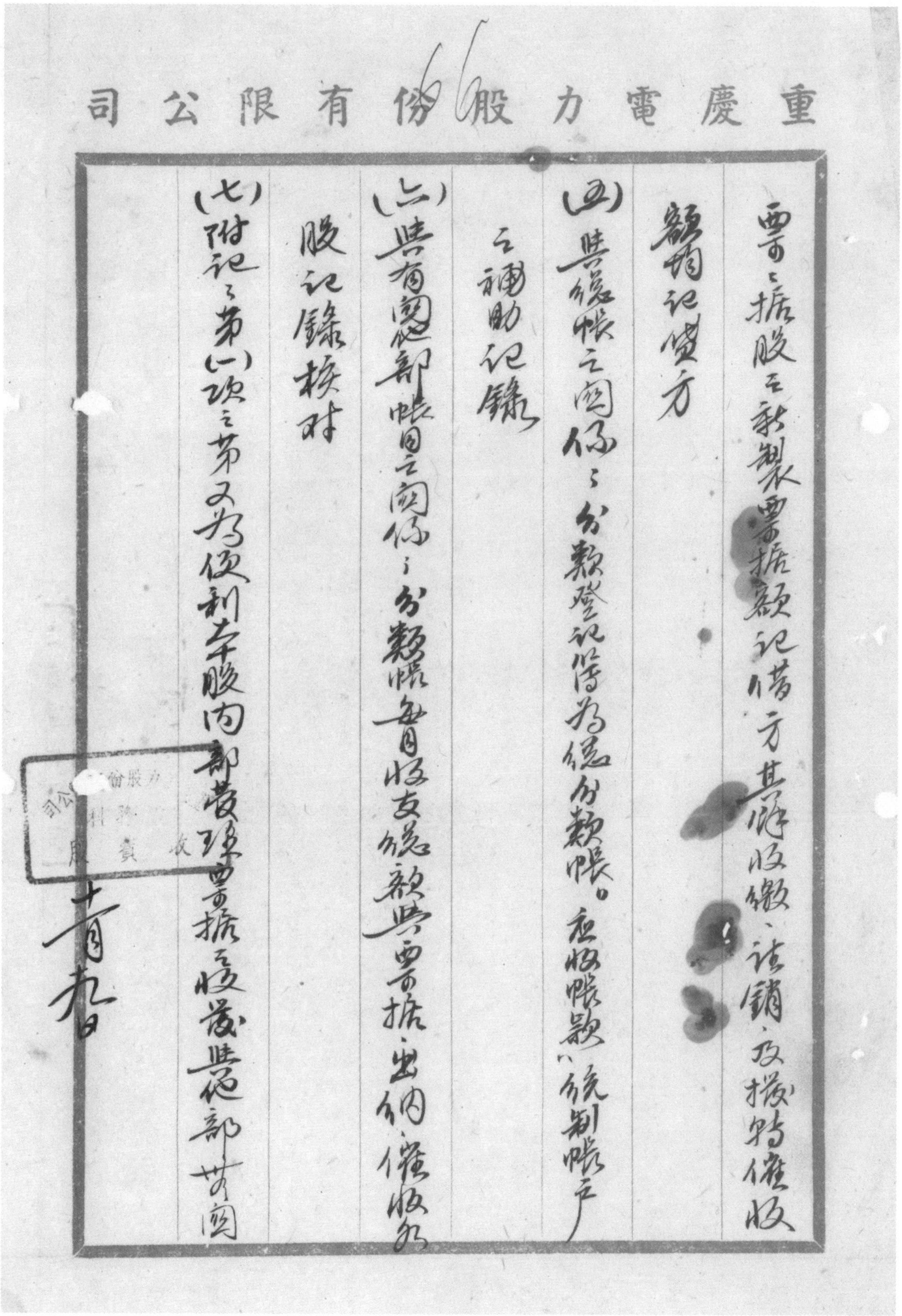

66

重慶電力股份有限公司

票之據股之新製收票據額記借方其應收繳、註銷、及撥轉催收

額詳記貸方

（五）與總帳之關係之分數登記係為總分數帳。應收帳款、統制帳戶

之補助記錄

（六）與有關各部帳目之關係之分數帳每日收支總款與票據、出納、催收分

股記錄核對

（七）附記之第（一）項之第又為便利本股內部對票據之收發與總部有關

总经理刘航琛、协理程本臧关于重庆电力股份有限公司职员、技工、学徒等出勤津贴暂行规则修正条文的布告（附暂行规则） 0219-2-196

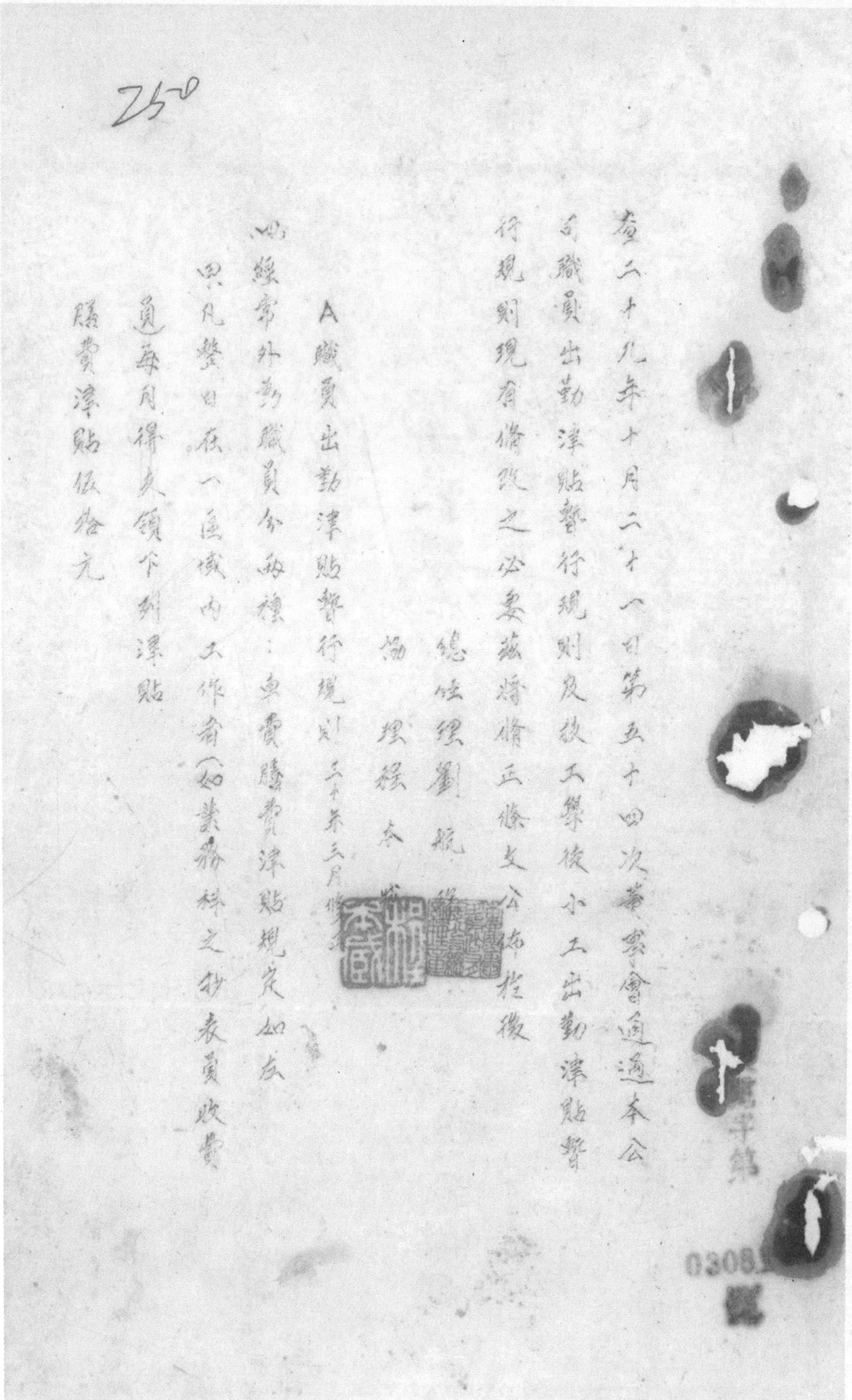
250

查二十九年十月二十八日第五十四次董事會通過本公司職員出勤津貼暫行規則及技工學徒小工出勤津貼暫行規則現有修改之必要茲將修正條文公佈於後

總經理劉航琛

協理程本臧

A 職員出勤津貼暫行規則 三十年三月修正

㈠總處外勤職員分兩種：與膳費津貼規定如左

甲 凡整日在一區域内工作者（如業務科之抄表員收費員）每月得支領下列津貼

膳費津貼伍拾元

車費津貼每名叁拾元由稟科按月按人數領取支收
費並表每股依出勤遠近分配月終報銷城區沙坪壩
沙坪壩就關示來回車費得照實支另行報銷
乙、凡整日不僅在八區內工作者(如工務科之監工員業
務科及各辦事處之檢驗員封表員監工員等)每月得
支領下列津貼如有不乘搭遠之監工員不得領車費
津貼
膳費津貼伍拾元　車費津貼柒拾元
丙、臨時出勤職員之車費飯費津貼規定如左
甲、膳費津貼應實報實銷工程師股主任以上職員每餐

总经理刘航琛、协理程本臧关于重庆电力股份有限公司职员、技工、学徒等出勤津贴暂行规则修正条文的布告（附暂行规则） 0219–2–196

总经理刘航琛、协理程本臧关于重庆电力股份有限公司职员、技工、学徒等出勤津贴暂行规则修正条文的布告（附暂行规则） 0219-2-196

251

不得超過伍元又總師股主任以下職員每餐不得超過叁元半

乙.技工學徒小工出勤津貼暫行規則 卅年三月修正

（五）經常外勤技工學徒小工如工務科電務股及業務科用戶股與各辦事處之技工學徒小工因公出勤不及回固定地点用膳者得支領飲費津貼規定如左：

甲.技工每餐壹元半　乙.學徒小工倍差每餐壹元

（九）臨時外勤技工學徒小工因公出勤不及回固定地点用膳者得支飲費津貼實報實銷但每餐不得超過叁元半技工不得超過貳元伍角小工學徒倍差不得超過壹元

（完）

重庆电力股份有限公司薪给表　0219–2–45

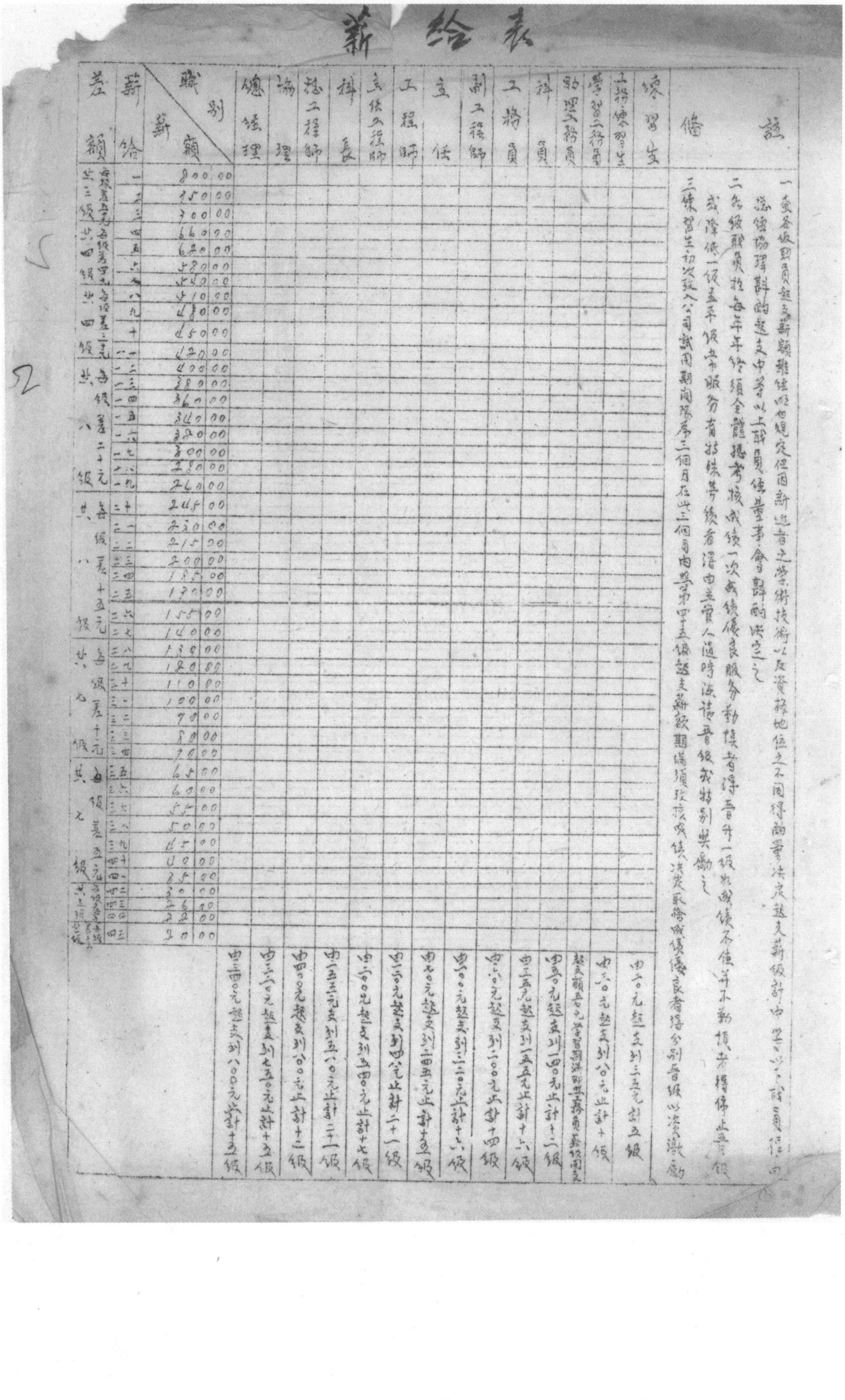

薪给表

差额	薪给	职别 / 薪额	总经理	协理	总工程师	科长	主任工程师	工程师	主任	副工程师	工务员	科员	助理事务员	学习工务员	工务练习生	练习生
共三级每级差五十元	一	800.00														
	二	750.00														
	三	700.00														
共四级每级差四十元	四	660.00														
	五	620.00														
	六	580.00														
	七	540.00														
共四级每级差三十元	八	510.00														
	九	480.00														
	十	450.00														
	一一	420.00														
共八级每级差二十元	一二	400.00														
	一三	380.00														
	一四	360.00														
	一五	340.00														
	一六	320.00														
	一七	300.00														
	一八	280.00														
	一九	260.00														
共八级每级差十五元	二十	245.00														
	二一	230.00														
	二二	215.00														
	二三	200.00														
	二四	185.00														
	二五	170.00														
	二六	155.00														
	二七	140.00														
共七级每级差十元	二八	130.00														
	二九	120.00														
	三十	110.00														
	三一	100.00														
	三二	90.00														
	三三	80.00														
	三四	70.00														
共七级每级差五元	三五	65.00														
	三六	60.00														
	三七	55.00														
	三八	50.00														
	三九	45.00														
	四十	40.00														
	四一	35.00														
共三级每级差四元	四二	30.00														
	四三	26.00														
	四四	22.00														
[illegible]	四五	20.00														
			由三四〇元起支到八〇〇元止计十五级	由三二〇元起支到七五〇元止计十五级	由四〇〇元起支到八〇〇元止计十二级	由一三〇元起支到五一〇元止计二十一级	由二〇〇元起支到五四〇元止计十七级	由一〇〇元起支到四二〇元止计二十一级	由七〇元起支到二四五元止计十五级	由一〇〇元起支到三二〇元止计十六级	由六〇元起支到二〇〇元止计十四级	由三五元起支到一五五元止计十六级	由五〇元起支到一四〇元止计十二级	起支额五十元学习期满照事务员薪级开支	由三〇元起支到八〇元止计十级	由二〇元起支到三五元止计五级

备注

一、查各级职员起支薪额虽经此项规定但因新进者之学术技术以及资格地位之不同得酌量决定起支薪级计中等以下职员由总经理协理斟酌起支中等以上职员须董事会斟酌决定之

二、各级职员于每年年终须全体据考核成绩一次成绩优良服务勤慎者得晋升一级如成绩不佳并不勤慎者得停止晋级或降低一级至平级如常服务有特殊劳绩者得由主管人随时请晋级或特别奖励之

三、练习生初次进入公司试用期间限有三个月在此三个月内照第四十五级起支薪额期满须考核成绩决定取舍成绩优良者得分别晋级以资激励

重庆电力股份有限公司职员出差旅费规则 0219-2-45

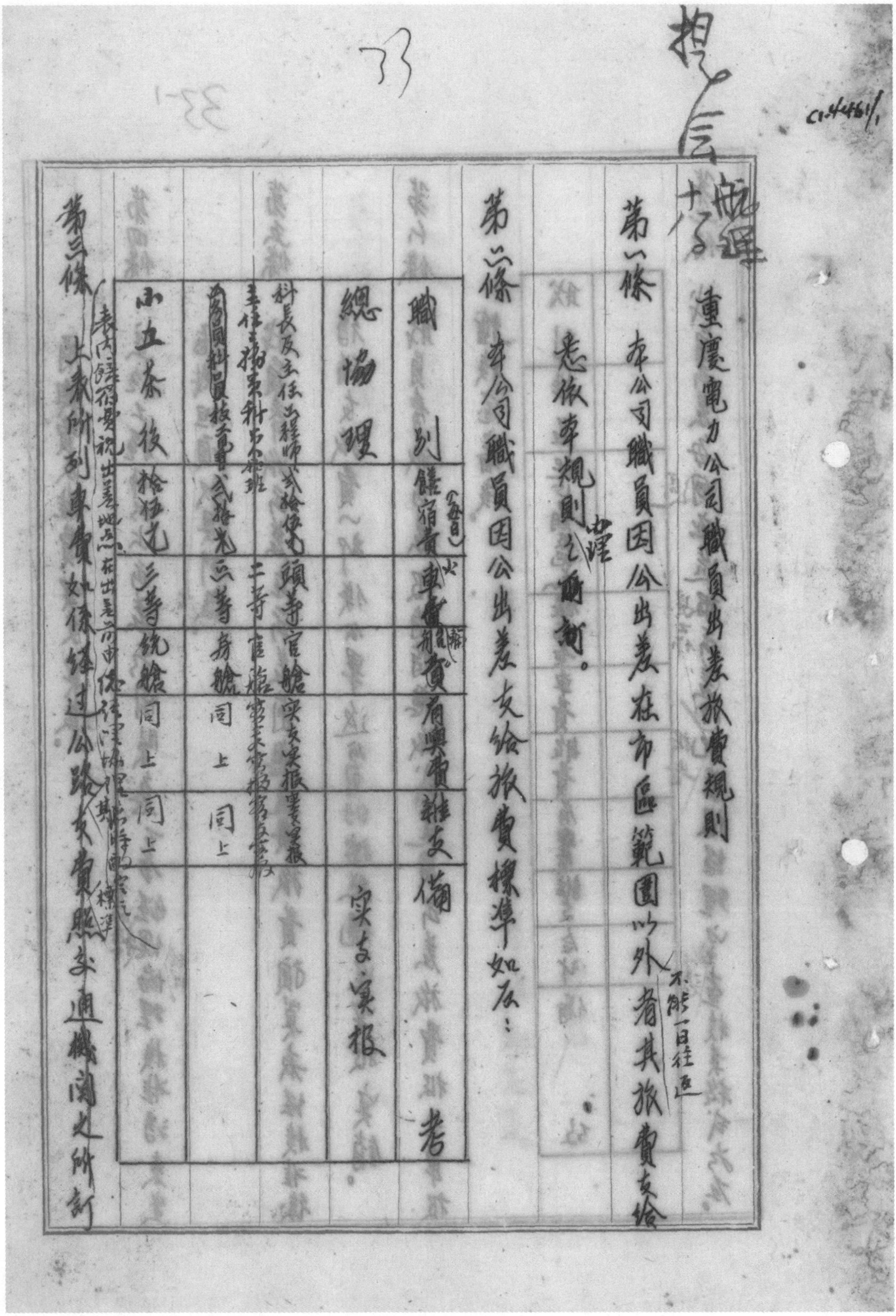

33

重慶電力公司職員出差旅費規則

第一條 本公司職員因公出差在市區範圍以外（不能一日往返）者其旅費支給悉依本規則之所訂。

第二條 本公司職員因公出差支給旅費標準如左：

職別	膳宿費（每日）	車船費	雜費	備考
總協理				實支實報
科長及主任工程師	式拾伍元	頭等官艙	實支實報	實支實報
主任工務員 科員 領班		二等官艙	實支實報	
事務員 科員 技工	式拾元	三等房艙	同上	同上
小工茶役	拾伍元	三等統艙	同上	同上

第三條 上表所列車費如係經過公路交費照交通機關之所訂

33-1

肩輿費及雜費實支實報。

第四條　主任工程師以上出差於因緊急事務經總協理核准得乘坐飛機，但須取具列據。

第五條　職員奉派出差在出差前應造具旅費預算表經核准後得借支旅費一部，俟公畢返公司時按照規定實報實銷。

第六條　職員奉派出差報銷時應依式造具出差旅費報告單報請核定審核。

職別	姓名	起止日期及地點	膳宿費	車費	船費	肩輿費	雜支	合計	備考

第七條　職員出差每週應造具工作報告(出差日記)呈報經理室以憑查核，其格式如左。

重庆电力股份有限公司职员出差旅费规则 0219-2-45

74

日期	地點	工作事項

〇〇〇填報

第八條 職員出差公畢即應返公司復命不得隨意逗留。

第九條 本規則經董事会核准施行。

第十條 本規則如有未盡事宜隨時提請董事会修改之。